人世间所有的战斗，剥除了各种外衣之后，都是心战。

下册

第十章　南下：舟中论道与岩中花树的故事	295
第十一章　巡抚南、赣、汀、漳	365
第十二章　破心中贼	421
第十三章　宸濠之乱	459
第十四章　致良知	525
第十五章　征思、田	603
后记　思想解放与明代的资本主义萌芽问题	651

目录

上册

序　章　如果你是叶公好龙式的读者　1

第一章　家世　1
第二章　早年　31
第三章　成人大计：婚姻与科举　59
第四章　入仕　103
第五章　正德伊始：刘瑾的胜利　141
第六章　龙场悟道　179
第七章　知行合一　225
第八章　知庐陵县：走出龙场的第一程　249
第九章　北上：讲学大兴隆寺　271

序章　如果你是叶公好龙式的读者

一、为什么读王阳明

　　我一直以为，今人对王阳明的热衷颇有几分荒诞，倘若他们当真了解王阳明的一生成败以及阳明心学的真实含义，当初的热情会不会在转眼之间烟消云散呢？

　　王阳明似乎是被当作今天意义上的"成功人士"崇拜的。人们叹服他的烜赫事功，至于他的学说与品德，看上去只是辅助他成就事功的工具。太多人之所以在这个充满诱惑与竞争的时代甘心拿出一部分本可以用来获利或休闲的时间沉潜于故纸堆里，涉猎一点阳明心学，只是因为幻想着可以由此获得王阳明借以成功的思想利器，使自己变身为成功人士罢了，至少也要比当下更成功一点。

　　这样的想法究竟有几分可靠呢？我很想率先交

代一个发生在金融行业里的真实故事：在我所生活的城市，据2014年官方统计的收入排名，金融行业稳居榜首。高收益自然伴随着高风险，某位金融精英用以应对风险、缓解心理压力的措施是颇有几分代表性的：拜一位"大师"为师，每有斩获，便不吝名车、豪宅向"大师"进贡。事情的第一个蹊跷之处在于，所谓"大师"，自当是修为高深、云淡风轻、视金钱如粪土的人，怎么可能像凡夫俗子一般贪恋物质呢？而且，如果他真的有能力指点学生发财，这样的指点岂不是使学生在物欲的泥潭中越陷越深，与超凡脱俗的高人境界南辕北辙吗？

我有幸聆听过这位"大师"的解释："你们修为太浅，很容易被钱财腐蚀心灵，所以多余的钱财自然应该奉献给我。我已经有了足够的修为，钱财无论多寡，都不会对我的心灵造成任何损害。"

好的，在我们失声发笑之后，不得不承认在这短短的一番说辞里竟然隐藏着高深的理论素养和无懈可击的逻辑，俨然有古之儒者的风范。儒家经典《礼记》有这样一段话：

> 儒有委之以货财，淹之以乐好，见利不亏其义；劫之以众，沮之以兵，见死不更其守；鸷虫攫搏，不程勇者；引重鼎，不程其力；往者不悔，来者不豫；过言不再，流言不极，不断其威，不习其谋。其特立有如此者。（《礼记·儒行》）

这段话描绘出儒者的经典形象：他是自信满满的原则主义者，只依据内心原则做事而不计成败。任你用金钱和声色犬马来包围他，他也不会做出有亏于道义的事情；任你凭借人多势众来胁迫他，甚至以死亡来恐吓他，他也不会有半点动摇；如果遇到猛兽，他会以全部勇气出手相搏，全不在乎力量的悬殊；如果需要拔山举鼎，他也会当仁不让，全不管自己到底有多少气力；他既不会对过去的事情后悔，也不会预估将来的风险，始终保持威严的容止，遇事不会改变既定的谋划……儒者的独特之处正是在这些地方啊。

不难想见的是，如果我们把《礼记》的这篇文字当成一段心理侧写的话，我们会相信这是虔诚的宗教人士才有的样子。在任何云谲波诡的环境里，无论是古代的宫廷斗争还是现代的金融赌博，这样的心理素质无疑是一个极其难得的成功要素。而假若它是可以被购买的，我相信愿意一掷千金的人绝对不在少数。那位金融精英从"大师"身上以名车、豪宅所换取的，归根结底其实就是这样一种东西。换言之，"大师"的存在无论是否真的具有逢凶化吉、指引金光大道的意义，至少使人相信了这些意义的存在，从而摆脱了各种患得患失的纠结和焦虑。

你对一位"大师"的信心越足，你的心灵安定感就越强，应对不确定事件时的心理素质也就越好，这就是"心诚则灵"的道理。虽然从客观角度上看，"精诚所至"的付出未必就会导致"金石为开"的结果，但只要你真的"精诚所至"，至少你会相信"金石为开"的结果已经出现或者终将出现，即便你一败涂地，也比旁人更容易找到宽慰自己的理由。

正如理性是人类不可或缺的生存优势，非理性也有同样的甚至更为重要的意义。当我们以十足的理性态度对各种"大师"之流满怀讥讽的时候，不要忘记人类倘若没有这些愚蠢之流，人类的心理机制倘若缺乏这种欺骗与自我欺骗的能力，那么心理崩溃将会成为最致命也最普遍的痼疾。

幸或不幸的是，对于太多人而言，王阳明正是这样的一位"大师"，何况他的成功经历早已为他的学说做出了可信度十足的背书。人们总是以成败论英雄的，所以无论是同在大儒级别的朱熹也好，为王阳明开学术先河的陆九渊也好，他们的生平与学说在今天的大众市场上已经很少有人关注了。原因就是这样简单：他们都不是"成功人士"，所以他们的学说不值得认真对待。

是的，我们总会自觉不自觉地忽略这样一个事实：一个人的"成功"和他的"成功经验"之间的联系远不似我们通常想象的那样紧密。

二、惊人的预言与预言家的"成功经验"

《左传》，为王阳明所熟读的儒家经典，记有这样一段史事：卖主求荣的子伯季子与旧主的家臣许公为狭路相逢，就在这个你死我活的紧张时刻，许公为气定神闲，请对方先向自己射箭。

这里需要交代的背景是，春秋时代是标准意义上的贵族时代，虽然沦落到礼崩乐坏的边缘，但骑士精神仍然是社会的主旋律。当武士交战，须以箭术决胜负的时候，默认的规则是一人一箭交替射击，直到有一方被射中为止。所以先射的人总是占便宜的。许公为之所以主动请对方先射，甚至请对方连射自己三箭，理由非常掷地有声："与不仁人争明，无不胜。"他坚信世界上存在着正义必胜的法则，那么，子伯季子既然站在正义的对立面，就算让他先射三箭，他又怎么可能射中自己呢？

我们不得不佩服许公为对正义天理的绝对信心，而事情的结果也完美地证明了他的正确：子伯季子连射三箭，连许公为的衣角都没有擦到，轮到许公为发箭的时候，只一箭便结果了子伯季子的性命。（《左传·哀公十六年》）

当然不乏从中读出信心和正义的力量的人，即便是头脑最简单的读者，恐怕也不敢断言许公为对正义的这份信心会保证他在将来的战斗中还能够继续克敌制胜。那么，我们不妨大胆地设想一下：假如真的发生了连战连捷、百战百胜的情况，会不会动摇我们的想法呢？

事实上，这样的事情在我们的时代并不罕见。

我们每个人或多或少都受到过电话营销的骚扰，有一类营销手法是这样的：不断向你预测股市涨跌，在赢得你的信任之后，再向你推销某种理财计划。如果电话另一端的这位营销者每次都能够准确预言股市的涨跌，譬如一连十次，那么定力再好的人也难免为之心动。合理的推测是，这家营销公司要么掌握着绝对高级的股市分析技术，要么在多家上市公司里都有绝对可靠的内线，总不可能只凭运气做出百发百中的预测吧？

然而事实上，这真的只是运气，或者说是一种并不复杂的概率游戏。

这样的操作手法被称为"倒金字塔骗局"：骗子组建起一个电话交易公司，给每一个"顾客"打电话，为他们预测股市走向。譬如骗子会从电话簿上随机选取一千个营销对象，向其中五百人预测股市会涨，向另外五百人预测股市会跌，那么无论如何他们都会说对一半。接下来他们再打电话给接到正确预测的那五百人，故技重施。在这样的周而复始之中，随着目标人数每一次减半，剩下的那些"幸运儿"自然会对骗子的预测能力笃信不疑了。

德国作家罗尔夫·多贝里设计过一个与上述骗局相当类似的思维实验："我们假设有一百万只猴子在股市上投机，它们疯狂地、自然也是纯随机地买卖股票，会发生什么事？一年后，约一半猴子的投资都赚钱了，另一半亏钱了。第二年，这帮猴子又是一半赚钱，另一半亏钱。长此以往，十年后大约只剩下一千只猴子，它们的每次投资都是正确的。二十年后就只剩下一只猴子每次投资总是正确的——它成了亿万富翁。我们就叫它'成功猴'吧。媒体会怎么反应呢？他们会冲向这只动物，去阐述它的'成功原理'。他们会找到某种原理：也许这只'成功猴'吃的香蕉比其他猴子多，也许它坐在笼子的另一个角落里，也许它是头朝下吊挂在树枝上的，或者也许它捉虱子时思考的时间很长。它一定拥有某种成功秘诀，不是吗？否则它怎么会有这么出色的表现呢？一只二十年来总是做出正确投资决定的猴子，怎么可能只是一只无知的猴子呢？不可能！"

这个思维实验其实还有进一步拓展的空间：事实上，倘若猴子操作的是香蕉市场的股票，换言之，倘若它们能够从股市的盈利中获得相应数量的香蕉，那么，哪怕它们只是猴子，也不可能做到纯粹随机地买卖股票。恰恰相反，它们真的会探索出某些"成功模式"，并且一以贯之地执行下去，尽管身在幕后的我们清楚地知道这些所谓的"成功模式"与香蕉市场的盈亏其实没有半点关系。

这个貌似荒唐的事实是前辈心理学家斯金纳在他的名篇《鸽子的迷信行为》里揭示的。斯金纳设计了一项与猴子炒股极其近似的实验（真正意义上的实验），被试对象是八只处于饥饿状态、被安置在一只特制箱子里的鸽子。箱子里的食物分发器每隔十五秒钟自动落下一份食丸，有趣的事情就这样发生了。斯金纳的实验报告如此记录道："其中有一只鸽子形成了逆时针转圈的条件反射，另一只反复将头撞向箱子上方的一个角落，第三只鸽子不断重复着抬头和低头的动作，还有两只鸽子呈现出钟摆似的动作：它们头部前伸，从右向左做出大幅度的摇摆，接着再慢慢地转回来，身子也在顺势移动……"这些此前全然未曾出现的古怪行为当然与获得食物毫无关系，却表现得仿佛是行为导致了食物出现。鸽子也会像人类一样依据时间次序搭建因果关系，它们相信自己在食丸落下之前的某个举动是导致食丸落下的直接原因，于是为了获得更多的食物，它们会不断重复那些动作。换言之，鸽子变得"迷信"了。

至少在这一点上，我们对世界的认知方式并不比鸽子高明很多，而我们所追求的事物显然又要比鸽子的食丸丰富得多。譬如所谓的成功，其实是由极少数我们所能认知的因素以及无数远远超出我们认知能力的因素合力完成的，仅仅是因为人心向简以及过度的自信，才会使我们每每怀着笃定的心，为个人成就梳理出某些一目了然的因果关系。即便金子总会发光，我们的肉体凡胎也不可能真的像金子那样挨过被发掘与被锤炼之前的那亿万年的暗淡岁月。而历史，无论史官还是当事人的记载，都是由记录人的主观认识框架，即自觉或不自觉的因果视角、完形视角、取舍偏好、价值偏好等等——过滤后传播给我们的。

这样的看法难免会有一点虚无主义的嫌疑，但我还是愿意援引我在《隐公元年》里表达过的一番态度："我更倾向于认为历史是作为一个个独立的片段模糊地呈现在我们面前的，任何有意无意地在不同事件之间搭建因果关系的努力都必须审慎地把所有的可能性考虑在内，而后者在史学的范畴内往往只是不可能的任务，遑论那些对历史人物求之唯恐不深的心理分析。这些努力虽然会为人们提供很多所谓人生感悟与历史借鉴，却常在获得文学色彩和实践价值的同时丢失了历史作为一门'学科'的严肃意义。换句话说，这些因果关系与感悟、借鉴在很大程度上只是基于叙述者及阅读者本人的思维模式，最终成型为一座座风采各异的沙上之塔。而时间久了，历史便成了一部观念的历史。"

三、子产的知识·经过实践检验的未必就是真理

容我再次引述《左传》的一段记载：郑国执政官子产到晋国聘问，适逢晋平公卧病。晋国执政官韩宣子接见宾客，私下里对子产说："寡君卧病，已经三个月了，所有该祭祀的山川神祇都祭祀过了，病情却只有加重而不见减轻，现在寡君又梦见黄熊进入宫门，您知道这是哪种恶鬼在作祟吗？"

子产答道："以贵国君王的贤明，又有您作为执政官治理国家，哪里会有恶鬼作祟呢？黄熊并非恶鬼。古时候，夏朝的始祖鲧被尧帝诛杀于羽山，魂魄变成黄熊进入羽渊，成为夏朝所祭祀的神祇，夏、商、周三代祭祀不辍。如今晋国作为诸侯盟主，怕是遗漏了对他的祭祀吧？"

韩宣子于是祭祀鲧神，晋平公果然痊愈，满怀感激地赐给子产两只珍贵的方鼎。(《左传·昭公七年》)

子产并非愚夫愚妇，恰恰相反，他非但是孔子的偶像，或许还要算是整个春秋时代最为博闻强识的君子。他掌握着非常丰富的关于鬼神的知识，是当时首屈一指的学者型官僚。我们以现代的知识水平，当然会说子产对黄熊的解读与晋平公的痊愈之间毫无因果关系可言，只是一种可喜的巧合罢了，至多是发挥了安慰剂效应，但是，类似的事例其实充斥

于《左传》所呈现给我们的春秋世界。换言之,《左传》正是以这样一整套知识体系来解读全部二百四十四年春秋历史的,条理明晰,逻辑自洽,很难激发起缺乏现代知识体系的读者的半点怀疑。

通观子产的生平事迹,他利用自己所掌握的鬼神知识一次次破除过群氓的"迷信",又一次次成功解决过类似黄熊事件的棘手问题。他是一个极度自信的人,当然,他似乎也有十足的资格拥有这份自信。即便是依据"实践是检验真理的唯一标准"这一条在今天依然生效的至理名言,我们也必须承认子产所阐述的"真理"确实已经无数次成功地经受过实践检验了。

其实在某种程度上,王阳明和子产属于同一类人,他们都自我培养出了一整套特立独行的知识体系,并且应用这一套知识体系在政治的鳄鱼潭里过关斩将、披荆斩棘。接二连三的成功不但使他们更加自信,还为他们赢得了越来越多的追随者。然而事实上,在成功的主观层面上,起到作用的与其说是那套知识体系的内容本身,不如说是当事人的极度自信。

四、信心是重要的,信什么反而无关紧要

自信,从来都是积极人生以及通往成功之路最重要的一块基石,而无论你自信的内容究竟是什么。虔诚的宗教信徒之所

以总是比普通人更容易挨过各种生活难关，在大样本统计数据上的自杀率也明显比普通人低，归根结底就是这个道理。至于他们所信仰的神祇究竟是《旧约》中的上帝、《新约》中的耶稣、印度的佛陀、藏传佛教中的大日如来还是民间传说里的八仙，反而——至少在上述意义上讲——并不那么要紧。

有一则心灵鸡汤性质的故事道出了问题的真谛：一位喇嘛途经一座偏僻的山村，远远地看到一间破败的茅屋，四周大放光明。喇嘛心中惊异，知道这里一定住着得道高人，于是改变了原有的行程，特地到茅屋拜访。茅屋的主人是一位独居的老婆婆，年轻时学诵六字大明咒，天天虔诚念诵，至今已有三十多年。

喇嘛了解到，这位老婆婆的全部修行只是持之以恒地念诵这一句六字大明咒，此外无他，只可惜她的文化程度不高，竟然将"唵嘛呢叭咪吽"的最后一个字认成了"牛"。喇嘛好心地纠正了老婆婆的发音，然后才放心地告辞了。

数月之后，喇嘛故地重游，再看那茅屋的方向，先前的赫赫光明竟然消失不见了。喇嘛大惊失色，恍悟是自己的一句话使老婆婆三十余年的笃信生出了裂痕，当下急中生智，找到老婆婆，说："我之前只是试探你的诚心，其实你原先的读音半点不差。"于是，当喇嘛再次告辞上路，回望那座茅屋的时候，先前的光明果然重现。

这真是一个意味深长的故事，倘若在宗教体系之外加以解读，将茅屋的光明理解为人生的幸福感，那么我们就会发现，幸福感与信心和确定性的程度是高度相关的，与信心和确定性的内容却关联不大。

如果说有谁会对这样的结论大发雷霆，那么玄奘大师显然会是我们想到的第一个人物。经院哲学家不能容忍细小的翻译错误，于是不惜历尽千难万险去佛教发源地求取真经。玄奘和那个老婆婆究竟孰是孰非，这竟然也可以是一件见仁见智的事情。"呜呼，自王播、元载之祸，书画与胡椒无异；长舆、元凯之病，钱癖与传癖何殊？名虽不同，其惑一也"，李清照在《金石录后序》里所发出的这番貌似有点愤世嫉俗的感慨，在今天看来竟然完全是对心理事实的客观而准确的陈述。

五、从人生福祉的意义上讲，的确可以说"心即一切，一切即心"

"一个又漂亮又靠不住的男人，多么容易占据女人家柔弱的心！唉！这都是我们生性脆弱的缘故，不是我们自身的错处；因为上天造下我们是哪样的人，我们就是哪样的人。"这是莎剧《第十二夜》女主角薇奥拉的经典台词，以朴素的语言道出了人性的真谛。

每个人都会自觉不自觉地追求幸福感，这就是我们被上天所造就的样子，或者说是人类的天性，甚或是每一种生物的天性。天性相通，故而"如美食大官，高赀华屋，皆众人所必争，而造物者之所甚靳"（元好问《送秦中诸人引》）。对这些稀缺资源竞争不利的落败者们自然就会另辟蹊径，最简单直接的办法莫过于对客观事实换一种解读方式。这类办法，等而上之者我们称为哲学，等而下之者我们称为阿Q精神。

而这类办法之所以成立，基于一个很简单的事实，即幸福是一个纯粹主观意义上的东西，一个在外人看来受苦受累、做牛做马的奴隶在他自己的内心世界里也可以是幸福的。譬如他怀有对天国的虔诚信念，坚信自己今生的苦难只是通往永恒天堂的短短几级必经的台阶而已，而那些高高在上、作威作福的人，他们这几十年白驹过隙的享乐生涯将要换来永恒的地狱烈火的煎熬，而他们竟然对这样的结局全然不知，世界上难道还有比这更加可悲可笑的事情吗？于是当这名奴隶面对现实世界里的侮辱与损害时，其自我感觉恰似一位微服私访的帝王在偏街僻巷里面对酒肆老板娘的颐指气使。

早在两千多年前，有识之士便已经凭借朴素的智慧洞悉了"凡有血气，皆有争心"（《左传·昭公十年》记晏子语）的真理，而这种"负能量"其实是我们在亿万年进化过程中所保留下来的一种生存优势，是它保障了我们有更加强烈的冲动参与竞争，即便所争的尽是一些很无谓的事情。

就那名奴隶而言，对天堂的笃信越强烈，内心的幸福感也就越强。就那位老婆婆而言，对六字大明咒的笃信越强烈，内心的幸福感也就越强。至于天堂是否虚幻不实、六字大明咒是否真的被念错了发音，通通是无关紧要的事情。幸福的人生需要坚定不移的笃信，很多阳明心学的信奉者所寻求的也正是这样的心理感受。

从这层意义上说，阳明心学与其说是学术，不如说是宗教，它所施加给信徒们的，与其说是学术的力量，不如说是宗教的力量。也正是因为这个原因，阳明心学会特别吸引那些较为感性的人，却很难攻克理性主义者的凉薄之心。我们看到王阳明一些知名的徒子徒孙的生活与治学的做派，或多或少都会联想到今天的行为艺术家们。可想而知的是，倘若玄奘大师弃佛从儒，并且生活在王阳明的时代，断然会成为阳明心学在学术上最强劲的敌手。人们对于某种学术、某种宗教或某种价值观的选择，往往都是由他的个人气质所决定的。

至于我自己，熟悉我以前作品的读者都会知道，大约可以挂上理性主义者或逻辑控这样的标签，只怀有单纯的、侦探一般的求真趣味。所以，由我这样一个人来讲述王阳明的生平与学说，一定会令一些感性气质较强的人大感不悦，幸而这世界上总还有少许更加偏于理性趣味的读者。

六、为了摆脱焦虑，我们总会赋予世界秩序和意义

从老婆婆和喇嘛的故事里，我们可以分析出宗教生活的两大基本特质：意义化和秩序化。

可以换取一张进入天国的门票,这是诵读六字大明咒的意义所在;以仪式的态度,以持之以恒的方式,如同机械一般在数十年中不断重复着诵读的过程,这是一种极其稳定的秩序化的行为。所有的宗教生活都不会缺失这两项特质,但是,与其说它们是宗教的属性,不如说是人的天性。甚或我们可以说,宗教性就是人的一种天性。

人,天生就有着极其强烈的对意义和秩序的追求。换言之,倘若一件事是没有意义的,或者是缺乏秩序的,我们那脆弱的心灵便总会生出许多不安和焦灼。这当然是一种很不舒适的状态,于是,为了使自己能够安心,我们总会自觉不自觉地将事物意义化和秩序化,而在意义化和秩序化的过程之中,再荒谬的做法也聊胜于无。

譬如我们总是喜欢"有破有立"这个说法,一旦你反驳了某个理论,人们最常见的反应就是质问你:"那你倒是提出一个建设性的理论来啊,否则就请闭嘴!"倘若我们乘坐时间机器飞回两千多年前,向韩宣子和子产阐述山川神祇的喜怒其实无关人的健康与疾患,他们很可能就会做出这样的反诘。

或者你和同伴在旅行途中迷了路,你发现同伴拿的是一张错误的地图,但你能怎么办呢?绝大多数人的做法是,既然找不到正确的地图,那么拿一张错误的地图也总好过没有地图。所以我们看到,在人类的文明史上,旧理论从来不是因为被彻底证伪而失去了市场,只有当某种新理论兴起之后,旧理论才真的有可能退出历史舞台,即便新理论并不比旧理论高明。

我们总是在寻找意义，寻找每一个疑问背后的确定性答案，很难容忍意义或确定性答案空缺的状态，哪怕只在一些小小不言的事情上。

譬如即便不是全部的，至少也是绝大多数的餐厅服务生都有过这样的感受：纵使在非常忙碌的时候，也总是能够很清晰地记得那些尚未结账的顾客的账单上的一些细节，但顾客一旦结账离去，他们很快就会将账单上的内容忘得一干二净。

这个太过平常的事情看似只是一个简单的注意力的问题罢了，但是，在大约一百年前，格式塔心理学家库尔特·勒温却小题大做地反复琢磨这个场景，总觉得这事情的背后应该还有一点什么。

若干年后，勒温的弟子布鲁玛-蔡加尼克做出了一项很著名的实验，她给被试者们分配了一些简单的任务，比如解数学题，或者制作简单的手工模型，但她经常打断他们，让他们停下手里的活计，听从某个新的安排。结果可想而知，到了结束的时间，很多任务都不了了之。但真正的重头戏发生在任务结束几个小时之后——蔡加尼克开始让大家回忆方才做过的那些任务，这才有了那个以她的名字命名的所谓的蔡加尼克效应：当一个人着手做一件事的时候，如果因为中途被打断而导致这件事没能完成，那么比之完成的事情，他对未能完成的事情的记忆会清晰一倍。

是的，对于日常生活而言，心里悬而未决的东西太多，这怎么看都不像一件好事，毕竟人类的天性是"完形地"来观察世界的。让我们来设想一个场景：一张纸上画了三根直线，这三根直线构成了一个近似的并没有完全闭合的三角形，虽然严格来说这并不是一个三角形，只是三根直线罢了，但绝大多数人都会把它看作一个三角形。三角形没有封闭的部分是我们在自己的心里给它封闭完成的，是我们的意识把这三根直线组合成一个成形的三角形的——这就是格式塔心理学所谓的"闭合律"。

"格式塔"是一个德语单词的音译，意思是"完形"，"完形填空"的那个"完形"。世界就像一张永远也做不完的完形填空的试卷，而我们在看到这张试卷的时候，总会不由自主地把那些空格填满，让这张试卷看起来完整、通顺而有意义。

一个催眠术的实验可以给我们另一个角度的启发：催眠师在将被试者成功催眠之后，命令他去打开房间的窗子，被试者完全服从了这个命令，当实验结束以后，被试者醒转过来，催眠师问他刚才为什么要打开窗子。被试者疑惑了一会儿，很快回答说："因为觉得房间里太热。"

悬而未决的开放状态会使我们内心紧张，妥帖的闭合状态却会使我们放松下来。当然，放松才是我们的心灵，或者说是大脑，天然就会追求的一种舒适状态，于是，这个纷繁复杂、充斥着各种悬疑问题的现实世界总会被我们想象成一个秩序井然的房间，房间里所有的东西都被某个隐身的田螺姑娘整理得妥妥帖帖。我们就是这样自觉不自觉地将现实世界整理成我们最乐于接受的模样，然后欺骗自己说这就是世界的真相。

美国宗教社会学家贝格尔提出过一个有趣的观点：人类建造

世界的基本宗旨,就是建造人类天生所缺乏的那种类似于动物的严密结构,即秩序和法则,秩序化和法则化的主要作用就是提供抵抗恐怖的避难所,而宗教正是一种"用神圣的方式来进行秩序化的人类活动"。(《神圣的帷幕:宗教社会学理论之要素》)

时至今日,贝格尔的观点已经在相当程度上得到心理学和神经科学的支持,换言之,后者可以用更加朴实、缺乏诗意的语言论证出极其近似的结论。我们只要从这个结论稍稍推演几步,也就可以理解传统的一元化社会比今天的多元化社会更容易催生我们的安定感,相应地也更容易催生我们的幸福感。在一元化的社会里,我们固执地相信自己的价值观是具有普世性的,放之四海而皆准,倘若有什么异质因子出现,一定属于魔鬼的一党。

生活中一些极细微的事例就在呈现这种被心理学家称为"确定性偏见"的事实,例如吃豆腐脑究竟应该浇卤还是放糖,这真的引发过卤汁派和白糖派群情汹涌的网络论战,彼此都觉得对方的吃法是邪恶且匪夷所思的。英国作家斯威夫特在《格列佛游记》里以戏谑的语调所描述的大头派和小头派(其争论焦点是吃鸡蛋剥皮时究竟应该从大头敲破还是从小头敲破)原本是为了讥讽英国议会里那些因小题大做而分党立派的荒唐议员,然而事实上我们每个人都是大头派或小头派的一员,只是在某些问题上属于大头派,在另一些问题上属于小头派而已。我们必须承认的是,斯威夫特的寓言所揭示的意义远比作者的意图本身更为深刻。

多元化的世界总会使我们无所适从，我们需要花费太多的时间和精力来坦然接受一个充斥着不确定性的世界。我们必须费力地说服自己：邻居甲的无神论信仰以及邻居乙的基督教信仰，其实和我自己的佛教信仰只是通往真如世界的不同途径罢了，并不是什么异端邪说，同样值得尊重。当然，这是多元化社会逼迫我们形成的观念，完全有违人类的天性，或者说有违我们基因密码里的初始设定。

所以，在今天这个多元化的世界里，人们对确定性的渴望显然比起那些生活在一元化时代的古人更加强烈，这正是各种心灵鸡汤得以大行其道的绝佳沃土，也是阳明心学重获新生的美妙时机。

阳明心学确实致力于打造一元化的世界，强化我们的"确定性偏见"，简化我们认知世界的秩序化框架。这其实正是古代学术典型而普遍的特征，只是阳明心学在这一点上表现得更为突出罢了，因为在古人生活的世界里，交通和通信手段远远比不上今日，人们基本都生活在某个相当封闭的熟人社会里，生活习惯和价值观高度趋同，而对于视野之外的广袤世界，他们总是因为少见，所以多怪。

七、道义优先抑或功利优先

事情的另一面是，虽然王阳明确属于当之无愧的成功人士，时间的魔法更为他添加了头顶的光环和脚下的祥云，但是，倘若在我们怀着十足的理性态度，借助大样本的统计数据——假如可以的话——来认识王阳明的追随者以及阳明心学的万千信徒之后，我相信任何一个功利主义者都会在第一时间改弦更张，转而成为秦桧、刘瑾之流的忠实拥趸。

这并不是什么夸张的修辞或者暗藏讥讽的反语，因为事实真的就是这样：只要我们暂时抛开道德的考量，就会发现即便我们真的厌憎丛林法则，即便真的应该将社会达尔文主义彻底扫出人类世界，但凶狠、狡诈、虚伪、无情等等尽数归入魔鬼一党的素质，在数千年来的人类文明史上，与世俗意义上的成功始终保持着最高程度的关联。

倘若拿这个问题去请教王阳明本人的看法，他一定会一笑置之。因为在他的心灵世界里，乃至在一切正统儒家的人格修养里，世俗意义上的成功从来不被作为一个人理应追求的目标，更不可以作为评价一个人的合理标准。孟子早已给出过最经典的答案，那是在他初见梁惠王的时候，后者以一名负责任的大国领袖的姿态虚心请教："叟不远千里而来，亦将有以利吾国乎？"孟子答道："王何必曰利，亦有仁义而已矣。"(《孟子·梁惠王上》)

孔子有言"古之学者为己，今之学者为人"(《论语·宪问》)，朱熹在为这句话做注的时候，引用程颐的观点说："为己"是自己体认，"为人"是为了被人所知；自己去体认天道，如果生逢其时，副产品就是事业有成，而为了被人所知，或者说为了赢得世人的认同,其结果反而是迷失了自我。朱熹最后强调,古来圣贤们对为学之道论述很多,但再没有比这句话更加切中肯綮的了。(《论语集注》)

以这样的标准来看,我们绝大多数人都不是合格的学生。我们或者为了谋求生计,努力学习一技之长;或者受到兴趣的驱使,以学习为消遣;甚或仅仅为了考一个证书,挂靠到某个单位坐收其利……在儒者看来,这些都是标准意义上的小人行径,为君子所不齿。"君子上达,小人下达"(《论语·宪问》),君子之学的本质只有一条,即体认天道,用今天的话说,就是追寻唯一的终极真理,而所谓"达则兼济天下,穷则独善其身",那都是次一级的目标。

如果现实生活中真的出现了这样的醇儒,我们多半会觉得他迂腐。当然,古今中外人同此心,心同此理,古人也往往看不惯这种太不食人间烟火的做派,所以儒法之争、义利之争、王霸之争才会绵延不绝,所以外儒内法、阳儒阴法才屡屡成为历代统治者欣然接受的基本国策。

在中国历史上,儒法之争绵延两千余年,其实质无非是义利之争。儒家是原则导向型,以仁义为第一原则,只讲仁义而不计成败,如果真的取得了成功,那也只被看作一种良性的副产品,倘若不幸失败,也无非是求仁得仁、舍生取义。法家则是目标导向型,实现目标是最重要的,没人在意你通过怎样的手段。

这样看来,义利之争大约近乎公平与效率之争,公平问题属于道义问题,有人认为道义应该被摆在第一位,即"只做道义上正确的事",效率可以是它的副产品;也有人认为效率应该被摆在第一位,仓廪实而知荣辱,道义可以是它的副产品。后者批评前者迂腐,前者批评后者为取一时之功而贻百世之害。

在这个问题上,王阳明其实坚定地站在"迂腐"的一派里,所谓"圣贤只是为己之学,重功夫不重效验"(《传习录·下》),显赫事功只是他坚守"迂腐"的副产品罢了。换言之,在王阳明的一生中,令人钦羡的事功并不是他的追求,恰恰相反,他是追求做儒家圣人的,而对事功的汲汲追求纯属对"圣人"二字的亵渎。所以王阳明一定会对以下故事里的这位樵夫心有戚戚焉。魏晋年间,高士孙登在河边遇到一名樵夫,问他:"你就这样度过一生吗?"樵夫答道:"我听说圣人从无企求,只是以道德为本心罢了。我砍柴度日,难道还有什么值得同情的不成?"

八、"平常心"的悖论

由此我们很容易就会进入"平常心"的悖论:今天的职业运动员、金融精英以及所有在高压力、高风险与高回报的竞技场上奋力搏杀的人,都能够深刻理解心态对于职业生涯具有何等重要的意义。高压力会导致紧张,紧张会导致发挥失常,而一旦在某一次重要竞技中发挥失常,下一次机会不知道还要等待多久，甚或再也不会有机会了。

所以"平常心"变得至关重要。只有在生死搏杀面前渊渟岳峙、气定神闲、视死如归、临凶若吉，以应对平常事物的心态从容处之，将得失荣辱置之度外，这才能够充分发挥自己的真实实力。然而吊诡的是，真正具有平常心的人不可能选择高压力、高风险的职业，显然他们更乐于接受校园里闲适的教职，或者考取公务员或事业编制，而职业竞技和金融领域注定是冒险家的天堂。我们很难想象一名职业运动员在全年无休的日常训练里恪守"敢拼才会赢"的人生信条，却唯独在重大比赛的当天能像换衣服一样给自己换上一份平常心。

也许是文艺作品给我们制造了太多梦境，譬如狄更斯总是在小说里制造一些"有钱的好人"。乔治·奥威尔早早地发出了质疑："这种人物……往往是个巨商（我们不一定知道他到底做的是什么买卖），他总是个超人式的心肠仁慈的老先生，他来去匆忙，提高职员薪水，拍拍孩子脑袋，把欠债的人保出监狱，总而言之，像个童话里的教母。……甚至狄更斯有时也一定想到过，任何一个那么心急地要把钱送掉的人，首先是绝不可能得到钱的。"（《查尔斯·狄更斯》）

争名夺利总会伴随着各种冒险，伴随着肾上腺素激增的情况，当然，也会在更多时候伴随着一种令我们避之唯恐不及的情绪：焦虑。然而焦虑并不总是坏的，甚至正面意义比负面意义更多。美剧《逍遥法外》成功塑造出一个极其强悍的女主角，她出身于社会底层，成长为一个战无不胜、名利双收的法学教授。她在试图掩盖一起谋杀罪行的时候,对一个在巨大压力下略有动摇的同盟者说了这样一番话:"我看得出,你和我是一样的人,你现在唯一担心的就是能不能熬过去。这就是我们的共同点:焦虑。焦虑使我们功成名就,也使我们心力交瘁。"

焦虑,而非平常心,才是她的成功秘诀,也正是真实世界的运作法则。那些云淡风轻、与世无争的人只会守着他们那无时不在的平常心滑落到社会的底层。如果仅以成败论英雄的话,很多时候乐观情绪会比悲观情绪更容易将我们引向负面的结果,因为前者会使我们丧失动力和审慎。

来自进化生物学的现代知识告诉我们,那些被我们贴上"负能量"的标签而大加鄙夷的情绪,诸如焦虑、愤怒,对我们的生存是多么有益,正是它们敦促我们远离危险,或者鞭策着我们付出更多的努力以提升我们的竞争力。越是焦虑的人,越是在一些关键的节点渴望平常心。倘使有一种能够立竿见影地催生平常心的药片,一片可以给人带来十分钟的平常心,那么只要一小盒这样的药片就足够一个追名逐利的人一辈子的剂量了。换言之,他们并不需要更多。

作为阳明心学最重要的理论渊薮,《孟子》其实早就有这样的发现:

> 孟子曰:"人之有德慧术知者,恒存乎疢疾。独孤臣孽子,其操心也危,其虑患也深,故达。"(《孟子·尽心上》)

意即人之所以有道德、智慧、技艺、知识，常常是出于灾患的缘故。尤其是孤臣孽子，生活在凶险的状况下，忧患意识很重，所以会格外地通达事理。这当然不是什么深奥的道理，只不过是俗语所谓"穷人的孩子早当家"罢了。

事情的另一面是，无论金融从业者还是职业运动员，他们所追求的目标本身都是功利性的，没有任何道德价值，而阳明心学所着意培养的平常心恰恰是以道义为旨归而排斥功利性的。只不过人们往往做一些缘木求鱼的事，最显著者莫过于跪在以"四大皆空"教育世人的佛祖面前祈求升官发财。

那么暂退一步，我们且以买椟还珠的态度接受阳明心学，去其灵魂，取其形骸，养成良好的心态以应对险恶的竞争环境，但这也很难行得通。诚然，平常心使人不去计较输赢、得失、荣辱。既然不再计较，自然也就不会瞻贞视悔、患得患失，可以轻松接受任何可能出现的结果。拥有一颗平常心的人确实更容易发挥实力，更容易保持冷静且减少失误，成功的概率自然比患得患失的人更高。但是，当你刻意求胜，太在乎事情的结果，因而想要培养平常心以增加成功概率的时候，你显然是在做一件南辕北辙的荒唐事，你所刻意培养的平常心从一开始就已经不是平常心，而是成败之心了。

这样一种成败之心，王阳明称之为"将迎"。《传习录·下》有一段问答：

问:"孔子所谓'远虑',周公'夜以继日',与'将迎'不同。何如?"先生曰:"'远虑'不是茫茫荡荡去思虑,只是要存这天理。天理在人心,亘古亘今,无有终始;天理即是良知,千思万虑,只是要致良知。良知愈思愈精明,若不精思,漫然随事应去,良知便粗了。若只着在事上茫茫荡荡去思教做远虑,便不免有毁誉、得丧、人欲搀入其中,就是'将迎'了。周公终夜以思,只是'戒慎不睹,恐惧不闻'的功夫,见得时,其气象与'将迎'自别。"[1]

孔子和周公这两位儒家圣贤都是思虑深沉的人,而在王阳明看来,他们所思虑的并不是具体的事情,而是"致良知"的功夫。用今天的话说,譬如周公和孔子处理国政,正面临一起很棘手的国际争端,他们不会仅仅从技术层面上设想解决方案,以期利益最大化,而是遵循良知的指引,不计得失成败地应对难题。哪怕良知告诉自己只有某种损害国家利益的办法才是唯一合乎道义的解决方案,他们也会欣然照做。(事实上在孔子生活的年代,在那个标准意义上的贵族世界里,道义原则确实每每被置于国家利益之上,这是今天我们这个平民社会很难理解的事情。对此感兴趣的读者可以参看我的另一本书:《治大国:古代中国的正义两难》。)

---

[1] 见《王阳明全集》(上海古籍出版社,2011年出版),第124-125页。以下简称《全集》。

倘若仅仅在技术层面思考问题的解决方案，那就不免会掺入毁誉、得丧、人欲的成分，距离天理、良知也就远了。譬如还是在那一场国际争端里，如果你试图寻找一种利益最大化的解决方案，自然就会患得患失，这是无论如何也保持不住平常心的。

以平常心处理国政，在儒家经典里不乏经典案例。譬如《左传·昭公元年》，诸侯在虢地会盟，其时晋国和楚国是国际政局中两个势均力敌的超级大国，很有20世纪60年代美苏冷战的架势。晋国大夫祁午劝谏本国总理赵文子说："上一次在宋国的会盟，您代表晋国，子木代表楚国，结果楚国压倒了晋国。子木是个守信君子，尚且以欺骗手段占了我们的上风，这一届的楚国执政大臣公子围是出名的不讲信用的人，您如果不格外提防，一定会重蹈覆辙。楚国如果再次压倒晋国，就是晋国的奇耻大辱。"赵文子淡淡答道："当初宋国的会盟，子木有害人之心，我有爱人之心，所以楚国才占了便宜。如今我的爱人之心依然未改，今后还会一以贯之，楚国不足为患。这就好比农夫种田，只要勤劳耕作就是了，虽然一时会遇到灾荒，但一定会有丰收的时候。"

赵文子的农耕之喻很见儒家精髓，即便我们站在功利主义的角度，也必须表示相当程度的赞同，因为这实在是一种很聪明的概率思维。农耕的经验告诉人们，个人努力并不总能保证相应的回报，一场突如其来的冰雹就足以毁掉一年的收成，但这样的天灾不可能年年都有，只要年复一年地勤劳耕作，概率就足以保障可喜的收成。今天的博彩公司和保险公司就是应用这条规律来赚钱的,一城一地的得失他们并不在意,概率已经保障了一切,不似投机客的命运,成则五鼎食,败则五鼎烹。

站在博弈论的角度重新审视赵文子的策略,我们会发现赵文子之所以可以保持这样的平常心,之所以找到了概率制胜的诀窍,是因为他充分认识到自己做的不是一锤子买卖,而是博弈论所谓的重复博弈。这也就意味着,赵文子并非因为得益于某种神奇的心灵修炼才能够以平常心应对国际大事,恰恰相反,这仅仅是普通人在重复博弈的过程中所产生的一种自然心态而已。倘若我们置身于类似的处境,只要用上概率思维,同样可以举重若轻。而在那些既属于一锤子买卖又对我们至关紧要的事情面前,平常心无论如何都是不可能的——除非我们具有天生杀人狂的禀赋,或者真正认同了道义优先原则,使该原则成为我们心里唯一至关紧要的事情,后者正是阳明心学最重要的实际功效之一。

九、左手权谋,右手鸡汤

一旦我们想通了上述这些问题,那么随之而来的疑难或许便不是怎样追随王阳明的足迹,而是犹豫着是否还要继续追随下去。抉择到底如何发生,这既取决于心态,也取决于价值取向。

我想讲述一个载于儒家经典的真实事件，每个人都可以借此评估一下自己的心态和价值偏好。事情发生在春秋时代，齐国四大家族，其中栾氏和高氏一党势力较强，陈氏和鲍氏一党势力较弱。某天，陈氏宗主陈桓子和鲍氏宗主鲍文子分别得到线报，说栾氏、高氏即将攻打自己。陈桓子、鲍文子急忙召集人手，分发武器、甲胄，同时派人探听对手的最新动向。没想到的是，最新线报表明栾氏和高氏正在饮酒作乐，之前的线报纯属误判。这是一个抉择的关头，试想一下，倘若我们处在陈桓子和鲍文子的位置，在这个尴尬的时候究竟会做出怎样的应对呢？

倘若秉持儒者精神，"过而能改，善莫大焉"，陈桓子、鲍文子至少应该解除武装才是，但是，正是患得患失的思虑促使陈桓子做出了相反的决策："我们既然已经做出了反击准备，消息一定会传到栾氏和高氏那里，到时候他们就真的要来发难了。不如趁着这个时机，将错就错，索性除掉这两大对头好了。"于是陈、鲍联军发起总攻，将栾、高两大家族彻底瓦解。（《左传·昭公十年》）

不得不承认陈桓子很有急智，同样必须承认的是，他的顾虑是相当真切的：本着利益最大化的原则，知错就改将会招致灭顶之灾，将错就错反而可以改天换地。醇儒只会选择前者，对灾难性的后果坦然承受，不求尽如人意，但求无愧于心。

刘宋文帝元嘉十六年（439年），诗人鲍照途经雷水，写信给妹妹鲍令晖概述沿途风光，不经意间道出了一个最难被人接受的世界真相:"栖波之鸟,水化之虫,智吞愚,强捕小。"(《登大雷岸与妹书》)人类社会又何尝不是如此呢?于是不难想见的是,残酷的生存竞争注定会使陈桓子那一类人兴旺发达,其"优质基因"不断开枝散叶,而另一方面,一点点风吹草动就足以淘汰掉一大批醇儒式的人物。

我们不妨追踪一下四大家族争斗事件的余波:自从栾氏、高氏被逐出齐国之后,陈氏渐渐把持了国政,直到数十年后的公元前481年,亦即儒学史上"获麟"的重要一年,陈桓子的后人陈成子发动弑君政变,成为春秋时代"窃钩者诛,窃国者为诸侯"的最佳例证。自此以后,"狐媚而图圣宝,胠箧而取神器"便成为历史的常态了。当时孔子在鲁国听说了这件事情,斋戒三日,向鲁哀公请求出兵干涉齐国内政,以拨乱反正的姿态去恢复应有的国际秩序。

孔子的进谏貌似有些说服力:"陈氏弑君,齐国至少有半数人不会支持他。以我们鲁国的人众,再加上齐国人众的半数,有能力战胜叛贼。"

孔子分明知道,这样的请求没有任何实际意义,因为一来鲁国的实力根本不足以抗衡齐国,二来当时鲁国的内政比之齐国也只是五十步笑百步罢了:三桓专权,鲁哀公形同傀儡。所以孔子私下如此对人解释自己的行为:"只因为我曾经位列公职,有表达政见的义务。"(《左传·哀公十四年》)

这正是"知其不可而为之"的典型范例。孔子自认为有义务去阐述"道义正确"的意见,尽管明知这份意见毫无获准的希望。当然，对于鲁国君民来说，这倒未必是坏事，因为倘使鲁国真的兴兵伐齐，那么割地赔款、丧权辱国才是最有可能出现的结果。

　　翌年，孔子的高足子贡作为鲁国的外交副使出访齐国，与陈成子欣然确立外交关系，还成功地使后者归还了鲁国一处城邑。(《左传·哀公十五年》)如果我们记得司马光在《资治通鉴》的第一处"臣光曰"里如何批评周天子不该轻率地承认瓜分晋国的三家叛臣的合法地位，以及孔子向来如何强调名分的重要性的话，那么我们就该想到，子贡这一起在现代人看来实属成功的外交活动无异于承认了陈成子这个乱臣贼子的合法身份，为了国家利益而牺牲了道义原则。

　　今天我们最容易认同子贡的做法，连带着会责怪孔子的迂腐，毕竟"国家利益高于一切"，自然也高于道义。然而吊诡的是，在更有醇儒色彩的人看来，孔子的这番做派哪里是迂腐，简直就是功利！当然，孔子不可能做出这样功利的事情，所以事情一定另有真相。

　　这是北宋大儒程颐的观点，在他看来，孔子当时只应该列举道义上的理由，却不应该具体分析出兵伐齐的可行性。真儒行事，只在意有没有充足的道义依据，不会计较成败利钝，哪怕以卵击石也在所不惜。

　　看上去程颐已经站在了醇儒立场的极致处，再没有百尺竿头更进一步的空间了，但是清代学者章学诚在《乙卯劄记》里很是刻薄了程颐一番，说，如果真的完全从道义出发，孔子的正确做法应该是请鲁哀公向周天子请命，在后者的授权下兴兵伐齐，因为只有天子有讨伐诸侯的权利，这正是儒家很在意的"礼乐征伐自天子出"的光荣原则。所以章学诚批评宋儒"执理太过"，太不通人情了。

章学诚说得没错，但是，且让我们再转换一个视角：当我们从"平常心"的角度来看待这件事的时候，就会发现程颐才是最有平常心的人。一个人的内心准绳越是简单、笃定，待人处世也就越发从容不迫，幸福感也就越发容易得到提升，因为我们的大脑神经系统天然就喜欢简单而稳定的结构。

事情的另一面是，我们可以将程颐与陈桓子分别看作坐标的两极，是不可兼得的鱼与熊掌，但我们生性就是贪婪的，总渴望鱼与熊掌兼得，至少也要"不负如来不负卿"，所以热衷于权谋术和心灵鸡汤的竟然往往是同一批读者。顺理成章的是，如果有一个榜样人物兼具权谋术和心灵鸡汤双重特质，那他就一定会受到异乎寻常的推崇。

于是，我们发现了王阳明。

十、为什么我们不但喜欢攀比，还喜欢幸灾乐祸

仅从心灵鸡汤的意义而言，阳明心学，乃至各种主流的儒家学说，都是在道义原则导向的范畴里，故而有助于平常心的培养。理解王阳明的生平与学术，理应会引导人们通往儒家所

推崇的人格标准。于个人福祉而言，这虽然既不可能也不应该为你打造出心灵深处的"成功素质"，但至少可以使你培养出良好的自我感觉，正如那位诵读六字大明咒的老婆婆一样。

一切人生福祉归根结底皆属自我感觉。譬如一万元的月薪究竟会使你沾沾自喜抑或愤愤不平，很大程度上并不取决于它的真实购买力，而仅仅取决于你的同事和亲朋好友们挣得比你多还是比你少。概言之，并非你的绝对收入，而是你在社会阶层中的相对处境决定了你的幸福感。

美国作家罗伯特·弗兰克在《奢侈病：无节制挥霍时代的金钱与幸福》一书中很好地论述过这一现象的深层原因："在贫穷的社会里，一个人对他的妻子证明他爱她，送她一枝玫瑰就行了；但是，在一个富裕的社会里，他必须送她一打玫瑰。……人们关心相对处境是由来已久的，一个重要的根源在于，那么多的重要资源是根据相对而不是绝对能力来进行分配的。例如，正如经济学家阿马蒂亚·森强调的那样，总是有一些食物可以得到，甚至在最严重的饥荒发生时也是这样，而谁能得到这些食物的问题主要依相对财富持有的多寡而定。所以，这就难怪会有人选择去他能挣到10万美元而其他人只挣9万美元的地方，却不愿去他能够挣11万美元而别人挣20万美元的地方去生活。尤其是，我们不难理解这样一种现象，即，有些人当自己的愿望得到满足后，还希望看到他人的努力遭到失败。"

"小人之好议论，不乐成人之美，如是哉！"韩愈的这一句著名感慨完全可以在罗伯特·弗兰克和阿马蒂亚·森这里得到完善的解释。我们由此看到的是攀比心理的生物学意义。是的，我们天然就会忽略个人收入水平的绝对值，而永远在自觉不自觉之中去追求综合收入能力的社会排名。这正如我们每个人都有的校园经验：考分的绝对值是无关紧要的，考分的排名才是唯一重要的事情。如果要我们在"考90分，排名倒数第三"和"考60分，排名第一"之间做出选择，当然不会有人选择前者。这就意味着，我们究竟学到了多少知识，这并不会直接影响到我们的个人福祉，所以古人生活得并不比我们更不幸福。

所以我们也会晓得"鹪鹩巢林，不过一枝；鼹鼠饮河，不过满腹"这一类宣扬知足常乐的人生哲学是何等违背人性，"始以创出为奇，后以过前为丽"的世界是何等真实不虚，所以当我们在史书里一再看到倡节俭、禁浮华的诏书，该会明白这是一种何等徒唤奈何的努力，所以当我们知道在经济学领域"价值是主观的"这一认识竟然是直到相当晚近的时候才由奥地利学派认认真真地归纳出来，这是何等令人吃惊。

幸福就是如此主观，人的幸福感其实是受到天生的认知模式的左右，和财富的多寡并没有直接、必然的联系。财富为我们带来的幸福感，与其说是源于物质生活的丰裕与便利，不如说是源于财富所带来的社会等级的提升，否则哪怕我们拥有再多的财富，但只要比不过身边的其他人，我们那脆弱的心难免会受到嫉妒和焦虑的啃噬。所以经济学长久以来存在着一个误区，它只关心经济总量的增长和帕累托改进式的全民财富的提升。譬如你是否愿意接受这样的改进：你所有亲朋好友的财富提高十倍，你本人的财富提高两倍？经济学家和你的理性都会举手赞同，但你的非理性，或者说你的情感，很可能会急遑遑地站出来，投一张庄严的反对票。

在这个问题上，你的非理性不但答对了，而且抢答成功。是的，非理性的反应速度远远超过深思熟虑的理性。

其实人类只要度过了匮乏时代，享受用财富买到的全部快感，绝大部分都无关物质性的生存，而是深深地关乎人际关系。譬如所有人都买了车，你不会觉得没有车意味着匮乏，而会认为那是一件丢脸的事，同理，在亿万富翁俱乐部里一个千万富翁很容易会有无地自容的难堪感，尽管他的财富已经足以使他过上优渥的生活了。

对稀缺性的追求是最深层的永恒人性之一，这才是经济学的真正基石，倘若亚当·斯密当年能想到这一层的话，就不会困扰于那个钻石与水的悖论了。所以，在公平和效率之争中，即便仅仅从经济学的立场来看，也应当义无反顾地站在公平优先的一边。当然，我知道很多人不会赞同我的结论。

十一、自信心与旁观者·柳龙拳的故事

有一些人生哲学可以带给我们良好的自我感觉，另一些则不然。譬如"实事求是"显然属于后者：一来我们几乎排除

不掉"确定性偏见"的干扰，否则也就不会有"人贵有自知之明"这种放之四海而皆准的民谚；二来"实事求是"往往会使我们陷入极度不适的状态，毕竟谁也不愿意直面自己的失误，掩耳盗铃、强词夺理和自欺欺人才是我们天性中最顽固的自我保护机制。所以我们总会将成功归于个人努力，将失败归于坏运气的干扰，此即刘峻《辩命论》一言以蔽："至于鹖冠瓮牖，必以悬天有期；鼎贵高门，则曰唯人所召。"

我们天然就会追求良好的自我感觉，这才是功利主义"趋利避害"原则的本质。人们总是将利与害简单理解为经济上或生理上的获益和损失，这显然过于偏狭了些。文天祥的舍生取义和秦桧的舍义取生其实同样基于趋利避害的考虑，前者不能忍受名节的屈辱，后者不能抵御权势的诱惑。

在所有古代学术中，阳明心学是最能够带给我们良好自我感觉的一种。如果你坚信自己掌握了最核心的宇宙真理，你的人生将会是何等充实与乐观，你的心灵将不会被任何困难或灾难击垮。在一切缺乏客观标准的领域里，一个人如果能够笃信自己高踞于社会金字塔的塔尖上，当然也就拥有了幸福。

只是在旁观者看来，良好的自我感觉难免会伴随一些荒唐的举动，毕竟不是所有的事情都能像那位念诵六字大明咒的老婆婆那样，其咒语的效验以及读错发音的真实后果只能在涅槃世界里寻求检验，所以我们还会看到另外一种人生，譬如柳龙拳的人生。

柳龙拳，日本合气道大师、灵能力者，以隔山打牛的神奇武技名闻天下。在网络上可以看到许多他和弟子对练的视频，这位老人家只要隔空挥一挥手，弟子们便如遭雷殛，以各种华丽的姿势纷纷倒地。但是，"合璧不停，旋灰屡徙"，岁月于人自有神奇的力量，要么"松柏后彫于岁寒，鸡鸣不已于风雨"，要么"向使当初身便死，一生真伪复谁知"，于是我们沮丧地发现，长寿竟然是这位传奇高手的唯一死敌。就在不久前的2006年，六十五岁高龄的柳龙拳发出英雄帖，高调地向全世界的格斗高手发出挑战，其结果就是被前来应战的岩仓豪以实实在在的拳脚当众秒杀，每个人都可以在网上看到这段视频。

　　事情大约只能得到这样的解释：这位大师至少在晚年真诚地相信自己拥有隔山打牛的气功，所以才能够以爆棚的自信、以真正毫无压力的平常心应对天下英雄和亿万观众。但是，倘若我们本着"事实胜于雄辩"的态度，认为柳龙拳的信徒从此将会风流云散，认为柳龙拳本人从此将会一蹶不振，那我们就大错特错了。基于心理学家费斯廷格在20世纪50年代对"认知失谐"现象的经典研究，我们可以基本准确地预测出这一场"巅峰对决"的余波：确实会有很多人从此再也看不到大师头上的光环了，但是柳龙拳本人和一些铁杆拥趸会为这次失败找出各种合理解释，信心反而得到强化，彼此间的关系反而变得更加紧密了。

　　事态真的是这样发展的，战败之后的老英雄继续"爱玉体，珍金相，保期颐，享黄发"，数年之后，以古稀高龄再战江湖。他依然对自己的盖世神功笃信不疑,而我们作为旁观者,尽管可以尽情嘲讽,却难免会羡慕这位老人藏在小小身板之内的强悍内心。他活在一个充分自足的内心世界里,笃定、平静而乐观,一切幸福皆不假外求。所谓举世皆誉而不加劝,举世皆非而不加沮,与天地精神独往来,凡此为我等凡夫俗子所艳羡而不可企及的人生境界其实莫过如此了。

只要向着内心自足的目标,那么我们既可以做王阳明,也可以做柳龙拳。如果你还执意选择前者,那仅仅说明你内心修为尚浅,既不明白主观价值论的科学道理,也太在意外人的眼光了,哪有半点"虽千万人吾往矣"的儒者气魄呢?

十二、狂者胸次

巴尔扎克的小说《幻灭》有一段深谙世俗智慧的议论:"在社会的许多怪现象中,你们可曾注意到没有标准的批评和荒唐苛刻的要求?有些人可以无所不为,再胡闹也不要紧,他们样样合乎体统,老是有人争先恐后替他们的行为辩护。社会对另一些人却严格得不能相信:他们做事都要合乎规矩,永远不能有错误,犯过失,闹一点笑话都不行;人家把他们当作雕像欣赏,冬天冻坏一根手指或者断了鼻梁,立即从位子上拿下;他们不能有人性,永远要像神道一般十全十美。"

会出现这样极端且荒谬的两极现象,取决于当事人将自己摆在怎样的位置。在王阳明的有生之年，他常常以后者的姿态饱受世道人心的挑剔与责难。我们不难想象一位处于舆情焦点的政府官员，他无论做什么都是错的，无论做与不做都是错的。他似乎缺乏足够的明哲保身的智慧，于是接下一只又一只烫手的山芋，最后，如果他还没有倒下的话，他就会练成一身死猪一般不怕烫的过硬本领，尽管身上早已经伤痕累累。

这样的本领当然不容易练成，谁让我们生而就是群居生物呢，这才是问题的关键。

"违众速尤，迕风先蹶"，我们天然就会在意别人的眼光，别人的眼光从来都是我们最大的天敌。独居动物就不会有这种苦恼，譬如猫，"逸翮独翔，孤风绝侣"，与天地精神独往来，从来都不合群，也不在意自己是否合群，任何同类只可能在抢食的时候或交配的季节伤害到它的身体，却很难伤害到它的心灵。我们会看到，在宠物的世界里，狗常常因为缺乏主人的关爱而患上可怕的抑郁症，猫却从来特立独行，对主人的关心和同伴的冷淡一概无动于衷，在小小的心灵世界里自得其乐、自给自足。

我们可以说，人类心灵修炼的最高境界其实就是向猫科动物看齐，这并没有任何自我贬抑的意思。让我们来看《传习录·下》的一段内容：

> 薛尚谦、邹谦之、马子莘、王汝止侍坐，因叹先生自征宁藩已来，天下谤议益众，请各言其故。有言

先生功业势位日隆，天下忌之者日众；有言先生之学日明，故为宋儒争是非者亦日博；有言先生自南都以后，同志信从者日众，而四方排阻者日益力。先生曰："诸君之言，信皆有之，但吾一段自知处，诸君俱未道及耳。"诸友请问。先生曰："我在南都以前，尚有些子乡愿的意思在。我今信得这良知真是真非，信手行去，更不着些覆藏。我今才做得个狂者的胸次，使天下之人都说我行不掩言也罢。"尚谦出，曰："信得此过，方是圣人的真血脉。"[1]

当时王阳明已经平定了宁王之乱，赢得了人生中最辉煌的一次战绩，正应当是"道冠鹰扬，声高凤举"的时候，居然赢来的谤议远远多于赞誉。几位心地淳良的阳明弟子很难理解这样一个险恶的事实，于是试图分析出症结所在。大家提出了各种解释，找出了各种客观理由，无非是"物忌坚芳、人讳明洁"一类，王阳明本人却以自省的态度提出了一种主观性的回答："以前我或多或少还有一些'乡愿'的样子，如今才真正相信我所提出的良知理论是绝对的真理，于是信手行事，不假半分掩饰。我已经是'狂者'的胸襟了，即便天下人都说我'行不掩言'，我也无所谓了。"弟子薛尚谦慨然总结道："有这样的自信，才是圣人的真血脉啊！"

---

[1] 见《全集》，第131-132页。

这段内容涉及一点儒学背景。《孟子·尽心下》中，孟子向弟子万章讲解孔子的人际交往观念，说孔子最想结交的是"中道之士"，也就是达到了儒家最高人格标准"中庸"的人，如果实在寻不到这样的人，那么退而求其次，"狂者"和"狷者"也是好的，前者锐意进取，后者有所不为，孔子最讨厌的人是"乡愿"，认为这些人才是真正贼害道德的人。

"乡愿"是这样一种人：想指责他却也挑不出他多大的错误，想斥骂他却也骂不出个所以然来，大家都觉得他是忠厚老实的好人，他自己也以正直、廉洁自居，只有当你真正拿尧舜之道来衡量他的时候，才会发现他是何等令人厌恶。

这样的人，其实正是最宜于群居生活的人。他并没有内心坚守的道德准则，只是与世浮沉而已，总能够零障碍地融入任何社会评价体系。我们至多只会嫌他"乾乾终日，翼翼小心，驭朽索以同危，履薄冰而为惧"，所以除了尊敬和喜爱，我们很难对他摆出别种态度。

当然，在今天的社群主义者看来，"乡愿"简直没有半点不妥，而任何社会中的绝大多数人，或多或少都是"乡愿"。所谓"素丝无恒，玄黄代起；鲍鱼芳兰，入而自变"，我们每个人的价值观都是在自幼所生活的社会环境里潜移默化地塑造成形，成为我们待人接物的第二本能。贾谊《鵩鸟赋》所描绘的"愚士系俗兮，窘若囚拘"，岂不正是我们每个人的真实样子吗？即便有一点特立独行的念头，总可以很好地掩饰起来，一切言谈只"如黄祖之腹中，在本初之弦上"，然后美其名曰

"换位思考"。

但是,"努力顺应环境,使自己变成一个受到更多人喜爱的人",这难道会是一种十恶不赦的人生追求吗?在今天看来当然不是,不过儒家是不会这样看问题的,他们是原则至上的价值一元论者,坚信真理并非来自风俗,而是来自上天。孟子就是一个榜样人物,对其他任何价值观皆持斩尽杀绝的态度,而对于自己虔心信奉的真理"虽千万人吾往矣",不惜成为全民公敌,不惜与全世界背道而驰。

我们既可以在马丁·路德、布鲁诺这些人身上看到这样的精神,也可以在甘为人体炸弹的恐怖分子身上看到同样的精神。在王阳明的后学当中,狂人李贽就是一个很典型的例子。阳明心学的奉行者很乐于成为这样的"狂者",即便全世界都对他们的价值观喊打喊杀,他们也会继续锐意进取下去,因为在他们看来,哪怕是一丝一毫的妥协,也会使自己流于令人不齿的乡愿一党。

据孟子说,"行不顾言"是乡愿对狂者的讥嘲,觉得狂者志大而言夸,嘴上永远都在标榜古人,行为却不能与言语相合。(《孟子·尽心下》)其实这也难怪,毕竟人们总是以成败论英雄的。即便在今天,倘若某个尚未发迹的年轻人竟然表达出对名车、豪宅的轻蔑,有几个人会称道他的耿介拔俗之标和潇洒出尘之想呢?通常会有的反馈总是这样的:"等你哪天有了名车、豪宅,再来说这样的话吧。"心怀善意的长辈也许会这样来教导他的处世哲学:"你讲的道理并没有错,但在你一无所有的时候讲这样的话，只会引起听者的恶感。"

这真是十足的小市民嘴脸啊，只在意言说者的资格和言说效果的利弊，却不甚在意所言说内容的是非。其实这样的心态，贤者也在所难免。王阳明的高徒王畿（字汝中，号龙溪）有一段话，说以前有人论学，认为应当取法于天，这时有过路人不以为然地说："诸位不必高谈阔论，只要取法于正人君子就是了。像你们这样以市井之心妄想取法于天，简直就像凡夫俗子自称国王一样，几近于无耻。还是先好好学做正人君子，做到了再说下一步吧。"（《明儒学案》卷十二）

王畿不但是王阳明极器重的门人，更与钱德洪并列为传播阳明心学最有力的两大干将，倘若行辈和年岁可以颠倒一下，让成年的王畿看到少年王阳明立志做圣人的一幕，不知道会说些什么。

狂者不是这样的，他只在意真理本身，仅此而已。只要他坚信对名车、豪宅的轻蔑是一种合乎真理的态度，那么无论他是一贫如洗还是富可敌国，都不介意在任何时间、任何场合对任何人表达出这份轻蔑。所以也难怪人们不喜欢狂者，倘若王阳明在平定宁王之乱的事件中不幸惨败，时人对心学的非难一定会变本加厉，王阳明或许也不会还敢说"狂者胸次"那番话的；倘若王阳明生活在今天，一定也会被我们这些或多或少沾染了乡愿气息的人讥讽和诋毁，至少"行不顾言"的帽子肯定是要扣给他的。

王阳明的高徒王畿回忆老师曾说过这样的话："在我居夷

之前，称道我的人十之有九；进鸿胪寺以前，人们对我毁誉各半；进鸿胪寺以后，非议我的人十之有九。"这是王阳明人生的三个阶段，社会评价竟然会发生如此颠覆性的转变，原因究竟何在呢？王畿的解释是，学养愈真切，世人愈无法接受，以前之所以称誉者多、非议者寡，只是因为老师把心里话藏起来不说的缘故。（《龙溪先生全集》卷三）

这恰恰道出了思想史上的一般规律：真知灼见总是很难被同时代的人接受，要等上一两代人的时间甚至更久，才终于成为庸常之人的普遍共识。而那些活生生的有着真知灼见的人很轻易地就会了解到以一己之力对抗世俗是何其之难，并且会付出怎样惨痛的代价，那么，是一往无前还是明哲保身，这就变成一个生死攸关的问题了。

人毕竟是群居动物，脆弱的心灵很容易受到他人言语和态度的伤害，所以总会自觉不自觉地去迎合社会的期待。在一个游牧社会里，人们总希望成为骑射精良的勇士；在一个拜金社会里，人们总希望成为富人。一言以蔽之，社会评价是扭转个人成长方向的最大动力，顽固地将人推向乡愿一途，即便是王阳明，也一度未能免俗。只是当他的心灵修炼更上了一个台阶之后，才不在意世俗的眼光了，从此以狂者自居，依循心中正道放手而行，一切毁誉再也不能动摇他分毫。今天我们评价阳明心学在当时有"解放思想"的意义，很大程度上正是因为"狂者胸次"在王学后人当中备受推崇，孙逢奇甚至有一句名言说"千古圣人俱是狂狷做成的"。人生至此，似乎真如王阳明《泛海》诗中境界：

险夷原不滞胸中，何异浮云过太空！
夜静海涛三万里，月明飞锡下天风。[1]

这首诗刚好可以看作王阳明那句著名的"无善无恶心之体"的形象表达：人的心灵原本就像太空一样，太空之中虽然有日月星辰雷电，有阴晴风雨晦明，万物皆备，却不受任何事物的牵绊、挂碍或阻滞。[2]

仅以心态而论，其实这样的境界也并不是很难达到，今天的各种传销组织和邪教甚至可以做得更好。我们不难发现那些被传销思想深深洗脑的人，头顶仿佛出现了圣徒的光环，整个人都在发光，言谈举止大有"狂者胸次"，做起事来百折不挠，虽九死其犹未悔，虽千万人吾往矣。只不过在我们的社会评价体系里，阳明心学是好的，传销和邪教是恶的，所以我们才会推崇前者而贬损后者，倘若只就内心的充盈状态而言，两者其实并无二致。

自信真理在握当然是一种很幸福的内心状态，可以使人们更轻松地在艰难时世中披荆斩棘。用王阳明的话说，"此心安

---

1 见《全集》，第757页。
2 王阳明在五十六岁那年向弟子钱德洪讲过这个道理，见《全集》，第1442页："有只是你自有，良知本体原来无有，本体只是太虚。太虚之中，日月星辰，风雨露雷，阴霾饐气，何物不有？而又何一物得为太虚之障？人心本体亦复如是。太虚无形，一过而化，亦何费纤毫气力？德洪功夫须要如此，便是合得本体功夫。"

处即是乐也"。但是在旁观者看来，这样的人既可以是可敬的，也可以是可怕的。《老残游记》讲述的清官害人的事情便是不那么令人愉快的例子。一位怀着十足的自信站在道德制高点的清官究竟会严酷到何种程度，稍有社会经验的人并不难于想见。再如将出轨女性浸猪笼或背石沉江的那些义正词严的宗族长老，在今天看来难道不也是些令人生畏的角色吗？

十三、两难：吾心与社会

钱锺书有一番话说："上帝要惩罚人类，有时来一个荒年，有时来一次瘟疫或者战争，有时产生一个道德家，抱有高尚得一般人实现不了的理想，伴随着和他的理想成正比例的自信心和煽动力，融合成不自觉的骄傲。"这段话的下文是："基督教哲学以骄傲为七死罪之一。王阳明《传习录》卷三也说'人生大病只是一傲字，有我即傲，众恶之魁'。照此说来，真道学可以算是罪恶的初期。"

基督教哲学以骄傲为七死罪之一，但在基督教的历史上，很少有信徒会在面对魔鬼和异教徒的时候表现出半点的谦逊和宽容。王阳明视"傲"字为人生唯一的大病（其实他在不同的时间和场合说过好几种"人生唯一的大病"），但阳明心学注定会培养出一大批贡高我慢的徒子徒孙。因为自信和骄傲是一体的两面，"薰莸不同器而藏，尧桀不共国而治"，一个坚信宇宙真理尽在吾心的人不可能还在心底给各种"异端邪说"留出一点位置和一点或许不甚必要的敬意。

真理只有一个，这在古人看来是天经地义的事情。王阳明《博约说》："理，一而已矣；心，一而已矣。故圣人无二教，而学者无二学。"[1]既然如此，那么凡与圣人之教不同的说辞当然都是异端邪说了。

《示弟立志说》，王阳明为劝诫弟弟王守文而写的一篇文章，谈到《尚书》《周易》这些经典以及孔子、曾子、子思、孟子这些先哲，虽然貌似各有各的主张，其要领却若合符契。原因在于："夫道一而已。道同则心同，心同则学同。其卒不同者，皆邪说也。"[2]再如《壁帖》："夫孔孟之训，昭如日月。凡支离决裂，似是而非者，皆异说也。"[3]

对邪说与异说的宽容与姑息养奸无异，就连佛教都有除魔卫道的刚猛一面。于是我们在《明史》上看到的是，比之王阳明本人，他的弟子们更像是坚定的"王阳明主义者"。这几乎是一切宗教以及宗教性的各种"主义"所共有的现象，丝毫不令人意外。清代学者戴震"以理杀人"的命题虽然是针对程朱理学而发，却同样也适用于阳明心学，适用于一切自命真理在握的人。

阳明心学造就了有明一代的思想解放，这是思想史上公认

---

1 见《全集》，第297页。
2 见《全集》，第291页。
3 见《全集》，第306页。

的事情。王阳明之于儒学，很像是马丁·路德之于基督教，使平民百姓从此可以直达圣道。但是，自信心爆棚的人太多，对于社会而言未必就是一件好事。一旦圣贤之道全在各人的内心具足，全向各人的心底去求，一切客观标准也就失去了意义。

譬如《中庸》有这样的话："故君子之道，本诸身，征诸庶民，考诸三王而不缪，建诸天地而不悖，质诸鬼神而无疑，百世以俟圣人而不惑。"这是说君子作为社会的统治者，他所奉行的"道"要经受得起五项考核：

1. 要得到民众的认可。

2. 要拿三代圣王的遗训来做校验，不能有半点龃龉。

3. 要合乎天地之理。

4. 得到鬼神的认可。

5. 能够得到百世之后的圣贤认可。

这五项考核标准也许过于苛刻和理想主义了，但毕竟表达了一种努力寻求外在标准的审慎态度。只要一想到这是两千年前的古人所具有的认识，我们又岂能不由衷地表示钦佩呢？

当然，自宋代以来的那些钻研性理的学者不会喜欢这样的标准，因为寻求简易而笃实的终极真理是人心不可磨灭的天性。我们总需要义无反顾地去迷信一些什么，谁让我们生而为人呢？只可惜，"难道不是你将月神拉下了马车，将树神赶出了森林，将尼芙仙女逐出溪流，还赶走了草地上的精灵和我在罗望子树下的梦"？这是美国诗人爱伦·坡对科学的抱怨，也是我们现代人对现代知识的抱怨。

今天恐怕不会有哪个受过高等教育的人还会相信阳明心学的学理依据，但是，正如前文所指出的那样，除非有某种新的学说真正取而代之，否则它依然会保持活力，何况我们是多么渴望去相信它啊。

第一章

家　世

一

嘉靖元年（1522年），已是知命之年的王阳明居越服丧，从此过了六年"百战归来白发新，青山从此作闲人"的散淡日子。任凭朝廷里新君即位，"大礼议"事件沸沸扬扬，他只是聚众讲学，不问其他。仰慕者不断从全国各地汇集到王阳明身边，其中不乏某些怀有特殊目的的人。

嘉靖四年（1525年），一位名叫张思钦的陕西儒生南下数千里，专程拜访王阳明，恳请后者为自己刚刚去世的父亲撰写墓志铭。对王阳明而言，这也算是名人注定要承受的诸多苦恼之一吧。我们今天会在王阳明的文集里看到大量或情愿或不情愿的应酬，毕竟总是有人不介意去麻烦别人的。在王阳明的时代，墓志铭几乎已成为一种流行的陋俗，比八股文还要程式化。平常人家哪有那么多丰功伟绩可以歌颂，受孝子贤孙所托的文人墨客在隔靴搔痒的姿态下又怎能写出多少感人的真挚呢？

撰写墓志铭真是何等费心费力、临深履薄的事情，王阳明当然有十足的理由推辞。但张思钦既然为了这件事情不惜跋山涉水数千里，显然怀着"精诚所至，金石为开"之心，不达目的不肯罢休。我们可以轻易预见的是，王阳明终于被感动，或者终于不胜其烦，满足了张思钦的愿望。但是，事情的结局相当出人意料，王阳明只用一番话便打消了张思钦的执念，还使这位孝子心悦诚服地成为自己的门生。

王阳明的大意是，我很理解你的心情，你是希望借我的文章来使自己的父母永垂不朽。这份孝心固然可嘉，却还可以再推进一步，若想揄扬父母的声名，与其托之于他人之手笔，不如托之于己。子为贤人，父母便是贤人之父母；子为圣人，父母便是圣人之父母。今天我们知道叔梁纥的名字，岂不因为他是孔子的父亲吗？（《书张思钦卷》）[1]

儒家推崇孝道，《孝经》有言："身体发肤，受之父母，不敢毁伤，孝之始也。立身行道，扬名于后世，以显父母，孝之终也。"在这样的标准下，自身成贤成圣才是对父母最大的孝顺，王阳明正是抓住了这一点才说服了张思钦。

当然，如果站在功利主义的立场，我们会责怪张思钦缺乏概率意识：成贤成圣固然最好，但概率太低；请名人撰写墓志铭虽然只是次优方案，却实在是最明智的选择。张思钦后来果然未能成贤成圣，所以谁也不知道他的父母姓甚名谁，倘若他当真从王阳明那里求得了一篇墓志铭，后人却很容易从王阳明文集里读到他父母的姓名与事迹。只是王阳明不会认同这样的道理，在他看来，成贤成圣并不是太难的事情，每个人天生都是圣人的坯子，为什么不可以立下这样的志向呢？

从客观上看，王阳明自己倒是做到了"立身行道，扬名于后世，以显父母"。正是因为他为自己挣得的声名，才会不断有人悉心考索

---

[1] 见《全集》，第309-310页。

与记述他的历代祖先的生平事迹。这些记载更得到后人认真的编辑整理，以《世德记》的名义编入《王阳明全集》，使我们可以知晓王阳明究竟是在怎样的家庭环境里成长为一代圣贤的。

二

王阳明的先祖，一般被追溯到东汉末年的名人王览。"二十四孝"有个"卧冰求鲤"的故事，主人公王祥就是王览同父异母的兄长。王祥、王览兄弟自幼皆以孝悌著称，成年以后皆在高官显爵中幸福终老。

王览一支，终晋一代都是首屈一指的世家大族，亦即"旧时王谢堂前燕"里的那个王氏家族，其中就出了王导、王羲之这些在今天依然家喻户晓的人物。但是，在王阳明家谱里确切可考的祖先其实追溯不到如此久远，审慎的谱系应当从生活在元末明初的六世祖王纲开始。

王纲，字性常，是个文武双全的人物，尤其有一双识人的慧眼。元朝末年，王纲侍奉母亲在山中躲避兵乱，偶遇一位道士前来投宿。王纲的识鉴长才在这个关键时刻发挥了作用。他看出这位道士绝非常人，于是执礼甚恭，当夜便从道士那里学成了占筮之法。

道士自称来自终南山，名叫赵缘督，最后还以神秘的筮法为王纲预测了未来："您的后代子孙将会出现一位名人，但您本人不能善终，何不随我一起修道呢？"王纲当真动了心，只是考虑到母亲将会无人照料，不由得面露难色。道士笑道："我早知道您尘缘未断啊！"

这段记载见于张壹民《王性常先生传》，被收录为《世德记》第一篇。还记得我第一次读到这里的时候，竟然想到了基督教神学里《旧约》对耶稣基督的接二连三的预表。是的，王纲的生平仿佛正是对王阳明一生经历的预表，这所有的细节与关键词都仿佛是作者刻意为之的。

王纲的传奇事迹还不止于此，他还曾在刘基寒微之时准确预言了后者发迹。后来元明易代，刘基以开国元勋的身份举荐王纲出仕，那时候的王纲已是古稀之年。

王纲既然精通占筮，兼具识鉴天才，辅以丰富的人生经验，在官场上理当一帆风顺才是。但命运总有几分奇诡的色彩。当时潮州发生民变，王纲以广东参议的身份前往督运军粮，临行时对亲人说道："我这一去，怕是回不来了。"于是致书与家人诀别，带着儿子王彦达踏上了阴霾密布的征程。

王纲在潮州成功完成了使命，意外发生在归途之中。行至增城的时候，有一伙海盗截舟罗拜，强邀王纲来做首领。海盗们每天拜请不已，但精诚所至换来的不是金石为开，而是王纲不绝于口的斥骂。失去耐心的海盗终于杀掉了王纲，一不做二不休，索性要把在一旁哭骂求死的王彦达一并杀掉。幸而贼酋有些见识，认为"父忠而子孝，杀之不祥"，听任王彦达将父亲的尸身以羊革包裹，背回禾山安葬。这时候的王彦达，只是一个十六岁的少年。

王纲的一生仿佛昭示了这样的道理：一切皆是命中注定，即便你有预测命运的本领，也没办法趋吉避凶。更加令人心寒的是，王纲之死并没有在新兴的大明王朝得到几分应有的重视，足足过了二十年时间,朝廷才想起王纲的节义壮举,于是在增城为他立庙祭祀,还要录用王彦达为官。

但是,父亲的前车之鉴使王彦达终身不肯踏入仕途,只在贫衣恶食的躬耕岁月里奉养年迈的母亲,并以先世遗书付与儿子王与准,叮嘱他只要勿废先人的文化传统即可,不可存了读书仕进的念头。

三

王彦达这种避官场如避水火的态度其实有违儒家孝道。

在孝道传统里,读书人如果家贫亲老,那么为了奉养父母,哪怕身处乱世,也有义务出来做官。[1]《世德记》仅仅将王彦达的反常举动解释为"痛父之死",实情当然不止于此。

在明代初年,做官非但是第一等的高危职业,并且侮辱时刻与杀机相伴。明太祖朱元璋出身于社会最底层,在反元战争中以帮派手段统御军队,于是使明代的政治风气充满了帮派色彩,士大夫形同黑帮马仔,其地位与尊严至此降到了有史以来的最低点。

把握"帮派风格"实为我们理解明史的第一块基石,幸而帮派风格大有平民社会的意味,比起周代的封建格局、汉代的贵族习气、唐

---

[1] 对于这个问题,最经典也最常被人称引的文字是孟子的一段话:"仕非为贫也,而有时乎为贫。娶妻非为养也,而有时乎为养。为贫者,辞尊居卑,辞富居贫。辞尊居卑,辞富居贫,恶乎宜乎?抱关击柝。孔子尝为委吏矣,曰:'会计当而已矣。'尝为乘田矣,曰:'牛羊茁壮长而已矣。'位卑而言高,罪也。立乎人之本朝而道不行,耻也。"(《孟子·万章下》)

代的门阀传统更容易被今天的读者接受，甚至亲近感也更多些。

若换作以往的时代，读书人至少可以不求仕进，以隐逸生涯优游卒岁，朝廷一般并不刁难这些"非暴力不合作"分子，要么给以礼聘，要么给以优容，因为隐逸——借用江淹《建平王聘隐逸教》一文中的名言——"斯乃王教之助，古人之意焉"。但强横的明太祖只奉行简单粗暴的斗争哲学：凡不肯归附我的，都是我的敌人。

于是，读书人的仕进与否忽然不再是一个单纯的人生观意义上的取舍偏好问题，而变成一个严峻的、事关政治站队的生死攸关的问题；隐士们非但不再是"王教之助"，甚至连"非暴力不合作分子"都算不得，而变身为彻头彻尾的"反动派"。进步的洪流有十足的道德理由或将他们裹挟而去，甚至将他们碾为齑粉。譬如苏州有姚润、王谟被征不至，贵溪有夏伯启叔侄断指以明不仕的决心，下场皆是人头落地，家产籍没。罪名堂而皇之地见诸太祖钦定的法律条文："率土之滨，莫非王臣。寰中士大夫不为君用，是自外其教者，诛其身而没其家，不为之过。"（《大诰三编》）这难免不让天下读书人惴惴不安，思忖着这样一场改朝换代看来真有一点史无前例啊！

在仕途险恶的时代，退归林泉可以避祸全身，儒生们却必须面对这个崭新局面：纵使庄子复生，怕也做不了那只特立独行的猪，在远离尘嚣的泥潭里自由打滚了。

仕途是刀山，林泉是火海，除此更无第三条路可走，人生至此，何去何从？

四

　　帮派风格贯穿有明一代政治生活之始终，如同顽强的基因，并未随着太祖皇帝的驾崩而寿终正寝。幸而古代社会技术落后，中央集权的力量尚未臻于无孔不入的恐怖化境，《1984》的世界还只是个虽不能及而心向往之的伊甸乐园。如果我们可以把大明帝国想象成巨人握紧的一只铁拳，那么王与准就是在这铁拳指缝间侥幸偷活的一只小小的蝼蚁。

　　王与准谨遵父教，闭门读书，竟然渐渐读出了一点名气。乡里每有晚辈拜师求教，王与准便用一套固定的说辞加以推搪："我没有师承，不足以教学。"

　　这在明代实在算不得一个站得住脚的理由，但我们不妨以当时的大环境来推想王先生的深刻用心：晚辈求学，大多是带着功利心来的，无非希望在科举中博一个功名而已，而明代科举以八股取士，尽管八股文只是文体之一种，本身无所谓优劣，但义理上必须固守朱子的性理之学，朝廷又是颁布标准儒经版本，又是删削《孟子》以免错误思想毒害世道人心，这重重枷锁，哪是僻居世外、无意仕进的王与准能够戴得过来的呢？一旦有学生在考场上答出了什么"大逆不道"的言论，不但本人一生尽毁，必定还会带累师长，更何况儒家世代传承的大道哪能就这样削足适履呢?

待读遍了父亲留下来的藏书之后,王与准打点行囊,去四明赵先生门下学易。

赵先生深爱王与准的气节,将族妹嫁与他为妻,还劝他努力入仕。王与准的回答是:"昨日听您讲解'遁世无闷',我愿意终生奉行此语。"这真让赵先生既羞且愧,再不拾起这个话题了。

史料中的这段记载颇有西方神学所谓的"预表"意思,亦即为王阳明将来的"知行合一"埋下了伏笔。赵先生的易学修为显然较王与准的高,却有知而无行,可以讲解"遁世无闷"的哲学,践行的却是截然相反的功利主义;王与准才是"知行合一"的表率,并不把知识工具化,以知识谋功利,而是真诚地奉行自己所学得的道理。

"遁世无闷"是《易经》对乾卦初九爻辞的一句释义,是说君子即便身处无道的时代,即便得不到任何人的认同,在避世隐居的生活中也不会有半点的寂寞与不快。

这样的道理真是说来容易做来难,毕竟人类天生就是群居的生物,天生就渴望在群体中被接受,在同伴中被认同,接受度与认同感越高,快感也就越强。所以亚里士多德才有那句著名的论断:"凡隔离而自外于城邦的人,他若不是野兽,便是神祇。"

人天生就是政治动物,政治是用来适应群体生活的最重要的一门技术。以今天的知识来看,"遁世无闷"彻底悖逆了人的天性,正如禁欲一般,需要靠着惊人的后天修为才勉强可以做到。赵先生明其理而未行其道,倒也不失为一个可爱的、有血有肉的人,一个可想而知的戒烟失败者,但王与准已经具备了十足的圣徒气质,感性一点的读者甚至可以想象出他脸颊上的大理石纹理,倘若他对女人也可以萌生略带狂野的爱情的话,那一定会是我们从《简·爱》里读到的圣约翰先生对简·爱的那种爱情。

人情所向,士大夫往往在失意的时候用"遁世无闷"的道理发发牢骚,做一点自欺欺人的努力。谢灵运有诗"持操岂独古,无闷征在今",话说得偏偏这么漂亮。但王与准是个认真的人,真诚地在遁世无闷、不问世事的生活里潜心学易,除了赵先生的易学之外,闲来还会钻研一下先世得之于异人的"筮书"。

《易经》原本就是最重要的一部筮书,只不过儒家学者极力发挥书中的哲学义理,剔除了其中打筮算卦的"不入流"的成分。但始终有一些人继续钻研《易经》中预测吉凶的法门,其心得体会著录于竹帛,便成为所谓的筮书,正统儒者通常对此不屑一顾。

王与准当然也是正统派的人物,拿这部筮书仅仅当作闲来的消遣,却没想到不知不觉间竟然真的掌握了预测吉凶祸福的本领,为人占筮,无不奇中。凡夫俗子们纵然对"遁世无闷"的儒生提不起多大的兴趣,但只要听说哪里有百算百中的算命先生,一定"云集响应,赢粮而景从",就连县令大人也一而再、再而三地派人邀请"王神算"入府。不堪其扰的王与准有一次终于当着县令来使的面烧掉了那部神奇的筮书,还放言道:"我王与准不是算卦先生,不能整天奔走公门谈论祸福吉凶。"

话虽然说得掷地有声,但后果可不是王与准一介平头百姓所能轻易承受的。为了躲避县令大人的打击报复,王与准逃进了四明山的深处,在一间石室里一住就是一年多。

正所谓树欲静而风不止，朝廷搜求隐逸的使者来到县里，恨意未消的县令大人正好借机打击报复，进言道："王与准因为先世死于国事，朝廷待之太薄，故此父子二人心怀怨恨，誓不出仕。"使者大怒，先去拘捕了王与准留在家里的三个儿子，继而不辞辛苦地开始搜山。王与准连忙遁向深山更深处，却不慎跌下山崖，摔断了腿，于是也不知幸或不幸，他被搜捕者带回了衙门。

使者见到王与准的伤势，又见他言貌坦荡，不免疑心事情另有蹊跷。详询之下，王与准这才将前因后果和盘托出。于是，不失良善之心的使者向王与准提出了一个折中的建议："如果您执意不肯做官，注定无法脱罪，不如让您的儿子代您入仕。"

培根尝言一个人结了婚就等于向命运递交了人质，这真是一句既悲哀且无奈的真理。王与准纵然置生死于度外，总不忍心让儿子们一道为自己陪葬，最后便议定由次子王杰代父应征，一场风波总算是平息了下来。侥幸保全了志向的王与准从此自号"遁石翁"，以此向导致自己摔伤的那块石头表达由衷且苦涩的谢意。而他对个人选择的解释是："我倒不是厌恶富贵、喜欢贫贱，而是一来知道自己命薄，二来不忍违背先人的遗愿而已。"

倘若我们不理解当时的社会状况，难免会觉得王与准实在是个不识抬举的家伙。晋文公烧山以求介子推，刘备三顾茅庐以访诸葛亮，今上如此求贤若渴，正常人总该受一点感动才是。但是，明初所谓求贤真有一种史无前例的做派，大臣叶伯巨有上疏说，朝廷取天下之士，务求竭泽而渔，一个也不能少，有关部门敦促士人上路，如同押解重刑犯一样。但是，求贤求得如此急迫，用贤却用得无比草率，随便给人家一个官职,稍有差池就大刑伺候,以至于"今之为士者,以溷迹无闻为福,以受玷不录为幸,以屯田工役为必获之罪,以鞭笞捶楚为寻常之辱"。(《明史·叶伯巨传》)《草木子》甚至有一种很夸张的记载,说京官每天上朝前都要与家人诀别,等下朝平安回家,就会庆幸自己侥幸又挨过了一天。

士大夫的恐惧源于一种深刻的无奈,严刑峻法倒并不多么可怕,即便法律规定随地吐痰灭九族,并且执法严格,没有半点纰漏,但人们总还晓得该如何趋避,大不了出门时戴上口罩,再打一个死结。最可怕的情形是严刑峻法与法无定法并存,掌权者的自由意志高于一切。一个人生活在这样的社会里,再严苛的自我克制也不能成为避祸全身的保障,非但动辄得咎,甚至得咎之后还往往不明所以。王与准并不是存心特立独行,他只是那个时代千千万万个王与准当中的一个。

而且在传统的士大夫操守里,受刑倒在其次,受辱才是最不堪忍受的事情。士大夫对"受辱"给出的标准远较市井百姓高,所以士大夫往往能够体谅市井百姓的"小人喻于利",市井百姓却往往觉得士大夫的"君子喻于义"纯属矫情。

譬如在富人施粥这种场合,市井百姓为了一碗粥,不在意打躬作揖,说上几十上百句吉祥话,陷于绝境的士人却仅仅因为"嗟来食"三个字掉头而去。朱元璋为有明一代政治风尚所定的基调,偏偏就是"嗟来食"式的。

越是有节操的读书人越是对"出处"二字慎之又慎。出,即出仕做官;处,即退隐山林。出处之道亦称进退之道,出处或进退之间的分寸一旦稍稍拿捏不好,就会给自己招致不必要的屈辱,而这种"白圭之玷"也许一辈子都难以磨去。

《世说新语·排调》记有一则故事：谢安有隐居之志，但终于耐不过朝廷的频繁征召，出山在桓温军中做了司马。当时有人向桓温进献药材，其中有远志这味草药。桓温向谢安请教："这种草药又叫小草，为何同一个东西却有两个名称？"不等谢安发言，正在一旁的郝隆应声答道："这很好解释：处则为远志，出则为小草。"谢安听了，不禁大有愧色。

郝隆一语双关，谢安纵然是天下苍生众望所归，也因此觉得羞赧，何况是等而下之的人物呢？与王阳明生活年代相若的吴中才子文徵明，年过知命后失志做官，写《感怀》诗自悔，其中便用到郝隆与谢安的这则掌故："远志出山成小草，神鱼失水困沙虫。"如果想要保全尊严，不沦为小草受人轻贱，那还是继续留在山里做自己的远志好了。

出处之道自宋代起备受儒者重视，理学要典《近思录》专辟"出处"一章，章首第一条是程颐的一句语录，大意是，贤者即便身处下位，也不可以自荐，凡是自荐的人都不值得信任。古代的贤者之所以必须等国君以完备的礼数相请才会出仕，并非妄自尊大，而是因为不这样的话，就不足以施展作为。[1]

贤者出仕，不是为了高官显爵，而是为了兼济天下。既是为了兼济天下，就必须依托国君足够的支持，这也就意味着国君必须是个尊德乐道并足够信任、重视贤者的人，只有这样，才能收风云际会之功。国君如果只是随便做个礼贤下士的姿态，甚或因为贤者自荐而随便给

---

1 见《朱子全书》（上海古籍出版社，安徽教育出版社，2002年），第13册，第233页。

他安排一个职位，贤者还能期待有什么作为吗？

参照程颐的标准，大明帝国完全是个反面教材——连礼贤下士的姿态都懒得摆一下，赤裸裸地以国威临之，显见得即便贤者甘心出仕，也注定得不到半点重视，遑论收风云际会之功呢？

这应当是王与准一个不便明说的理由，换言之，历代以来，儒者之于帝王，可以为师，可以为友，可以为客，可以为股肱，却绝不可为马仔，其间区别在于尊严之有无。譬如汉代的很多时候，大臣即便有罪当诛，死亡待遇是所谓"盘水加剑"，使者给你一盘清水、一把利剑，让你在室内衣冠端正地自裁，并不因为你有罪便对你横加羞辱。这种"礼"的传统在中国历史上一以贯之，纵是元朝统治者，对汉人士大夫也基本保持了来自儒家传统的尊重，以至于元朝覆亡的时候，相当数量的汉人士大夫甘心为之守节。洪武三年（1370年），朱元璋颁布开科取士的诏书，诏书里当然要以政治正确的姿态抨击元朝人才进退的严重弊病，但也坦然承认"前元待士甚优"。（《明史·卷七十》）

明朝却不给士大夫这样的礼遇，为了搜求隐逸，不惜使出扣押家属、搜山海捕的手段，为这样的朝廷效力实在不是正统儒者所能够容忍的事情，但"威武不能屈"哪里是那么容易做到的呢？

五

王与准是个精通占筮之术的奇人，却偏偏没能借着这门技艺使自己趋吉避凶。史料记载，当他考虑在秘图湖阴定居的时候为自己占了一卦，得到了"大有之震"的卦象，于是对儿子说："我家先世盛极而衰，如今衰弱到了极点，该是复兴的时候了，但大约不是应在我的身上，而是应在子孙身上，复兴之后一定可以持久。"

"大有之震"是一个很耐人寻味的细节，这原是先秦古筮的专业术语，意思是卦象从大有卦变为了震卦，然而先秦筮法早已失传，这种术语自秦汉以后便基本废弃不用了。王与准貌似掌握了这种失传千年的秘技，但细究之下，所谓"大有之震"，大有卦的九二爻变为震卦的六二爻，九三爻变为六三爻，两爻皆变，先秦史料全无此例。于是，读者倘若熟悉《易经》以及流变的话，就会觉得王与准所学的筮法既古且奇，神秘莫测。

"大有之震"究竟预测了怎样的内容，十位易学家会给出至少八种解释。以我的易学知识来看，无论如何都看不懂王与准本人的解释是如何成立的。当然，这正是一切不传之秘应有的样子，我们只管等待它应验就是。

似乎王杰就是这个应卦之人。待王与准去世十年之后，王杰开始得到达官贵人的器重，似乎绣着远大前程的地毯堪堪就铺在他的脚下了。王杰的好友胡俨盛赞其才能足以弘济天下，为人却能始终淡泊名利，绝对是孟子所谓"富贵不能淫，贫贱不能移，威武不能屈"的典范，将来当天下之大任者舍王杰而其谁！早年异人的预言与王与准的占筮，终于可以在王杰的身上应验了！

六

戚澜为王杰写有一篇传记，开篇简要介绍到，王杰，字世杰，住在秘图湖之后，因为先世曾在门前种植了三株槐树，故而自号槐里子，学者尊称其为槐里先生。

这一段貌似简略且平淡无奇的记述其实透露出了相当丰富的含义。我们已经知道，把全家迁到秘图湖阴的并非多么久远的先人，其实就是王杰的父亲王与准，那么门前的三株槐树自然也是王与准种下来的。

三株槐树，这是今人读书时很容易忽略的一个意象。儒家经典《周礼》有记载说："面三槐，三公位焉。"周代的天子宫廷，庭院里有三株槐树，三公朝见天子的时候面向三槐而立，后人便以"三槐"代称三公高位。宋代王祐曾经亲手在庭院里种下三株槐树，说自家子孙必能位跻三公，后来他的儿子真的做了丞相，人们因此称王氏家族为三槐王氏。王与准手种三槐，复兴三槐王氏的用心不可不谓昭然若揭，哪还像一位甘于淡泊的隐士呢？

在中国传统里，很多植物都有着文化语码的意义。真正符合王与准身份的不是三槐，而是竹子和白杨。清代诗人黄景仁有一首《都门秋思》，极写穷居潦倒的况味，颈联有"寒甚更无修竹倚，愁多思买白杨栽"，上联语出杜甫《佳人》"天寒翠袖薄，日暮倚修竹"，下联语出《古诗十九首》"白杨多悲风,萧萧愁煞人"。然而,当真生活在修竹的苦雨与白杨的凄风中的王与准,偏偏选择了和自家生活落差最大的三槐,这是对家族命运的何等憧憬与自信,当然,这也需要强大的心理素质。

七

在三株槐树下嬉戏成长起来的王杰是一个神童,早早有志于圣贤之学,十四岁便尽通"四书""五经"及宋代诸位大儒的学说。在今天看来,这当然是一件匪夷所思的事情,任何一个"最强大脑"都没有胜任的可能。所以,本着常识与理性,我们有必要把这一节史料打上几分折扣,无论如何,我们明白王杰确实才华出众也就是了。

由于父亲"遁石"的机缘巧合,也由于出众的才华,王杰不但走上了仕途,还很快得到了上级的赏识,被当作一颗大有潜力的政治新星悉心栽培。但是,王杰执拗地表现出了"不识抬举"的一面:地方长官极力推荐他应举,他却看不惯考试的规则,掉头当了逃兵。幸而时局终于宽松了些,王杰不必"遁石"就得以全身而退。

其实,明朝廷为考试订下严苛的规则,初衷倒是好的,是为了保障公平,防止作弊:考生要披散头发,解开衣服,接受彻底的搜身检查。在我们今天这个平民社会里,倒不觉得这样做有何大碍,但在"食古不化"的士大夫看来,这实实在在是有辱斯文。

在古代传统里,科举制度一直饱受争议,反对者认为它助长了人们"自媒自炫"的热情,而一个正经人要么受朝廷礼聘去做官,要么受地方长者举荐去做官,哪好意思自己去找官做?读书人参加科举考试已经够"寡廉鲜耻"了,如果再像市井小民一样接受搜身,被当作潜在的贼来对待,这简直是奇耻大辱。为了谋求一官半职而接受这般屈辱的人,一定不是良善之辈,更不是圣人门徒。如果官场上都是这样的人,那么这样的官场不去也罢。

真正的读书人总是太在意尊严的,不食嗟来之食,不求不义的富贵,其"尊严"的标准也远较市井百姓高。而作为明帝国的创建者,朱元璋出身于市井,发迹于帮派,以市井与帮派的标准重新定义士大夫的尊严,一代代帝位继承人有样学样,塑造出明代官场的一种既怪诞又很容易被今天的平民社会所理解与接受的格局。

明宣宗宣德年间,朝廷下诏各地举荐人才,王杰以父母年迈的理由敷衍了过去。继而王与准去世,王杰又拿母亲做了挡箭牌。母亲在去世之前认真地叮嘱儿子说:"你已经穷得不像样子了,等我死之后,你一定要出去做官!"有了母亲的遗命,王杰这才慢慢吞吞地踏上了仕途。但时间仿佛存心成全他的气节似的,在朝廷的任命正式下达之前,他便离开了这个他一直看不太惯的世界。

戚澜在王杰传记的末尾说,自己的父亲和王杰交好,常常称道王杰所著的《易春秋说》《周礼考正》为近世儒者所不能及,更称道王杰一等一的人品,只可惜两书不慎失传。戚澜还说,父亲幼年时听乡里父老相传,谓王氏自东晋以来盛极江左,在衰落了数百年之后,元代有一位擅长占筮的隐士与王杰的先祖有过交往,预言王氏后人将会出现名动天下的一代大儒。原以为王杰就是预言中的人物，没想到他死得太早，也许预言会在王杰的子孙当中应验吧。

在戚澜的这般感慨里，我们自然会生出几分似曾相识的感觉。在接下来的世系叙说里，这种感觉还会一步步地加强，这一切都为我们的传主王阳明增添了几许宗教人物所特有的神秘气息。

八

王杰生有二子，我们不难想象这两个无辜的孩子是在何等贫困的状况下长大的。

我们钦佩各种被褐怀玉的隐士，但他们的妻儿老小会如何想，这就是另一回事了。庄子是历史上最逍遥的隐士，但明人陈一球撰有一部戏剧《蝴蝶梦》，不惮以小市民的眼光，站在庄太太的角度，重新打量这位伟人及其周身的光环。必须承认，庄太太的生活是相当不幸的，谁让她遇上一个十足懒惰、绝不肯出门上班的丈夫呢？而她的负面情绪甚至找不到发泄的出口，因为，正如众所周知的那样，她的丈夫是全天下最能言善辩也最会给自己找理由的人。

所以，梁鸿与孟光举案齐眉、相敬如宾的隐居模式自然更受人们的推崇。妻子的智识与胸怀皆不在丈夫之下，这才能够理解、欣赏并支持丈夫的选择。但是，在这样的隐居模式下，子女问题又该如何解决呢？

东汉初年,太原出现过一对模范夫妻:丈夫名叫王霸,自幼便立下了高洁的志向,成年后面对光武帝的连番征召无动于衷,甘愿隐居田间,在颜子箪食瓢饮式的生活里自得其乐;妻子欣赏他,崇拜他,陪他一起清贫,陪他一起享受着纯粹由道德感带来的快乐。

王霸有一位好友叫令狐子伯,但两个人看来算不得志同道合的伙伴,因为后者选择了一条相当平庸的生活道路:学而优则仕,就连儿子也本本分分地克绍箕裘,年纪轻轻就有了官做。令狐子伯富贵不忘旧交,派儿子带着自己的亲笔信去拜访王霸。当令狐公子一行抵达王霸家门口时,那副排场,用《后汉书》的原文说是"车马服从,雍容如也"。王霸的儿子当时正在种田,听说家里来了客人,便扔下农具赶了回来。戏剧性的场面就出现在这个时候:王公子一见令狐公子,顿时手足无措,不敢仰视。

待令狐公子告辞之后,王霸仿佛一下子病倒了,终于对妻子说:"之前见到令狐子伯的儿子相貌俊朗,衣着光鲜,举止大方得体,再看我们的儿子,蓬头垢面,不知礼数,还畏畏缩缩的,我真越想越不是滋味啊。"

王霸的这番感慨与动摇,完全切中了人之常情。是的,一个人纵然可以安贫乐道,却怎忍心将孩子置于同样的境地呢?

在如此大是大非的问题上,竟然是王太太深明大义:"夫君一生修养道德,视荣华富贵如浮云,如今令狐子伯的富贵哪里比得上夫君的高义呢?难道为了儿女就放弃素来的志向吗?"只这一席话就使王霸瞬间恢复了精神,高高兴兴地将隐遁生涯进行到底了。

在今天看来,王太太,这位伟大的母亲,实在过于不近人情。但是，在儒家的标准里，既然认定已选择的道路是合乎道义的，自然应该一往无前地坚持到底，虽千万人吾往矣，所谓"瑶台夏屋，不能悦其神；土室编蓬，未足忧其虑"，穷与达、贫与富，都是且必须是道义的副产品，不值一顾。在这样的标准里，我们这本书的传主王阳明，只应该因其对道义的坚守与发明而得到我们的崇敬与效法，倘若读者怀了"成功学"的心态来读，即便不是南辕北辙，至少也是缘木求鱼了。

回顾王霸一家，对于子女问题，其实在技术上还有一种更好的解决方案，而这也正是王杰家族昭示给我们的，即通过言传身教使下一代也养成对道义的坚守，当道德与学养兼备的时候，面对令狐公子的"雍容如也"自然可以从容应对，不会有张皇失措的尴尬了。就像孔子的高徒子路那样，即便穿着破衣服和贵人们站在一起，也会神态自若，举止如常。

毕生不免于贫困的王杰养育出了子路式的儿子。毫不令人意外的是，其中只有王伦的事迹留下了较为详细的记载。

九

王伦，字天叙，最为突出的特点是对竹子有一种异乎寻常的喜爱，在自家屋外遍植青竹，每天吟咏其间，好不快活，对功名利禄全不上心。每每有客人来访，总要到竹林里才找得到王伦，王伦也每每指着竹林解释说:"这就是我的直谅多闻之友,一天都离不开啊。"

"直谅多闻之友"语出《论语》,孔子教人要和正直、守信、见多识广的人交朋友,这样才能对自己有益。王伦不在人类世界里交友,却从竹子身上看出了"直谅多闻"的好品质,然后深相结交。在今天看来,这简直可以归类到行为艺术里了。在传统的文化语码里,竹干外形挺直,是为直,这倒不甚稀奇,但竹子如何"谅"且"多闻"就不得而知了。也许王伦对此有过什么独到的解释,只是没有留下任何记载。

在平常人看来,王伦实在没有逍遥的资本:父亲王杰早逝,家里穷得实在不像样子,除了几箱书籍,再找不出任何财产。王伦念及先人诗礼传家,不忍在自己这一代废弃了学术,于是埋下头来博览群书,最爱《仪礼》《左传》和《史记》。

书籍在当时的意义和今天不同。因为刊刻的艰难与流通的不便,购置书籍的成本与今天完全不可同日而语,几箱书籍确实称得上一笔不菲的遗产,而出人头地、光宗耀祖的门径就在其中。书中自有黄金屋,书中自有颜如玉,书中自有千钟粟,就看你如何掌握、如何运用了。

家风熏陶与自我修养使王伦成为一个早慧的人,名声很快便传扬开去。王伦刚刚成年的时候,就已经有大户人家争相延聘他为塾师,王伦也算谋了一份营生以便赡养母亲。

在赏竹之外,弹琴是王伦最重要的娱乐项目。每到风月清朗的时候,他总会焚香抚琴,歌之以诗词,使子弟赓和。当时的有识之士将他比作陶渊明、林和靖一般的人物。

王伦的母亲平素很有威严，却对娘家的孤弱弟妹非常怜爱。王伦体谅母亲的用心，每每对舅家亲戚解衣推食，唯恐有照顾不到的地方，以至于疏忽了自己的妻儿，使他们不免于饥寒。弟弟王粲幼年失怙，尤其被母亲疼爱，王伦于是长兄代父，在家承担起管教的职责，待弟弟长大成人，外出时便常带着他。凡是自己所有的，王伦必定会和弟弟分享。乡里有兄弟不和的家庭，听说王伦的事迹后深深愧悔，从此敦睦和谐起来。

今天的城市女性读到这段文字，大概会生出不寒而栗的感觉。是的，当今女人们声讨的种种家庭问题，恐怕半数都是由王老夫人式的婆婆和王伦式的丈夫引起的。

家庭结构的变化导致了伦理观念的变化。今天的家庭普遍以夫妻二人世界为核心，儒家所标榜的家庭模式却是以宗族聚居为核心，所以在后者的世界里，凡有助于宗族和睦的行为都是具有道德价值的，而那些只顾小家庭利益、罔顾亲族的人都应该被钉在耻辱架上任人唾弃。儒者之所以标榜自己"即便隐居不仕也能有补于政教"，正是因为一个道德楷模在宗族与地方上所能形成的自发的影响力远非今天可比。

王伦就这样以隐士与道德楷模的姿态在乡间优游卒岁，但似乎社交生活并不贫乏。为王伦作传的魏瀚自言魏家与王家有累世通家之谊，父亲与王伦订盟诗社，为莫逆之交，魏瀚致仕之后每月旦都陪王伦做杖履之游。我们若以世俗的眼光看待这段记载，会晓得王伦虽是布衣之身，却在官场上维系了必要的人脉，将来只要时局许可，子弟们总不乏入仕的机会。

十

明英宗正统十一年（1446年）九月，王伦的妻子岑氏为他生下了第二个儿子，取名王华。王华诞生之前，王伦的母亲孟氏梦见婆婆抱着一个绯衣玉带的孩子交给自己说："你侍奉我很孝顺，你的儿媳侍奉你也很孝顺，所以我才恳求上苍，将这个孙儿给你，世世荣华无替。"

为着这个吉梦的缘故，孩子被取名王华，他的哥哥取名王荣，合起来便是"荣华"。后来王伦夫妻又生了一个儿子，取名王衮，"衮"是君王与高级大臣的礼服。

我们很难想象，一个有着陶渊明、林和靖气质的人会给孩子取这种连暴发户都会略嫌害臊的名字，其渴望荣华富贵的心不晓得焦躁到了何种地步。但想到孔子的教导——天下有道的时候，读书人就该去过荣华富贵的生活，贫贱才是可耻的事情（"邦有道，贫且贱焉，耻也。"），想来作为父亲的王伦应当看到了清明政治来临前的曙光了吧。

王华照例是个神童，在刚刚会说话的时候，祖父王杰口授诗歌，他只要听一遍就能背诵，待稍稍长大一点之后，读书过目不忘。六岁那年，王华更表现出了拾金不昧且不求回报的美德。十一岁开始上学，学习进度惊人，到一学年结束的时候，老师已经再没有什么可以教他的了。十四岁，王华和王氏子弟们一起在龙泉山寺读书，寺里的僧人向同学们介绍这里的学习环境，说寺内有妖物，会作祟伤人。僧人讲得绘声绘色，同学们哪里还敢留下，但只有王华不为所动，独居念书，妖物不知为什么再也不出现了。僧人觉得蹊跷，于是施展出各种装神弄鬼的伎俩，王华却气定神闲一如往日。僧人终于气馁了，拜服这位小同学说："你真是天人啊，将来的福德不可限量！"

王华后来的命运确如这位没操守的僧人所言，文章得到贵人赏识，道德影响一地风俗，更于明宪宗成化十七年（1481年）状元及第，终于踏入仕途，也终于扭转了王氏家族的命运，"世世荣华无替"的吉梦就这样开始应验了。

宪宗皇帝驾崩，孝宗皇帝继位，改元弘治，王华担任经筵讲官，相当于皇帝的儒学教师。经筵讲官并没有多大的实权，却是自宋代以来儒者眼中最重要的职位。理学祖师程颐提出过这样的观点：治理天下莫重于正心，正心莫重于正君心，因为在"修身、齐家、治国、平天下"的逻辑序列里，皇帝不能有邪念，君心正则天下正，只有当皇帝视民如伤，养成了醇儒心态，才可以依次感染到朝臣、地方官乃至天下百姓。皇帝的儒学老师正是起到"正君心""格君心之非"的作用，只要把皇帝教育好，天下太平就是迟早的事了。

程颐本人就做过经筵讲官，但因为太过古板，惹得皇帝不快。王华或许算不得古板，但骨鲠绝不亚于程颐，一度讲解《大学衍义》，讲到唐代权奸李辅国勾结张皇后表里用事，所有人都劝王华慎重。缘故倒也简单，当时有内侍李广弄权纳贿，像极了李辅国的身份与做派。但王华朗然诵说，没有半点避忌，左右无不缩头吐舌，为王华捏一把汗。

这就是儒家"原则至上"的行为标准，只论是非，不论成败；只分对错，不计后果。在我们这个格外重视事功的时代，理解儒者做派真需要多费一点精神。

杨一清为王华作传，说王华的学养"一出于正，书非正不读"，亦即王华只读最正统的儒家经典。鉴于明代八股取士，以朱熹义理为正宗，王华又是货真价实的状元郎，自然是程朱理学的门徒。当有人谈及神仙长生的道术时，王华便会以严峻的神态拒绝说："我们儒家的家法讲究修身以俟命，何必求长生？"

所谓"修身以俟命"，语出《中庸》"君子居易以俟命，小人行险以徼幸"，这是唐代诗人白居易名字的出处，其含义是，君子本着道德原则行事，有一贯的操守，对于穷通贫富只是听天由命，并不强求；小人则相反，本着明确的功利目标来行事，宁可冒险以贪图侥幸的成功。简言之，道德是内在的，是自己可以把握的；穷通贫富是外在的，是个人无法把握的。君子仅重视内在，不计较外在，尽人事而听天命。

王华当真信奉着这样的儒家义理，所以当家里发生火灾，全部积蓄毁于一旦的时候，他完全不以为意，和赶来救火的亲朋好友们款语如常。当然，这绝不证明王华天性凉薄，事实上他的情绪似乎完全用在了孝道上。当父亲王伦病逝的时候，王华悲伤过度，几乎就追随亡父而去了。守丧期间，更发生了一件奇事：王伦的葬地从前是一处虎穴，所以老虎经常成群而来，却绝不伤人，时间越久便和人越亲，人们说这是王华孝感所致。王华致仕之后，还要以古稀之身侍奉行年近百的岑太夫人，朝夕学小孩子玩耍的样子来让母亲高兴。"二十四孝"中老莱子娱亲的事迹就这样在王华身上重演了，尽管其画面感很容易引起今天读者们生理上的不适，但在古代的语境里，这是何等感人至深的场面啊。然后我们需要知道的是，我们的传主王阳明就是在这样的环境下成长起来的。

十一

如此不厌其烦地追溯世系，这合乎古人的观念，却不合今人的观念。

在我们今天这样的市民社会里，我们习惯于以个人的角度来理解个人，所以读历史会有一种天然的隔阂感。举个浅近的例子：如今盖楼、买房，对于室内格局，很多人总要寻求一些风水知识的帮助，亦即相信室内风水格局会影响房屋主人的运势，然而古代风水术里其实根本没有这一类的知识，古人最重视的风水是葬地的格局，因为他们相信一个理想的葬地会对后代子孙的命运产生相当积极的影响。

让我们回顾一下王纲的事迹：终南山道士赵缘督为他算命，结论是王纲的后代子孙将会出现一位名人，但王纲本人不能善终，化解方法是隔断尘缘，随赵缘督一同修道。这件事如果放在今天，恐怕很少有人会在意那根本不晓得要熬到第几代子孙的飞黄腾达，只会关注自己以及妻儿老小的生活福祉。古代与现代的时间尺度是如此不同，以至于我们必须多花一点耐心才能够把代入感稍稍强化一些。

王氏家族一代代渴盼着终南道士神秘预言的应验，从王纲到王彦达,其后再到王与准,又占出同样乐观的卦象,继而王杰、王伦,终于等来了王华。但是,后来才发现,王华在这一个神秘主义系统里的地位倒很像是《新约》当中的施洗者约翰,仿佛是人们世代期盼的弥赛亚千呼万唤始出来,其实是为耶稣基督的出场做最后一步的铺垫。

为王华作传的杨一清在文章末尾有说,古之贤人君子尚未出仕的时候,每每以天下国家为己任,出仕之后,因为际遇有别,故而有人得遂其志,有人却未能施展抱负,这不是人力所能勉强的。王华有才华,有道德,有志向,但入仕之后,政治前途一时随皇帝的驾崩而夭折,一时因奸臣的阻挠而不前,最后只有偃塞而归,这真是天意啊!幸而王华之子王阳明奋发有为,完成了乃父想做而未能做成的事业。王氏先人的卦象,看来是应在了王阳明的身上。

杨一清的这番议论在相当程度上体现了儒家"正其谊(义)不谋其利,明其道不计其功"的原则论,不以成败论英雄。只可惜"以成败论英雄"的心理实在是人类基因里固有的,虽然绝不理性,却是货真价实的生存优势:人类作为群居动物,更有效地靠拢强者、模仿强者,无疑属于生存所必需的当务之急,以成败为标准来判断强弱虽然太过粗略,会导致太多的误判,却实在是最为便捷有效的判断方式。只是到了理性与知识突飞猛进的时代,人们才基于"准确性"的考虑对"粗略但便捷有效"的直观反应做出了审慎的反思。

十八世纪英国传记大师塞缪尔·约翰逊对这个话题的见解很值得在此征引:"世间的人倾向于从行动的结果来评判行动本身。同样的努力,虽然体现为相同的行动,却以不同的结局收场,就会引来不同的评判:一个人要是壮志得酬,从来就不会缺少称颂他的智慧和美德的人,可他要是不幸落败,很快就会有人发现他的智力和品德存在缺陷。世人从来不愁找不到正当的理由来憎恨失败者;他们很快就能发现这些人的真实过错,如果这还不足以令这些人声名狼藉,他们还会往里添加一些中伤之语,说什么一个人追逐财富或权力惨遭失败,必然不会长久保持诚实的品格和英雄的气度。"[1]

在约翰逊所列举的各种事例当中,我以为最伤感的莫过于卡提林与恺撒的对比:"卡提林与恺撒同是伟大的开路英雄,但后世的人对他们的重视程度显然不同,马基雅弗利就曾不无公允地批评过这种偏颇。两人同样有开创伟业的宏图,同样想通过推翻共和国政权达到权力的顶峰,他们施展宏图时所表现的能力和勇气也大抵相同。但是卡提林战死在了沙场上,而恺撒则耀武扬威地从法撒利亚凯旋;从那以后,世界上每位君主都以能与恺撒相提并论为荣,但再也没有人提及卡提林的名字,除非是用他的名字来指代叛徒和煽动者。"[2]

话说回来,自王纲以迄王阳明,几乎每一代人都表现出了高度一致的品格与才具,堪称诗礼传家的典范。以儒家标准来看,近似的内因在不同的外因下结出了不同的果实,故而绝不存在厚此薄彼的道理。风云际会的璀璨无疑是每一个读书人心向往之的,只是天不变,道亦不变,道不变则操守亦不变,任世界千变万化,任身世穷达贫富,君子亦始终如一。

---

[1] 见塞缪尔·约翰逊著、叶丽贤译《饥渴的想象:约翰逊散文作品选》(三联书店,2015年出版),第159页。
[2] 同上,第160-161页。

第二章

早 年

一

王氏家族终于有了苦尽甘来的迹象，光宗耀祖的事业肇端于王华，大成于王华之子王守仁，即我们习惯于以号称之的王阳明。

王华在寒微之时娶了门当户对的郑氏夫人，在郑氏去世后又娶继室赵氏、侧室杨氏，共生四子一女：长子王守仁，为郑氏嫡出；次子王守俭、四子王守章为杨氏所出；三子王守文以及那个在史料里未曾留下名字的女儿为赵氏所出。

王守仁原名王云。很难想象一个书香门第会用如此平淡无奇的字眼为孩子取名，但"云"字虽然普通，来历却不凡。首先，郑夫人怀孕十四个月才生下这个孩子，虽然现代医学知识会使我们强烈质疑这件事的真实性，但古人非但只会觉得灵异，甚至认为十四个月的孕期意义非凡：尧，儒家圣王谱系里的第一人，就是经过十四个月的孕期才诞生下来拯救世界的；汉昭帝也是经十四个月的孕期而生，父亲汉武帝欣喜异常，将产房的门额题为"尧母门"。其次，王云出生当天，祖母岑氏梦见天上有仪仗队吹吹打打而来，后面有天神怀抱一名婴儿乘云飞至，将婴儿交给了自己。岑氏惊醒，恰恰听到小孙儿出生时啼哭。祖父王伦因着这个缘故，便给这孩子取名为"云"，乡人也因为这个缘故，将王云降生的那座小楼称为瑞云楼。

这件事并不仅仅是坊间传闻，无论钱德洪编撰的《王文成公年谱》、黄绾的《阳明先生行状》，还是湛若水的《阳明先生墓志铭》，一例像煞有介事地将这段传奇记录在案。钱德洪、黄绾都是王阳明的高足，前者是阳明心学最重要的传人之一，后者是王守仁的好友、门人兼儿女亲家，晚年转变为阳明心学的批判者；湛若水则是无论当时还是以后皆能与王阳明齐名比肩的思想大师，三人的学养与见识自非愚夫愚妇可比。那么，本着对先贤大哲们的虔敬之心，我们也许不该对王阳明灵异的降生事件抱有任何一丝怀疑。

王阳明，这时候应该称他为王云，生于明宪宗成化八年（1472年）农历九月三十日，在"不声不响"中长到了五岁。孩子长到五岁还不会说话，如果在今天，父母早就带着他去求医问药了。但小王云的症状显然不是脑部CT之类的现代医疗手段能够检测出来的——某天他和小伙伴们在户外嬉戏的时候，引起了一位过路道人的注意，道人感慨道："好个孩儿，可惜道破。"

祖父王伦恍然大悟，原来孙儿的名字泄露了天机，所以才受到口不能言的天罚。王伦连忙为孙儿改名，选了"守仁"二字，"痼疾"果然不药而自愈。为便利计，本书此后便以"王守仁"一名来称呼传主了。

如果"天机"一事属实的话，那么本着这个逻辑，既然"云"的秘密已经泄露到天下皆知，连我这个数百年之后的作传者都知之甚详的地步，王守仁一生所遭遇的各种偃蹇坎坷自然都是上天施加的惩罚了。

在获得语言能力之后，王守仁很快便语出惊人，诵读自己从未学过的文章。祖父大惊，仔细询问之下才知道，是自己平日读书时被这个天才小孙儿默记在心了。这个从未出生时便被上天眷顾的孩子，越来越显示出非凡的特质。

二

明宪宗成化十七年（1481年），岁在辛丑，王华状元及第，王氏家族的运势至此而发生巨变。翌年，王华在京师立稳脚跟，以孝道为先，迎养父亲王伦。王伦带着年仅十一岁的王守仁一路北上，途经金山寺的时候发生了一件值得记载的事情。

金山寺是镇江名胜，传说中"白娘子水漫金山"的所在。古代君子有"登高必赋"的传统，每登山临水，总会感怀赋诗。王伦兴致正高，奈何酒虽喝得多，诗却写不出。王守仁看在眼里，当即代祖父吟成一首七绝："金山一点大如拳，打破维扬水底天。醉倚妙高台上月，玉箫吹彻洞龙眠。"诗句想象奇特，境界壮阔，法度森严，有七分豪气、三分仙气。十一岁的孩子能写出这般手笔，何止令人惊异，真要相信背后有神仙相助了。也难怪席间有相面先生做出预言："这孩子将来定会位极人臣，成就非凡功业。"

被惊呆的满堂宾客自不肯轻易放过这个神童，重新拟定《蔽月山房》的诗题。王守仁不假思索，随口便道："山近月远觉月小，便道此山大于月。若人有眼大如天，还见山小月更阔。"虽然从诗艺上看，这首诗逊色于前作，但视角更见奇特，气魄更见雄浑，兼有李白的浪漫潇洒与苏轼的妙悟理趣。而且从诗体上看，第一首是七绝，第二首是七古，七绝需要雕琢音律，七古需要古拙磊落，小诗人就这样在近体与古体间轻松往来，简直有几分炫技的味道。

三

王伦祖孙抵达京师之后，王华便也像我们今天任何一位平凡的父亲一般，安排老人养老，安排孩子上学。王守仁虽然顺利入学，但他身上那种"豪迈不羁"的习气总是让父亲感到不安，只有旷达的祖父最理解他。

"豪迈不羁"这四个字是钱德洪《年谱》的原文，我们似乎很难想象一个十一岁的孩子到底还能怎么"豪迈不羁"，幸而黄绾《行状》给出了更为清晰的表达："性豪迈不羁，喜任侠。"看来王守仁并不是一个会被老师和家长喜欢的乖孩子，至少不让长辈省心。其实那个年纪的男孩子总会喜欢舞枪弄棒之类的游戏，一切和战争有关的事物都会令他们着迷，"喜任侠"实在再正常不过。

推测问题的根源应该在于，王守仁十岁之前一直在家乡余姚生活，受祖父自然率性的气质感染，甫至京师，和自幼接受儒家礼教训练的高门大户的孩子们在一起，自然会显得有些粗野，我们不妨假想一个从希望小学里走出的天才少年突然转入了伊顿公学。普通家长在这种时候自然会操心孩子"适应"和"融入"的问题，王华的忧虑自然是很可以理解的。只是，倘若王华真的相信长子身上一直伴随着的异象与神迹的话，任何忧虑显然都嫌多余。果然紧接着，在王守仁身上又发生了一桩奇事。

那时他正在集市上玩耍，和一名卖雀儿的小贩起了争执，大约是在讨价还价吧。有一位相士看在眼里，当即买下了雀儿送给王守仁，又一路送他回到书馆。相士对塾师说："这孩子将来会官至极品，创下非同寻常的功名。"随后相士为书馆的其他学生也相过了面，预言每个孩子将来的官运，后来竟一一应验。

这件奇事载于黄绾《行状》，但不是我们今天在《王阳明全集》里所看到的版本。生活时代略晚于王守仁的王世贞，明中叶文坛的一代宗师，在《弇山堂别集·史乘考误》里细细辨析国史真伪，以上述《行状》故事参照钱德洪《年谱》的记载做过一番分析。

《年谱》将少年王守仁遇到相士的事情安排在长安街上。明代的长安街和今天所指略有不同，那时候天安门称为承天门，承天门外有大明门，左右各有长安左门和长安右门，这左右两门之间的长街叫作长安街。王守仁和同学正走在长安街上，偶然被一名相士看出异状。相士叮嘱王守仁道："我送你几句话，你今后一定要记好：须拂领，其时入圣境；须至上丹台，其时结圣胎；须至下丹田，其时圣果圆。"

王世贞有分析说，《行状》撰于《年谱》二十年之前，作者黄绾是王守仁极亲近的门人，怎会不知道有圣境、圣果之说，而要等到钱德洪二十年后撰写《年谱》才发掘出这桩旧事呢？这大抵是为了推尊王守仁而添枝加叶出来的。

王世贞毕竟是古人，不觉得就连《行状》的那段记载恐怕也是出于同样的缘故而附会出来的。弟子为老师作传，尤其是教众为教主作传，常常会出现这一类桥段。何况阳明心学是一门相当具有感性气质的学问，与理性气质的程朱理学大异其趣，无论王守仁本人还是他的弟子，以及所有会被阳明心学强烈吸引的人，或多或少都有几分神经质。接下来我们还会在王守仁的生平记载里看到各种近乎妖妄的记载，偏感性的读者容易着迷，偏理性的读者容易皱眉。

当然，倘若我们采信这些神异的记载，至少会有这样一个好处，即相信一切皆为命中注定，心态会因此平和许多。不过王守仁身上的光环也就会随之褪去，因为他的全部非凡仅仅是因为上天安排了他的非凡。

话说回来，那位相士如果足够长寿，或者不曾因为泄露天机而遭受断子绝孙的天罚的话，只要等到当日预言一一应验，定会赚到盆满钵满。他最有职业操守的地方是，赠给少年王守仁的那几句话一点都没有不清不楚、模棱两可，尽管字面有点唬人，其实相当简明易懂，大意是说当王守仁的胡须长到衣领处的时候，就开始进入圣境了；胡须长到上丹台的时候该有小成，胡须长到下丹田的时候便会修成正果。

相士在这里所用的是道教修炼内丹的术语，如果我们以神学家"寓意解经"的方式加以解读，这无非是预言王守仁将来必成大器。但如果拘泥于字面，这就是预言王守仁将会以修仙的方式度过一生，晚年真的会修炼成仙。

王守仁当时毕竟年少，对这番话的理解拘泥在一个"圣"字上。自此之后，他在读书时常会"静坐凝思"。我们不晓得他究竟如何静坐，又如何凝思，也许他是在模仿道教修炼的吐纳功夫，也许是在沉思人生的重大问题，也许兼而有之。随后发生的事情证明，这个小孩子为之静坐凝思的问题确实够宏大。

他问塾师："什么才是第一等事？"

塾师答道："当然是读书登第。"

王守仁不满意这个答案，迟疑着说："登第恐怕算不得第一等事，真正的第一等事应该是读书学圣贤。"

父亲王华听说了这段趣事之后不禁失笑，对儿子打趣道："你想做圣贤吗？"

这番简短的对话里实在饱含深意，关涉到儒家理想一途与现实一途最本质、最激烈亦最切身的矛盾。哪怕事件本身只是阳明心学的后生门徒们为了神话师尊而编造出来的，但它所蕴含的正是心学学脉中的逻辑原点。

四

孔子有一句名言："古之学者为己，今之学者为人。"（《论语·宪问》）以前的人是为自己而学习，或为追求至道，或为提升修养，或者仅仅为了兴趣爱好；如今的人却是为了迎合别人的需要而学习，迎合别人以谋求自己的发展。一言以蔽之，两者的核心区别就在于是否抱有功利目的。

程颐有阐释说:"古之学者为己而成物,今之学者为人而丧己。"(《河南程氏粹言·论学篇》)这是说"古之学者"虽然只为自身向道而学,却可以兼济天下;"今之学者"一味逢迎,最终会在不断逢迎他人与社会的过程中迷失自己。

以孔子与程子的标准来看,我们今天的大学教育基本都属于"为人之学",大家只是为了学习一门技能以求将来能在就业市场上谋到一席之地,努力赚到丰厚的报酬,从此过上富足的生活;至于孔子所在意的"道",只能到九霄云外去找。

作为现代人,我们并不觉得今天的教育方式有什么原则性的错误,反而不能理解孔子的想法。当然,孔子身上的理想主义色彩确实太浓重了一些,"古之学者"是否真的"为己",心理上的真相很可能与实际情况相去甚远。

人作为群居动物,天生就要做"为人之学",这是生物学意义上的事实,必须有强悍的理性和执拗的信念才有可能将心态从"为人"转为"为己",而这两种素质当然是在任何社会都占绝大多数的凡夫俗子们所不具备的。

孔子一心"克己复礼",为传承天下大道而孜孜不倦,对得失荣辱全不放在心上,正所谓"君子忧道不忧贫",学生当中也不乏颜渊那样箪食壶浆而不改其乐的人物。但当儒家作为一个学派真正立稳脚跟之后,尤其在它变身为进入仕途最必要的阶梯之后,无数满怀着功利渴望的"今之学者"便蜂拥到儒家阵营里,从内部努力败坏着儒学的纯洁性。

这倒不是儒学本身的责任,无论换作哪个学派,甚至任何一个教派或其他什么团体，只要人们从中嗅到了利益的血腥味，它们都会变成同一个样子；并且，无论这些学派或教派在创始之初主张什么，最后连教义都会变得相似。这就是社会发展的一般规律，而造就这一规律的是这样两个基本事实：

1. 人与人是高度相似的。
2. 所有人都有趋利避害的顽固天性。

于是，当儒家成为官学，儒学经义成为科举考试的标准答案之后，越来越多的"今之学者"加入了这个名义上仍属于孔子的高尚阵营。为这一转变推波助澜的是，越是以改变命运、脱贫致富为目的的人，越是下得来悬梁刺股的功夫（正如"悬梁刺股"的始祖苏秦的例子），也越是能够以足够的圆滑来应对考试标准的调整，迎合主考大人的风格与偏好。所以反对科举取士的呼声伴随着科举制度发展之始终，却终归"不废江河万古流"。原因异乎寻常地简单：皇帝只需要"今之学者"，很排斥"古之学者"。

这其实是一个管理学问题：赏罚虽然不是最好的管理手段，却绝对是最便捷有效的。但赏罚手段只见效于"今之学者"，却无法见效于"古之学者"。我们不妨把帝国想象成一家公司，如果公司职员都是"贫贱不能移，富贵不能淫，威武不能屈"的人，都是坚守道义而不问成败利钝的人，工作起来都是"正其谊（义）不谋其利，明其道不计其功"的人，那么一切奖惩措施与规章制度都会失效。所以，标准意义上的"古之学者"（我们不妨想象一下孔子本人），适于做顾问，却不适于做员工。皇帝当然也会需要一两个顾问，但更需要成千上万个员工。

五

怎样的员工才算是理想员工呢？按照古人的忠奸二分法，当然该是忠臣。

那么，谁是忠臣？普通读者首先想到的范例大约是岳飞那样的人物。但是，在醇儒的标准下，岳飞显然算不得忠臣：他是一个太情绪化的人，好几次因为不满意皇帝的安排而与皇帝赌气。我们不妨参照一下孔子所介绍的一位忠臣典范：楚国令尹斗榖於菟，字子文。令尹是总理一级的高官，子文先后三次担任令尹，三次去职，他的过人之处在于升职无喜色，罢官无愠色，和继任者交接工作的时候毫无隐瞒。

这段内容见于《论语·公冶长》，明代八股取士便拿它做过考试题目，八股文四大名家之一的唐顺之做过这个题目，以标准的儒家义理阐释令尹子文之忠，中心思想一言以蔽之：君子只是坚守正道而行，对个人的得失荣辱完全不放在心上。

孔子认为令尹子文称得上"忠"，修为虽然远超常人，但还够不上"仁"的标准。

站在士大夫或员工的角度，可以认为令尹子文的境界是一种真正意义上的平常心，修炼出这样的平常心不仅仅是合乎道义的，甚至有功利性的收获：使自己的内心摆脱负面情绪的啃噬，摆脱压力感，有更大的机会赢得上级的好感。站在皇帝的角度,当然会觉得令尹子文式的忠臣用起来最顺手也最省心,他们不再像是活生生的、有情绪的人,倒像是机器,可以由使用者随意处置。但事实上,任何管理者都很难喜欢令尹子文式的部下,因为你只能选择用他或不用他,却无法选择这样用或那样用,一切奖惩机制对他完全无效。

六

宋孝宗淳熙八年(1181年),陆九渊带着几名亲近弟子前往南康军(今江西庐山市)拜访自己的头号学术劲敌朱熹。这一场会面,儒学史称之为南康之会,是心学与理学的第二次碰撞。陆九渊在与朱熹继续辩论之余,应邀在白鹿洞书院做学术演讲,演讲题目取自《论语·里仁》"君子喻于义,小人喻于利"。

《论语》是读书人极初级的功课,"君子喻于义,小人喻于利"更是每个读书人自幼熟诵的名言,含义也很明白晓畅,道理更是和日常生活高度贴合的。对现代读者而言,可能产生隔阂的是,君子与小人的本义并不具有道德色彩。君子,顾名思义,是指封君之子,源于周代的封建制度,凡君子皆贵族;小人是指平民百姓,凡贩夫走卒之辈皆小人。

小人生计艰难,教育程度低下,文明规范(礼)与精神追求(道)都和他们无缘。在君子眼里,小人大约就是动物一般的存在——历代士大夫将百姓比作子女，这是等而上之的说法，等而下之是比百姓为六畜，比官吏为牧者。譬如干宝《晋纪总论》有所谓"群生，重畜也"，李善注引《汉名臣奏》："民如六畜，在牧养者耳。"

作为孩子或牲畜一般的百姓，他们并不是"不道德的"，而是"非道德的"。君子一般不愁吃穿，有着不劳而获的政治特权，所以关注点更容易转向精神层面，讲求一种——套用西方封建制的术语——骑士精神。

一般而言，让小人做事很容易，只要报酬优渥，但是，若想说服君子做什么，是没办法用报酬来打动他的，唯一的办法就是晓之以义，让他晓得这实在是他义不容辞的事情。随着封建体制的瓦解，即孔子所谓之"礼崩乐坏"，君子与小人越发变成纯粹的道德标签了。一个赤贫的人，譬如颜渊，也可以因其道德操守而成为君子；一个显达的人，譬如秦桧，也可以因其卑污的用心而成为小人。

儒家门徒，无论从何种意义而言，都应该是道德意义上的君子，即只能"喻于义"而绝不可以"喻于利"，但科举制度偏偏使儒学成为通往功名利禄的第一捷径，这就强化了世道人心当中的一种虚伪态度：为了"喻于利"，必须在表面上装出"喻于义"的样子，"义"装得越逼真，"利"得的就越丰厚。

对于这样一种结果，皇帝当然不甚在意，而理想主义精神未失的醇儒难免痛心疾首。陆九渊在白鹿洞书院的演讲里，正是以痛心疾首、声泪俱下的样子为听众们展开义利之辨的。

陆九渊当时强调的是，科场得失主要取决于应试技巧的高低和主考官对文章风格的偏好，完全不足以论定一个人的儒学修为。世人沉迷于科举之路而不能自拔,而这些人每天读的虽然都是圣学经典,但其出发点全与书上的教诲背道而驰。这样的人中举之后,所思所虑无非是对升官发财的精心算计,哪里会真正在意国计民生呢?只有一心一意以"义"为旨归,博学审问,慎思明辨而笃行之,由此而入科场,文章才不会偏离圣人之道,由此入仕途,才能勤国事、系民生,不计较个人的浮沉荣辱。君子之道,正在于此。[1]

这番话既切中时弊,更得益于陆九渊慷慨陈词的感染力,以至于有些感性气质较重的听众甚至激动到落泪,朱熹更听出了汗水,在那个微寒的早春天气频频挥扇。

陆九渊所讲的自然是醇儒的道理,但是,正如我们今天所知道的常识,在任何重大且具有普遍性的利益关系里,思想工作对人的自觉性所能起到的提升作用即便不是约等于零,至少也不可能普遍而持久。所以,陆九渊在他的这场演说里意图扭转的局面,不但(正如理所当然的那样)并未见到多少改观,甚至每况愈下,在王华和王守仁的时代只是更糟。

现在让我们回到少年王守仁与塾师的那段对话。塾师的看法很能代表当时社会的一种主流价值观:读圣贤书就是为了考科举,而考科举的目的就是入仕为官。社会已经很坦然地面对这套"小人喻于利"的逻辑了,甚至不觉得有必要拿一块布来给它遮羞。

---

[1] 见《陆九渊集》(中华书局,1980年出版),第276页。

七

明代以八股文取士,被后人扣上了"钳制思想"的罪名。

八股文说到底只是一种文体形式,你既可以用它阐扬孔孟之道,也可以用它论述任何你想论述的思想。八股文甚至可以写得文采斐然,艺术性与思想性兼备。《古文观止》收录了宋代王禹偁的一篇《待漏院记》,这应当是普通读者所熟悉的最接近八股文的一篇。清代李扶九、黄仁黼选编《古文笔法百篇》,称《待漏院记》为"时文八股之祖",之所以特意将之冠于全书之首,是因为这篇文章虽然是宋朝人写的,却"极似一篇近时绝好会元文字"。

那么,所谓思想钳制,钳制之功或许并不在文体本身,而在于考生必须严守朱子理学,不能越雷池半步。

其实认真想来,如果仅仅这样的话,倒也并不真能钳制思想。如果你有任何异端见解,大可以著之竹帛,藏之名山。帝制时代,帝国的所有权有着明确的归属,"普天之下,莫非王土;率土之滨,莫非王臣"这句话得以在字面意义上严格成立,国家与国民都是皇帝的私产,即便在法理上,皇帝也可以对土地、财产与人命予取予求。皇帝开出条件,任何人如果想加入统治集团,就必须参加以皇帝指定的"正确思想"为标准的科举考试,于情于理这倒也无可厚非;而在强制隐逸人士进入仕途的时候,标准一般都会自动放松。对于皇帝而言,既然自己对天下拥有合法的所有权,筛选官僚的标准当然有权力随意制定,只要自己满意就好。

所以,无论皇帝选择哪种思想作为官方指定的"正确思想",趋利的人们自然会向着这种思想蜂拥而至。长此以往,不需要任何强制性的手段,其他种种思想自然会被边缘化,乃至于消亡。

不仅"异端"如此,"正统"也会如此。譬如儒家经典当中的《公羊传》《穀梁传》,官方从未对它们发出禁令,但仅仅因为这两部书既难掌握,又不是考试重点,以至于在长久式微之下几近失传。历史上很多书籍、知识与思想,尤其是在今天看来大为可贵的那些学问,其没落往往并不是任何所谓思想钳制的结果,而仅仅是在世人逐利过程中被自然淘汰。

事情的另一面是,古代世界的思想繁荣时期往往并非官方鼓励"百花齐放,百家争鸣"的结果,而是发生在中央政府的控制力明显减弱的时候——要么是内忧外患,战乱频仍,要么是皇帝怠政,官僚集团也有更要紧的事情需要操心。

八

引导一个庞大的社会,利诱往往会比威逼有效许多。

宗教问题无疑是所有社会问题中最难解决的问题之一,我们在欧洲历史上看到太多由之而来的战争与清洗,在今天看上去实在微不足道的教义分歧在当时都会导致无情的杀戮。但是,当伊斯兰世界称雄欧洲之后,宗教政策竟然宽容得匪夷所思:基督徒完全可以保留信仰,只不过,改宗伊斯兰教的人可以享受免税待遇。这一政策到底收效如何呢?新的政令给出了答案:旧制度作废,从此以后所有人都要交税。绝大比例的人口都改宗了,已经没有足够的税收来供养政府了。劳苦大众是最早改弦易辙的群体,应了孟子"无恒产者无恒心"的断语。

从政治角度来看,科举考试该订立怎样的标准,实质上就是要订立一个利诱的标准。唐代以诗赋取士,造就了一个繁盛得旷古烁今的诗歌时代,此即一例。但善于反思的人难免会想,难道会写诗就会做官吗?写诗所需要的素质和做官所需要的素质难道有任何相通之处吗?

在王安石变法的时候,这个问题引发过极其激烈的辩论。王安石的提议是,诗赋取士导致了浮华绮靡之风,不切实用,不如改为经义文章取士;教育改革应该配合考试改革,有必要在全国各地兴办学校,普及儒家教育。

在这个问题上,王安石最大的反对派是苏轼,其反对意见详载于《宋史·选举志一》,大意归纳如下:

1. 王安石找错了靶子,因为选拔与用人的关键既不在教育,也不在考试形式,而在于上级领导明鉴的眼光和认真的考核。

2. 庆历年间已经搞过类似的教育改革,当时大家都以为太平可待,现在却已经名存实亡了,徒然扰民而已,既然殷鉴不远,何必重蹈覆辙?

3. 儒家的德治原则是上行下效式的，统治者修身以格物，为万民做表率，以此来化民成俗，如果变成教条让人学习，作为选拔官僚的标准，这会激起天下人争相作伪的风气——历史一再告诉我们，国君以孝取人，则勇者割骨疗亲，怯者在父母墓旁结庐而居；国君以廉取人，天下人便争相做出各种寒酸样，穷形尽相，无所不用其极。

4. 科举标准未必需要"有用"，唐代诗赋取士不也出现过那么多能臣吗？

这真是真知灼见啊！把苏轼的逻辑稍稍向前推进一步，我们约略可以得出这样的结论：科举标准只要能够考察出一个人的智商、情商和基本文化素养也就够了，换言之，要考的是素质，而不是具体的知识或具体的价值观。一旦以具体的价值观为考试内容，无论该价值观是孔子的原教旨、王安石的荆公新学、苏轼兄弟的蜀学、张载的关学、二程的洛学乃至朱子理学，甚至于佛学或基督教神学，只要是具体的某种价值观，则非但不能"再使风俗淳"，反而会使天下人相率以虚伪，越虚伪的人越容易进入士大夫的阵营，越有升官发财的机会。而宋代科举取士尤其不拘门第，"无恒产者无恒心"的规律注定会掀起波澜。

程颐曾以相当乐观的心态看待科举，说一个人勤学应举并不必然导致妨业废道的结果，毕竟一个月的时间可以分十天给举业，其他时间完全足够做真正的学习。只不过一个人的志向，若不志于此则必志于彼，就怕科举扭曲了人的志向。（《近思录》卷七）

程颐不曾预料的是，科举取士一路发展下来，竞争日渐残酷，在同等资质的选手间，一个月只学十天的又怎么竞争得过那些有凿壁偷光、囊萤映雪精神的可怕对手呢？考试题目也是越出越刁钻，全力以赴尚且不能保证有多高的胜算，而那些将主要的时间精力花在"为己之学"上的真诚的儒者，其结局也就可想而知了。

九

现在让我们回到王守仁和塾师的那番对话。

什么才是天下第一等事，或者换一个简单的问题：读书的目的是什么？塾师给出了一个"真实"的答案：无非是为了考取功名。这已经是当时天下读书人自幼以来的普遍共识，是天经地义、不假思索的简单真理。王守仁偏偏特殊，讲出读书学圣贤才是第一等事，或者说读书的目的在于学习圣贤，最大限度地向圣贤接近。父亲王华在听说儿子的志向之后哑然失笑："难道你想做圣贤吗？"

这段记载为我们揭示了两个要点：

1. 少年王守仁已经有了很强的独立思考能力，甚至敢于质疑权威。即便在今天的四年级小学生当中，这种特质也不多见。

2. 少年王守仁有一种很实在的读书态度，事实上，任何人只要认认真真地阅读那些儒家典籍，无论是先秦元典抑或程朱注本，并且能够摆脱习俗影响的话，都很容易得出同样的结论，譬如《孟子》中分明讲过"人皆可以为尧舜"的命题。其他人之所以很难产生这样的想法，一来是因为一开始便怀了读书登第这样的功利目的，不单纯的心态很难导致单纯的理解，二来是因为习俗观念的影响力太大，世道人心既然普遍相信圣贤遥不可及（王华的表现恰恰如此），小孩子在潜移默化中也就这么相信了。

人的普遍心理，既容易服从权威，也同样容易从众从俗。心理学家的各种实验已经多次证实了我们内心深处的这些特质，实验结果不但令我们惊奇，更令我们汗颜。

但是，作为群居动物，这两种心理模式其实都是必不可缺的生存优势，因为无论是怀疑精神抑或独立思考的能力，都需要较多的反应时间，而反应时间在原始、严酷的生存环境里绝对是生死攸关的大事。

我们不妨想象一下同样属于群居动物的羚羊，只要一只羚羊开始奔跑，它的伙伴们马上就会不由分说地跟着它一起飞奔。第一只羚羊奔跑很可能是因为发现了狮子，也有可能只是一场虚惊，但是，随大溜的羚羊得到的最坏结果无非是平白浪费了体力，而那些富于怀疑精神与独立思考能力的羚羊注定会沦为狮子的美食——即便不是在这次，也一定会在接下来的某次。

久而久之，富于怀疑精神与独立思考能力的羚羊在物竞天择的自然规律下被淘汰，我们今天所看到的羚羊都是那些"愚昧""盲从"的羚羊的后代。同样，文明时代的人类也是原始时代里那些"愚昧""盲从"的人的后代，我们身上所传承的是这些人的基因，而不是那些富于怀疑精神与独立思考能力的人的基因。

也正是因为这个缘故，当一个人在很小的时候就变现出怀疑精神与独立思考能力时，我们就会知道这实在是一种难能可贵的特质，注定使他的人生与众不同，也注定他的人生比常人多出许多的波澜与坎坷。

让我们再看事情的另一面：为什么在习俗观念里，圣贤总是遥不可及？

不妨以佛教为例，我们会发现，在佛陀及其稍后的时代，修成罗汉或菩萨的人比比皆是，几个世纪之后直到今天，佛学无论普及之广还是理论之深都远胜从前，高僧大德数不胜数，却很少再听说有谁成了罗汉或菩萨。

站在思想史的角度来看，个中道理异乎寻常地简单：罗汉、菩萨的称号原本只是导师对学生学习成果的一种认证，大约相当于今天的学位称号，拿到学位原本并不很难，拿到学位之后也并不就变得神通广大、通天彻地了。只是佛教一路发展下来，强者崇拜的心理使人们不断神化着这些古圣先贤，使他们越来越配得上世人的敬畏，也越来越疏远了和世人的距离。

个人特质和社会评价经常是脱节的，单以个人修为来看，后世许多高僧大德也许早已达到甚至超越了佛陀时代那些罗汉、菩萨的标准，但造神运动只能留给后人完成。除非是政治领袖，能够以无上之权柄左右舆论，才有可能将当时当地的造神运动推行成功。

所以，只要我们能以一种很实在的态度读书，摒除习俗成见的影响，再摆脱掉对强者的崇拜欲，就会发现所谓证得阿罗汉果位并非遥不可及的事情。少年王守仁以这样的态度读书，于是发现成圣成贤并非不可以做到。当然，达到古圣先贤的修为是一回事，社会能不能恭恭敬敬地将圣贤的标签贴在你的身上就是另一回事了。

十

明宪宗成化二十年（1484年），母亲郑氏夫人去世，享年四十九岁，王守仁时年十三岁，《年谱》记载他"居丧哭泣甚哀"。儒家推崇孝道，所以这样的记载是有褒奖含义在的，而有"预表"色彩的是，将来王守仁排斥佛老二家，这一点发自天性的孝心正是最核心的根源。

两年之后，王守仁成长到重要的十五岁。这个年纪古人称之为"成童"，读书的孩子该从小学升入大学了（古代教育是小学到大学的两级制，没有今天中学这个阶段）。

尽管对于孔子而言，十五岁正是"志于学"的年纪，但普通人的十五岁正是躁动不安的青春期。不难想见的是，早在十一岁初入京师便已经"豪迈不羁"、没少让父亲忧心的王守仁，到了十五岁只会变本加厉。

最吸引小男生的事情莫过于战争杀伐，这是天性使然，古今中外莫不如此。倘若没有这种天性，人类应当早在残酷而原始的自然竞争中惨遭淘汰。只是进入文明社会之后，原有的蕴含着生存优势的顽固天性开始让人大伤脑筋了。

十五岁的王守仁"慨然有经略四方之志"，而且当真"知行合一"，独自出游居庸关外，亲自查访各部"蛮夷"与大明帝国的边防守备实况，甚至"逐胡儿骑射，胡人不敢犯"。

在我们钦佩少年王守仁的勇敢与武功之余，必须辨析一个问题：古人的习武成本远较读书高，最重要的是，武术并不是今天意义上的各种武术套路，而是所谓骑射，即骑术、箭术以及骑马奔跑中的箭术。骑射功夫亦称弓马，"弓马娴熟"是赞扬一个人武艺高强的词语，至于今天被传为源远流长、神乎其技的各路拳术，现身之晚简直令人难以置信。

骑射本领是冷兵器时代最强悍的杀人技，却偏偏是汉人始终都不擅长的。

王守仁在居庸关外所遇到的"胡儿""胡人"正是所谓马背上的民族，骑射为自幼所习，比呼吸还要自然，而汉人要想练好骑射，却实在难上加难。第一项难题是要养得起战马——当年王安石变法，有一项"保马法"饱受诟病，主要原因就是农户散养的马匹就算养得活，也只能拉车用，上不了战场。战马有专门的驯养方式，必须有足够的场地可以让它撒欢奔跑。对游牧民族而言，这几乎不需要任何成本，而汉人作为农耕民族却没有这样的条件。至于练习骑射，既需要专门的校场，更需要日复一日的勤学苦练。

原本孔子时代的教育，学科是所谓"六艺"，即射、御、礼、乐、书、数。前两项射和御大略就相当于后世的骑射，只不过孔子时代的"射"分为仪式与武艺两类，仪式之射只求准确，不求力量，《论语·八佾》有"射不主皮，为力不同科，古之道也"，说的就是这一回事；武艺之射，一是以步兵姿态射箭，二是在奔驰的战车上射箭，后者略近于后来马背上的骑射。这时候文武尚未分家，贵族们在朝则为文臣，出征即为武将，文武双全是一件再自然不过的事情。只是儒家越是发展，越变成了知识分子的学问，越发重文轻武起来，文与武终于分道扬镳，文臣能立武功遂变为令人惊异的事情。

　　文武双修、骑射与儒学并重的人物，最为今人熟悉的莫过于清代词人纳兰性德。在父亲明珠的督导下，纳兰性德在四五岁上便开始了严苛的骑射训练，少年时便参加康熙帝的围猎，以高强的单兵作战本领为基础深造协同作战的能力。相形之下，少年王守仁能做到"逐胡儿骑射，胡人不敢犯"，即便有过人的天赋，也必须有父亲的许可、家庭财力的支持以及自幼的勤学苦练才行。

十一

　　少年王守仁驰骋沙场的渴望是如此强烈，以至于梦里都不得安生。他梦到自己拜谒伏波将军庙，并赋诗一首："卷甲归来马伏波，早年兵法鬓毛皤。云埋铜柱雷轰折，六字题文尚不磨。"诗作虽然不佳，但作为梦中的作品，倒也不宜苛责。

　　伏波将军即东汉名将马援，他在暮年披甲南征，平定交趾之乱，功成之后立有两根铜柱作为汉帝国南疆的界标，铜柱上镌有"铜柱折，交趾灭"六字，大约是怕当地人损毁而为之的吧。

　　王守仁诗中所谓"铜柱""六字"云云，所指就是这段掌故。少年王守仁能有这样的想法，半是缘于少年天性，半是缘于动荡的时局。

外有蒙元残余势力不断侵犯北疆，内有各种流民暴动此起彼伏。此时的王守仁当然不会有"同情农民起义"的革命觉悟，只觉得大丈夫应当如伏波将军马援一般，戡乱定国，马革裹尸。

多年之后，王守仁取得了人生最后的一场战功，即平定广西思、田之乱，归越途中路过梧州，当真拜谒了伏波将军庙。其时念及少年梦境，将万千感慨写入两篇七律，起首便是"四十年前梦里诗，此行天定岂人为"。命运浮沉，若合符契。而王守仁战胜之后的际遇偏偏也像极了马援，得到的是谗毁和冤屈。

《年谱》记载，王守仁十五岁时，京畿有石英、王勇作乱，秦中有石和尚、刘千斤作乱，王守仁屡次想要向朝廷上书，进陈平盗方略，却被父亲斥为狂妄，只好打消了念头。在今天看来这是一件颇可异怪的事情，一个十五岁的孩子，全无功名在身，凭什么写一封信就想上达天听？这是因为明太祖定有制度，百官也好，百姓也罢，都可以上书言事，不拘执掌。虽然到了成化、弘治年间，早已堂陛森严，旧制度基本仅剩下名义，但王守仁偏偏最会将名义上的事情当真，更何况那时候他还只有十五岁，远不知道世界的虚伪与险恶。

《年谱》的这段记载确有异怪，只是异怪在另一处细节。王世贞《弇山堂别集·史乘考误十》有考证说，石和尚、刘千斤作乱发生在明宪宗成化二年（1466年），翌年即告平定，又五年之后王守仁方才出生，《年谱》所记"大可笑也"。

清代编修《明史》，经学大师毛奇龄为作《王守仁传》，辨语中谈及与王世贞一致的观点，说《行状》与《年谱》"则可笑之甚"。毛奇龄还有一番感慨，说，真没想到黄绾、钱德洪的记载竟然诞妄无理到这种地步,所以说王守仁所遭受的无端责难,相当程度上肇因于他的门人以及门人的各种记载。

毛奇龄为王守仁作传之后,明史馆各位大儒以抓阄分派任务,结果是尤侗做了《王守仁传》的责任人。尤侗便取了毛奇龄的手稿参考成文,这就是我们今天看到的《明史·王守仁传》,也因此这篇正史文字里并未提及刘千斤和石和尚的事情。[1]

王世贞和毛奇龄显然是嫌《行状》《年谱》作为"一手材料"有失严谨。门人推尊师尊,感情既容易蒙蔽理智,推尊有时便不免变为神化。在门人弟子的极力塑造下,王守仁的形象越发酷似《三国演义》里的诸葛亮、《封神演义》里的姜子牙和民间传说里的刘伯温。

事情的另一面是,《行状》和《年谱》虽然在这里确实出现了纰漏,但是,石和尚和刘千斤也许仅仅是被张冠李戴了。最可能的情形是,当时确实有盗寇横行,王守仁也确实有上书朝廷的意图,只是盗寇并非石和尚、刘千斤一伙,而是另有其人,毕竟那是一个盗寇丛生的时代。

这段情节很容易使人联想到宋代大儒张载的年轻遭际。张载那时候和少年王守仁一样,有任侠风骨,喜欢谈兵论剑,向主持西北防务的长官范仲淹上书,建议向西夏用兵,还准备联合一些豪杰之士,亲自出征被西夏夺取的洮西之地。

范仲淹当时的反应很像王华,严词打消了张载的建功立业之心,还劝他从《中庸》入手认真学习儒家经典。张载后来成为一代儒宗,

---

[1] 见《明史考证》(中华书局,1986年出版),第1572页。

独创性的思想波及阳明心学，正是从范仲淹这一番拒绝与提点开始的。若少年王守仁就此熄了金戈铁马之心，步先贤之后尘陶冶为一代醇儒，这或许是父亲王华所乐于看到的吧。

第三章

成人大计：婚姻与科举

一

成化二十三年（1487年）八月，宪宗驾崩，十八岁的皇太子朱祐樘即位，是为明孝宗，翌年改元弘治，是为弘治元年（1488年）。

孝宗并非一个能建立赫赫武功、大扬国威的皇帝，所以很难被后人以骄傲的口吻提及。但在治内政、理民生的领域里，孝宗总还是有些作为的，以至于《明通鉴》满怀感情地将他誉为"中兴之令主"。其实最主要的原因不是因为他能干，而是因为他不太能干。

孝宗皇帝是个性情温和、不爱生事的人，这应该和他体质孱弱、精力不足有关。史书虽然称道他的"勤政"，但这"勤政"一来只就他在位的前几年而言，二来也实在是被明朝皇帝的各种怠政反衬出来的。然而经济运作的规律是，统治者越少生事，经济发展也就越快。所以历史上只要一出现休养生息，经济就会突飞猛进，这不是因为朝廷管得好，而是因为朝廷管得少。老百姓不明白这个道理，只晓得感谢皇恩浩荡。

无论如何，换个皇帝，总给人一点新的希望。而就在这位中兴令主改弦更张的大气象里，十七岁的王守仁千里赴越，准备娶妻生子，过自己的小日子了。[1]他的未婚妻是时任江西布政使司参议的诸养和的

---

[1]《年谱》将赴越断为弘治元年事，据王守仁亲撰《祭外舅介庵先生文》，事在弘治二年（1489年）。见《全集》第1337页。

女儿,这位诸养和,《年谱》称之为王守仁的"外舅",以至于今天有人误解两人本有甥舅关系。实则"外舅"就是"岳父"的意思,《尔雅·释亲》所谓"妻之父为外舅,妻之母为外姑"。

古人的婚姻,必须有"父母之命,媒妁之言"。之所以要有"父母之命",是因为古人的个体意识弱,家族意识强,婚姻不是夫妻二人的事情,而是事关两个家族的大事,意义在于"合二姓之好,上以事宗庙,而下以继后世"(《礼记·昏义》),意即横向连接两个家族,纵向连接无数代以来的祖先与无数代以后的子孙。之所以"媒妁之言",是为了强化男女双方的廉耻意识,严禁伤风败俗的自由恋爱。

所以,在士大夫阶层,"媒介"实为关乎脸面的头等大事之一,譬如孟子讲过,男人天生就需要女人,女人天生也需要男人,但如果只顾着遵循天性,不待父母之命、媒妁之言就私订终身、逾墙相从,那么父母和国人都会轻贱他们;同理,古代的君子都有急切的出仕之心,但再急也会遵循正道来求仕,如果求仕却不由其道,那就和男女私订终身一样了,会被所有人看不起的。(《孟子·滕文公下》)

婚姻有标准的一套程序,统称"六礼",即纳采、问名、纳吉、纳征、请期、亲迎。《仪礼》与《礼记》尽述其详,认为这就是孔子所推崇的"周礼"之一。汉代经学大师郑玄为之注释,使之成为指导婚姻仪程的标准规范。[1]及至宋代,朱熹因时损益,将"六礼"简化,《朱子家礼》成为新的标准规范。明代礼制,以《朱子家礼》为基础,王守仁的婚事原则上应当依据明制中的"品官婚礼"执行之。

---

[1] 也有学者质疑周代是否当真存在"六礼"。陈筱芳有考证春秋时代只有"三礼",言之甚有据,见《周代婚姻礼俗与社会伦理》(巴蜀书社,2000年出版),第36-55页。

王守仁在七年之后为岳父撰写的祭文里简略提及了这一段婚姻的原委：诸养和与王华曾经一同在京师做官，有金兰之交。诸养和当时任职吏部，主持京师科考，某次拜访王华，看到年纪尚小的王守仁正在一旁和小伙伴们戏耍，越看越爱，于是与王华约为儿女亲家。弘治二年（1489年），诸养和调职外任，做了江西布政司参议，从南昌寄来书信，召王守仁前去完婚，这便是事情的缘起。（祭文在时间记载上与《年谱》相差一年，这里不妨从俗，暂以《年谱》为准。）

于是王守仁赶赴南昌，在江西布政司的官署中拜见岳父大人诸养和，献上一只大雁。大雁是传统婚姻仪式中最重要的物事，社会各阶层无论尊卑，婚礼皆用雁，据郑玄的解释，这是取大雁"顺阴阳往来"之意。

接下来发生的事情颇有几分怪异。《行状》记载王守仁成婚于诸养和的官舍，《年谱》记载了王守仁在南昌诸家的"合卺之日"，似乎洞房花烛夜是在岳父家度过的。

合卺仪式确实是洞房花烛的前奏曲，所谓卺，最早的样子是将一个瓠（葫芦）剖成两个瓢，夫妻各执一瓢饮用醴酒，因为两瓢相合便是一个完整的瓠，故称合卺。后来发展出专用的合卺杯，是现代婚礼上所谓交杯酒的前身。之所以会有这种风俗，是因为中国最传统的饮食模式很像今天的西餐，是分餐制，所以在结婚当晚，夫妻二人才要特意"共牢而食，合卺而饮"，即同吃一份肉，同饮一份酒，变分为合。

依照婚礼仪程，合卺应当是"亲迎"之后，新郎将新娘迎到自己家里之后的仪式，但想来是因为南昌与京师悬隔千里，礼仪规范也就因此而顺遂人情了吧。但是，就在这个至关重要的"合卺之日"，诸养和一家人肯定急如热锅上的蚂蚁，因为新郎迟迟不见露面，派人去找，却怎么都不见踪影。此情此景，正常人头脑中闪现的都会是"悔婚""逃婚"一类的字眼。

二

王守仁虽然不是真的逃婚，不过对这桩婚事似乎不太上心，当日里信步游逛，偶然走进了铁柱宫。

铁柱宫是南昌的一座著名道观，始建于晋代，其后屡遭火灾，又屡被重建。观中祀奉的是净明道派的祖师许逊，传说观内的一口井里有许逊镇压蛟龙的铁柱，故而这所道观得名为铁柱宫，许逊成为南昌一带最重要的地方保护神。史载东晋孝武帝宁康二年（374年）八月初一，许逊阖家四十二口拔宅飞升，成为"一人得道，鸡犬升天"这一典故的几个可能的出处之一。

也许只是巧合，奉许逊为祖师的净明道派亦称净明忠孝道，教义特点是融汇儒道两家，修心以净明为本，制行以忠孝为贵，与王守仁后来发展出来的学术构架颇为相似，只是粗浅许多罢了。更见巧合的是，《年谱》于明武宗正德十四年（1519年），即宁王朱宸濠叛乱的那一年，有记载说当初宁王降生时，父亲康王梦到有蛇闯入宫里，吃尽了所有人。与这条记载参照，正是许逊在此地镇蛟，王守仁在此地捕蛇，两相呼应。铁柱宫事件也就不再是偶然,而是对正德十四年事件的预表。

此时此刻,在铁柱宫里,十七岁的王守仁见到一名道士趺坐一榻,于是上前搭话。想来这位道士是个非常健谈的人,向眼前的少年人讲述养生的学问。王守仁听得入迷,竟然整整听了一夜,直到第二天早晨才想起自己的婚姻大事来,而诸氏一家会有怎样的愤慨,诸氏夫人会否从此心存芥蒂,这就不得而知了,但从王守仁七年之后为岳父大人撰写的祭文来看,诸养和对这个女婿始终关爱有加,后来无论女婿科举失利还是遭到其他坎坷,他总是语重心长地千叮咛万嘱咐,以名节相勉励,使王守仁感动至深。[1]

至于王守仁与诸氏夫人的关系,明人沈德符《万历野获编》有"惧内"一条,说本朝名臣大有惧内之风,远的事情不说,就说我们浙江的王守仁吧,立功仗节,九死不回,却偏偏对夫人恭谨备至。沈德符未曾提及的是,事实上诸氏夫人直到明世宗嘉靖四年(1525年)去世,始终未给王家添上一儿半女,在那个"不孝有三,无后为大"的时代,实在没有硬气的本钱。

三

铁柱宫事件塑造出一个相当与众不同的少年形象。然而今天的读

---

[1] 见《全集》,第1336-1338页。

者会感到离奇的是,养生术明明是老年人关注的焦点,从没见哪个十七岁的孩子天天沉迷于电视上的养生栏目。所以有些学者解释为王守仁自幼体弱多病,所以才会对养生术格外关心,甚至推测他是因为性功能障碍才会对合卺之日生出恐惧乃至逃避的心情。但是,王守仁明明从小"豪放不羁",甚至练就一身连胡人都不敢轻易招惹的骑射本领,这简直就是体育健将兼武林高手,体弱多病从何说起呢?

他非但没有半点体弱多病的影子,甚至,依钱穆的看法:"他似乎是精力过剩,而一时没找到发泄的出路。"事实上体弱多病是王守仁成年之后的事情,但据他自己分析,这体弱多病多半是养生术导致的。也就是说,修炼养生术非但不是体弱多病的结果,反而是其原因。之所以如此,是因为这个养生术与我们今天的养生概念大不相同。

铁柱宫道士讲了一夜的所谓养生术,应当是道教修仙之术,所以才会令一个十七岁的少年如此着迷。明武宗正德三年(1508年),王守仁在贵州的时候,有人翻来覆去地向他请教世上是否真有神仙,兼问修仙之术,烦不胜烦的王守仁终于写信详答,说自己八岁的时候便着迷于此,如今三十多年过去,牙齿松动,头发花白,眼睛只能看清一尺开外,耳朵只能听到方圆丈许的范围,又经常整月卧病不出,药量骤增,这就是修仙的成效。但竟然有熟人妄言他修成仙道,这人竟然又错误地听信了这种传言而来向他请教。不得已之下,姑且为这人随便讲讲吧。[1]

要知道在王守仁的时代,即便官修正史也充满着怪力乱神,民间

---

[1] 见《全集》,第887页。

社会更有满地的鬼狐仙怪。今天但凡上了一点年纪,经历过20世纪80年代全国气功热潮的读者,都应该有理由对这些古人怀有同情。而王守仁即便在那封痛陈修仙史的书信里,也并未否认神仙的存在,只是说成仙要靠天赋,后天努力无济于事,就算成了仙,也不过活到几百上千岁而已,那些拔宅飞升、点石成金的本领其实只是秘术曲技,道教称之为幻术,佛教称之为外道。[1]

虽然三十多年的切身体会使王守仁痛定思痛,但领悟显然还不彻底。他对神仙的迷恋着实太深,难免影响门人弟子,以至于后者眼中的师尊总有一点半人半仙的神秘色彩。

四

新婚之后,王守仁在岳父那里住了相当长的一段时间,这期间对书法生出了极大的兴致,日复一日,手不辍笔,像极了一个反抗包办婚姻的行为艺术家。

岳父的官署里积蓄了几箱纸张,王守仁每天练习书法,在回返京师之前,几箱纸张全部用尽,书法当然大有长进。王守仁后来讲起这件事,说自己以前学习书法,只晓得临摹古帖,仅仅学得形似,后来提笔并不轻易落纸,总要凝思静虑,在心中拟定字形,久之便掌握了

---

[1] 见《全集》,第887页。

为书之道。后来读到宋代大儒程颢的论书之说，更有深一层的体会。程颢说的是："我写字时心存敬念，不是为了把字写好，而是这样做本身便是学习。"既不是为了把字练好，究竟是在学什么呢？原来古人随时随事只在心上学，此心精明，字自然就写好了。王守仁后来为门人讲述"格物"的道理，常常举这个例子。

我们已经可以从中窥见阳明心学的一点端倪了，析为两节：

1. 阳明心学遥接宋儒程颢，程颢正是公认的儒家心学一脉的发轫者。

2. 凝思静虑、心存敬念是重要的修养方法，心既精明则触物皆通，不假外求而自然收致外求的功效。程颢最提倡这个"敬"字，甚至有"敬胜百邪"的说法，不免令人想起释迦牟尼在菩提树下悟道的情境。

五

弘治二年（1489年）十二月，王守仁将诸氏夫人带回了余姚老家。这段旅途绝不能一笔带过，因为在走水路经过江西广信的时候，王守仁拜谒了当地的名儒娄谅，被娄谅一番话改变了人生。

《年谱》的记载非常简略，只是说娄谅对王守仁讲了宋儒格物之学，还谈到一个人可以通过努力学习而成为圣人，王守仁受到了深深的触动。令读者难解的是，这些内容明明都是儒家的老生常谈，前者更属于科举考试的必备知识,触动究竟从何而来呢?

让我们回顾一下王守仁十一岁那年和塾师的对话以及父亲王华的反应,便可以体会到"知"和"行"的一种背离:宋儒格物之学,具体来说就是朱熹版本的格物致知之道,那是通往"天理"的门径,自然也是成圣成贤的门径;通过学习可以成圣,这个观点更是自周敦颐、二程以来不断被论断和分析,自元迄明早已成为读书人的常识。

但是,在王守仁的时代,人们只是将这些见识当作一种纯粹流于纸面的知识,背诵可以倒背如流,讲述可以头头是道,而一旦科举及第,便会摆出得意忘形、得鱼忘筌、得兔忘蹄的超然态度。考试的时候都懂得回答"圣人可以学得",却很少有人真的如此相信,更罕有人将这个观点作为自己实实在在的求学指南。所以,塾师教学只想着读书登第,王华对儿子那句大大合乎程朱理学的发言也只觉得好笑。宋代大儒历尽千难万险得来的领悟,竟然只变成纯粹的教条了。

所以,王守仁从娄谅那里所获得的,想来并不是什么与众不同的知识与见解,而是一种与众不同的——至少在他那个时代非常与众不同——真诚态度与践履精神。之所以能做出这样的推断,就要从娄谅的师承说起。

六

娄谅是吴与弼的入室弟子,两人的关系相当于颜渊之于孔子。

吴与弼,字子傅,号康斋,江西崇仁人,国子监司业吴溥之子。黄宗羲编撰《明儒学案》将他列为"崇仁学案"第一人,评论说"椎轮为大辂之始,增冰为积水所成",若没有吴与弼的发轫,便没有后来儒学的盛况。

明成祖永乐七年(1409年),十九岁的吴与弼赴南京觐亲,跟随后来官居大学士的杨溥读书,读《伊洛渊源录》,于是慨然有志于道。

《伊洛渊源录》是朱熹编撰的一部理学名著,汇集周敦颐、程颢、程颐及其门人弟子的言行记录。书中最令吴与弼激动的是程颢的一则故事:程颢少年时活泼好动,对打猎最是上瘾,后来折节读书,性格、气质为之一变,自以为不会再有出门打猎的冲动了。老师周敦颐对此颇不以为然,对程颢说:"不要说得那么容易,你这份心只是潜隐未发罢了,不知道哪天就会故态复萌。"许多年后,程颢在一次暮归途中看到乡间行猎的场面,心中忽然蠢蠢欲动,很想跟过去一试身手,这才晓得周敦颐的那番话果然没有说错。

这段故事为我们贡献了"见猎心喜"这个成语,我们也不会太难理解这份人之常情。但在吴与弼的时代,程颢早已被高高捧上了圣贤的宝座,"见猎心喜"的故事也就变得大有深意了:圣贤也是和我们一样的人,也有七情六欲,也有一些不容易克服的缺点,但人家勤于学习,认真磨炼自身的修养,不也从凡夫俗子蜕变为圣贤了吗?这就好比每一只毛虫都有蜕变为蝴蝶的潜质,就看它能否耐得住茧里边寂寞的修行。

吴与弼于是有了让自己脱胎换骨的打算,于是科举不考了,社交活动不参加了,躲进小楼成一统,只在四书、五经和诸儒语录里度日。

他认识到自己的性格偏于刚忿，便很有针对性地加以打磨，如是连续两年都没有下过他的小楼。

这样一种精神修炼，正是宋儒极其重视的所谓"变化气质"。

理学背景里的"变化气质"，其含义比今天所谓的陶冶性情有更深一层的意义。张载提出了"天地万物为一体"的命题，如果读书人体会不出这一层，那就无法达到"仁"的境界，所以必须在内心破除小我之私，与天地万物合而为一，这个过程就叫作"变化气质"。

"变化气质"的初级阶段与陶冶性情无异，急性子需要有收敛，慢性子需要有进取，爱迁怒于人的要多一些反躬自问，爱自怨自艾的要多一些勇往直前。吴与弼就这样足不出户、目不窥园地变化着自己的气质，倘若不是父亲命令他还乡成婚的话，不下楼的日子不知道还会延续多久。

从南京回崇仁，吴与弼选择了长江水路。某日江面刮起了狂风，眼看着就要舟覆人亡，但年纪轻轻的吴与弼只是正襟危坐，丝毫不为所动。事后旁人问起他当时的心情，他的回答是："守正以俟耳。"这句话省略了宾语，所俟的对象其实就是命运。

这正是传统儒家所标榜的君子操守：坚守心中的正道，生死祸福一任命运的安排。今天被心灵鸡汤化的儒学会用那句最常被引述的人生指南来解释吴与弼的做法：如果你改变不了世界，不妨改变你的内心。这样貌似解释得通，其实两者大异其趣。

首先出发点就不一样，前者是以道德原则为旨归的，后者是以功利原则为旨归的。

依照后者的逻辑，倘若我们生活在一个众暴寡、强凌弱的社会，就该欣然接受这种价值观，以求自己心情舒畅。前者则不然，无论身处怎样的环境，所当坚守的价值观只有一种，"天不变，道亦不变"，吴与弼所做的，只不过是找到并坚守了这个价值观而已，用他留下来的语录里一句颇有诗意的形容，正是"请看风急天寒夜，谁是当门定脚人"。所以孔子最恨乡愿，"恶紫之夺朱"，实在是真知灼见。

吴与弼在江心遇险的时候，心中一定想到了程颐。程颐被贬到涪州的途中，也在长江上遇到了同样的险情，舟中人号哭不止，却见程颐正襟危坐，神态如常。脱险上岸之后，同舟的一位老者问程颐道："刚刚在危急关头，您却毫无惧色，这是怎么做到的呢？"程颐的回答很简洁："我只是心存诚敬罢了。"

故事并没有到此结束，高潮还在下文。老者掉了一句机锋："心存诚敬当然是好的，却不如无心。"程颐还想拉住老者仔细聊聊，老者却自顾自地离开了。(《伊川学案·下》)[1]

心存诚敬，是以诚敬抑制恐惧，恐惧心不曾消灭，只是潜隐，也许哪天还会萌生出来，就像"见猎心喜"的故事昭示的那样。那位老者应当是参过禅的，完全一副耍机锋、斗公案的做派，但道理倒也没错。

卧轮禅师有一个偈语："卧轮有伎俩，能断百思想。对境心不起，菩提日日长。"六祖慧能听到之后，说这样不好，这就把禅参死了，于是他也念了一个偈语："慧能没伎俩，不断百思想。对境心数起，菩提作么长。"[2]

---

[1] 见《宋元学案》(中华书局，1986年)，第645页。
[2] 这背后的禅宗义理不是三言两语能说清的，感兴趣的读者可以去参看我的另一本书：《思辨的禅趣》。

程颐在江心遇险，正是以"对境心不起"的修养来应对，那位老者自然应该是"对境心数起"了，一个浪头打来时也随着众人一起号哭，毕竟怕嘛，而与众人不同的是，他在号过之后，哭过之后，就把这件事抛诸脑后了，该做什么还继续做什么去。

事实上，理学家也追求这种"无心"的境界，二程将会反复阐述，阳明心学将会再次强调，只不过这种境界过于超凡脱俗，既很难起效，也很难在逻辑上自圆其说，以至于无论禅师也好，儒者也罢，凡是认真的修炼几乎都走的是"心存诚敬"与"对境心不起"一途，其中佼佼者可以达到"无心"之境。

事情的另一面是，究竟走上哪一条路也与自身的性情有极大的关系。程颐和吴与弼都不是能走轻灵路线的人，故而通往"无心"之路尤较常人难。幸而天道酬勤，这两位笃实做派的儒者最后都走到了"无心"这一步。这样的旅程，也是王守仁将要重蹈的。

七

在有惊无险地还乡之后，吴与弼终于顺利成婚。但是，这个血气方刚的年轻人再一次成功挑战了自己的克制力，行婚礼而不圆房，启程去南京向父亲大人复命了，之后才再次踏上还乡的征程。

这会让我们联想起一个经典的桥段：卢梭在《忏悔录》里回忆说，在他很窘迫的时候收到过一封信，信里很可能附有他急需的一笔钱，他是怀着何等迫切的心情想要立即拆开信封啊。但是，为了磨炼性情，他决定把这封信留到第二天再拆，于是度过了人生中最漫长、最煎熬的一个夜晚。

当代心理学家早已对自制力做过非常深入的研究，有一项实验甚至绵延数十年之久，将几乎所有的被试者从幼儿期跟踪观察到成年，为自制力与个人成就之间高度的正相关性给出了一个很有说服力的结论。当然，对于绝大多数人而言，自我克制从来就不是一件容易的事，任何对此抱有怀疑的人都可以到琳琅满目的减肥药品柜台去修正自己的看法。成圣成贤的难度当然远高于减肥，即便我们已经清楚晓得成圣成贤是可能的，也晓得成圣成贤的全部方法，但这绝不意味着我们可以轻松达到这个目标。

在日复一日的自我磨炼里，吴与弼的蜕变越发明显起来。他在家乡没有半点乡绅的样子，只穿着粗衣敝屦，很难让人相信他有一位在朝为官的父亲。

毕竟是娶了妻的人，吴与弼决定自谋生计了。本来就已经粗衣敝屦的他，现在开始拿起农具下地种田了。诸葛亮在《出师表》里说自己当年"躬耕于南阳"，那其实只是摆摆姿态，吴与弼才是真正意义上的自耕自食，活脱一个小农形象。

农民自耕自食不会引起任何人的注意，但一个官宦子弟、知识分子穿成农民的样子自耕自食，这就是引人注意的大事件了。慕名而来投师问道的人越聚越多，娄谅便是其中之一。吴与弼的教学方式别出心裁：带着门人弟子起早贪黑一起下田，耕作之余就在田垄上传道授业，讲《易经》说八卦的哲理在手边的农具上就能看到。

有一件事情最能说明吴与弼的风格：某天收割的时候，不小心被镰刀割伤了手指，吴与弼忍着痛，说出一句很励志的话来："何可为物所胜！"说罢便继续挥舞镰刀，仿佛什么都没有发生。

吴与弼所谓的"物"，在理学范畴里是与"心"相对的概念，是指一切客观因素。在吴与弼看来，主观之"心"应当能够克制一切客观之"物"，倘若因为受了伤便动摇了继续劳作的心，那就是"心"被"物"战胜了，这绝非圣贤门徒可以接受的。我们很难想象，如果当时流血不止的话，吴与弼会不会先把镰刀放下，好好包扎一下伤口呢？

此时的吴与弼已经有了开宗立派、著书立说的资本，但他偏偏惜墨如金。他的理由是，儒家经典的历代注疏已经过于烦琐了，有害无益。正是因为这个缘故，吴与弼为儒家开出了一条新路，即以实实在在的践履功夫，在流血流汗的修行里将自己打造成圣贤。

而吴与弼之前的大儒即便有重视践履功夫的，但无一例外都是学问家、思想家，相形之下，吴与弼简直"不学无术"，以至于后世重学问、重思想的学者对他总有几分轻视，譬如容肇祖《明代思想史》说他"是极端拘守的，而且学问简陋"。

这话倒也没错，吴与弼既没有郑玄、马融那般在经典注疏方面的贡献，亦缺乏二程、朱熹那般在思想上的创建，他只是一个在朱子理学的樊篱内墨守成规、亦步亦趋的人，但问题的关键在于，尽管程朱门徒遍天下，却罕有人像他一样为自己所学习的东西倾注了那样多的真诚、狂热与坚持，这应该就是他经由入室弟子娄谅带给十八岁的王守仁的启发。

今天许多试图从王守仁的生平与学术中寻求启发以解决实际人生问题的读者，其实完全可以从吴与弼那里得到更为简明的答案，毕竟后者的人生处境更与我们普通人相似，棘手而急迫的生活难题自然也更像我们所遭遇的那些。

譬如该如何应对贫困，吴与弼说自己在贫困之中很不好过，烦人的事情纷至沓来，偏偏自己还患着病、生着疮，心中不免愤懑与烦躁。但这问题也不难解决，只消徐徐整理衣冠，取圣贤书来读，心情便舒畅了。

只是不知道如果这时候屋外有人砸门讨债，屋子里又有孩子哭、老婆骂，舒畅的心情究竟还能不能保持下去。

其实这个问题在程朱理学和阳明心学里都是被解决了的，而且解决之道并不像吴与弼这般艰辛，不过这是后话，暂且不表。

八

娄谅，字克贞，号一斋，广信上饶人，少年时便有志于圣学，于是远游四方，求师问道。但求到的师常是八股师，问到的道常是举子道，娄谅越发不屑，说了一句很要紧的话："你们这都是举子学，不是身心学。"

举子学，即应对科举考试的实战技法；身心学，才是真正陶冶身心、成圣成贤的学问。天下之大，举子学比比皆是，身心学却乏人问津。幸而有吴与弼异军突起，为所有真诚向学的人竖起了一座灯塔。

娄谅投师吴与弼，两人一见投契。娄谅性情豪迈，耐不得琐屑，吴与弼要他对细务亲力亲为，于是娄谅即便是洒扫庭除这等事也一定躬自为之，不再使唤僮仆，从此成为吴与弼的入室弟子。吴与弼有些传授不对其他门人讲，只讲给娄谅听。

娄谅就这样耽于身心学，但家人总不容他如此。无可奈何之下，娄谅也只好不情不愿地踏上了科举的征程。但是，在赴南京应进士考试的途中，行船遇到了强劲的逆风，他终于有借口半途而废了。回家之后，娄谅还为自己辩解道："我这次如果真的到了南京，非但考不中进士，还会遭遇生命危险。"

没多久传来消息，考场失火，许多考生死于这场火灾。耐人寻味的是，娄谅未卜先知的本领既非来自异人传授，亦非得自神奇易理，而仅仅是在醇儒式的自我修养中"静久而明"的结果，至少记载这件事的黄宗羲是这样相信的。

七十岁那年，娄谅听说灵山发生了山崩，不知为何认为这是自己的死亡征兆，于是急忙召来门人弟子诀别，还让人去查理学先驱周敦颐、程颐到底死于几月几日。当他发现自己将要和周、程两位大儒死在同一个月份时，这才真正感到死而无憾了，欣欣然撒手人寰。

我们读《明儒学案》这一类书，有时候难免恍惚，怀疑自己是不是在读《高僧传》《五灯会元》或《列仙传》。这些儒家人物的身上充满着以前只在佛教和道教里才会出现的神秘主义色彩，孔子、孟子何尝有过这样的做派？此中可以看出儒家对佛、道两教的融汇与对抗，仿佛在向愚夫愚妇们大声疾呼："和尚、道士的广大神通难道我们儒者就不会吗？"然后会有一个转折："看吧，我们儒者也会，不过这都不是正道，至多只是自我修养过程中产生的副产品罢了，我们儒者不屑为之。"这样的逻辑，我们会在古人对王守仁一生履历的记述中多次看到。

九

与恩师吴与弼不同的是，娄谅后来多有著述，对礼学贡献最多。所著《三礼订讹》四十卷，考订儒家十三经里的三部礼书，即《周礼》《仪礼》《礼记》，书虽失传，但《明儒学案》概述了全书的主要见解：考订《周礼》皆为天子之礼，为国礼；《仪礼》为公卿以下至庶人之礼，为家礼；《礼记》则是为《周礼》《仪礼》所做的传注，其内容应当分附二书诸篇。

这倒不失为一家之言，只是以今天的学术进展来检验，这些结论完全站不住脚。此外，娄谅还著有《春秋本意》十二篇，也能成一家之言。

从娄谅著述所选取的领域，我们其实就能看出更深层的一点意思。首先有必要说明的是，明代儒学独重四书，即《大学》《中庸》《论语》《孟子》，这倒没有什么深刻的原因，只因为四书是儒家经典里的入门级读本，相对而言简单易学，士人读书如果仅仅为了应举，熟读程朱理学版的四书已经完全够用了，而其余学科里，最以礼学和春秋学为难。礼学涉及《周礼》《仪礼》《礼记》三部大书,合称"三礼",春秋学涉及《左传》《公羊传》《穀梁传》,合称"春秋三传"。今天我们之所以能读得下来"三礼""三传",很大程度上要归功于清代乾嘉学者在训诂上的努力,明朝人当然没有这个条件,更没有舍易取难的必要,所以礼学和春秋学在明代相当不受重视,是真正意义上的冷门学科。

那么娄谅专攻礼学和春秋学,自然有一番特别的用意,仿佛在向世人昭示,圣贤经典不是为了举业而存在的,不应该因为举业的标准而有所偏废。巧合的是,在相当长的时间里,王守仁的故乡余姚一直存在着礼学传统,王华考取科举,所选的科目就是冷门的礼学,王守仁后来在所谓的正统学界的声誉也正是靠礼学——而非他所开创的心学——而建立的。也正是在礼学上,娄谅与王守仁有着共同的学术趣味。

当然,此时年方十八、新婚宴尔的王守仁倒还谈不上有什么真正意义上的学术趣味,两人之间更能够发生契合的,在于对为学之道的最深层的共识:读圣贤书不是为了应付科举,而是为了陶冶身心,向圣贤迈进,向"第一等事"迈进。

娄谅虽然著述颇丰,可惜全部著述毁于一场灾变。而这场灾变的由来,只因为他错许了女儿的婚事。设若娄谅泉下有知,是否会懊悔没有把自己那"静久而明"的未卜先知的本领在女儿人生最重大的事件上施用一次呢?

这桩婚事原本是很令凡夫俗子们羡慕的,因为男方贵为亲王,他就是将在王守仁的生平履历里写下重要一笔的宁王朱宸濠。多年之后,朱宸濠在南昌发动叛乱，旋即被王守仁平定，虽然后者有极力呵护故人之意，但朝廷法度总要广加株连。其时娄谅已故，子侄辈纷纷系狱，娄谅的著述因此散失殆尽。但是，诚如《明儒学案》称"姚江之学，先生为发端也"，娄谅当初种在十八岁的王守仁心底的那一点火种，却将上演一出星火燎原的大戏。

十

弘治二年（1489年），王华丁忧返乡，其间安排几名本家子弟与王守仁一起讲析经义，这应当是在做科举考试的准备了。王守仁虽然日间和大家一起读书，但一到晚上，就在自己的世界里津津有味地读起诸子百家和历史之类的"闲书"来了，每每读到夜半。那几位本家同学只见王守仁的文采一天天提升得太快，一开始还以为是他天赋过人，后来得知了真相，便感叹道："这小子的心思已经不在举业上了，我们当然就比不上了。"

我们可以从中读出的意思是，王守仁的文采大进是以牺牲举业训练为代价的，各种"闲书"虽然能够提升一个人的文化修养，对于死守朱子理学的科举而言却是弊大于利的，所以各位同学虽然明知王守仁的读书方式是提升文化修养的捷径，却绝对不肯效法。

于是，在同学们忙于举业训练的时候，王守仁却忙于自我修养。他素来是个随和的人，还很会开玩笑，某天突然"痛改前非"，从此正襟危坐，寡言少语。同学们并不拿他当真，但时间久了，竟然发现他真的在"改变气质"，便也在潜移默化间随他一起稳重起来。

传统的君子修养确实很看重"稳重"这个特点。孔子有教导说："君子不重则不威，学则不固。"（《论语·学而》）君子只有老成持重，才能让人感到威严。今天的读者不易理解的是，凭什么一定要威严呢，随和善谑不也很好吗？人有威严就不易亲近，不容易交到朋友。

这是古今社会结构的差异导致的理解障碍。"君子"的本义是"封君之子"，属于统治阶层，统治阶层必须端着一点架子才好，这样才便于和被统治者拉开必要的距离。各种繁文缛节的"礼乐"，其核心意义就在于维系这种距离，一旦距离感丧失了，也就是"礼崩乐坏"了。

孔子那句最广为人知的名言"唯女子与小人为难养也，近之则不逊，远之则怨"，就是在说女人和那些粗鄙无文的被统治者都是很难相处的，亲近他们的话，他们就容易放肆，疏远他们的话，他们又容易心怀怨恨。但君子注定要和女人、小人们相处下去，既然既不能亲近，又不能疏远，唯一的办法就是把握好相处的距离。而君子之间的交往，正所谓"君子之交淡若水，小人之交甘若醴"，唯其平淡，所以长久，而维持平淡的妙方同样在于适度的距离。

在儒家看来，缺乏距离意识的亲昵是女人和小人的特质。这与其说是歧视，不如说是由经验和观察得来的归纳性的知识。今天有了科学的辅助，我们知道两性的心理和行为差异是天然存在的，男性概括能力强而细节能力弱，女性恰恰相反，所以男人话少，女人话多，男人不拘小节，女人不放过每一个细枝末节；我们同样知道，在人的原始状态下，情绪表达要直接很多，这就导致亲昵的时候简直不分你我，但一言不合就可能拔刀相向，很难维持长久而稳定的人际关系。

以上种种，都是君子摆出威严感的必要理由，可以说这是一种相当理性化的人际关系解决方案，但是，唯其理性化，自然有悖人的天然情感，必须经由后天训练加以强化才行。

对于那些天性便老成持重的人，譬如程颐和吴与弼，这倒不是太难的事情，但对于那些天生活泼好动、思维敏锐且富于幽默感的人，譬如苏轼和王守仁，后天修养注定事倍功半，除了以勤补拙之外，再没有其他办法了。所以新文化运动以来，很多人批评传统文化害人不浅，这种对"君子不重则不威"的修养也成为一大罪状，谁让它把那些本该天真烂漫的小孩子都变得老气横秋的呢？

十一

弘治五年（1492年），二十一岁的王守仁参加浙江乡试。

乡试是科举考试的初阶，属于省一级的选拔考试，一般每三年一届，在八月举行，故称秋闱。考中者称为举人，有资格在来年春天进京参加会试。

这一年浙江乡试的考场上出现了一起灵异事件：半夜突然出现两个巨人，一着绯衣，一着绿衣，分立东西两侧，自言自语道："三人好作事。"说完便消失不见。

多年之后人们才晓得这件异事预兆着什么,原来那一科里,王守仁、孙燧、胡世宁一同中举,及至宁王朱宸濠叛乱,胡世宁是第一个出来揭发检举的,孙燧成为烈士,王守仁是叛乱的平定者。这样的巧合,倒也真像是冥冥注定。清人查慎行《王文成纪功碑诗》有说:"逸事吾闻长老说,弘治乙榜凡三人。后来立朝适共事,数本前定非无因。胡发其奸孙殉难,公乃一手回千钧。"诗有自注,说当夜考场中出现的是"三个"巨人。

细节总会在口口相传中变了模样,这倒不足为奇,要紧的是,历史上的各种神秘预兆多半都是这个样子,非要等到事情发生甚至结束了,人们才能读懂预兆的含义。这样的预兆简直没有任何警示意义,但上天总是降临这样的预兆,人们也总是对此津津乐道,从不失去那惊人的热情。这想来总是有点荒诞,难免会使我们想起莎剧《李尔王》里葛罗斯特的那句台词:"天神掌握着我们的命运,正像顽童捉到飞虫一样,为了戏弄的缘故而把我们杀害。"

那一年王守仁自然还不晓得考场夜半的巨人会和自己有什么联系,无论如何,通往仕途的第一个台阶总算有意无意地迈了上去。眼看着来年春天便是京师会试了,王守仁虽然随父亲进了京,心思却还是在真诚而纯粹的学问上,备考强化训练之类的事情照例与他无缘。

据《年谱》记载,这时候的王守仁才真正接触到程朱理学中的"格物致知"理论,兴趣一发而不可收,到处搜罗朱熹的书来读。"众物必有表里精粗,一草一木,皆涵至理",先儒的这段话深深攫住了王守仁的心,著名的"格竹子"的事件就因此上演了。

十二

　　这段记载最蹊跷的地方在于,"格物致知"是宋代理学当中最重要的命题之一,"表里精粗"云云的推理是朱熹《大学章句》开篇不久便出现的议论,《大学》是四书当中的第一部,是儒家读书人的入门第一本书,《大学章句》是朱熹对《大学》的权威注本,那么,很难想象在王守仁的时代,乃至在一切以程朱理学取士的时代,一个读书人会晚至二十一岁才接触这些内容。更令人无法想象的是,在二十一岁之前,连朱子"格物致知"之理都不甚明白的王守仁到底是怎么通过乡试的。

　　这等难解的问题我们只能悬置不论,先对朱熹的《大学章句》以及"众物必有表里精粗"云云做一点必要的理解,这对我们将来理解阳明心学与朱子理学的争端是非常必要的。

　　《大学》原本只是《礼记》当中的一篇,其来历与作者已经很难考订其详了。自《礼记》在西汉年间汇编成书以来,《大学》并不曾受到格外的重视。直到北宋,二程对《大学》情有独钟,两人分别作有改正版的《大学》,根据自己的理解对原始文本做了重新的梳理,这也是宋代疑古改经的风气所致。及至南宋,朱熹绍述二程而有过之,不仅将《大学》的文字又做了一番梳理和补写,甚至将《大学》和《中庸》一道从《礼记》当中独立出来,与《论语》《孟子》并列为所谓的四书。

在朱熹看来，五经是儒家最高深的学问，四书是通往五经的阶梯，而《大学》是"入德之门"。《大学》虽然篇幅极短，但朱熹说自己平生精力全用在这部书里，儒者只有读通了这部书才有资格去读其他的书。甚至直到弥留之际，朱熹仍在校订自己的《大学章句》，可见他对这部小书有多么重视。

《大学》顾名思义，是所谓"大人之学"，也就是统治者治国、平天下的学问，确实值得认真对待。《大学》的核心内容只在第一章：

> 大学之道在明明德，在亲民，在止于至善。知止而后有定，定而后能静，静而后能安，安而后能虑，虑而后能得。物有本末，事有终始，知所先后，则近道矣。
>
> 古之欲明明德于天下者先治其国，欲治其国者先齐其家，欲齐其家者先修其身，欲修其身者先正其心，欲正其心者先诚其意，欲诚其意者先致其知，致知在格物。物格而后知至，知至而后意诚，意诚而后心正，心正而后身修，身修而后家齐，家齐而后国治，国治而后天下平。
>
> 自天子以至于庶人，壹是皆以修身为本。其本乱而末治者，否矣。其所厚者薄，而其所薄者厚，未之有也。

朱熹推测这一章应该是孔子所说而曾子记录下来的，是为经；《大学》后文的所有内容都是对这一章的解释与阐发，是曾子的意见而由曾子的门人记录下来的，是为传。

在第一章里，"明明德""亲民""止于至善"是为"三纲领"，

"格物""致知""诚意""正心""修身""齐家""治国""平天下"是为"八条目"。为学次序是一目了然的：要想治国、平天下，首先要从格物致知做起，然后一步步正心诚意，修齐治平。

既然格物致知是治国、平天下的开始，其重要性自然不言而喻了。那么，究竟什么才是格物致知呢？麻烦的事情出现了：《大学》正文的"传"虽然依次解释了何谓诚意、何谓正心，却唯独没有解释何谓格物致知。朱熹认为这是史有阙文的缘故，于是依着二程的思路，本着自己的理解，补写了一段内容：

所谓致知在格物者，言欲致吾之知，在即物而穷其理也。盖人心之灵莫不有知，而天下之物莫不有理，惟于理有未穷，故其知有不尽也。是以大学始教，必使学者即凡天下之物，莫不因其已知之理而益穷之，以求至乎其极。至于用力之久，而一旦豁然贯通焉，则众物之表里精粗无不到，而吾心之全体大用无不明矣。此谓物格，此谓知之至也。

具体在训诂上，朱熹为"格物致知"所做的注释是：

致，推极也。知，犹识也。推极吾之知识，欲其所知无不尽也。格，至也。物，犹事也。穷至事物之理，欲其极处无不到也。

通俗以言之，所谓格物，就是以打破砂锅问到底的精神探索事物的终极原理；所谓致知，就是将已经通过格物获得的知识向外类推，触类旁通，渐次由一事一物背后的终极原理而掌握万事万物的终极规律，达到一种近乎无所不知的境界。

朱熹将格物比作吃果子，先剥掉果皮，再吃掉果肉，最后把中间的果核咬破，这才能晓得这只果子的全部味道。如果只吃掉果肉，却没有咬破果核，这就不能算作对这只果子有了完整的认知。还有一则比喻是，譬如南剑人到建宁县去，只进了县境是不够的，必须进到衙门里，才算是真正到达终点了。

看上去这很像是我们今天所谓的科学精神，譬如探究物质的构成，咬破果核还不算尽处，还要进一步把这只果子分解到分子，由分子再到原子，再分解为质子、中子和电子，再分解下去，直到当下的技术手段所能达到的极致。继而触类旁通，果子既然由基本粒子构成，天下万物是否都是由这些基本粒子构成的呢？果然，石头也是，金属也是，甚至连空气都是。于是我们渐次掌握了一切物质的基本构成法则，而这是否就是格物致知了呢？

确实在十九世纪，西方的物理学读本被译介到中国时，中文就是将物理学表述为格物学或格致学的。甚至就在今天，仍然有科学家认为这两个传统的译名都比"物理学"更加符合信、达、雅的翻译标准，所以不妨恢复旧译。同样有治思想史、科技史的学者认为朱熹的格物致知理论很有科学启蒙的意义。但是，以上这些理解都属于仅得其形而未得其神。我们必须问一个很严肃的问题：儒家理论怎么突然关心起科学来了？

答案很简单：儒家还是一如既往地并不关心科学，一切貌似带有科学色彩的理论都不过是为了政治哲学或人生哲学寻找终极依据而已。于是我们可以问第二个问题了：孔子为什么没做这样的事呢，难道他从来没有意识到自己的一切努力都是在建造一座空中楼阁吗？

十三

必须坦率承认的是，孔子确实不曾意识到这个问题。

以今天的概念来看，孔子是一个政治理论家，而不是一个哲学家。他的理论虽然成为后来许多哲学流派的源头，但他本人对哲学问题毫无兴趣，连最低限度的一点关心都不曾有过。他所关心的问题可以一言以蔽之，即怎样建设一个好社会。

孔子解决问题的理路也很清晰，可以归纳为四个步骤：

1. 最好的社会莫过于稳定、祥和的社会。
2. 稳定、祥和的社会需要人人各安其位、各司其职。
3. 周公曾经开创过这样的社会，只是现在衰败了。
4. 所以必须恢复周公订立的社会制度。

孔子一切的礼仪教育、文化修养教育以及生活做派，都是围绕着上述这个理路的。

孔子对鬼神和宗教并不以为然，他只是认为崇拜鬼神的仪式是非常必要的，因为这对维系社会稳定大有裨益。所以在百家争鸣的时候，墨家最看不得儒家的神道设教，骂他们虚伪。

当然，孔子会觉得这种虚伪完全出于善意，因为君子虽然有理性，有荣誉感和道德感，不一定需要宗教来承托自己孱弱的心灵，但那些小人不一样，他们没文化，理性程度不高，用宗教来指引他们各安其位并一心向善，岂不是最便捷有效的办法吗？

孔子有点高估了君子阶层，毕竟人天生就是宗教动物，必须给自己的心灵找到一个坚实可靠的终极依托才可以妥帖、安心地生活，才可能有足够的心理素质来对抗生活中会遭受的各种艰辛与意外。即便是孔子本人，在走投无路的时候也是靠着完全非理性的天赋使命感来帮助自己渡过难关的。[1]

随着礼崩乐坏，封建社会解体，社会阶层由稳定沦为无序。稳定感的丧失注定宗教需求的增多，兼之传统的宗族聚居被集权政府硬生生变成了编户齐民，这真是雪上加霜。大批儒家知识分子既渴望找到宗教寄托，又不屑于改弦易辙，投身到佛教、道教那些"邪门歪道"里去，顺理成章的办法就是为儒家义理寻求终极依据。

终极依据有着双重意义：对个人而言，它是宗教性的真理，可以使人充分信赖；对社会而言，它意味着儒家"好社会"的模型是唯一正确的模型，不容任何质疑。只要坚信真理在握，一个人就可以无怨无悔、一往无前，而这正是任何政治学与社会学都很难解决的问题。

举例来说，孔子教导我们应当"爱人"，因为这是塑造一个好社会的必要条件之一。但我们大可以反问：凭什么你以为的好社会就是最好的呢，凭什么我们就应当爱别人呢，我天生喜欢欺负人，我

---

[1] 见《论语·子罕》。子畏于匡，曰："文王既没，文不在兹乎？……天之将丧斯文也，后死者不得与于斯文也；天之未丧斯文也，匡人其如予何？"

就想开创一个唯我独尊、其他人都必须被我欺负的社会，这有什么不对吗？

皇帝肯定认为君权至上的社会才是好社会，普通百姓会认为只要是太平社会就是好社会，知识分子的想法会复杂多变一些，总而言之，如果仅仅站在政治学和社会学的角度，这个问题永远也不会有标准答案，只有出自不同立场、不同偏好的五花八门的答案。

甚至，也许坏社会才是好的，因为人天生有罪，需要在一个坏社会接受惩罚，而严厉惩罚同时也是一种严格的洗礼，可以使人洗净罪孽——这也是一种真实存在的观念，甚至在世界史上还相当普遍地存在过。

儒家后继者们绝不愿意接受罗生门式的局面，他们必须为儒家鼓吹的好社会找到终极答案。因其终极，所以是唯一的；因其终极，所以是永恒的。

所以早在汉代，董仲舒便提出了"道之大原出于天，天不变，道亦不变"这个极著名的命题，但儒家的大道究竟是怎么出于天的，翔实周密的论证工作就要等到宋代的理学大师们来完成了。

十四

宋代理学家所做的努力，正是为世道人心寻找终极依据。

既然是终极依据，就必须直面一个困扰过我们每个人的问题，即宇宙从何而来。

不同的文明对这个问题有不同的答案。基督教的办法最简单明了：宇宙是上帝创造的，所以我们应该崇敬上帝，认真奉行他给我们定下的规矩。

华夏文明倒是也有盘古开天辟地的故事，只是不曾就此发展出一套神学和仪程，以至于没人把它当真。与西方世界截然不同的是，华夏文明儒、释、道三教没有一个是真正意义上的有神论者。

佛教强调的是通过修行使人脱离轮回苦海，宇宙从何而来这种问题对这个目标毫无助益，不问也罢。释迦牟尼将它和其他十三个本源性的问题悬置不论，称为"十四无记"；至于典籍当中亿万万让人眼花缭乱的天神，也只是众生之一罢了。

至于道教，神仙只是升级版的人，而不是宇宙的创造者和立法者。虽然道教也给出过宇宙如何生成的解释，但它的解释仅仅流于一种客观知识而已，而且相当粗疏。

所以直到今天，我们看善男信女们在寺庙和道观里求神拜佛，往往是见一个拜一个，因为没有哪位神佛是全知全能、统管一切的。

站在心理学的角度来看，没能解决终极问题的信仰注定是不牢靠的信仰，而这就给了儒家一个契机：只要解决这个终极问题，就能把那些被佛教、道教"诱惑"过去的人"挽救"回来。

于是，从北宋理学先驱周敦颐到南宋集理学之大成者朱熹，宇宙生成论终于形成了一个定本。据朱熹的说法，宇宙原本一片混沌，只是阴阳之气，阴阳之气就像一个磨盘，不断旋转，旋转的过程中会甩出去一些气，这些气有清有浊，有轻有重，清而轻者上升为天，浊而重者凝结为地,宇宙就这样生成了。

宇宙生成之初,只生成了水和火这两种东西。火向上飞,凝成了日月星辰,水向下沉,水中最浊最重的部分凝成了地。这是可以看到证据的:只要登高远眺,就会看到群山峰峦都呈现出波浪一样的形状,显然原本都是水,只不知什么时候凝结住了。所以大地、群山原本都应该是软的,只是后来变硬了而已。

气是构成天地万物的最基本的元素。所谓阴阳之气,并不是有阴气和阳气两种东西,气只是一种,静时为阴,动时为阳。气究竟为什么会动?那是因为有一种无形无质的东西在推动它,这个推动者就是理,或称天理、太极、道、性。如果套用亚里士多德的概念,气就是质料因,理就是形式因,而套用牛顿的说法,理就是"第一推动",扮演着上帝的角色。

牛顿的上帝并不是《圣经》里那位人格化的上帝,时不时站出来为人间主持公义,干涉人类社会的自然进程,而是整个宇宙的触发者,一旦触发,宇宙就会按照他预先设定好的物理法则自行运转。

朱熹的天理很像牛顿的上帝,它既是宇宙的创造者,又是宇宙内一切规则的制定者。只要顺应这个规则,便会一切顺遂,反之则会步履维艰。

譬如种田,春种秋收便是合乎天理的,简称"合理";倘若非要秋种春收,那就不合理了,不合理的事情当然不会有好结果。譬如汉乐府有"高田种小麦,终久不成穗",小麦不宜种在高田,否则结不出穗子。在理学家看来,"终久不成穗"的原因就在于"高田种小麦"不合理。我们今天常用的词汇"合理"正是理学家这样贡献出来的,原本不是指"合乎理性",而是指"合乎天理"。

朱熹对理的论证过程堪称"极广大而尽精微",简言之,理派生出天地万物,而天地万物在被理派生出来之后,又莫不蕴含着本源之理。表面上看,船能渡江,背后蕴含着船之理,车能行路,背后蕴含着车之理,但船之理也好,车之理也罢,归根结底都能被追溯到那个本源之理。

于是,用朱熹的话说,万事万物各具其理,是为"分殊";每个"分殊"之理都是本源之理的具体化,是为"理一"。这就是"理一分殊"的命题,已经属于纯粹的哲学命题了。具体到社会伦理上,人人都生于天地之间,都是天父地母的子女,这是"理一";而人人都对自己的父母儿女有特殊的爱,这是"分殊"。接下来的推理尤其重要,因为这个"理一",所以我们才能够推己及人;因为这个"分殊",所以我们的爱必须从最亲的人开始,渐渐及于遥远的陌生人。

那么格物致知的意义并不在于深入探究客观世界的真相,而在于从身边细微的事物开始,认识它们所蕴含的分殊之理,然后触类旁通,推而广之,认识到那个终极的天理。

在认识到终极天理之后,一个人自然会发现原来儒家古圣先贤所教导的那些仁义礼智、三纲五常都是天理的完美体现,都是颠扑不破、毋庸置疑的真理。人人遵行天理做事,好社会自然就会成形。

如果朱熹能有今天的知识,晓得物竞天择、适者生存才是自然界的真实规律,不知道会生出怎样的感慨呢?事实上人类社会的文明化在很大程度上不是顺应天理的过程,反而是在逆天而行。所以达尔文主义虽然是生物学上的事实,社会达尔文主义却会遭到任何文明社会的唾弃。

十五

"众物必有表里精粗，一草一木，皆涵至理"，至此我们已经晓得打动了王守仁的这句话里究竟蕴含着怎样一种复杂的思想。每一朵花、每一片叶，其中都潜藏着完整的天理，只要凭着格物致知的方法，就可以体认天理，窥见整个宇宙的终极依据。对求知欲旺盛的年轻人而言，这确实太有吸引力了。

理论上说，既然每一细微的事物都蕴含有完整的天理，那么只要格一朵花或一片叶就足以认识全部的宇宙与人生了。但人的认识能力毕竟有限，所以朱熹给出的方法是，今日格一物，明日格一物，日积月累，触类旁通，最后由量变而质变，豁然开朗。

既然这是一条明确有方法可依的成圣之路，跃跃欲试的王守仁就约起一位同样跃跃欲试的钱姓朋友，既然父亲的官署里种了许多竹子，那就从亭前的竹子格起吧。

两个人的起跑竟然有先有后，钱姓朋友抢了先，对着竹子冥思苦想、殚精竭虑，如是者一连三日，结果劳神成疾，再也坚持不下去了。

王守仁认为朋友的失败只在于他精力不足，自己应当不至于如此。王守仁确实精力旺盛些，坚持了七天，但除了比朋友多受了四天罪之外，结果是一样的。这一对难兄难弟自怨自艾，感叹着要做圣贤实在太耗费精力了,普通人根本就没有这么大的精力,既然天分所限,索性不做圣贤也罢。

这件事情不仅《年谱》有载,而且王守仁后来给门人讲学,亲口用它做过例子,可信度应该很高。所以这似乎可以说明的是,不但二十一岁的王守仁对朱子理学的认识竟然真有这么肤浅,甚至在他学术成熟之后,对朱子格物论也没有真正理解,而他的那些门人弟子竟然也没有就此提出过任何怀疑。

倘若朱熹真的教人这样格物,儒家还有几个人能幸存到明朝呢?王守仁显然也想到过这一层,但他的解释是,大家只是表面上尊奉朱熹,但没有人真正按照朱熹给出的方法去做。接下来的话是,他自己曾经和朋友真的做过,做不通,所以证明了朱熹的方法不对。[1]

假使牛顿在场,他一定是第一个不服气的。福尔摩斯当然也会有话要说:"一个逻辑学家不须亲眼见到或者听说过大西洋或尼亚加拉瀑布,他能从一滴水上推测出它有可能存在,所以整个生活就是一条巨大的链条,只要见到其中的一环,整个链条的情况就可推想出来了。"在《血字的研究》这篇故事里,华生初识福尔摩斯不久,在一本杂志上读到了后者化名写下的一篇文章,在读到上述内容之后,他的反应是,不禁把杂志往桌上一丢,大声说道:"真是废话连篇!我一辈子也没有见过这样无聊的文章。"

此时的王守仁和他的那位钱姓朋友,应该颇有几分华生式的抱怨,而朱熹,很遗憾,他不可能像福尔摩斯那样和"华生"共处一室,但

---

[1] 见《全集》,第136页。

假如这真的可能的话，他应该会做出比福尔摩斯更深一层的解释吧。事实上，从一滴水看出天下万水之理这样的说法，朱熹当真也说过的。那么，从竹子的身上我们可以看出什么来呢？

我们不妨设想一下，换作自己的话，会怎么去格竹子。首先，要将竹子的"表里精粗"做出细分，"表"这部分又可以做很多细分，诸如颜色、质地等等。单以颜色论，竹子为什么是绿色？因为它的表皮吸收了其他可见光而反射了绿光，而绿光之所以是绿色，只因为这种波长的光经由我们的视网膜，被大脑解读成绿色，所以颜色只是表象，它的本质其实是距离……

我们虽然不能苛求明朝人做出这样的格物论，但无论如何，将竹子的表里精粗细细研究一番的话，总还可以感受到一些天理造物的工巧，然后不必急于求成，在身边的每件事上细细用功、细细寻思，水到自然渠成。朱熹有一首流传甚广的《泛舟》诗："昨夜江边春水生，艨艟巨舰一毛轻。向来枉费推移力，此日中流自在行。"在"中流自在行"之前，总要有一番"枉费推移力"的煎熬，所以王守仁格竹子失败，倒真怪不得朱熹。后来王守仁以心学对抗理学，招致了来自正统社会的铺天盖地的攻击，怕也有他自己对朱子理学领悟太浅的缘故。

十六

翌年开春,京师会试,王守仁竟然落榜了。

或者应该说,他落榜是再"合理"不过的事情,毕竟天道酬勤,像他这样无心举业的人倘若能够乡试、会试一路过关斩将,让那些十年寒窗专攻八股的读书人怎么想得通呢?

官宦子弟科举落第,家里少不了前来慰问的客人。本届会试的主考官李东阳也在诸客之列,不知道是出于什么心理,向王守仁打趣说:"这一科你没有考中,来科一定能中状元,何不写一篇《来科状元赋》呢?"

这位李东阳并非平凡人物,他在四岁就被誉为神童,得到代宗皇帝的宠爱,十七岁便进士及第,当时人称"行过玉河三百骑,少年争说李东阳"。李东阳少年得志,仕途一路顺风顺水,后来成为宰辅重臣,死后谥号"文正",这是文臣所能得到的最高荣誉。

一般而言,一个人享受了太顺遂的人生旅途,便很容易失去对失败者的同情。我们虽然无法确知李东阳此时此地对王守仁说这番话、出这个题目,到底是宽慰还是讥讽,但普通人若处在王守仁的位置,一定会倍感压力吧?

就在这种时刻,王守仁显出了与众不同的心理素质,说写就写,悬笔立就。文章的水平究竟如何呢，据《年谱》记载，围观的老一辈们纷纷惊叹道："天才！天才！"

如此一位众口交誉的天才为什么落了榜，这只能去问主考官李东阳了。老一辈官僚是真的情不自禁，还是存心给李东阳难堪，我们不得而知。这些在险恶官场上摸爬滚打多年的人竟然显得情商缺缺，这也真有点匪夷所思啊。而年轻的王守仁落榜了还这样高调，肯定会让一些人看不顺眼。有来宾在告辞之后心怀忌恨，议论道："这小子如果真的中了状元，眼里哪还会有我辈？"

及至三年之后的下一届会试，王守仁果然遭到忌恨者的压制，再一次落了榜。

一般的处世箴言总会教育我们低调做人，而王守仁的风格从来都是高调的，而且随着学术体验的提升，这种高调还会一路走高。高调的人生总会带来许多貌似全无必要的麻烦，例如王守仁这一次落榜，但他之所以会将高调进行到底，是因为他对世俗意义上的成败利钝无甚所谓。同舍有考生以落第为耻，王守仁劝慰说："世人以不得第为耻，而我以不得第动心为耻。"因为考试失败而垂头丧气，甚至觉得没脸见人，这才是真正可耻的事，考上或考不上又有多大关系呢？

如果今天拿这番话去劝慰高考失利的考生，对方很可能会当场翻脸吧。高考毕竟是奔着世俗的前途去的，古代的科举对绝大多数考生而言也是奔着前途去的，只有王守仁这样对考试教材里的内容真心相信的人，才会真的以教材里的古圣先贤为楷模，忧道不忧贫，只在意是非对错，不介意得失荣辱，何况因着父亲的缘故，他的家境已经相当殷实了。

十七

二次落第之后的王守仁回到家乡余姚,在龙泉山寺——父亲王华少年时读书的所在——缔结诗社,被诗歌牵去了兴趣。魏瀚,当地的一位致仕高官,与王守仁结成了忘年诗友。

前文有述,魏氏与王氏有累世通家之谊,魏瀚还为王守仁的祖父王伦写过传记,我们今天了解王伦其人正是经由魏瀚的手笔。魏瀚平日里颇以雄才自负,对王守仁这个晚辈却相当佩服。两人尝登龙山对诗联句,王守仁才有佳句出口,魏瀚便说自己理当避让。

也许这只是长辈的谦辞,但平心而论,王守仁在这一时期写的诗确实很见才情。试举七律《春晴散步》:

> 清晨急雨过林霏,余点烟梢尚滴衣。
> 隔水霞明桃乱吐,沿溪风暖药初肥。
> 物情到底能容懒,世事从前且任非。
> 对眼春光唯自领,如谁歌咏月中归。[1]

---

[1] 见《全集》,第1174页。

七律属于近体诗，堪称诗中八股，起承转合法度森严，需要在镣铐里跳出优美的舞蹈。从王守仁的性情来看，我们会猜测他应该喜欢无拘无束、既朴且拙的古体诗，走李白一路，事实上他却爱上了近体诗音律的铿锵与修辞的华美。这才是年轻人最自然的文学趣味，朴拙之美是需要岁月来打磨的。

　　诗的颈联"物情到底能容懒，世事从前且任非"，写得大有潇洒出尘的意态，也道出自己对从前追求的一悔。到底是懊悔自己的科举事业，还是在懊悔自己成圣成贤的努力？想来应该是前者。只不过他从此真的淡于儒学，一味沉浸在诗歌里了。

　　再看他的一首与人酬答之作，《次韵毕方伯写怀之作》：

> 孔颜心迹皋夔业，落落乾坤无古今。
> 公自平王怀真气，谁能晚节负初心？
> 猎情老去惊犹在，此乐年来不费寻。
> 矮屋低头真局促，且从峰顶一高吟。[1]

　　对方原作言志抒怀，王守仁的赓和自然要顺着对方来说，首联简直把对方推崇到前无古人、后无来者的高度。倘使这位毕先生真的做下什么丰功伟绩，得以名垂千古，王守仁的这首诗一定会被史家翻检出来，在佐证毕先生的伟大之余，顺带称赞一下王守仁的识人之明。人际交往的各种客套实在是治史的一大难题，被王守仁的门人弟子们

---

[1] 见《全集》，第1173—1174页。

搜罗出来的时人对师尊的各种推许与溢美，天知道有几分是实，几分是伪，几分是真诚，几分只是客套。话说回来，在首联赞美过心志与功业之后，颔联着重赞美气节，颈联话锋一转，活用"见猎心喜"的典故，颇见诙谐，而这样适度的诙谐正见出自己与对方的交谊，最后在尾联收束，以景结情，高远境界全出。七律写到这种水准，即便有特殊审美标榜的人也会大摇其头，但无论如何都会认可诗人的才情与功力。但是，王守仁年纪轻轻，又生在国家多事的年代，为何就甘于这样的乡镇生活呢？他在赓和魏瀚的一首诗里道出了答案，诗为《雨霁游龙山次五松韵》：

> 严光亭子胜云台，雨后高凭远目开。
> 乡里正须吾辈在，湖山不负此公来。
> 江边秋思丹枫尽，霜外缄书白雁回。
> 幽朔会传戈甲散，已闻南檄授渠魁。[1]

龙山有严光亭，严光是东汉光武帝刘秀少年时的同学，刘秀荡平天下之后，邀请老同学入朝做官，严光却只是来做客，随即便隐遁山林了。东汉明帝永平年间，为表彰开国功臣，于云台阁为二十八位开国名将画像，人称云台二十八将。王守仁这首诗，首联为全诗定下了基调：字面上看，乡间的严光亭胜过皇家宫阙里的云台，这是因为在严光亭上可以凭高远眺，视野更开阔，景色更喜人；暗含的意思是，

---

[1] 见《全集》，第1173页。

云台二十八将不如严光,实实在在的功业不如无官无职的归隐。

这个貌似荒谬的道理究竟如何成立,颔联给出了答案:乡里正需要严光这样的人,需要像严光一样的你我,当然,这里风景也不错,实在值得像严光一样的人为之放弃仕途。

儒家有一个理论,认为君子无论在朝还是在野对政治都有好处,因为在朝可以利用朝廷的权柄为天下兴利除害,做下实实在在的功业,在野可以为当地人做表率,引领一地的道德风尚。所以做官也是行道,做隐士也是行道,而兴利除害往往只是收一时之效,化民成俗却能成就百年之功,所谓君子在朝则为帝王师,在野则为天下万世师。既然如此,读书人又何必非要把时间精力耗费在科举上呢,更何况"幽朔会传戈甲散,已闻南徼授渠魁",天南地北的叛乱都已经有人去平定了。

王守仁就这样在呼朋唤友中享受着湖山之乐,诗兴越发高涨起来,不但对举业淡了,少年时代的英雄梦似乎也变成笑话了。《雪窗闲卧》这样写道:

> 梦回双阙曙光浮,懒卧茅斋且自由。
> 巷僻料应无客到,景多唯拟作诗酬。
> 千岩积素供开卷,叠嶂回溪好放舟,
> 破虏玉关真细事,未将吾笔遂轻投。[1]

---

1 见《全集》,第1173页。

人在雪天里越发觉得慵懒，但这份慵懒其实很值得享受。窗外有数不尽的风景可看，写诗从来就不会缺少素材，至于出塞破敌那些事，想起来真是琐屑得不值一顾啊，哪个读书人会傻到投笔从戎呢？

我们并不知道他这样讲究竟只是偶然的触景生情，还是真的有了这样的看法，抑或只是从宋人诗句"有逢即画元非笔，所见皆诗本不言"模仿而来，甚或仅仅因为建功无门、科举受挫而在不自觉中自欺欺人。

毕竟当一个人渴望什么的时候，如果实在不能取得，总会在不自觉中贬损它的价值，这能起到很好的宽慰效果。我们既可以从生活经验里观察到这个规律，也可以依心理学教科书的"认知一致性"理论得到这样的知识。年轻的王守仁如果继续这样在余姚的湖光山色里慵懒下去，不知道会不会变成祖父王伦那样的人，而盘桓在王氏家族头顶的那个神秘预言不知道该怎样收场。

第四章

入　仕

一

弘治十年（1497年），年已二十六岁的王守仁终于离开余姚，进京和父亲住在一起了。这究竟是因为成圣成贤之心并未灭尽，还是终归屈服于世俗的压力，需要再摆一摆应举的姿态，我们不得而知。我们能够知道的是，这一年时局动荡，边境传来的告急文书一封接着一封，"见猎心喜"的规律就这样在王守仁身上发生作用了。

北疆的蒙古势力始终都是令大明帝国左支右绌的边患，土木堡之役甚至动摇了国本。明宪宗成化元年（1465年），蒙古几大部落先后进入河套地区，一开始还是本着游牧民族的作战方式四处剽掠，后来发现河套这个地方三面有黄河为阻，水草丰茂，耕牧皆宜，于是驻扎下来了。依托这样一个理想的前哨基地，这些弓马娴熟的骑手年年都要深入内地，杀掠人畜。明朝人称他们为"套寇"，打又打不过，躲又躲不开，简直无计可施。

比之农耕民族，游牧民族更属于靠天吃饭的，一旦气候异常、水草凋零，就意味着会有大量牛羊死亡，整个部族都会陷入饥荒状态。既然抗灾害能力极差，他们自然会觉得无论掠取多少财富都嫌不够，所以在与农耕民族的交往中，无论是和亲还是开始互市贸易，任何一段和平都不会维系太久，除非他们被汉化了，开始建城定居、开荒种地。"套寇"虽然占据了河套,但只是驻扎而非定居,仍然保留着游牧的生活方式,所以和平注定是既不可望亦不可即的。

以今天的某种常识,似乎任何一个政权都不乐于看到邻邦的统一和崛起,所以正确的外交策略总该是扶植弱势者以制衡强势者。这正是有明一代对北方草原势力的基本国策,然而坏处也是显而易见的:由于草原上没有形成一个统一而稳定的政权,任何通商之类的和平外交关系都很难持久。如辽国和宋廷自澶渊之盟以来的百年和平,以及辽国变成一个高度汉化的政权,这样的局面从不曾在明朝出现。

空穴来风,事出有因,大约是对蒙元帝国扫荡寰宇的记忆深刻影响着明朝的边疆政策,使他们走出了一条与汉、唐、宋迥然不同的道路,势必承受比前代更多的边疆骚动。一旦设身处地,我们便很难责怪明政府短视。

查《孝宗实录》弘治十年的记载,三月,甘肃边境被掠,甘肃自游击将军以下七十三人下巡按御史问罪;四月,大同云州卫被掠;五月,湖河川被掠,把总指挥王玉带兵迎战,在泉水湾中伏,王玉仅以身免;五月,蒙古兵入寇大同,连营三十里,明孝宗命宣府、大同相关官员各自进呈战守方略,并调动各地军队、战马、粮草、银钱,几乎举国骚然。

《年谱》所谓"当时边报甚急,朝廷推举将才,莫不惶遽",一言以蔽之的就是这样的情形。王守仁当时从余姚到京师,从湖山吟咏的慵懒一下子进入这样的紧张氛围,强烈的反差应该深深触动了他吧。此刻再看"严光亭子胜云台,雨后高凭远目开"以及"破虏玉关真细事,未将吾笔遂轻投"这些刚刚写过的诗句,会不会感到几分滑稽呢?

二

在这样的时势背景下，王守仁认真学起了兵法，深究各种兵家秘典，甚至每每有宴席的时候，他还会拿果核模拟排兵布阵、攻杀战守。明代制度，文武殊途，知识分子是做文职的，至于武职，以武将家庭恩荫世袭为主，以武举选拔人才为辅，文人留心武事总有几分不务正业、特立独行的意思。

明代对武举不甚重视，直到明宪宗成化年间，武举制度才初具规模。原则上说，武举考试以策略为首，以弓马为辅，然而实际情况是，体育尖子往往文化课不过关。王守仁看到武举考试所选拔的大多是骑射搏击之士，缺少韬略统御之才，所以精研兵书战策才成为他的当务之急。

看上去虽然不无纸上谈兵的嫌疑，但后来王守仁提兵平叛，年轻时奠定的军事理论基础确实发挥了作用。我们看王守仁《武经七书评》对《吴子》的评语，说《吴子》的内容实用性强，自己有过实施，颇见成效；《孙子》虽然比《吴子》深刻很多，但实用性实在不强；想来孙子存心著书成名，注重体系，吴子却只是在讲自己的作战经验，所以才有这种不同。[1]

---

1 见《全集》，第1311页。

三

　　精力旺盛的年轻人总是兴趣多变的，只要有一个小小的契机来触发，全部关注就会投入另一个领域。弘治十年剑拔弩张的边防时务使王守仁精研兵书，而仅仅一年之后，他又因为偶然读到朱熹的一句话而重返儒学的阵营。

　　当时王守仁处于一种彷徨的境地，诗歌文章毕竟不足以通至道，求师访友又很难遇到对自己真正有引领作用的人，研习兵法也没机会上阵临敌，真不知道该往何处去了。某日读朱熹上宋光宗的一封奏疏，读到"居敬持志，为读书之本；循序致精，为读书之法"，忽有所悟，想到从前读书虽然涉猎庞杂，却不曾循序渐进以至精纯，自然不会有多大的收获。

　　既然有所悔悟，改弦易辙便不是难事。王守仁认真遵循朱熹的教诲，循序读书，收获果然不同以往，只是"物理吾心终若判而为二"，意即认知主体（我）和认知客体（物）始终处在分离的状态，不能融汇，这令二十七岁的王守仁非常不能接受。

　　岛田虔次在他那部出版于1949年的成名作《中国近代思维的挫折》里有这样一番概述："阳明的——或者不如说是把阳明作为其自觉的焦点的当代精神的——最大烦闷，就在于总觉得物理和吾心好像始终被判而为二。理和心的一致，如果换句话说，就是在所有根源性的、原理性的、规范性的事物中，让主观参与，使主观与之一致。不！更主要的是主观方面吞并了那个根源性的、原理性的、规范性的事物，这才是当代精神所担负的最大课题。"

王守仁时代的"当代精神"究竟有没有这种莫名其妙的"最大烦闷"，这其实很难讲；具体到王守仁自己，这种"最大烦闷"究竟从何而来，现代人实在很难理解。何止现代人，任何有常识的古人也难理解。譬如我想搞清楚一只苹果是不是甜的，最好的办法就是咬它一口，那么在这个认知过程中，我是认知主体，我"要"去认识，苹果是认知客体，"被"我认识，这难道不是任何愚夫愚妇都能明白的道理吗？如果认知主体和认知客体并不"判而为二"，而是合二为一，我和苹果合二为一，这才会让人纠结吧？

朱熹的格物致知论至少在这一点上并不违背常识。朱熹讲"知在我，理在物"，探知苹果是酸是甜的能力在我这里，苹果的味道在苹果那里，我要想知道苹果的味道，就要把我的认知能力用在苹果这个认知对象上，总不成苹果的味道就潜伏在我的心里，我只能从心里去发掘苹果的味道吧？

当然，以今天的知识而言，应当说苹果的物理与化学结构在苹果那里，我通过"吃苹果"这个行为，我的感官与神经系统将苹果的物理与化学结构在我的大脑当中解读成"苹果的味道"，亦即苹果的味道与其说在苹果本身，确实不如说就在"吾心"。

王守仁当然不会从这个角度来质疑朱熹，他究竟为什么会生出上述纠结，我以为唯一合理的推测就是他曾经有过"吾心"与"物理"

合二为一的神秘而朦胧的体验,并且很享受那种感觉。而这样的体验,应当是修仙的经历带给过他的,任何宗教性的修行,无论是佛教的禅定、道教的吐纳、基督教的默祷,都会带来一种相同的神秘体验,即感觉自我与某种超验的事物融合为一,与宇宙合体,心中充满莫名的感动。很多人之所以达到虔信的阶段,不会被任何理性论证所折服,根源就在于他们有过这种难以言喻的神秘体验。今天,在宗教世界以外,这是神经科学研究的对象,并且取得了一些成果。

无论如何,阳明心学的端倪就是在这个貌似莫名其妙的纠结中悄悄萌芽了。为着这份纠结,王守仁殚精竭虑,结果又大病了一场,原来"格竹子"事件竟然使他落下了病根。

经过这一场旧病复发,王守仁越发坚信做圣贤需要超乎寻常的精力,普通人勉强不来,人生的大方向只能到别处寻找。而就在这个时候,又一个契机触发了他新的兴趣。仿佛铁柱宫事件的重演,王守仁偶然听道士谈养生术,于是生出了遗世入山的修仙之念。但造化偏偏这样弄人,就在翌年,即弘治十二年(1499年),王守仁第三次应举春闱,赐进士出身,时年二十八岁。

四

《年谱》记载:"是年春会试。举南宫第二人,赐二甲进士出身第七人,观政工部。"

当时科举考试分为三级，省级考试称为乡试，每三年一次，一般在秋季举行，故称秋闱，考取者称为举人；翌年春季，在京师举行中央级的考试，称为会试，又称春闱；考取者再经由皇帝复试，称为廷试或殿试。殿试考取者分为三个等级，称为三甲，一甲只取三名，分别称作状元、榜眼、探花，统称"赐进士及第"；二甲人数不定，统称"赐进士出身"；三甲人数不定，统称"赐同进士出身"。

会试由礼部主持，礼部又称南宫，"举南宫第二人"意即会试考中第二名；"赐二甲进士出身第七人"，意即殿试成绩是二甲第七名。"观政"即实习，举子在考中进士之后并不立即授官，而是被分派到各大部委实习。王守仁实习的地方是在工部，大约相当于今天的建设部。

《行状》记载，王守仁在观政工部之后，"与太原乔宇，广信汪俊，河南李梦阳、何景明，姑苏顾璘、徐祯卿，山东边贡诸公以才名争驰骋，学古诗文"。人生上了一个台阶，朋友圈也就随着上了一个台阶。此时王守仁所交往的，尽是第一流的青年才俊，每个人的头上仿佛都顶着光环。

在《行状》开具的这个名单上，李梦阳、何景明是明代诗坛"前七子"当中的领军人物，主张"文必秦汉，诗必盛唐"，引导一代文坛风气。李梦阳小王守仁一岁，何景明小王守仁十一岁。徐祯卿也是"前七子"当中的人物，小王守仁七岁，他在年轻时还曾与唐寅、祝允明、文徵明并称"吴中四才子"。后来的民间文学、戏曲没少排演这"四才子"的故事，只是把徐祯卿改编成虚构人物周文宾，使徐祯卿的名字远不如前三位才子响亮。这样的改编倒也不是偶然，因为徐祯卿是"四才子"当中唯一一个从体制外成功转型到体制内的，就连文学创作也因为追随李梦阳、何景明的缘故，脱尽浮华才子气，一变而为主流腔调了。

于是在这样一个精英圈里，王守仁在龙泉山寺里的兴致又被唤醒了。

毕竟在古代社会里，绘画、戏曲、小说以及非典礼所用的音乐，都是不登大雅之堂的，知识分子最"正经"的艺术趣味基本只有诗文和书法，而越是才华出众的人越是需要高级娱乐，王守仁之所以见猎心喜、重为冯妇，实在是再合理不过的事情。

湛若水后来为王守仁做墓志铭，盖棺论定中说他"初溺于任侠之习；再溺于骑射之习；三溺于辞章之习；四溺于神仙之习；五溺于佛氏之习"，可见一个精力旺盛、心思活络的人要想"走上正途"是多么不易。

五

观政工部的日子当然不全是吟诗作赋，也有土木工程方面的正事要做。受朝廷委派，王守仁到河间出差，督造威宁伯王越的坟墓。这是王守仁仕途生涯的第一件公务，仿佛真带着几分神秘主义的预兆。因为这位威宁伯王越简直就是一个矮化版的王守仁。

王越是明代宗景泰二年（1451年）的进士，博涉书史，力猛善射，很有雄才大略。王越真正发挥才干是在明宪宗成化年间，当时蒙古"套寇"犯边，王越是明朝最能建立军功的大臣，能够在野战中击败极盛期的蒙古骑兵。

清代史家赵翼对明代中叶的战争局势做过一番统计和总结，说大体上看，在南方用兵则易于扫荡，北方用兵则仅足支御。南方战场的斩俘数字动辄以万计，北方却仅以百、十计，甚至有斩首三级的战功。北强南弱，风土使然，并非南剿者皆良将，北拒者皆庸才。（《廿二史劄记》卷三十四）

相形之下，王越在北方的战功可谓出类拔萃：红盐池之捷，斩俘三百五十人；威宁海子之捷，斩首四百三十余。王越的名字之所以在今天听上去非常陌生，除了因为他只有立功而不曾立德、立言之外，最主要的原因是，在儒家的评价系统里，他很有小人的嫌疑。

在君子看来，打仗是出于卫国卫民的必要，功名利禄是可有可无的副产品；而在小人看来，打仗只是博取功名利禄的阶梯而已，卫国卫民才是可有可无的副产品。对卫国卫民有必要的，对功名利禄未必必要，反之亦然。

王越的功名心太重，为前途计，不惜依附名声极差而权势熏天的宦官汪直，劝说汪直建立军功来巩固个人地位。幸而王越确实很能打仗，与汪直的合作更没有君子和小人之间常常出现的龃龉。两个小人通力合作，王越在威宁海子大破敌军，因功受封威宁伯，爵位世袭，岁禄一千二百石。翌年，王越又和汪直兵出大同，在黑石崖再破强敌，于是进封太子太傅，位列三公，增岁禄四百石。明朝制度，文臣不得受封公侯，所以王越专任武职，觊觎起爵位来了。

政坛永远云谲波诡，一帆风顺的人从来都是凤毛麟角的，尤其对那些风口浪尖上的人物而言。随着汪直失势,王越自然一损俱损,甚至落到险些自杀的地步。但云谲波诡也自有它的好处,那就是只要人还未被整死,总还有东山再起的机会。

明孝宗即位之后,屡屡上疏申冤的王越终于获得平反,那时候的他已是古稀之年,致仕在家,似乎不会再有什么作为了,但他毕竟不是常人。正所谓"烈士暮年,壮心不已",王越积极巴结当时最受宠信的宦官李广,若不是因为言官谏阻,他就会出掌都察院,重新登上权力的舞台了。李广其人前文有述,就是王守仁的父亲王华在为孝宗皇帝开讲《大学衍义》时公然开罪的那个。

弘治十年(1497年),边情紧急。是年王守仁在京城研习兵书战策,朝廷则在紧锣密鼓地调兵遣将。兵马粮草齐备,就是选不出帅才。先后有七个候选人全被孝宗否决,最后只有"问廉颇老矣,尚能饭否"。老将王越不但官复原职,而且加授太子太保,总制甘、凉、延、宁四镇。翌年,王越小胜于贺兰山,加授少保,兼太子太傅。但偏偏在这个时候,李广失势了。

李广很懂几分符箓、修仙之类的秘术,因此博得孝宗皇帝的宠信。在他畏罪自杀之后,孝宗派人到他家里搜检异书,找到的却只有各级官员行贿的账目。言官当然要上疏弹劾奸党,王越心中忧惧,就这样死掉了。也许王越算是死得其时,朝廷非但不追究他攀附李广的罪名,还将他大大地追封、表彰了一番。

王守仁以钦差身份督造王越的坟墓,这也属于朝廷表彰的一项。他对王越应该是素有钦崇的,未第时曾梦见王越将弓与剑赠予自己。这次修墓对王守仁而言真是一次难得的实习,不但可以为心中的英雄做一点事情,还有大批民工可供自己调遣。

常人接受这样的工作,至多只会想到如何尽职尽责,但王守仁不同,这么多活生生的民工排起兵、布起阵来岂不是比果核强上许多?于是,王守仁以"什伍法"安排民工分组轮班,闲暇之时便驱使民工排演八阵图,管理能力和军事技术都在这次修墓工作中得到了实践的打磨。坟墓竣工之后,王越的家人拿出金帛酬谢,见这位年轻的钦差大人真的廉洁自律,便转而以王越曾经佩戴的宝剑相赠。王守仁觉得奇异,这正与自己当年的梦境相符,便欣然接受了。

这件事颇可以见出王守仁的胸怀。换作常人,要么囿于君子、小人之见,要么也会出于畏惧清议的缘故,一定要与王越这等先攀附汪直、后攀附李广的奸诈小人划清界限。王守仁非但毫不介怀,甚至在这一年写给孝宗皇帝的《陈言边务疏》中讲过一番理由。

六

是年彗星现,按照儒家的政治传统,这该是批评和自我批评的时间了。

早在汉武帝"罢黜百家,独尊儒术"的时候,所谓儒术,半数都是阴阳灾异、天人感应的内容,远不是孔孟所知晓的。凡有异常的天象或气候,皆意味着人间政治存在着某种缺失,于是皇帝需要检讨,大臣需要进言,宰相甚至会解职以向天下人谢罪。时间愈久,知识愈新，相信这种神秘主义的人自然愈来愈少，但路径依赖的力量是如此强大，在应对天象的新理论出现之前，古老的传统至少在形式上仍然被人们维系着。

彗星意味着杀伐，这确实应景。于是，二十八岁的王守仁以新科进士、工部实习生的身份向皇帝递交了一份《陈言边务疏》，借着彗星来临的机会，将自己的军事见解详详细细地陈说了一番。

奏疏的开篇说，皇帝很圣明，也很辛苦，所以小臣的心里话必须对您讲。小臣以为，当今的大患在于朝廷大臣表面上装出老成持重的样子，心里全在为私利盘算；皇帝身边的人只会阻塞贤路，招权纳贿。习以成俗之下，反而真正忧国忧民的人被当成傻子，真心献计献策的人被说成浮躁，朝廷的风气已经坏掉了。幸好上天仁爱，这个时候出现边患，这正是忧虑警醒、改弦易辙的机会啊！

这样的开篇很聪明，因为明明该讲边防对策，王守仁却说边防只是枝节问题，不足为虑。头痛医头、脚痛医脚的办法是不行的，只要将朝廷的不良风气扭转过来，根本问题解决了，枝节问题便会不解而自解。这样的开篇也很愚蠢，因为打击面太大，因为一下子就得罪了除少年新进之外的所有人。这时候的王守仁真是年轻气盛，没有半点世故啊。

奏疏接下来具体而微，列举出在军事问题上的八点意见："一曰蓄材以备急；二曰舍短以用长；三曰简师以省费；四曰屯田以足食；五曰行法以振威；六曰敷恩以激怒；七曰捐小以全大；八曰严守以乘弊。"

从奏疏的开篇里，我们会以为此时的王守仁理想主义色彩过重，只晓得责备求全，但我们看八点具体意见里的第二点"舍短以用长"，王守仁竟然也深谙便宜与计算。王守仁的理论是，人无完人，关键看领导怎样知人善任。当初吴起为了做官不惜杀掉妻子，显然是个残忍的家伙，却成为一代名将；陈平纳贿，是个贪婪的人，却成为刘邦最重要的谋臣之一。还听说当今的边关将领，骁勇强悍的人大多因为过失被投闲置散。平居无事的时候，当然不宜擢升这样的人物，而在当今这样的多事之秋，用人就当不拘一格。勇悍正有可供施展的正途，而破格征用罪臣，也正符合"使功不如使过"的道理。[1]

  这样的理论，仿佛正是为威宁伯王越而发的。王守仁很明智地看到了事物的两面性：骁勇强悍若生在平居无事的时候很容易好勇斗狠、违规犯禁，但同样的特质在战争年景里就会成为优势。那么让我们深问一层：骁勇强悍本身究竟是优势还是劣势，究竟属善还是属恶？显然，骁勇强悍本身既不属善，也不属恶，只有放在具体的情境里，它才会呈现出具体的或善或恶的属性。王守仁晚年讲学，有"无善无恶心之体"一句引来无穷的争议和不解，其实它的含义只是在"骁勇强悍"这个道理上稍有深入而已。儒家传统太在意善恶、正邪的二分法，脑筋很难向这个方向略转一下，现代人理解"无善无恶"的道理就要容易很多了。

---

1 见《全集》，第318页。

七

弘治十三年（1500年），时年二十九岁的王守仁结束实习生涯，接受了人生中的第一个正式任命：刑部云南清吏司主事，行政级别正六品。

所谓刑部云南清吏司主事，刑部是中央六部之一，负责司法事务；云南即云南布政使司，大约相当于今天的云南省；清吏司是六部的下属机构，下设郎中（主管）一人、员外郎（副主管）一人、主事（最低一级的干部）一至二人。刑部云南清吏司主事，负责的是云南地区的司法审核，并不是真的要去云南就职。

弘治年间，这样的工作内容其实也仅仅在理论上存在，因为孝宗皇帝觉得清吏司的官署太小，便只要郎中一人做事，员外郎和主事往往只在授职那天才在官署里做一下样子。幸好仅仅熬到第二年，王守仁便等来了出差独立办事的机会。

那是弘治十四年（1501年），王守仁已是三十而立，受命到江淮一带审核刑案，给很多冤假错案做了平反。史料在这里并不曾给出细节，但王守仁的这一次公干很可能是费力不讨好的，因为在官场的通则里，平反就意味着让初审官员难堪，意味着挑剔同僚的过失来博取个人的前程，这样做很容易使自己成为官场公敌。至于那些蒙冤受屈的人，就随他们自生自灭好了。

这当然不是王守仁的风格，他只是就事论事、放手而为罢了。正义得到伸张总会使人欢欣鼓舞，于是在事毕之后，王守仁带着极高的兴致顺道游览九华山，还写下一篇汪洋纵恣的《九华山赋》。如此文辞瑰丽的文章，王守仁后来再没有写过：

循长江而南下，指青阳以幽讨。启鸿蒙之神秀，发九华之天巧。非效灵于坤轴，孰构奇于玄造！涉五溪而径入，宿无相之窈窕。访王生于邃谷，掬金沙之清潦。凌风雨乎半霄，登望江而远眺。步千仞之苍壁，俯龙池于深窅。吊谪仙之遗迹，跻化城之缥缈。钦钵盂之朝露，见莲花之孤标。扣云门而望天柱，列仙舞于晴昊。俨双椒之辟门，真人驾阳云而独蹻。翠盖平临乎石照，绮霞掩映乎天姥。二神升于翠微，九子邻于积稻。炎爝起于玉甑，烂石碑之文藻。回澄秋于枕月，建少微之星旓。覆瓯承滴翠之余沥，展旗立云外之旌纛。下安禅而步逍遥，览双泉于松杪。逾西洪而憩黄石，悬百丈之灏灏。

濑流觞而萦纡，遗石船于涧道；呼白鹤于云峰，钓嘉鱼于龙沼；倚透碧之峣岏，谢尘寰之纷扰。攀齐云之巉削，鉴琉璃之浩漾。沿东阳而西历，餐九节之蒲草。樵人导余以冥探，排碧云之瑶岛。群峦翳其缪蔼，失阴阳之昏晓。垂七布之沉沉，灵龟隐而复佻。履高僧而厌招贤，开白日之杲杲。试明茗于春阳，汲垂云之渊湫；凌绣壁而据石屋，何文殊螺髻之蟠纠？梯拱辰而盼，骧遗光于拾宝。缁裳迓于黄匏，休圆寂之幽俏。鸟呼春于丛篁，和云韶之鹭鹭，唤起促余之晨兴，落星河于檐橑；护山嘎其惊飞，怪游人之太早。揽卉木之如濯，被晨辉而争姣。静镜声之剥啄，幽人剧参蕨于冥香。碧鸡哕于青林，鹏翻云而失皓。隐捣药以校萝，挟提壶饼焦而翔绕。凤凰承盂冠以相遗，饮沆瀣之仙醴；羞竹实以嬉翱，集梧枝之袅袅。岚欲雨而霏霏，鸣湿湿于姜葆；躐三游而转青峭，拂天香于茫渺。席泓潭以濯缨，浮桃泻而扬缟。淙渐渐而落荫，饮猿猱之捷狡。睨斧柯而升大还，望会仙于云表。悯子京之故宅，款知微之碧桃。倏金光之闪映，睫累景于穹坳。弄玄珠于赤水，舞千尺之潜蛟。并花塘而峻极，散香林之回飙。抚浮屠之突兀，泛五钗之翠涛。袭珍芳于绝巘，裹金步之摇摇。莎罗踯躅芬敷而灿耀，幢玉女之妖娇。搴龙须于灵宝，堕钵囊之飘摇。开仙掌于欹嵌，散青馨之迢迢。披白云而躐崇寿，见参错之僧寮。日既夕而山冥，挂星辰于窿䃣。宿南台之明月，虎夜啸而黑嗥。鹿麋群游于左右，若将侣幽人之岑寥。迥高寒其无寐，闻冰壑之洞箫。

溪女厉睛泷而曝术，杂精芩之春苗。邀予觞以玉液，饭玉粒之琼瑶；溘辞予而远去，飒霞裾之飘飘。复中峰而怅望，或仙踪之可招。乃下见阳陵之蜿蜒，忽有感于子明之宿要。逝予将遗世而独立，采石芝于层霄。虽长处于穷僻，乃永离乎氛嚣。彼苍黎之缉缉，固吾生之同胞；苟颠连之能济，吾岂靳于一毛！矧狂胡之越猲，王师局而奔劳。吾宁不欲请长缨于阙下，快平生之郁陶？顾力微而任重，惧覆败于或遭；又出位以图远，将无诮于鹪鹩。嗟有生之迫隘，等灭没于风泡；亦富贵

第四章 入 仕 · 119

其奚为？犹荣蕣之一朝。旷百世而兴感，蔽雄杰于蓬蒿。吾诚不能同草木而腐朽，又何避乎群喙之啾啾！

已矣乎！吾其鞭风霆而骑日月，被九霞之翠袍。抟鹏翼于北溟，钓三山之巨鳌。道昆仑而息驾，听王母之云璈。呼浮丘于子晋，招句曲之三茅。长遨游于碧落，共太虚而逍遥。

乱曰：蓬壶之藐藐兮，列仙之所逃兮；九华之矫矫兮，吾将于此巢兮。匪尘心之足搅兮，念鞠育之劬劳兮。苟初心之可绍兮，永矢弗挠兮！[1]

文章如此精雕细刻，也不知花了多少功夫，显然全是一副文学青年的做派。后人因着推崇阳明心学的缘故，对《九华山赋》这样卖弄文采的作品全不重视。其实若撤去文采浮华的话，这篇文章透出了这样一些信息：

1. 此时的王守仁对仙佛之道非常着迷。
2. 是儒家兼济天下之心使他有意识地摆脱仙佛之道的诱惑。
3. 虽然做官才一年，但他特立独行的做派已经招致太多非议了。

---

1 见《全集》，第727-730页。

八

王守仁在九华山上先后遇到了两位奇人。第一位人称蔡蓬头，想来是个蓬头垢面、不修边幅的人物吧，就像张三丰人称张邋遢一样。蔡蓬头应当是一位修道有成的高人，王守仁恭恭敬敬地待之以客礼，很希望能得到他的指点。但蔡蓬头一拒再拒，说王守仁虽然礼数周到，但始终没放下官架子，说罢便一笑而别。

无可奈何之下，王守仁又听说化城寺地藏洞有一位异人，坐卧在松枝里，不吃熟食。地藏洞又偏又险，王守仁很费了一番辛苦才找到那里。那位异人正在熟睡，王守仁坐在旁边，不知出于什么心理伸手去抚摩那异人的脚。那位异人好一阵才睡醒，发现旁边有人，不觉惊呼："山路这么险，你怎么过来的？"

这位异人显然比蔡蓬头随和，见王守仁来了，便也不介意讲一讲最上乘的真理。只可惜史料简略，只记下异人说周敦颐和程颢是儒家两个好秀才。后来王守仁再次造访，异人却已经搬家走了。

今天站在思想史的角度，这两件事其实都不奇怪。明朝皇帝有修仙的传统，仅在王守仁生活的年代，孝宗继位之初，清理父亲宪宗养在京城的各种真人、法王、活佛、国师等等就清理了一千多人，而孝宗自己很快也步了宪宗的后尘。既然上有所好，社会上的奇人、异人当然不会少了。

至于异人的那句话，虽然是站在修仙的立场上贬低儒家的，却为什么单单提及周敦颐和程颢，而不提程颐、朱熹和其他大儒，这倒暗合于阳明心学：大体而言，心学与理学皆以周敦颐为发源，二程上接周敦颐，其中程颢一支发展而为陆九渊、王守仁，是为陆王心学，程颐一支发展而为朱熹，是为程朱理学。所以《年谱》提到的地藏洞异人的那句话，是借第三方之口推重心学一脉的祖师。

十九年之后，王守仁重游化城寺，又到地藏洞探看了一次，却无功而返。两番遭际，两样心绪，尽写在《重游化城寺》两首七律里：

> 爱山日日望山晴，忽到山中眼自明。
> 鸟道渐非前度险，龙潭更比旧时清。
> 会心人远空遗洞，识面僧来不记名。
> 莫谓中丞喜忘世，前途风浪苦难行。
>
> 山寺从来十九秋，旧僧零落老比丘。
> 帘松尽长青冥干，瀑水犹悬翠壁流。
> 人住层崖嫌洞浅，鸟鸣春涧觉山幽。
> 年来别有闲寻意，不似当时孟浪游。[1]

当时之所以是"孟浪游"，正因为心志不坚，容易受到仙佛之道

---

[1] 见《全集》，第851-852页。

的吸引。这也难怪，一切神秘的东西总是充满诱惑的，何况在那样的时代，何况在求索欲极强的王守仁身上。那时他还写有《题四老围棋图》诗："世外烟霞亦许时，至今风致后人思。却怀刘项当年事，不及山中一着棋。"人世间再大的丰功伟绩，与仙家事业比起来也终是不值一提的。

九

回京复命之后，王守仁的学习欲望越发强烈了。按说科举已中，官职已授，旁人要么经营人脉，要么随性放纵，无论如何都不会再去重温悬梁刺股的学习之苦。王守仁却不同，白天忙完工作之后，晚间一定燃灯夜读，读的不是程朱理学，而是五经和先秦、两汉的书籍，书法也日渐长进。

父亲王华担心儿子积劳成疾，便不许家人在书房安置灯盏，无奈王守仁求知欲太盛，只要父亲一睡，他又肆无忌惮地燃起灯烛，读书读到半夜才睡，因此种下了呕血的病根。

王守仁这半生，只要迷上什么，一定会发狠去钻研。以今天的知识来看，这其实是精力旺盛的表现。一个人的自制力、耐受力、勇气与信心等等今天所谓的成功素质，在先天因素上都与精力的强弱有关。精力愈旺盛的人愈容易忽略身体的极限，王守仁仅仅而立之年就已经接二连三地突破极限，加之荒唐修仙，就这样将后半生交付给各种很折磨人的病痛了。

王守仁这般辛苦地夜读,所读的书目大有深意。在他回京复命之后,又回到文学青年的圈子里,被朋友们整日里写诗作文地鼓噪着。他忽然觉得这不是正途:"我怎能以有限的精神去做无用的虚文呢?"

儒家一直有实用主义传统,学习为的是"经世致用",文章为的是"有补于世",文采的意义仅在于"言之无文,行之不远",必须为内容服务,不能搞唯美主义的"为艺术而艺术"。这与西方源自古希腊的哲学传统恰恰背道而驰,后者追求无用而纯粹的爱智之学。所以到晚清积贫积弱的时候,王国维认为西方追求无用之学,结果无用促成大用,中国太强调有用,所以格局太小,流于下乘,所以他自己的治学之路就是从西方哲学开始的。

话说回来,王守仁并不曾经历王国维所经历的世变,仍然在儒家传统里坚信着有用的才是值得为之付出的。所以他在每一个夜晚所下的功夫,既非理学,亦非文辞,而是儒家经典里最艰深的五经以及先秦、两汉的书籍。结果既因为呕血病发,也倦于京城里浮华相逐的诗文赓和,王守仁便告病回家了。

王畿在回忆恩师的时候提到了这段经过,说李梦阳、何景明那些人为失去了一个旗鼓相当的文学同伴而感到惋惜,王守仁却很不以为然,说自己就算诗写到李白、杜甫的程度,也不过是个诗人,文章就算写到韩愈、柳宗元的水平,也不过是个文人,而只有做到孔门高徒颜渊、闵子骞那样,才是第一等的道德事业。(《明儒学案》卷十二)

据王守仁向朝廷递交的请假申请,他的病症只是体虚和咳嗽,并未提到《行状》里所谓的呕血，也许他只是想暂时修养一段时间，最好能够尽快复职吧。申请里倒是这样讲的，说希望吏部能给自己准假，待自己病愈之后仍回原职效力，以图补报。[1]这时候的王守仁正是踌躇满志，不会真正生出退归林泉的念头。

十

弘治十五年（1502年）八月，三十一岁的王守仁向朝廷告假，认认真真地回家养病去了。《年谱》记载："遂告病归越，筑室阳明洞中，行导引术。"

洞中为何可以筑室，是因为王守仁并不是真的住在山洞里。

阳明洞天在会稽山区的宛委山里，所谓"洞"，是道教"洞天"的意思。道教认为世间有十大洞天、三十六小洞天和七十二福地，是修仙的理想场所。阳明洞天又名会稽山洞，在三十六小洞天里排名第十。阳明即东方青帝，道教中的太阳神。

筑室阳明洞，意味着离群索居，在一个专属自己的疗养胜地安心养病。王守仁的治病方法是导引术，也就是今天所谓的气功，也含有体操的动作。导引术原本是修仙的技术，盛行于两汉，渐渐也变成一种医疗手段了。知识精英靠练气功来治病，这在今天看来多少有一点

---

1 见《全集》，第322-323页《乞养病疏》。

荒诞，但一个人毕竟很难摆脱时代风气的影响，在今天也不例外。

从《年谱》的记载来看，王守仁练导引术有了奇效，虽然没能把病治好，却练出了未卜先知的超能力。某日他在阳明洞端坐，忽然要仆人到很远的地方去迎接来访的王思舆等四位朋友，将这四人的来迹讲得详详细细。仆人与那四人在途中相遇的时候，双方都很震惊，交谈之下，信服王守仁一定修炼得道了。但时间久了，王守仁忽然有所悔悟："这只是簸弄精神罢了，并不是道。"过而改之，从此弃超能力于不顾。

先世的遭际在王守仁身上重演，这些高人的想法是我等凡夫俗子始终难以领会的。阳明心学的后辈也会有这样的疑惑，譬如有学生请教罗汝芳（字惟德，号近溪），说某人在静坐中养成了未卜先知的能力，自己愧不能及。罗汝芳的教导是，不及他倒也无妨，及了他反而害事，因为这种未卜先知的能力是人力强求来的，是"有明之明"，而人应当追求的是来自天然的"无明之明"，前者如同一点灯光，仅能照亮一室，后者却似太阳，普照天下。（《明儒学案》卷三十四）

依罗汝芳的逻辑，"无明之明"可以带给人的是胜过未卜先知千万倍的超能力，王守仁后来显然获得了这种神通，自然可以无往而不胜，而他的偶像孔子、孟子自然也无往而不胜了。

然而事实并非如此，儒家也从来不是这样神神怪怪的。平心而论，无论靠占筮预知未来抑或未卜就能先知，预知能力分明是很有意义的一项本领，就算本人并不在意趋吉避凶，但至少可以为民造福、为国谋利。尤其在那个边患与内乱频仍的年代，尤其对于王守仁那样一个矢志报国、时刻关注国防事业的人，有了这项超能力就等于有了一颗间谍卫星，千百万无辜的百姓都会因此保全性命。那么，倘若换孔孟来做斟酌，必定是"虽九死其犹未悔"了，怎会仅仅因为"簸弄精神"就轻易放弃了呢？

十一

这样的日子过得久了，王守仁不禁产生了离世远去的念头，唯一的阻碍就是对祖母和父亲的牵挂。史料虽然并未记载王守仁是否牵挂他的妻子，但这样的境况已经足以使我们想到佛陀还在做王子的时候了。

佛陀显然决绝得多，抛家舍业、抛妻弃子，为了追寻真理，不惜舍弃一切。相较之下，王守仁虽然优柔寡断，却正是从对这份优柔寡断的反思里发现了真理："对骨肉之情的依恋始于孩提，倘若这份依恋之情可以去除的话，人类岂不就会灭绝了？"

翌年，王守仁搬到了西湖边上住，在稠密的人烟里复苏了兼济天下的胸怀。

虽然他还常常游览周边的知名寺院，但心态已经不复从前。当地有一位禅僧，每天既不讲话，也不睁眼，如是者坐关三年。若换作登临九华山时候的王守仁，一定满怀敬畏地向这位高僧讨教一点什么，但毕竟时过境迁，他竟然以呵斥的语气对高僧说："这和尚终日口巴巴说什么！终日眼睁睁看什么！"

这正是禅宗"棒喝"的手段，和尚受了惊吓，不觉睁开了眼，张开了口，和王守仁攀谈起来。

王守仁问和尚家里还有谁在，和尚答道母亲尚在，王守仁再问他可否挂念母亲，和尚答道不能不挂念，于是王守仁从这一点骨肉亲情的天性来做开导，和尚边哭边谢，当天就还俗回家了。

当然，在虔诚的佛教徒看来，这并不说明王守仁掌握了最高真理，而仅仅说明这个和尚心志不坚、道行太浅。倘若站在今天价值多元化的立场，我们会觉得王守仁实在多管闲事，何不遵循"万物并育而不相害，道并行而不相悖"的原则，何必非要扭转别人的价值观呢？

人际沟通总是一种不自觉的以己度人的过程，王守仁自己挂念父母，以至于相信所有人在心底深处都存在同样的挂念，但是，倘若他面对的不是这个修闭口禅的和尚，而是武则天的儿子，恐怕就是另一种结果了。以今天的知识来看，亨利·哈罗1958年发表在《美国心理学家》学刊的革命性的研究成果直到今天依然屹立不倒，它证明了温柔的肢体接触对于母婴依恋感的形成有着何等重要的意义，即便是喂养行为也不能与之相比。可以由此推论的是，如果一个人在婴幼儿时期很少得到父母的温柔爱抚，那么彼此之间就很难形成牢固的亲情纽带。

当然，我们不能以二十世纪的知识苛责明代人，只是没理由在今天仍然把眼界囿于古代社会——不得不说这是很多好古之人常犯的错误。话说回来，作为与王守仁同时代的人，那个修闭口禅的和尚其实完全可以有反驳的理由。

无论如何，在这一场对话里，和尚因为三年来只是打坐、不读书、不学习，以至于吃了没文化的亏。他只要多花一点时间在佛教典籍上，其实大有反驳的余地。

譬如骨肉亲情的问题，佛陀虽然抛妻弃子，貌似做了一件有悖人伦、刻薄寡恩的事情，但他在得道之后回来度化妻子和儿子，使他们也能跳脱轮回苦海，这难道不比守着家人一起在苦海里受罪更好？

话只要说到这层，就会触及儒家与佛家最根本的矛盾：两者的宇宙观不同，他们对价值观的不同取舍其实源于对宇宙真相的不同理解。

儒家认为人就活这一辈子，我们的生存环境就只有这一片大地，如果人人都信佛，都不再生儿育女了，那么人类当然就要灭绝了，所以佛教是邪恶的，应该被人类断然抛弃。而在佛教看来，宇宙是无限的，生存环境是无限的，生命也是无限的，生命永远在六道当中轮回不息。生活的本质就是受苦，又因为轮回的缘故，这辈子受完了苦，下辈子、下下辈子乃至永远都会继续受苦；在我们这个世界受完了苦，还会轮回到其他世界受苦，生命不息，受苦不止，就连自杀也不能使人解脱，因为这一世的生命完结了，还会轮回到下一世受苦。所谓"苦海无边"，就是这个意思。要想不再受苦，就必须摆脱轮回。

轮回的本质是因果链条，对因果的认识是佛陀最核心的创见。因果是环环相扣的，既没有无因之果，也没有无果之因，因果链条的作用在佛教里称为业力。那么，要想摆脱轮回，就必须使业力终结，也就是说，使自己身上所负载的一切因果关系都结束，并且从此不再触发新的因果。

当一个人以正确的修行方式做到了这一点，他也就解脱了，涅槃了，或者说成佛了。如果人人都这样做，并且做成功了，当然会导致全人类的灭绝，但这非但不是坏事，反而是大大的好事，因为这说明所有人都成佛了，都脱离轮回苦海了。至于成佛之后究竟是怎样一种生存状态，究竟算活着还是算死了，佛陀弟子里确实有人这样问过，而佛陀认为这是超越经验认识层次的问题，所以悬置不论。这类问题再如世界有没有边际、人有没有灵魂等等，一共十四项，统称"十四无记"，这很像康德哲学里的四组二律背反，让我们看到自身认知能力的边界何在。佛教后来很多教派之争、义理之争，都是因为很难容忍"十四无记"的悬而未决，而解答起来又难免各执一词。

而在基本的修行生活里，之所以需要出家，就是为了斩断骨肉亲情带来的因果；之所以不蓄产业，是为了斩断世俗关系带来的因果；佛和菩萨之所以只能度化人而不能保佑人，是因为每个人自己种下的因只能由自己去承受果、终结果，即所谓"自作自受"，旁人无能为力。

这就是佛教最核心的逻辑，而我这样梳理出来，肯定会与许多读者对佛教的固有认识相悖。这是因为佛教在发展过程中变得五花八门，向世俗做了许多妥协，号称"方便法门"，尤其在今天甚至变成指点世俗生活的心灵鸡汤了，就连高僧都开始礼赞生命的辉煌。如果佛陀当初也有这种觉悟的话，自然不必劳神苦形地追求解脱之道了。

那么，如何才是正确的解脱之道？佛陀虽然指明了道路，但后世僧侣各有各的见解。王守仁遇到的这个和尚，所谓"坐关三年，不语不视"，正是禅定的做法。

禅定早在佛陀之前便已是盛行于古代印度的修行方式了，佛陀只是发扬拿来主义的精神再稍加改造罢了，这对我们并不算十分陌生，因为今天在城市时尚里为大家熟悉的瑜伽就是禅定的世俗版本。中国禅宗认达摩为祖师（尽管从思想史的考据角度来说这不太可靠），而达摩的修行，教科书专主《楞伽经》，修行方式专主禅定。传说达摩祖师面壁十年，影子甚至印在了墙上。如果王守仁遇到的是达摩本人，不知道最后会是怎样的结果。

佛教修行最基本的方式是戒、定、慧。"戒"即遵守戒律，只要能坚持下来，人也就有了相当程度的定力，这就可以进入"定"的阶段，即修行禅定。禅定从外表来看就是盘腿打坐，一动不动，实际上是要依靠默数呼吸之类的方法逐渐使思虑澄空。禅定如果坚持久了，总有一天会达到"慧"的阶段，即获得了最高智慧，洞见了宇宙人生的真相。这样的修行次序，叫作"因戒生定，因定生慧"。禅定既然要澄空思虑，那么不语不视自然有助于排除外界的干扰。

事实上王守仁自己也经常坐禅入定，只不过他称之为"入静"或"静坐"。

入静对任何人而言都可以澄空思虑，甚至获得一种神秘主义的体验，只是不同信仰的人会给它不同的解释罢了。对于这个问题，留待后文再做详细的阐释，这里我们需要关注的是，一个人与生俱来的对骨肉亲情的眷恋正是儒家一切人生观、价值观以及政治哲学的逻辑原点。而这个逻辑原点，在四书里实在讲得清清楚楚，凡是涉猎一点儒学的人都能说出个所以然来，然而对于王守仁来说，纸上得来终觉浅，只有当他经过阳明洞养病时对出世与入世反复纠结，真切体会到这一份亲情牵挂之后，儒家书本上这最基础的知识才真正成为他自己的知识，让他从此笃信不疑，敢于以此来对抗一切"谬见"。

这也可以见出为什么理性气质的人接受阳明心学格外困难，因为他们惯用逻辑和想象来"推知"，阳明心学却只注重切身的"感知"，更适合宗教气质的人的口味。后者是更宜于在这个世界上生存的，因为坚定了真知之后的那种除魔卫道的勇气会极大地增进一个人的自信，相应地极大提高他获取成功的概率，使忍受困境也变得相对容易，痛苦甚至会给他带来受难圣徒般的荣耀感以及自我感动。

十二

弘治十七年（1504年），科举制度发生了小小的改变。

明初科举，主考官但求学问好、声望隆，不必任有学职，后来制度渐弛，三四十年来一概以担任学职的官员为主考，终于孝宗皇帝在大臣的建议下恢复旧制，这正好给了王守仁一个机会。[1]

这一年里，山东巡按监察御史陆偁礼聘王守仁来做山东乡试的考试官。

能在孔孟故乡主持乡试，这对儒者来说实是莫大的荣幸，也说明王守仁的儒学造诣在当时已经颇有一些声誉了。于是，王守仁欣欣然拟定考题与答案，将自己深深在意的若干儒学主题向考生们提了出来。

譬如选自四书的题目——"所谓大臣者，以道事君，不可则止"，

---

1 见《全集》，第924页。

这分明让人想起《孟子·离娄下》中的话："禹思天下有溺者，由己溺之也；稷思天下有饥者，由己饥之也。"是说君子倘若在职，对天下人的福祉便负有不可推卸的责任。再如选自五经的题目——"不遑启居，獫狁之故"，以周代应对游牧部落侵袭的诗句使人想到时局中的边患；再如策论题"佛老为天下害……"要考生回答：为什么佛教、道教长久以来为害天下、蛊惑人心，那么多有识之士攻之排之，却始终无能为力？

这些题目很敏感，也很有挑战性。当然，考生们照例要严守朱子理学的标准答案，不敢越雷池半步。后来王守仁将这些题目与自己拟出或认可的答卷刊行为《山东乡试录》，被人誉为"经世之学"。在这个时期，王守仁的心志已经被打磨得相当坚定了，于政治以经世致用、兼济天下为己任，于学术以捍卫儒家正统、排斥佛老异端为己任。

是年九月，才做完主考官的王守仁被调任为兵部武选清吏司主事，这个职务负责考核武官的选授、升调、功赏一类事务。从级别来看，这属于平级调动，但明代六部以吏、户、兵三部为上三部，兵部下辖四司，武选清吏司为四司之首，所以王守仁实际上是得到了升迁。这或许是五年前的那封《陈言边务疏》终于发生了一点作用，或许仅仅是积累年资所致，但无论如何，兵部的这段资历使他有机会了解天下武备的运作流程，对将来建立武勋总是有些助益的。

十三

　　弘治十八年（1505年），王守仁三十四岁。论官场上的级别，他只是一介六品小官，有职而无权，却有许多专程来拜访他的人，甚至有人按照儒家的传统提着礼物，恭恭敬敬地拜他为师，俨然参拜京城里的一位学术领袖。

　　当时的风气，读书人要么熟读熟背朱子教科书，只为科举而奋斗，要么以诗歌、文章相号召，在文艺沙龙里自得其乐，全然忘记了儒学的本分。所以王守仁在京师振臂一呼，正如当年的吴与弼与娄谅一样使许多人如梦初醒，原来学做圣人才是读书的目的，这本来只是一个常识啊！

　　王守仁倡导身心之学，要读书人先立下必为圣人之志。这确实不是什么高明的创见，而仅仅是常识的回归罢了，偏偏在科举功名的诱惑下，常识竟然被丢掉了那么久，以至于当它回归的时候，人们只感到惊奇。而在惊奇之后，有人顿悟今是而昨非，执弟子礼向王先生求学，更多的人却只是嗤之以鼻，觉得王守仁只是为了出名而标新立异罢了。

　　《年谱》认为这是"师友之道久废"的缘故，事实上任何不合俗流的见解都会得到这样的对待，这是人类的天性使然。今天我们可以在互联网论坛上看惯这种现象：对于持不同意见者，人们总是去质疑并贬低他的立场。这是因为人们天生就会高估自己的客观性,相信自己的感知和意见是准确而不带偏见的。李·罗斯对人性的这一面有一个很中肯的结论:"观点相左的两个人相遇,将会引发一系列影响深远的后果。如果我看到的就是事物的本质,那么每个理智的人都必然与我观点一致。如果不一致,那么我一定可以通过理智的论证来说服他。如果他还是无法顿悟,那么他不是愚蠢,就是懒惰,抑或充满偏见。但是,我们唯独没有考虑到一个问题:别人也是这么想的。尤其在旷日持久的争端中,双方阵营通常都坚信另一方有所隐瞒,心怀叵测。这样一来,人们从一开始就会贬低对方的立场——无论它与己方立场多么接近。"

王守仁当然不会介意呶呶众口,放胆在天子脚下倡导圣学。

事实上在集权国家里,民间讲学历来很受统治者的猜忌,因为一来这很容易破坏官定的统一的意识形态,所以孔子当初才一执政就诛杀了学术对手少正卯,这件事成为后世儒家排斥异己、维护正统的经典案例;二来凡有讲学必有聚众,学术领袖就像宗教领袖一样可以轻而易举地变身为政治领袖,所以集权政府对学术领袖和宗教领袖一般都会采取三种措施:要么收编到体制内,要么安置到首都,便于看管,要么给予精神和肉体的双重剿杀。

幸而王守仁生活在一个相对宽松的时代,这倒不是说明朝政府并不集权,而是孝宗皇帝非但性情温和,而且兴趣越来越转移到服丹求仙这等超凡脱俗的事情上去,朝廷重臣们也各有各的算计,谁也没精力去操一个六品小官的心,何况后者讲学就在天子脚下,谅也翻不出多大的风浪。

十四

在京师讲学的日子里,毕竟非议的人多,支持的人少,但就在这少量的支持者里出现了一位重量级人物:时任翰林院庶吉士的湛若水。这两人相会正好似唐代诗坛上李白和杜甫相会,只不过当时扮演李白角色的不是王守仁,而是湛若水。[1]

湛若水,字元明,号甘泉,广东增城人,长王守仁六岁,是个很有传奇色彩的人物。湛若水原本和普天之下的读书人一样,只晓得向着科举仕宦的方向努力,无奈会试落榜,心情怏怏之下便前往江门,拜大儒陈献章(字公甫,人称白沙先生)为师。陈献章一边指点他读二程经典,一边启发他说,只有放得下,才能学得来。湛若水心领神会,当下便烧掉了部檄,即进京赶考的准考证,表示自己读书从此不求功名,只求真理。

陈献章要湛若水放下的,正是"今之学者"的"为人"之心。

"为己"与"为人"之别既是"古之学者"与"今之学者"之别,也可以说是真学者与假学者之别。陈献章有一句名言:"为学莫先于为己、为人之辨。"每个人在读书之前都应该先想清楚自己的目的,究竟

---

[1] 湛若水与王守仁订交之期抑或在正德元年丙寅(1506年),湛若水《奠王阳明先生文》称"岁在丙寅。与兄邂逅",《阳明先生墓志铭》称"正德丙寅,始归正于圣贤之学。会甘泉子于京师……"。

是为了黄金屋、千钟粟、颜如玉，抑或仅仅为了真理。所以陈献章坚决不事科举，虽然他和王守仁有同样的认识，做起来却比后者决绝。倘若王守仁在寻师访友的游历中能够投在陈献章的门下，和湛若水做同学，不知道人生会发生怎样的改变，想来学术会更醇厚——毕竟他的见解与气质都和陈献章太相似——但建功立业的概率恐怕就要大打折扣了。

从师承关系来看，王守仁和湛若水颇有几分渊源。

湛若水的老师陈献章曾经向吴与弼求学，和娄谅是师兄弟的关系。陈献章大约和吴与弼不很投缘，在师门不到半年便回家乡去了。然而在吴与弼下一辈的儒家学者里，以陈献章名望最高，成就最大。只是陈献章太有孔子风范，只讲学而不事著作。他最有名的两句诗是"他时得遂投闲计，只对青山不著书"，他也真是说到做到了，而他的门人弟子竟然也不曾整理出《论语》《朱子语类》或《传习录》式的讲学记录来。

幸而湛若水非但尽得陈献章的真传，还有发扬光大之功。陈献章仿效禅宗的做法，将江门钓台作为自家衣钵传给了湛若水，意味着后者成为江门之学名正言顺的"二祖"。陈献章去世之后，湛若水为他服丧守墓三年，这在儒家礼制里是儿子为父亲服丧的标准。

此时的湛若水已经完全无意于仕途了，却奈何不了母亲大人的"妇人之见"，于弘治十八年（1505年）进京会考，进士及第，授翰林院庶吉士，此时他已是不惑之年。

以授官的情况来看，湛若水的考试成绩较王守仁优，政治前途也更为可观。明代制度，新科进士先到中央各官署实习，一甲考生（即状元、榜眼、探花三人）直接进翰林院，授职修撰、编修，二甲、三甲的优选考生进翰林院实习，称为庶吉士，其余考生进六部实习，称为观政进士。明太祖废除宰相制，设内阁以备顾问，所以俗称内阁大学士为宰相，而明英宗之后形成"非翰林不入内阁"的惯例，明代中叶以后的很多内阁大学士都是庶吉士出身（譬如嘉靖朝的首辅严嵩就是与湛若水同一期入选翰林院庶吉士的），庶吉士也因此有"储相"的俗称。

湛若水后来确实官运亨通、平步青云，只不过不属于实权派，这也恰恰合乎他的性情。此时此刻，刚刚成为庶吉士的湛若水来与王守仁切磋学术，以世俗的眼光来看，王守仁应该是倍感压力的。毕竟单以学术论，此时的王守仁只是学有心得而已，既无师承，也不曾开宗立派，湛若水却是天下公认的学术宗师，是江门之学的嫡传二祖。不过潜在的好处是，如果能得到湛若水的认可，王守仁该会怎样兴奋。

这两位明代中叶的思想巨子果然倾盖如故，一见订交。湛若水后来为王守仁撰写墓志铭，回忆这一刻的初逢，说当时彼此都感叹着毕生虽然交游四方，却从未见过对方这样的人物，惺惺相惜、相见恨晚之情溢于言表，共约一起倡明圣学。

据湛若水讲，两人都以程子"仁者浑然与天地万物同体"为宗旨，后来王守仁初主"格物"说，后主"良知"说，自己主张"随处体认天理"，两者并没有本质的区别，只是旁人或拘泥文字，或各执一偏，搞得两人的学术仿佛真有多大差异似的。[1] 王守仁后来也说自己与湛若

---

1 见《全集》，第1539页，湛若水《阳明先生墓志铭》。

水订交之后志向益发坚定了,真是从对方身上获益良多啊![1]

事实上,湛若水与王守仁的学术主张尽管在宗旨上无甚差异,却存在着许多核心观点的对立。两人后来有许多书信往来,很做过一些针锋相对的辩论,其中湛若水可以很敏锐地抓到阳明心学的破绽(这些内容将在后文展开)。幸而两人的关系属于真正意义上的君子之交,友谊并不受唇枪舌剑的减损。他们都是真正求道的人,对名利荣辱并不介怀。

随着时间的大浪淘沙,阳明心学异军突起,湛若水的名字却渐渐无人知晓。这一来是因为王守仁占了事功的便宜,人们毕竟更愿意学习成功者的理论,哪怕他的理论和他的成功之间并没有必然的联系,二来是因为阳明心学更为简单直接,很符合人心向简的大势所趋;三来是因为王守仁的弟子与再传弟子当中出了一些行为艺术家一般的人物,格外引人瞩目。

以今天的眼光来看,阳明心学未必比湛若水的学术更站得住脚,只是同属文物一般的存在罢了,但前者绝对比后者更容易赢得世人的心,故而才在物竞天择、适者生存的规则下顺利胜出。

倘若王守仁和湛若水都能够仕途顺遂,在京城切磋砥砺、共倡圣学的话,很可能会掀起一波激动人心的思想浪潮,但就在那一年,正值壮年的孝宗皇帝突然驾崩,一切都随之改变了。

---

[1] 见《全集》,第257-258页,《别湛甘泉序》。

第五章

正德伊始：刘瑾的胜利

一

弘治十八年（1505年）五月辛卯日，孝宗皇帝驾崩，时年三十六岁。

对于孝宗皇帝的死因，《明史·孝宗本纪》的记载非常简略，只说这年四月甲申日，皇帝身体不适，五月庚寅日病危，召见大学士刘健、李东阳、谢迁交代遗言，辛卯日驾崩。患病与亡故都仿佛突如其来，这到底是怎样一种病呢？

《孝宗实录》说孝宗在斋宫染了寒疾，不几天便加重了。《闻见漫录》讲得仔细，说孝宗患了伤寒症，内药房宦官传旨召太医诊治，宦官宣召来一位平素和自己交情好、颇谙潜规则的刘姓医官，全不管这位刘太医是口腔科的，不会看伤寒症。事情的结果充分说明在医疗事故面前人人平等：孝宗吃错了药，口鼻喷血而死。

刘太医作为医疗事故的责任人当然被下狱治罪，但死者家属表现出了罕见的宽宏大量：太皇太后下旨免去了他的死罪，这或许也是因为宦官们能力太大吧。

孝宗是历史上唯一一位不纳妃嫔的皇帝，在后宫只守着皇后一人过着民间小夫妻的恩爱日子。两人一共生有二子一女，次子和女儿皆在幼年夭折，所以在皇位继承的问题上没有荡起任何波澜——天翻地覆的波澜都是在太子继位之后发生的。

明武宗朱厚照继位的时候还只有十五岁，翌年改元正德。

"正德"语出《尚书·大禹谟》"正德、利用、厚生、惟和"，孔颖达有疏解："正德者，自正其德，居上位者正己以治民。"朱厚照一生顽劣，是个搞怪的能手，"正德"这个年号于他而言简直是无时不在的讥讽。

当初孝宗在弥留之际召三位大学士托孤的时候，特意有叮嘱说太子年幼贪玩，要三人多教他读书。但孝宗不曾料到的是，在集权体制下，大臣只能督导像他自己一样的温和的皇帝，却没法督导任何一位强势的皇帝，一切制度上的制衡设计都可以被皇帝的一意孤行轻易破坏。

年少贪玩的武宗性情强横，纯然一副衙内做派，哪是几名元老就可以降伏得住的。何况"衙内"身边必有帮闲，武宗的核心帮闲班底是他从小便亲近的东宫内侍，当然，能被他亲近的人不可能是什么善男信女。

二

"衙内"既然入继大统，帮闲们也跟着鸡犬升天，其中最得宠者有八人，人称"八虎"，"八虎"当中又以刘瑾为首。

刘瑾本姓谈，父母对这个孩子给予殷切厚望，自幼便给他做了阉割手术，希望他有朝一日能够进宫做宦官，过上衣食无忧的日子。穷人家庭每每如此,尤其在明代,随着宦官数量与日俱增,自宫求进渐渐也成为一大人生方向了,甚至发展到供求关系严重失衡,成千上万自宫却未被录用的人要么滞留京师,期待下一次机会,要么流落四方,沿街乞讨,要么聚众为盗,劫掠商旅,成为有明一代最严峻的社会问题之一。

明代宦官,从国初不及百人发展到后来的数万乃至十万之众,成为中国历史上空前绝后的一大奇景。之所以宦官要用到如此多人,是因为他们不仅仅在紫禁城中为后宫服务,更在京城内外设有许多派驻机构,自成一套衙门系统。

甚至可以说,中叶以后的明政府有两套系统,宦官系统几乎可以和传统意义上的官僚系统分庭抗礼,内可以拟旨,外可以将兵。既然宦官的权势利禄不减文臣武将,那么十年寒窗之苦和一刀断种之痛究竟孰优孰劣,也许长痛真的不如短痛吧,"引刀成一快"真能换来许多快活。

顾炎武《日知录》有"禁自宫"一章,引《明实录》追溯这种怪诞风气的原委,说自宫求进的事情是景泰年间开始的,当时朝廷虽然下了禁令,但最后还是接收了这些人,于是京城附近那些既不愿服徭役又贪图富贵的百姓仿效成风,不但自己净了身,还给子孙也净了身,天天都往礼部跑占名额。自此以后,日积月累,千百成群,成为国之一害。

既然供求关系严重失衡,那么仅凭自宫当然不够,还要找对门路才行。一般人会找的门路是把孩子送给某个宦官做养子,一来养父总能给孩子谋个差事,二来孩子在那个陌生的大集体里也会有人照应。

《明史·刘瑾传》记载刘瑾本姓谈,随某位刘姓宦官进宫,于是冒称刘姓。

三

少年王守仁胸怀大志,要读书学圣贤;少年刘瑾也是一个胸怀大志的人,将正统年间的大太监王振视为人生楷模。

王振是宦官圈子里的传奇人物,靠一己之聪明才智将英宗皇帝玩弄于股掌之上,于当隐忍时隐忍,当跋扈时跋扈,终于权倾天下,为所欲为。即便英宗受了王振的唆使,御驾亲征瓦剌,导致五十万大军溃败,自己也沦为异族的俘虏,但复辟之后仍然对"殉难"多年、更早已被天下人唾骂多年的王振追怀不已,甚至为他赐祭招魂,全不在乎民心向背。做太监做到这个份上,即便不是天下第一等事,至少也是天下第一等的太监。净了身的人再不可能有其他出路,既然只能做宦官,那就做王振那样的宦官吧。

刘瑾原是侍奉东宫的普通宦官,以滑稽表演的天赋受到朱厚照的喜爱。朱厚照登基之后,使刘瑾执掌钟鼓司。明代宦官机构有所谓二十四衙门,分为十二监、四司、八局,钟鼓司属于四司之一,掌管鼓乐和各色滑稽戏,武宗皇帝也算是知人善任了。

既然荣华富贵全凭皇帝的赏赐,那么讨好皇帝自然成为刘瑾等人的头等大事。

宦官该如何控制皇帝，历史上早有明训。唐代大宦官仇士良向晚辈传授经验，一定不要让皇帝闲着，要用各种娱乐项目占满他的时间和精力，如此我辈才能为所欲为；要使皇帝既无暇读书，也无暇接触士大夫，否则他就会懂得历史上兴亡成败的教训，于是就会疏远我辈了。

历代权倾一时的宦官即便不是仇士良的徒子徒孙，也一定暗合仇士良的权术。其实只要把理学或阳明心学的逻辑稍稍推进一步，就会发现仇士良所悟出的这个道理正是做佞幸的"天理"，非如此则不足以成功。这一"天理"不为尧存，不为桀亡，先天而天弗违，后天而奉天时……儒家描述"天理"的各种套话在它身上完全适用。

做佞幸还要遵循一条"天理"，那就是结党。

君子不党，独来独往，小人却很容易结党。少年武宗身边那些"志同道合"的东宫旧属深知团结就是力量，于是勾结成党，以全副热情和皇帝打成一片。皇帝少年顽劣，喜欢舞枪弄棒，所以他们也真的是"打"成了一片，如同一群讲究江湖义气的古惑仔，皇帝就是他们的带头大哥。

刘瑾很快脱颖而出，成为这个小帮派里的二号人物，正式岗位也从钟鼓司换到了内官监。内官监负责皇家各种营造事务，外厂极多，重要性仅次于司礼监。而且刘瑾还受命"总督团营"，做了禁军的指挥官，正德元年的政治风气就这样为之一变。

四

"亲贤臣，远小人，此先汉所以兴隆也；亲小人，远贤臣，此后汉所以倾颓也。"（诸葛亮《出师表》）在古人眼里，政治的优劣无非取决于君子、小人的势力消长。武宗皇帝才刚刚执政，就已经很能够"亲小人，远贤臣"了，那么廷臣的当务之急便只有"清君侧"这一件事了。

廷臣与宦官一攻一守，谁能取胜只取决于谁能得到皇帝的欢心。

当初明太祖朱元璋创下了高度集权的政治格局，明成祖朱棣又做了一番强化，以至于皇帝只要足够坚决，他的心意便几乎可以左右一切。之前的宪宗、孝宗很少有心意坚决的时候，但武宗偏偏精力旺盛、顽劣过人，只要决心做一件事，任谁都拦不住他。

这一次廷臣和"八虎"斗得你死我活，武宗终于发了狠，一夜之间便使形势逆转："八虎"不但未被治罪，刘瑾反而接掌了司礼监，其余"七虎"各有升迁，宫中所有紧要职位尽入其手，三位顾命大臣中反"八虎"最有力的刘健、谢迁被迫致仕，只剩下一个立场温和的李东阳摆摆门面。

武宗倒也振振有词，公开讲话说："凭什么说天下之事都是宦官弄坏的？文官也只有十之三四是好的，其余不也是坏的？"这话其实很有见地，文官和宦官一样有好有坏，只不过宦官一直受到主流社会的歧视，要么觉得他们身体残缺，有违孝道；要么鄙夷他们文化水平低，没受过圣贤书的熏陶；要么嫌弃他们是服务行业的，只是端茶倒水、供人使唤的小厮，最多也只算是高级奴仆罢了。何况史书是文人写的，倘若宦官也能以自己的视角编撰一部史书，宦官很可能比文官更有光彩呢。就武宗本人而言，他从小便与刘瑾等人玩在一起，虽不曾共苦却每每同甘，这些佞幸不啻兄弟手足，既亲昵又知根知底，而那一个个板着面孔的大臣才是新近结识的陌生人，天知道他们究竟有何居心，难道他们就不晓得疏不间亲的道理吗？

但是，在孝宗时代被优容惯了的文官并不甘心就这样落败，北京、南京的奏章前呼后应，造出了极大的舆论势力。在如此强大的舆论攻势下，就算是皇帝，也应该有几分顾忌吧？

明朝自明成祖迁都北京之后，南京成为留都，保留下一套完整的中央政府。南京政府基本被用来安置闲官，但在国家大事上，南北两京的言官每每互相声援，制造舆论压力。正德元年（1506年）十一月，南京户科给事中戴铣等二十一人上疏请留刘健、谢迁，得到的回应却是刘瑾新官上任之后的第一把火。

五

刘瑾这一次因祸得福，由内官监转督司礼监，升到了宦官体系里的最高职位。

司礼监在明代初年还只是一个普通衙门,但由于皇帝怠政,对宦官的依赖性越来越强,于是至迟在宣德、正统年间,司礼监便已经跃升为一切宦官机构中的首席。司礼监不但总管一切宦官事务,最要紧的是,它有批答奏章、传谕圣旨的职权。

一个集权帝国,从理论上说,全国各地写给皇帝的奏章都应该由皇帝亲自批示,秦始皇就是这样做的,这不但需要殚精竭虑,更需要持之以恒,但这只适用于控制欲强、精力旺盛而且能够乐在其中的皇帝。

明朝的集权程度比秦朝有过之而无不及,历任皇帝的惰性却应付不来集权体制对勤政的苛刻要求。明代制度,先由一个秘书处,即内阁,对各地送来的奏章做一次初步处理,用小票草拟批示意见,称为"票拟",再交给皇帝用朱笔签字确认,称为"批朱"。内阁已经大大减轻了皇帝的工作量,但皇帝如果再懒一些的话,每天亲自"批朱"的只有几篇,其余一概交给司礼监太监代劳。皇帝有时还会不经过内阁,直接发布谕旨,而这类谕旨的发布也是由司礼监负责的。

所以,明代虽然不置宰相,但只要内阁或司礼监出现了强势人物,这个人很容易就会成为实际上的宰相。内阁有大学士若干,排名第一的称为首辅;司礼监有掌印太监、秉笔太监若干人,随堂太监若干人,由提督太监一人总负责。所以天下大权不出皇帝、首辅和司礼监提督太监这三人之手,而这三个人里谁最强势,谁就会成为大明帝国的实际掌舵人。只不过皇帝手里永远掌握着一票否决权,只要他嫌首辅或司礼监提督太监太不像话,轻易便可以将他们革职查办。

这就是明代政治的核心特质，尽管弄权舞弊、祸国殃民的空子既多且大，但皇权的稳定性远胜历代。朱元璋开创这样的格局的确用心良苦，也的确保证了自己金戈铁马时打下来的这份家业无论如何都不会被别人夺了去。

话说回来，司礼监如果是由正直本分的人掌管，不过是皇帝的另一个秘书处而已，但如果是刘瑾这样的人做了提督太监，无论是改动内阁票拟也好，假传圣旨也罢，都是很轻易就做得出来的。

对于刚刚执掌司礼监的刘瑾而言，当务之急既需要巩固来之不易的胜利果实，更需要借机立威，更何况险死还生之下余怒未消，这时候见到戴铣等人的上疏，情绪哪里还克制得住，当即以皇帝的名义传旨，派锦衣卫校尉赶赴南京，将戴铣等人押解到北京问罪。

六

逮捕戴铣的圣旨一出，所有人都知道这已经是赤裸裸的明火执仗了。

儒家的政治传统里，一个人不应该因言获罪，何况言官的职责就是进谏，风闻言事尚且有制度上的保障，据理力争反而要被治罪不成？就是在这个时候，王守仁以一份为戴铣等人辩解的奏疏将自己也卷入了这场血雨腥风：

臣闻君仁则臣直。大舜之所以圣，以能隐恶而扬善也。臣迩者窃见陛下以南京户科给事中戴铣等上言时事，特敕锦衣卫差官校拿解赴京。臣不知所言之当理与否，意其间必有触冒忌讳，上干雷霆之怒者。但铣等职居谏司，以言为责；其言而善，自宜嘉纳施行；如其未善，亦宜包容隐覆，以开忠说之路。乃今赫然下令，远事拘囚，在陛下之心，不过少示惩创，使其后日不敢轻率妄有论列，非果有意怒绝之也。下民无知，妄生疑惧，臣切惜之！今在廷之臣，莫不以此举为非宜，然而莫敢为陛下言者，岂其无忧国爱君之心哉？惧陛下复以罪铣等者罪之，则非惟无补于国事，而徒足以增陛下之过举耳。然则自是而后，虽有上关宗社危疑不制之事，陛下孰从而闻之？陛下聪明超绝，苟念及此，宁不寒心！况今天时冻冱，万一差去官校督束过严，铣等在道或致失所，遂填沟壑，使陛下有杀谏臣之名，兴群臣纷纷之议，其时陛下必将追咎左右莫有言者，则既晚矣。伏愿陛下追收前旨，使铣等仍旧供职，扩大公无我之仁，明改过不吝之勇。圣德昭布远迩，人民胥悦，岂不休哉！

臣又惟君者，元首也；臣者，耳目手足也。陛下思耳目之不可使壅塞，手足之不可使痿痹，必将恻然而有所不忍。臣承乏下僚，僭言实罪。伏睹陛下明旨有"政事得失，许诸人直言无隐"之条，故敢昧死为陛下一言。伏惟俯垂宥察，不胜干冒战栗之至！[1]

---

[1] 见《全集》，第323-324页。

这封奏疏在《王阳明全集》里有收录，题为《乞宥言官去权奸以章圣德疏》，题目显然是后加的。奏疏正文半点也没有"去权奸"的意思，甚至半点都没有提到过宦官，也没提戴铣等人到底是对是错，而仅仅是替后者婉转求情。

奏疏一开篇先给武宗戴一顶大帽子，说臣子之所以敢于直言，是君主仁爱的结果。接下来说自己见到戴铣等人因为上书言事被锦衣卫逮到京师问罪，虽然不知道戴铣等人的意见是否在理，但想来一定有些话触犯了陛下。只是言官既然有进谏的本分，就算说错了话，也应该受到包容。推想陛下的心意，只想对他们小做惩戒罢了，但如果真的处罚了他们，就怕以后没人再敢说话了。何况现在天寒地冻，万一他们当中有人死在路上，将有损陛下的名誉。倘若可以宽恕他们，彰显皇帝的仁德，岂不是一件好事吗？自己一介小官，本不敢说这些话，只因为见到陛下圣旨有允许大家直言政事得失的话，所以才冒死献言。

这封奏疏既小心翼翼地不得罪任何人，提出的意见也绝不过分，更未对戴铣等人的意见表示支持，最后还拿圣旨里的话来做自己的免死金牌，不可不谓用心良苦。换言之，王守仁仅仅提出对言官不该以言论治罪，对言官的言论不置可否。即便是这样一封温和的奏疏，仍给王守仁招致了灭顶之灾：戴铣等人尚未押解到京，王守仁便"近水楼台"地与其他几位同样上疏为戴铣求情的同僚被锦衣卫投入诏狱了。

七

所谓诏狱，是由皇帝亲自下诏处理、独立于司法系统之外的罪案。明朝创设锦衣卫制度，从国家角度讲，锦衣卫是皇家特务机构；从家天下的角度讲，锦衣卫就是皇帝的私人打手。皇帝想要整治的人，一般都会下锦衣卫诏狱。锦衣卫办案不受政府干涉，为达目的往往不择手段。皇帝既然是锦衣卫的直接上属，那么能左右皇帝的人也就能够利用锦衣卫来为自己服务了。

刘瑾成功做到了这一点，非但如此，另外两个臭名昭著的特务机构东厂、西厂也被"八虎"掌握，刘瑾还特别设立了内行厂，由自己亲自调度。这天下四大特务机构，即便只从理论上说也不算是天下公器，仅仅是皇帝的私器，这时候更沦落为刘瑾等人的私器了。

在锦衣卫暗无天日的牢房里，王守仁幸而未受酷刑，只是这突如其来的打击使他有些彷徨，有时决绝，有时又会陷入消沉。决绝时，他写下《有室七章》：

> 有室如簧，周之崇墉。窒如穴处，无秋天冬！
> 耿彼屋漏，天光入之。瞻彼日月，何嗟及之！
> 倏晦倏明，凄其以风。倏雨倏雪，当昼而蒙。

> 夜何其矣，靡星靡粲。岂无白日？窅寐永叹！
> 心之忧矣，匪家匪室。或其启矣，殒予匪恤。
> 氤氲其埃，日之光矣，渊渊其鼓，明既昌矣。
> 朝既式矣，日既夕矣。悠悠我思，曷其极矣！ [1]

诗歌从牢房的幽暗无光嗟叹政局的幽暗无光，满是悲怆的情绪，但转而说自己的忧思不是为了个人与家庭的命运，只要皇帝可以醒悟过来，自己就算死掉也在所不惜。诗的最后两章里出现了一线光明：牢房里看到了朦胧的曙光，听到外面传来了宣告白天来临的鼓声，但转眼间又到了日暮，悠悠的思绪无法停歇。

有时他又会消沉下来，想到退隐，如《读易》一诗所写：

> 囚居亦何事？省愆惧安饱。
> 瞑坐玩羲易，洗心见微奥。
> 乃知先天翁，画画有至教。
> 包蒙戒为寇，童牿事宜早；
> 蹇蹇匪为节，虩虩未违道。
> 遁四获我心，蛊上庸自保。
> 俯仰天地间，触目俱浩浩。
> 箪瓢有余乐，此意良匪矫。
> 幽哉阳明麓，可以忘吾老。 [2]

---

1 见《全集》，第746页。
2 见《全集》，第747页。

王氏家族原本就很有易学传统，但王守仁这番狱中读《易经》，打发时间之余，从前的纸面知识忽然变得真切。诗句里边用到了一些《易经》里的术语，"遁四获我心，蛊上庸自保"，上句指的是遁卦九四爻，爻辞是"好遁，君子吉，小人否"，时局真的是君子退隐，小人在位，自己是不是也应该退隐了呢？下句指的是蛊卦上九爻，爻辞是"不事王侯，高尚其志"，给出了问题的答案：退隐吧，保持高尚的志向，如此则可以自我保全。

退隐之后该过怎样的生活呢？"箪瓢有余乐，此意良匪矫"，依然可以是通往圣贤的生活，如颜渊一般箪食瓢饮，在穷困的处境中与道悠游，自得其乐。"幽哉阳明麓，可以忘吾老"，阳明洞的生活，此刻格外地令人怀念和向往。

八

诏狱是一个没有规则的世界，人被关在里边，也许一二日，也许几十年，一切视皇帝的心情而定。皇帝心情好也未必就是好事，因为他心情一好，也许就把诏狱里的人犯抛诸脑后了，不知道何年何月才能想起来。当然，在正德元年（1506年），所谓皇帝的心情，其实已换作刘瑾的心情了。

刘瑾心情大恶，觉得诏狱既不足以泄愤，亦不足以立威，于是不多日便将王守仁等人从狱中提了出来，狠狠地打了一顿廷杖。

所谓廷杖,就是皇帝在发怒的时候着人用棍棒责打大臣。廷杖虽然在中国历史上由来已久,但通常只是皇帝在盛怒之下偶尔为之,只有到了明朝才成为制度。

明代开国,是一个帮派组织变身为一国政府,帮派大哥变身为帝国领袖,帮派色彩和江湖习气贯穿明代始终,廷杖即是一例。在常规的政府流程里,大臣有罪,自有一套法律程序来审判、定罪、处罚,是谓"国有国法",廷杖却是皇帝的私刑。虽然在"家天下"的时代,皇帝也会有自己的家法,而这私刑却连"家有家规"都称不上,因为它没有任何规则,只凭皇帝一时的心情。简言之,只要皇帝对谁不高兴了,当场就可以对他廷杖伺候,轻重随心。

然而儒家政治强调礼义。礼,刑不上大夫,礼不下庶民;义,君子喻于义,小人喻于利。君子(统治阶层)对后者相对无感,小人(庶民阶层)对前者相对无感;如果刑罚所击中的是君子的疼痛感与小人的羞耻感,那么这样的刑罚无论其是否公平、是否合乎道德准则,首先就因为缺乏实质意义上的功效而丧失了存在的意义。

君子在意的是脸面,是那些在小人看来毫无实际益处的虚名。以"好死不如赖活着"为人生观的人无法理解"士可杀,不可辱"的信条。惩罚君子,适度地使他知羞即可,永远不可不留余地地剥夺他的尊严。在汉朝人看来,秦朝就是一个完美的反面范例:法律面前人人平等的法家精神彻底败坏了道德风气;王公大臣和庶民百姓接受同样的刑罚,以至于前者的道德操守迅速降低到后者的程度。"礼义廉耻,国之四维,四维不张,国乃灭亡"(《管子·牧民》),二世而亡的秦朝以惨痛的代价印证了这句箴言是何等正确。

汉代将这一问题分析得最为透彻的莫过于贾谊，他的意见大致可以归纳为两点：

1. 一个和谐的社会必须具备稳定而繁复的层级结构。社会阶层愈多，底层和上层的间距愈大，上层就越发体现出尊贵感，下层就越发萌生出敬畏心。

2. 对于由上至下的各个社会阶层，约束手段是从礼到法的过渡，较高的社会等级理当享有较多的政治特权，如此整个社会的尊卑秩序才不会紊乱。(《新书·阶级》)

贾谊这篇文章题为《阶级》，题目是今天"阶级"一词的语源所在。贾谊之所谓阶级，是将社会层级比作殿堂建筑。古人修建宫殿，是先在平地上筑起台基，再于台基上修建殿堂，所以要想走进殿堂必须拾级而上，整个过程是一级一级登高的过程。天子正如殿堂，高高在上以显尊崇，设若不筑台基，直接将殿堂建在平地上，那么殿堂的尊崇感也就荡然无存了。

要保障殿堂的尊崇感，就必须使每一级台阶都具备与其高度相应的尊崇感才行。贾谊以"欲投鼠而忌器"这句俗谚说明，在社会功能的意义上，对违法乱纪的上层人士施加惩罚时必须有所顾忌才行，因为若伤害了他们的体面，势必会连带着伤害天子的体面；如果将上层阶级与下层阶级同罪同罚，这就等于殿堂没有了台基，直接就坐落在平地上了；更何况对于士大夫阶层，只有以礼相待，充分顾全他们的体面，才能够有效地激励他们保持节操。

那些上层人士，平时上蒙天子恩宠，下受下级官员和庶民百姓的恭顺侍奉，而一旦有了过错，可以免其职，可以赐其死，但不应该以对待普通囚犯的方式任由狱吏之辈来捆绑、拘系、辱骂、鞭打，更不该让庶民百姓看到这些。正如鞋子再新也不能戴在头上，帽子再破也不能穿在脚上，上层人士哪怕罪行再重，也不该使他们受到下层人士的凌辱。

在贾谊看来，就连给上层人士议定罪名都应当像古人那样使用含蓄而文雅的措辞。譬如称贪污罪以"簠簋不饬"为婉语，称淫乱罪以"帷箔不修"为婉语，称为官不称职以"下官不职"为婉语。上层人士若接到处罚的敕令，犯轻罪的人应当"白冠氂缨，盘水加剑"（头戴白冠，以盘盛水，置剑于其上），以示愿自刎以谢罪；[1] 犯较重罪行的人应当自缚请罪；犯重罪的人应当向北行再拜之礼，跪而自裁。这不是说上层人士享有免罪的特权，而是说对他们的刑罚应当充分顾全他们的体面。如果天子对待士大夫如同对待庶民一样，那么士大夫难免会以庶民的心态来回报天子了。[2]

毕竟因为去古未远，汉人确实还存有士大夫的礼义廉耻之风，深以对簿公堂为耻，因为一旦对簿公堂，就不得不接受刀笔小吏等卑贱

---

[1]《汉书·贾谊传》如淳注："水性平，若己有正罪，君以平法治之也。加剑，当以自刎也。或曰，杀牲者以盘水取颈血，故示若此也。"
[2]《孔子家语·五刑解》有极类似的内容，是孔子向冉有解释"刑不上大夫，礼不下庶人"的道理何在，可参看。冉有问于孔子曰："先王制法，使刑不上于大夫，礼不下于庶人。然则大夫犯罪，不可以加刑？庶人之行事，不可以治于礼乎？"孔子曰："不然。凡治君子，以礼御其心，所以属之以廉耻之节也。故古之大夫，其有坐不廉污秽而退放之者，不谓之不廉污秽而退放，则曰'簠簋不饬'。有坐淫乱男女无别者，不谓之淫乱男女无别，则曰'帷箔不修'也。有坐罔上不忠者，不谓之罔上不忠，则曰'臣节未著'。有坐罢软不胜任者，不谓之罢软不胜任，则曰'下官不职'。有坐干国之纪者，不谓之干国之纪，则曰'行事不请'。此五者，大夫既自定有罪名矣，而犹不忍斥然正以呼之也。既而为之讳，所以愧耻之。是故大夫之罪，其在五刑之域者，闻而谴发，则白冠氂缨，盘水加剑，造乎阙而自请罪。君不使有司执缚牵掣而加之也。其有大罪者，闻命则北面再拜，跪而自裁。君不使人捽引而刑杀之也。曰：'子大夫自取之耳，吾遇子有礼矣。'以刑不上大夫而大夫亦不失其罪者，教使然也。所谓'礼不下庶人'者，以庶人遽其事而不能充礼，故不责之以备礼也。"

者流的审问和摆布，甚至会在拘押期间受狱吏的喝骂和看管，就算最后得以申冤脱罪，重回朝堂，但尊严早已经丧失殆尽了。所以高官一旦获罪，无论蒙受多大的冤屈，有廉耻的做法就是不做任何申辩，直接自杀了事。飞将军李广因失道获罪，自刎之前的遗言有所谓"终不能复对刀笔之吏"，这样的心态在汉代是很有典型意义的。[1]

至于与皇帝关系极近的皇亲国戚，就算他们犯罪之后甘愿自杀，皇帝也理应出于亲情、孝道而积极阻拦。所以最好的办法莫过于既尊崇他们的身份，又不给他们犯罪的机会。汉章帝建初二年（77年），外戚重臣马防受命讨伐羌人，第五伦上书劝谏，提出了一个很有技术性的意见：对于皇亲国戚，可以给他们尊贵的爵位，可以使他们富有，但不可以委派官职。因为一旦居官就难免犯错，那时候如果依法制裁就会伤害感情，以亲徇私就会罔顾国法。如今太后仁慈，皇上孝顺，而马防这次西征，万一有行差踏错，处治起来恐怕有伤亲情。（《通鉴》卷四十六）

第五伦的这项建议如果真的形成制度，再辅以贾谊的措施，想来的确会在相当程度上收到他们预期的效果。皇室宗族为天下表率，王公大臣群起而效法，庶民百姓安于和睦的宗族生活，尊者尊之，卑者卑之，各安其分，国家便能在极简的政务里收取不治之治的成效。

后世帝王对此态度不一。儒家气质的帝王会与贾谊心有戚戚焉，致力于打造一个尊卑有序、层次分明的和谐社会，使同罪同罚的原则

---

[1] 贾谊养大臣之节的意见确实得到了相当程度的重视，《汉书·贾谊传》载："是时丞相绛侯周勃免就国，人有告勃谋反，逮系长安狱治，卒亡事，复爵邑，故贾谊以此讥上。上深纳其言，养臣下有节。是后大臣有罪，皆自杀，不受刑。至武帝时，稍复入狱，自宁成始。"

仅限于同一个社会阶层内部，使乡村社会形成相当程度的宗族自治；法家气质的帝王更喜欢简单的二元社会，即全社会只有上下两个阶级，上层阶级只有帝王本人，其他所有人都属于下层阶级，法律对下层阶级一视同仁，等而下之者就是君主言出令随，君主的意志就是法律。当然，除了帝王的气质与偏好之外，社会结构之现实也是一个有着相当决定性的因素：愈是贵族化的社会，愈是倾向于前者，愈是平民化的社会，愈是倾向于后者。

唐太宗贞观二年（628年），大理寺少卿胡演进呈囚犯名簿，带囚犯列队经过殿前。太宗认出行列中有岐州刺史郑善果，便对胡演说："郑善果虽然有罪，毕竟品级不低，不宜与其他囚犯同列。以后凡三品以上官员违法犯罪者，不必带来殿前过目，只让他们在太极宫承天门外东西朝堂听候处分。"（《资治通鉴》卷一百九十二）

之所以出现这样的政策，一方面是因为唐太宗在立国方针上听取了魏徵的意见，以儒家仁道致力于"再使风俗淳"，一方面是因为唐初门阀传统尚在，世家大族享有极高的声望与地位。郑善果恰恰就是世家大族出身，稚龄袭爵，风光无限；郑善果的母亲是著名的清河崔氏之女，言行举止莫不体现着贵族家庭的谨严门风，对儿子的教养也是一整套完善的贵族式教育。科举制度其时虽然方兴未艾，但还远远没有形成"朝为田舍郎，暮登天子堂"的局面。

九

盛行于明代的廷杖制度实在是对士大夫阶层莫大的侮辱。自洪武以至崇祯，杖声不绝，而廷杖在形式上极尽侮辱之能事。明末古文大家魏禧记有姜垛受廷杖时的生动经过：皇帝必派遣宦官监视，一众朝臣朱衣陪列，中使与锦衣卫各三十人分列左右，下列旗校百人，皆穿襞衣，执木棍。圣旨宣读完毕之后，有人用麻布兜将姜垛兜住，自肩脊以下束紧，还要缚住双足，四面牵曳。受刑者露股受杖，头脸贴地，尘土满口。（《明遗臣姜公传》）

鉴于明代廷杖之盛，读书人要想做官，就必须对这样的屈辱做好充足的心理准备。且不论挨这样一顿棍子所存在的致死致残的风险，单是这种在大庭广众之下当着所有同僚与"下等小人"所受的屈辱，就不是任何一个有正常自尊心的人所能承受的。哪怕是今天一个从未接受过任何儒家教育的普通应届毕业生，在求职的时候如果得知某公司有这样的惩罚制度，恐怕也会不加丝毫犹豫地转身就走吧，何况那些饱读圣贤书的古人。

有明一代是士大夫最无尊严的一代，除廷杖外，更有罪官女眷发配象奴之类的侮辱。其实早在明朝开国之初，明太祖常与侍臣讨论对待大臣之礼，太史令刘基就有提议说："古代公卿有罪，盘水加剑使之自裁而已，并不轻易折辱，所以存大臣之体。"侍读学士詹同更取《大戴礼》及贾谊疏进呈，且发议论说："古代刑不上大夫，为的是激励士大夫的廉耻心。"太祖深以其言为然。(《明史·刑法三》)只是刘基与詹同的意见以及士大夫阶层里相当数量的同类意见显然并未得到真正的重视，当时的读书人倘若还有一点君子操守、士人风范的话，似乎唯一保全自尊的出路就是隐遁山林。

然而利之所在，金石为开。愚夫愚妇为了改变命运，不惜让孩子自宫以求加入宦官的行列，太多的读书人一样会为了改变命运而积极备考，以求加入那个体面人本不该加入的官场。吴与弼和娄谅不愿做的事情，总有人前赴后继，于是明代官场出现了两大趋势：

1. 愈是对圣贤书不上心、仅仅拿它当作科举敲门砖的人，愈容易踏进官场，并且以圆滑姿态一路升迁。

2. 人对自尊不可能全不在意，加入这个随时会使读书人斯文扫地的朝廷会造成今日心理学所谓的认知失调，做官的好处与丧失自尊的坏处在心里反复厮杀，如果前者占了上风，后者就会得到一种自欺欺人的解释。

所以明代的官员与士子呈现出一种集体的偏执，仿佛心理变态，将屈辱解释为荣耀。在对待廷杖的态度上尤其如此，明明尊严丧尽，却偏偏认为这是对"威武不能屈"这一光辉人格的最佳表达，当事人的心里往往充盈着殉道者在自虐和被虐时所获得的精神满足，旁观者也会因此热血沸腾，因为他们自己也是廷杖的受害者或潜在受害者，在同一片阴霾下彼此打气。

历朝历代能够与之相比的也许只有五代十国的南汉政权，南汉末年有一项新政，要做官就先要接受阉割手术，皇帝认为这可以保证官员的忠诚，不会再有为家室盘算的私心。这些阉割晋身的达官显贵称士人为门外人，不许他们干预政事。可想而知，在这样的体制下仍然谋求一官半职的人都是些怎样的角色。明朝的诏狱与廷杖多少要比南汉的阉割制好些，但也只是五十步笑百步罢了。

十

王守仁遭受的廷杖很有几分历史意义，因为廷杖制度就在这个时候出现了改革，王守仁成为这场改革的第一批受害者之一。

在此之前，挨廷杖的大臣并不需要脱裤子，这多少还算保存了几分颜面，但刘瑾到底意难平，向武宗进谏，现在天寒地冻，大臣们穿着厚厚的棉裤，廷杖起不到惩治效果。武宗对刘瑾言听计从，自此以后，廷杖要脱了裤子再打，士大夫最后的一块遮羞布终于没有保住。

王守仁到底遭受了多少廷杖，史料有四十杖、五十杖两种说法，无论哪种都是足以致命的。王守仁死而复苏，刘瑾却连养伤的时间也没有给他，旋即将他贬到贵州，去做龙场驿的驿丞。比起王守仁上疏为之求情的那位戴铣，这个结局已经算是不坏了。戴铣挨不过廷杖，伤重而死，到嘉靖年间才获得平反。

正德二年（1507年）的春天没有春意，只有肃杀的气氛，廷杖和各式私刑持续了整整一个春天。三月，刘瑾矫诏将刘健、谢迁等五十三人定为奸党，宣戒群臣，而各镇守太监获得了参与刑名政务的合法权力。到夏天是另一种荒唐景象：先是度僧道四万人，接着恢复了宁王朱宸濠的护卫编制，吹过大明帝国的风里已经嗅得出山雨欲来的气息。

就在这一年的闰正月里，王守仁带着伤痛启程离京。当初在他科举落第的时候，多少人因着他父亲的缘故登门慰问，而此时此刻，谁还敢和他沾上半点关系呢？能来送别的，必是铮铮铁骨之人。当然，这样的人从来不会太多，文献可考者只有湛若水、崔铣、汪俊三人。

崔铣，字子钟，与湛若水有同科之谊，后来与同僚见刘瑾，只有他一人长揖不拜，所以被排挤到南京去了。汪俊，字抑之，是弘治六年（1493年）的会元，后来也因为不肯依附刘瑾而被谪去南京。当初王守仁观政工部，与李梦阳、何景明等人以诗文相往还的时候，汪俊也活跃在那个文学小群体里。故雨新知，倒也都齐备了。

文人送别，照例要有诗歌赠答。这四人的赠答里最值得记述的是湛若水的《九章》与王守仁作答的《八咏》，这两大思想巨子在人生与学术上的体验都已露出端倪。湛若水的《九章》有一篇序言，首句称"九章赠阳明山人王伯安也"，看来至迟在这个时候王守仁已经自号为阳明山人了。序文不录，《九章》亦不尽录，只其中最末三章最见甘泉之学的旨归，兹录如下：

皇天常无私，日月常盈亏。
圣人常无为，万物常往来。
何名为无为，自然无安排。

勿忘与勿助，此中有天机。
——《九章之七》

穷索不穷索，穷索终役役。
若惟不穷索，是物为我隔。
大明无遗照，虚室亦生白。
至哉虚明体，君子成诸默。
——《九章之八》

天地我一体，宇宙本同家。
与君心已通，离别何怨嗟？
浮云去不停，游子路转赊。
愿言崇明德，浩浩同无涯。
——《九章之九》

这样的诗木讷无文，很难被现代读者喜欢，但这恰恰是湛若水最推崇的一种简素风格。他的老师陈献章一生学孔子述而不作，只留下许多诗稿，湛若水认为这些诗稿中的精华是不讲平仄、对仗的古体诗，老师所传授的圣贤之道尽在其中。

后来从正德十六年（1521）年起，湛若水着手编纂《白沙子古诗教解》，为老师的古体诗做注释、阐发，这是后话。所以湛若水的诗专学陈献章的古风，更不介意用古风来做说教，这也注定他不可能和李梦阳、何景明那些追求修辞之美的文学青年走到一起。王守仁在脱离了李梦阳、何景明的文学圈子之后，诗歌风格很快就向湛若水靠拢，对所谓文采越来越不讲究了。只不过王守仁毕竟以近体诗起家，到最后也没有将古雅写得像湛若水那般彻底。

湛若水《九章之七》，讲的正是程子"仁者浑然与天地万物同体"的意思，这是甘泉之学与阳明之学共同的宗旨。王守仁既然从小立志做圣贤，现在就好好想想"圣人常无为"吧，至于怎样才能修炼到圣人的境界，答案是"勿忘与勿助，此中有天机"。做到了这一节，也就获得了平常心，不会为得失荣辱而不安了，眼前无论廷杖也好，贬谪也罢，一切无妄之灾都只是云淡风轻。

十一

王守仁后来学术定型，也很强调"勿忘勿助"。这原是孟子培养平常心的心得，见于《孟子·公孙丑上》，后来成为阳明心学最重要的理论源头之一。

孟子的高徒公孙丑向老师请教说："您如果做了齐国的卿相，有机会实现您的主张，那时候您会不会有所动心呢？"公孙丑所谓的"动心"，据朱熹解释是"恐惧疑惑"的意思。换言之，职位太高，责任太大，会不会使人失了方寸？

孟子的回答很坚决："我是不会动心的，我从四十岁以后就不再动心了。"

至于怎样才能不动心，或者说怎样才能获得平常心，有具体的心理训练方法没有？孟子的答案是"有"，而且方法不止一种。北宫黝的训练是，肌肤被刺，保持不颤动；眼睛被戳，保持不眨动。孟施舍的方法是，对敌的时候不考虑强弱对比，只管勇往直前。孟子自己的方法是培养"浩然之气"，培养的方法是"集义"，即正义的日积月累，"集义"的要领是"必有事焉而勿正，心勿忘，勿助长也"，也就是说，既要时时刻刻记挂着它，又不能操之过急、强加干预，孟子"揠苗助长"的寓言故事就是在这个时候讲的。

"养吾浩然之气""集义""必有事焉而勿正，心勿忘，勿助长也"，这些都是宋朝人反复论说的概念，是为修养的"功夫"，基本属于技术层面的问题。正如佛教修行要持戒修定，道教修行要吐纳炼丹，儒家也有儒家的修行技术。

孟子虽然给出了技术要领，说得却还不够分明，以至于后世学者各有各的理解，聚讼纷纭，莫衷一是。尤其对于"必有事焉而勿正，心勿忘，勿助长也"这一句，宋儒将其归纳为"必有事焉"和"勿忘勿助"两截，朱熹认为只说"必有事焉"就足够了，不该讲什么"勿忘勿助"，因为"集义"原本就该用力，即便多用些力也不妨事，不用力却怎么可能？

朱熹的意思很好理解，譬如某人一心想做圣贤，于是天天坚持读圣贤书、做圣贤事，不敢有半点松懈；或者像我们读书学习，无论囊萤映雪还是悬梁刺股，都是刻苦与奋斗精神的典范，用力用到这个程度也算是极致了，但这有什么不对吗，难道不是"梅花香自苦寒来"吗？

所以儒家发展下来,理学一脉偏重"必有事焉",心学一脉则二者并重。王守仁在这个问题上纠结过相当一段时间,最后用合二为一的方法消弭了二者的矛盾,认为"必有事焉"其实已经包含了"勿忘勿助",一个人只要"致良知",在"必有事焉"上用力,自然就会"勿忘勿助"。当然,这是后话,此时的王守仁还没有这样的见地,只不过"勿忘与勿助,此中有天机"这两句诗已经成为他必须要面对的一个很切身的问题了。

十二

《九章之八》是接着上一首来讲的,所谓"穷索"就是"助",所谓"不穷索"就是"忘",君子之于天理既不该穷索,也不该不穷索,是为"勿忘勿助"。做到了这一点,就可以"虚室生白"——这是庄子的话,是指心处于"虚"的状态,像一个空房间一样,智慧就会油然而生,人与道就会相通。

这话看上去玄而又玄,其实也有朴素的解释。庄子生当战国乱世,所以他致力于解决这样一个问题:知识分子怎样才能够既不同流合污,又能保全自我?最重要的是还能心安理得。于是他发明出了一套务虚的人生哲学,最形象、生动的阐释莫过于《山木篇》的一则故事:试想乘船渡河的时候,有一只空船撞了上来,这时候就算急性子的人也不会发怒;但如果撞来的船上有一个人,这边船上的人自然会喊着叫他把船撑开。如果喊了一声不见回应，再喊一声仍不见回应，第三声就一定会恶言相加了。生气或不生气，取决于撞来的船上有人或没人。人如果能"虚己以游世"，还有谁能够伤害他呢？

"虚己以游世"就是教人要像那只空船一样，就算威胁到别人，别人也不会怪你。儒家以用世之心吸收了庄子哲学，认为只有"虚己"才能够与天理相合，而人一旦达到这种境界，自然也就会看淡一切得失荣辱。

于是，在京做官以通往远大前程也好，被贬谪到蛮荒之地接受磨难也罢，怎样都无所谓。即便险些被廷杖打死，但疼过也就疼过了。如果以市井智慧来解释这样的哲学，这就叫"好了伤疤忘了疼"。市井百姓当然认为这是贬义的，他们这样想倒也正常，毕竟"小人喻于利"嘛，而在湛若水的哲学以及在后来的阳明心学里，好了伤疤就应该忘了疼，非如此则不能虚室生白。王守仁后来提出一个明镜之喻，反复阐发过这个道理，他与湛若水确实有许多同声相应、同气相求的意思。

十三

《九章之九》最要紧的首联"天地我一体，宇宙本同家"，这个观点源自《庄子》，后来被宋儒张载做了儒家化的发挥，一度风靡两宋，后来成为程朱理学的一部分。明朝的读书人都很熟悉这个观点，因为科举备考必须背到它，但似乎在现实生活中很少有人真的会用这套哲学来应对问题。这就像今天我们常说"祖国是个大家庭"，但在你下楼买菜的时候，店家绝不会因为这个理由就按亲友价给你打折。

店家的做法其实符合儒家宗旨，果真打了折就流入墨家的"兼爱"了。儒家的"仁爱"是"等差之爱"，要分亲疏远近来爱人的。

湛若水在五十九岁那年画了一张《心性图》来阐释自己的学说，并为这张图做了文字说明，这就是甘泉一脉的学术中具有纲领意义的《心性图说》，其中讲到"性者，天地万物一体者也。浑然宇宙，其气同也"，意即气是构成天地万物的最基本的物质单位，既然天地万物——当然这包括全人类——都是由气构成的，那么从这层意义上看，天地万物只是一体。理学和心学基本都认可这个道理，甚至在今天的流行美剧里我们也可以看到关于它的既科学又浪漫的说法——《生活大爆炸》第九季里，物理学家莱纳德在婚礼上对潘妮讲了这样的结婚誓词："潘妮，我们是由宇宙形成时就已存在的粒子组成的。我相信这些原子穿越了一百四十亿年的时空只为了创造我们，于是我们结合为一体。"

前文提到湛若水与王守仁一见订交、在京师共倡圣学的时候，皆以程子"仁者浑然与天地万物同体"为宗旨，送别时候的"天地我一体，宇宙本同家"所讲的正是这个宗旨。在这样的道理之下，王守仁和廷杖当然也是一体，也是一家，所以王守仁对廷杖理应怀有仁爱之心。仁者之爱遍及宇宙，只不过儒家强调"爱有差等"，一个人应当最爱父母，其次爱兄弟、爱远房亲戚、爱本国同胞，再次爱外国人、爱草木瓦石……倘若爱没有差等，一视同仁——至少仅在人类范畴一视同仁的话，那就流于墨家的"兼爱"论，属于异端邪说了。所以王守仁对廷杖的爱应当不超过对刘瑾的爱，对刘瑾的爱不超过对普通人的爱，依次类推。

在儒家历来公推的圣人当中，大舜堪称爱的典范。在他寒微的时候，父亲和弟弟都很讨厌他，三番五次要置他于死地，但大舜从来都不记仇，一如既往地对这两位至亲骨肉奉行孝悌之道。儒家并不主张以德报怨，孔子说过"以德报怨，何以报德"，大舜之所以以德报怨，是因为仇家是自己的家人，家不是讲理的地方，矛盾应当用爱来化解。

以上是宋代以前的儒家主流逻辑，而自宋代以后，既然宇宙变成了一家，传统儒家的家庭伦理就被高度扩大化了。那么，仁者之爱既然及于草木瓦石，要不要及于刘瑾和廷杖呢？

十四

湛若水赠《九章》之后，崔铣和以《五诗》，王守仁一并以《八咏》作答，诗题较长，全文是《阳明子之南也，其友湛元明歌九章以赠，崔子钟和之以五诗，于是阳明作八咏以答之》。《八咏》的感觉很像湛若水的《九章》，除了道别离情绪之外，也对《九章》提到的学术问题做出了回应：

其一
君莫歌九章，歌以伤我心。

微言破寥寂，重以离别吟。
别离悲尚浅，言微感逾深。
瓦缶易谐俗，谁辩黄钟音？

其二
君莫歌五诗，歌之增离忧。
岂无良朋侣？洵乐相遨游。
譬彼桃与李，不为仓囷谋。
君莫忘五诗，忘之我焉求？

其三
洙泗流浸微，伊洛仅如线；
后来三四公，瑕瑜未相掩。
嗟予不量力，跛鳖期致远。
屡兴还屡仆，惴息几不免。
道逢同心人，秉节倡予敢；
力争毫厘间，万里或可勉。
风波忽相失，言之泪徒泫。

其四
此心还此理，宁论己与人！
千古一嘘吸，谁为叹离群？
浩浩天地内，何物非同春！

相思辄奋励，无为俗所分。
但使心无间，万里如相亲。
不见宴游交，征逐胥以沦？

其五

器道不可离，二之即非性。
孔圣欲无言，下学从泛应。
君子勤小物，蕴蓄乃成行。
我诵穷索篇，于子既闻命；
如何圜中士，空谷以为静？

其六

静虚非虚寂，中有未发中。
中有亦何有？无之即成空。
无欲见真体，忘助皆非功。
至哉玄化机，非子孰与穷！

其七

忆与美人别，赠我青琅函。
受之不敢发，焚香始开缄；
讽诵意弥远，期我濂洛间。
道远恐莫致，庶几终不惭。

其八

忆与美人别，惠我云锦裳。

锦裳不足贵，遗我冰雪肠。

寸肠亦何遗？誓言终不渝。

珍重美人意，深秋以为期。[1]

前两首只是泛泛对湛、崔二友做了礼节性的回答，从第三首开始有了耐人寻味的意思。"洙泗流浸微，伊洛仅如线"，孔子讲学于洙水与泗水之间，二程讲学于伊水与洛水之间，孔子之学日渐式微，二程之学不绝如缕。"后来三四公，瑕瑜未相掩"，二程之后的几位儒家巨擘，譬如朱熹，瑕瑜互见，所以"嗟予不量力，跛鳖期致远"，王守仁谦称自己不自量力，致力于圣贤之道，要上接孔子与二程，结果"屡兴还屡仆，惴息几不免"，人生起起落落，几乎不免于难，幸而"道逢同心人，秉节倡予敢"，有湛若水等人与自己志同道合，总算有吾道不孤的欣慰。

在这第三首诗里，王守仁隐隐然自命为道统传人，上接二程，却不以朱熹为然。理由在第四首里给出："此心还此理，宁论己与人。"这一联隐括了朱熹最重要的论敌陆九渊的一段名言："东海有圣人出焉，此心同也，此理同也。西海有圣人出焉，此心同也，此理同也。南海、北海有圣人出焉，此心同也，此理同也。千百世之上至千百世之下，有圣人出焉，此心此理，亦莫不同也。"

---

[1] 见《全集》，第749-752页。

今天我们还常说"人同此心,心同此理",只是陆九渊的原意比我们的日常理解稍稍复杂一些。在他看来,宇宙的终极真理永恒不变,在这一点上他和朱熹并无二致,但朱熹认为人需要通过对一样样事物的深入认知来积累见识,直到有一天豁然开朗,认识到终极真理,陆九渊却相信"宇宙便是吾心,吾心即是宇宙",终极真理尽在自己的心里,不必外求。心学与理学的分野就在这里,陈献章、湛若水、王守仁都在心学的阵营里,王守仁与陆九渊的学说更被后人合称为"陆王心学"。

第五首全在论学,起首"器道不可离,二之即非性",古人所谓器与道,形而上者谓之道,形而下者谓之器,换言之,道是抽象的规律,器是具体的事物。譬如天平称重,天平是器,杠杆的力学原理是道,器是道的载体。

在王守仁看来,器与道是不可分离的,是一枚硬币的两面,不可一分为二。这在当时是个离经叛道的思想,因为在朱子理学里,有器则有道,反之却未必然。譬如在天平尚未出现之前,杠杆原理便已经存在了;在汽车尚未出现之前,汽车运作的一切原理便已经存在了。以今天的知识来看,这件事还是朱熹说得在理。但是,王守仁字面上虽说的是道与器不可离,以全诗的旨意推断,实则说的是治学与做事不可离。

"孔圣欲无言,下学从泛应",这是用《论语·阳货》的掌故。孔子说自己"欲无言",不想说话了,子贡说:"您如果不说话了,我们这些做弟子的该怎么传承您的学问呢?"孔子答道:"天又说过什么话呢,但四季照样流转,万物照样生长。"

天的无言并非空寂,而是将"道"无声地体现于万事万物之中。

"君子勤小物,蕴蓄乃成行",阳明心学极要紧的一点见识在这两句诗里已见端倪。诗句貌似阐发了朱熹格物致知的说法,但这实则是指"事上磨炼",只有不断在事上磨炼,才能不断蕴蓄,明心见道。这整首诗都是针对湛若水《九章》论"必有事焉"与"勿忘勿助"的内容而发的,这里不妨借用王守仁《答聂文蔚》第二篇的内容稍加阐发。

> 今却不去"必有事"上用工,而乃悬空守着一个"勿忘勿助",此正如烧锅煮饭,锅内不曾渍水下米,而乃专去添柴放火,不知毕竟煮出个甚么物来。吾恐火候未及调停,而锅已先破裂矣。近日一种专在"勿忘勿助"上用工者,其病正是如此。终日悬空去做个"勿忘",又悬空去做个"勿助",漭漭荡荡,全无实落下手处;究竟工夫只做得个沉空守寂,学成一个痴騃汉,才遇些子事来,即便牵滞纷扰,不复能经纶宰制。此皆有志之士,而乃使之劳苦缠缚,担阁一生,皆由学术误人之故,甚可悯矣!
>
> 夫"必有事焉",只是"集义"。"集义"只是"致良知"。说"集义"则一时未见头脑,说"致良知"即当下便有实地步可用功。[1]

---

1 见《全集》,第94页。

王守仁的意思是，君子的修为，必须在"必有事焉"上用功，而这也正是孟子所谓的"集义"，亦即自己所提倡的"致良知"。然而时代的问题是，很多人只在意"勿忘勿助"，功夫落不到实处，一旦事到临头，便有各种牵制纷扰，在患得患失中心乱如麻。

"我诵穷索篇，于子既闻命"，湛若水《九章》之"穷索不穷索"一篇与王守仁的想法深相契合，只可惜这样的契合仿佛空谷足音，"如何圜中士，空谷以为静"，世间的主流思潮还只是执着于"勿忘勿助"，将治学与做事判然分为两途。

王守仁的第六首诗继续阐发这个意思，第七、第八两首与第一、第二首呼应，以《离骚》美人香草以喻君子的传统将湛若水、崔铣比作美人，最后两句"珍重美人意，深秋以为期"，似有深秋重聚的约定。只是世事无常，王守仁与湛若水真正重聚的时候已是正德九年（1514年）的春日了。

第六章

龙场悟道

一

正德二年（1507年），三十六岁的王守仁在"万象更新"的政坛局势下黯然南下，自北京远赴贵州龙场驿，抛在身后的是京官的似锦前途，前路所向是令所有迁客骚人胆寒的瘴疠丛林。

即便如此，似乎也不足以消除刘瑾的怒气。《年谱》记载，刘瑾派人一路追踪，务置王守仁于死地而后快。王守仁行至钱塘的时候，自度无法脱身，便造出投江自尽的假象。

这段事情后来越传越神，细节也越来越生动起来，冯梦龙一类的小说家居功甚伟。暗杀这等勾当确实是刘瑾做得出的，但当时在刘瑾的"政敌花名册"上，王守仁实在是个小小不言的角色啊。

眼下我们只能依照《年谱》的记载，在成功骗过刺客之后，王守仁登上一艘商船继续启程。船经舟山时忽遇飓风大作，仅仅一个昼夜便进入了福建。登岸之后，王守仁走了数十里山路，入夜时到一座寺院叩门投宿。山寺接待旅人投宿本是一件再平常不过的事情，但这座寺院的僧人偏偏没有半点慈悲心肠，硬生生将王守仁拒之门外。幸好王守仁又寻到了一座废弃已久的野庙，当下哪还能再挑剔什么，倚着香案便睡下了。

他哪里知道，这座野庙早已沦为老虎盘踞的所在。夜半时分，猛虎归巢，蹊跷的事情却突然发生了：老虎只是绕廊大吼，终是不敢进门。

第二天黎明，曾拒王守仁于门外的那名恶僧过来打扫战场。他知道这里是虎穴，也知道王守仁睡在这里，那么结果应是虎吃了旅人，自己便可以去收获旅人的行囊了。恶僧一进门却大吃一惊，只见王守仁安然熟睡，竟然什么事情都不曾发生。

恶僧连忙唤醒这位神秘而非凡的旅客，盛情邀请他到自己的寺庙歇脚。这一番前倨后恭来得如此突然，也如此顺理成章，不过站在读者的角度难免会生出这样的疑惑：老虎夜半绕廊大吼那段情节，目击者究竟是谁呢？

二

随恶僧入寺之后，竟然还发生了更加离奇的事情：谁能想到在这荒山野寺里会遇到故人，当年铁柱宫里的道士赫然出现在那里。

故人叙旧，王守仁谈到自己厌倦了官场的黑暗，有意借这个机会飘然远遁。道士却旁观者清，说这样做只会累及亲人。前途未卜从来最使人纠结不定，但这在高人眼里绝对不是难题，算一卦不就清楚了吗？道士当真为王守仁算了一卦，算得"明夷"，王守仁于是再不做隐遁之想，安心去龙场驿赴任了。

明夷卦离下坤上，亦即由八卦系统里的离卦和坤卦组成，离卦在下,坤卦在上。从观象取义的角度上说,离卦的卦象是太阳,引申为光明,坤卦的卦象是大地,所以离下坤上表示着太阳在地平线以下尚未升起,用今天的话说就是黎明前的黑暗。既然是黎明前的黑暗,那就只须再忍耐一下,绝不可以改弦易辙,只要忍过这一刻,重见光明的日子并不遥远。

临行的时候,王守仁信心满满地在寺院的墙壁上题诗:

险夷原不滞胸中,何异浮云过太空!
夜静海涛三万里,月明飞锡下天风。[1]

这首诗题为《泛海》,是王守仁所有诗作中最脍炙人口的一首。诗中的境界如果用最浅显的话说,那就是对一切都想开了,对人生旅途中的一切艰难险阻都无所谓了。但如果联系这首诗的写作背景,王守仁之所以能想得开,至少有一半的功劳要归于道士给他占出的那一个好卦。

三

当然,王守仁的这段经历实在过于玄怪,总让人不敢十分相信。

---

1 见《全集》,第757页。

《行状》的记载另有一些细节，以王守仁"海上曾为沧水使，山中又拜武夷君"的诗句证实其事。黄绾后来将《行状》送交湛若水，作为写王守仁墓志铭的参考，湛若水却断言这些怪谈只是王守仁当时出于佯狂避世之心而放出的烟幕弹罢了，那些夸虚执有以为神奇的人根本不懂他。这样看来，似乎王守仁并未逃脱宗教领袖的一般命运：被弟子和信徒们不断神化，最后即便不能登坛成神，至少也从凡人变成半仙。

王守仁既然心志已决，当即下了武夷山，先取道南京探望父亲，再赴家乡余姚探望祖母。一去龙场很可能再无生还的希望，眼下的离别很可能就是生离死别。父亲如何能想得通，祖母如何能舍得下，但谁又能想出解决办法呢？做一个正直的人，必然意味着要承受更大的风险。

唯一可堪慰藉的是，妹婿徐爱带着好友蔡宗兖、朱节来了，郑重其事地行了纳贽拜师之礼，"奋然有志于学"（《年谱》）。想来这一场拜师重要的几乎都只是仪式意义，因为王守仁即将赶赴贬所，师生名分虽定，但从当时来看，恐怕教与学都再没有机会。这三个刚刚在浙江乡试中考得举人资格的年轻人，只是凭着一腔热血，凭着对王守仁正直人格的崇敬，这才行此拜师之举，也算是给这位末路的英雄以一场独具风骨的饯别吧。但造化弄人常是以无心插柳的方式，后来王守仁讲学遍天下，发轫之功便起于此时。所以，徐爱、蔡宗兖、朱节这三人算是阳明心学的第一代传人，其中又以徐爱最为关键，徐爱之于王守仁，正如颜渊之于孔子。

师生名分既定，王守仁匆匆上路，临行时写下一篇《别三子序》，与徐爱三人正式道别。在这一篇临别赠言里，很有一些耐人寻味的内容：

> 自程、朱诸大儒没而师友之道遂亡。六经分裂于训诂，支离芜蔓于辞章业举之习，圣学几于息矣。有志之士思起而兴之，然卒徘徊咨嗟，逡巡而不振；因弛然自废者，亦志之弗立，弗讲于师友之道也。夫一人为之，二人从而翼之，已而翼之者益众焉，虽有难为之事，其弗成者鲜矣。一人为之，二人从而危之，已而危之者益众焉，虽有易成之功，其克济者亦鲜矣。故凡有志之士，必求助于师友。无师友之助者，志之弗立弗求者也。自予始知学，即求师于天下，而莫予诲也；求友于天下，而与予者寡矣；又求同志之士，二三子之外，邈乎其寥寥也。殆予之志有未立邪？盖自近年而又得蔡希颜、朱守忠于山阴之白洋，得徐曰仁于余姚之马堰。曰仁，予妹婿也。希颜之深潜，守忠之明敏，曰仁之温恭，皆予所不逮。三子者，徒以一日之长视予以先辈，予亦居之而弗辞。非能有加也，姑欲假三子者而为之证，遂忘其非有也。而三子者，亦姑欲假予而存师友之饩羊，不谓其不可也。当是之时，其相与也，亦渺乎难哉！予有归隐之图，方将与三子就云霞，依泉石，追濂、洛之遗风，求孔、颜之真趣，洒然而乐，超然而游，忽焉而忘吾之老也。
>
> 今年三子者为有司所选，一举而尽之。何予得之之难，而有司者袭取之之易也！予未暇以得举为三子喜，而先以失助为予憾；三子亦无喜于其得举，而方且憾于其去予也。漆雕开有

言"吾斯之未能信",斯三子之心欤?曾点志于咏歌浴沂,而夫子喟然与之,斯予与三子之冥然而契,不言而得之者欤?三子行矣,遂使举进士,任职就列,吾知其能也,然而非所欲也。使遂不进而归,咏歌优游有日,吾知其乐也,然而未可必也。天将降大任于是人,必先违其所乐而投之于其所不欲,所以衡心拂虑而增其所不能。是玉之成也,其在兹行欤!三子则焉往而非学矣,而予终寡于同志之助也!三子行矣。"深潜刚克,高明柔克",非箕子之言乎?温恭亦沉潜也,三子识之,焉往而非学矣。苟三子之学成,虽不吾迩,其为同志之助也,不多乎哉!

增城湛原明宦于京师,吾之同道友也,三子往见焉,犹吾见也已。[1]

归纳一下这篇文章的几个要点:

1. 儒学自从二程、朱熹以后,师友之道不复存在,儒家经典也沦为应试工具。一言以蔽之,儒学基本上已经名存实亡了。

2. 复兴儒学以立志为先,有志者事竟成。

3. 自己从求学伊始便渴求知音,但志同道合的人寥寥无几。

4. 以孟子"天将降大任于斯人也"的话来做自我宽慰,用使命感来增强自己应对困难的信心。

5. 最后叮嘱三名弟子去北京见湛若水,可见王守仁此时对湛若水的推崇。

---

1 见《全集》,第252-253页。

全文核心之核心便是流露出一种极尽孤独的使命感，觉得全世界都对自己或为难或冷漠——这是孔子、孟子都曾有过的特殊心态——大道衰微，古风无存，谁来弘扬大道，谁来存续古风，答案自然是孟子那句"舍我其谁"。

将逆境的缘故道德化，这是一种既行之有效亦放之四海而皆准的心理机制。正如我们看到昔日的同学飞黄腾达，而自己依然做着一份低薪而辛苦的工作时，我们总会自觉不自觉地告诉自己，我们不是为了利益，而是出于兴趣或某种强烈的道德驱动力才选择了这份工作，正是这样的选择使我们区别于那些因唯利是图而面目可憎的人。我们的逆境愈是煎熬，道德解释力便愈是强大。

诚然，强大的使命感是逆境中最有效的兴奋剂。我们不妨检点一下历代知识分子在相似处境下的生存方略：屈原、贾谊是一类，因忠见斥，因才遭忌，在自怨自艾中一发而不可收。王守仁在贬谪的路上取道沅、湘，写有一篇《吊屈平赋》，借他人之酒杯浇自己胸中块垒，但怨气就这样以文辞发泄出来了，人并不曾真的步上屈原、贾谊的后尘。苏轼是另一类，天性豁达，万事全想得开，到哪里都不失名士派头，当然，宋代社会的文明程度远较明代高，这也是苏轼得以极尽放旷的一个必不可少的客观原因。在性格、气质上，王守仁与苏轼可谓截然相反的两类人，前者以拙胜，后者以巧胜，苏轼的心灵鸡汤王守仁是注定喝不来的。第三类是许许多多通晓人情世故的凡夫俗子，其实只要对官场规则够通透，就会知道权力博弈难免起伏不定，既然"朝中有人"，一时失势后总有很大的概率可以死灰复燃。

但王守仁显然不是凡夫俗子，人情世故于他而言只是小人伎俩，既不在意，亦不必在意。

四

辞别三子，王守仁经江西、湖南而赴贵州，既然心志已坚，一路上便也不再有什么愁云惨雾了。王守仁于元夕途经广信，当地蒋姓知府竟然不避嫌疑，亲自登舟探访，真令迁客骚人生出一些古风犹存的暖意，于是有了《广信元夕蒋太守舟中夜话》记事兼言志：

> 楼台灯火水西东，箫鼓星桥渡碧空。
> 何处忽谈尘世外，百年惟此月明中。
> 客途孤寂浑常事，远地相求见古风。
> 别后新诗如不惜，衡南今亦有飞鸿。[1]

虽有倾盖如故的欣喜，也有故旧无寻的怅惘，遥想二十年前于此拜访娄谅，而今物是人非，难免使强烈使命感在身的王守仁生出耆旧凋零的伤感。一往情深，写进《夜泊石亭寺用韵呈陈娄诸公，因寄储柴墟都宪及乔白岩太常诸友》：

---
[1] 见《全集》，第758页。

廿年不到石亭寺，惟有西山只旧青。
白拂挂墙僧已去，红兰照水客重经。
沙村远树凝春望，江雨孤篷入夜听。
何处故人还笑语，东风啼鸟梦初醒。

怅望沙头成久坐，江洲春树何青青。
烟霞故国虚梦想，风雨客途真惯经！
白璧屡投终自信，朱弦一绝好谁听？
扁舟心事沧浪旧，从与渔人笑独醒。[1]

　　王守仁贬谪途中的全部诗作，以上述三首最耐读，亦最能体现王守仁当时的心境。若只可以摘引其中一句，那自然当属"白璧屡投终自信"了。这一句引用和氏璧的典故：楚人卞和捡到一块石璞，坚信其中藏有宝玉，但两番进呈于楚王，都被认为欺君，遭受了断足的刑罚。直到明君楚文王即位，令玉工剖开石璞，果然得到宝玉。卞和献宝，虽然连番蒙受不白之冤，连番遭受酷刑，却始终坚信自己所藏有的是天下至宝。举世皆非而不加沮，这种境界从来鲜有人能够达到。

---

[1] 见《全集》，第758-759页。

五

贬官的旅途倒不急迫,这算是唯一的好处了。

正德三年(1508年),王守仁抵达了龙场驿这个新的任所。

其实自武夷山之后,他的行程究竟如何,今天已经很难考证。[1]无论如何,总是一番栈石星饭,总是一番结荷水宿,原本的似锦前程在身后越抛越远,这位年已三十七岁的中央官员终于以驿站管理员的身份在崇山峻岭中成功就任。虽然他早已经对龙场驿做了最坏的预想,但他发现自己的预想还是过于乐观了。

古代的集权政府要想使政令在一个庞大的帝国里行之有效,必须建立起一个庞大的交通网络。交通网络上的节点便是驿站,往来官吏可以在这里歇宿,传递公文的差役可以在这里换马。

明代极重驿站建设,一来是便于中央集权式的管理,二来可以吸纳大量的闲散劳力,免得他们变成四处生事的流民。驿站的建设既然有无远弗届的必要,注定会有一些驿站设置在人迹罕至的蛮荒之地,到这种地方任职简直形同流放。

龙场驿更属于荒蛮中的极品:论地理环境,处于贵州西北万山丛

---

[1] 见陈来《有无之境》(人民出版社,1991年出版),第344页。

棘之中；论生态环境，有毒蛇环伺，瘴疠漫山；论人文环境，能接触到的除了语言不通的少数民族，就是从中原逃窜过来的亡命之徒。让一个自幼在文明社会里长大的人来这里适应原始生活，实在残忍得令人发指。

龙场驿的建制，只有驿丞一名、马二十三匹、卧具二十三副，但洪武年间的建制到了正德年间也只是徒有虚名罢了，此时的驿站几乎与废墟无异。周边左近虽幸而不是荒无人烟的地方，但寥寥的一些人烟尽过着近乎原始的生活，甚至连房舍都没有。

文明人初入蛮荒，人文知识一概没了用场，原本不甚要紧的简单技术反而成为第一要务：王守仁开始和僮仆一道搞起了范土架木的安居工程——今天我们在一些偏远乡村仍然能见到这一类古老的住宅样本，夯土筑墙，木龙骨的屋顶框架，茅草铺设的屋顶。来自文明社会的一点点最粗浅的技术，便足以在蛮荒之地创造生活品质的飞跃，毕竟茅舍和豪宅的差异远不如有房和无房的差异。这一番凄苦境遇写入《初至龙场无所止结草庵居之》诗中之后，看起来竟然也有几分诗意：

> 草庵不及肩，旅倦体方适。
> 开棘自成篱，土阶漫无级；
> 迎风亦萧疏，漏雨易补缉。
> 灵濑响朝湍，深林凝暮色。
> 群獠环聚讯，语庞意颇质。
> 鹿豕且同游，兹类犹人属。
> 污樽映瓦豆，尽醉不知夕。

> 缅怀黄唐化，略称茅茨迹。[1]

艰险的环境被诗句形容为黄帝与尧舜时期的质朴世界，那是儒家高度推崇、道家绝对推崇的遥远而美好的黄金时代。陶渊明自命为"羲皇上人"（意即伏羲时代的先民），此时的王守仁倒真可以冠上这个头衔。

当然，这一切都只是苦中作乐、强颜欢笑罢了。诗句里虽能自嘲，心里却未必真放得下。每念及北京的政坛，只觉得在刘瑾专权下一切已不可为；每念及南京的老父，又伤悼自己不是自由身，没办法回家尽孝，于是"南归断舟楫，北望多风埃"（《采蕨》），只是进退失据。有时会想到远方的湛若水，不禁又生起天地悬隔、孤独无侣的叹息，只有在无可奈何中酝酿着"如何两分植，憔悴叹西东"（《猗猗》）的伤感。

当理性终于占了上风，情绪渐渐沉淀之后，此时的王守仁自问得失荣辱皆能超脱，唯有生死一念仍然在心底纠缠。毕竟贪生怕死是一切生物最核心的本能，面对死亡威胁时的恐惧实在是再正常不过的感受。为了克服心底这最后一点的软弱，王守仁暗暗立誓"吾惟俟命而已"，每日每夜在一只石墩上打坐入静，一段时间之后，一颗心终于止水不波。

所谓"俟命"，语出《中庸》"君子居易以俟命，小人行险以徼幸"，意即君子是本着原则行事，有一贯的操守，会选择安稳妥当的

---

[1] 见《全集》，第768页。

生存方式,做好自己的本分,至于穷通贫富,则听天由命;小人是奔着明确的功利目的行事的,宁可冒险来贪图侥幸的成功。

儒家看待人生,明确区分出何为人事、何为天命。你做不做一个好人,这属于人事,是你自己完全可控的。倘若你偏偏要去为恶,或者懦弱地向邪恶妥协,这怨不得旁人,只怪你自己事理不明、意志不坚。但你做了一辈子好人,也许有福禄寿考、妻荣子贵,也许从来得不到好报,一生经历坎坷偃蹇,这都属于天命,不是你个人可以把控的。做好人并不一定会得到好报,做好人也不应该是为了得到好报,无论境况是好是坏,你都应该做一个好人。换言之,你所能够把控的事情就是尽力去做一个好人,至于你得到的是善报还是恶报,这由不得你,也不是你应该关心的。

必须承认这是一种非常苛刻的道德要求,幸而古人开明,只要求君子,不要求小人,即只要求士大夫,不要求老百姓。

小人的生存法则是功利主义,只有确切知道善有善报的时候,他们才会积极行善;君子相反,但行好事,莫问前程。但毕竟说来容易做来难,正如《旧约·约伯记》为我们展现的那样,约伯,一个极度虔诚、只晓得敬信上帝的义人,当财产、亲人、健康被一一剥夺之后,终于忍不住发生了动摇,而《约伯记》也因此成为历代神学家们聚讼纷纭的焦点,激发各式各样的神学理论。

王守仁于此时此地恰恰酷似陷入了约伯的处境,内心的坚守其实已经非常接近崩溃的边缘,所以当务之急必须找出一个强大的能让自己真正信服的理论来支撑自己的意志,使自己对一切所烦恼的、所忧惧的都能释然。古圣先贤虽然给出了答案,但这些答案只要还有半分停留在书本上,停留在理性思辨的阶段,而不曾成为自己发诸内心的呐喊的话,纠结的情绪便永远不会得到彻底的释放。

这正如今天大多数人已经能够从理性上接受关于死亡的生物学意义上的知识,但真到生死关头还是不免会产生恐惧。所以阳明心学总是强调学问须在"事上磨炼"——以今天的概念来约略表述的话,这就是要人在实践中将思辨获得的理性知识转化为不假思索的情绪反应。

六

入驻龙场驿的遭际,于王守仁当时写下的《瘗旅文》可见一斑。《瘗旅文》后来被《古文观止》收录,成为传诵天下的名文:

> 维正德四年秋月三日,有吏目云自京来者,不知其名氏。携一子一仆,将之任,过龙场,投宿土苗家。予从篱落间望见之,阴雨昏黑,欲就问讯北来事,不果。明早遣人觇之,已行矣。薄午有人自蜈蚣坡来,云一老人死坡下,傍两人哭之哀。予曰:"此必吏目死矣。伤哉!"薄暮复有人来,云:"城下死者二人,傍一人坐叹。"询其状,则其子又死矣。明日复有人来,云:"见坡下积尸三焉。"则其仆又死矣。呜呼伤哉!念其暴骨无主,将二童子持畚锸,往瘗之,二童子有难色然。予曰:"嘻!吾与尔犹彼也。"二童悯然涕下,请往。就其傍山麓为三

坎埋之,又以只鸡饭三盂,嗟吁涕洟而告之。曰:

"呜呼伤哉!繄何人?繄何人?吾龙场驿丞余姚王守仁也。吾与尔皆中土之产,吾不知尔郡邑,尔乌为乎来为兹山之鬼乎?古者重去其乡,游宦不逾千里。吾以窜逐而来此,宜也;尔亦何辜乎?闻尔官,吏目耳,俸不能五斗,尔率妻子躬耕,可有也,乌为乎以五斗而易尔七尺之躯?又不足,而益以尔子与仆乎?呜呼伤哉!尔诚恋兹五斗而来,则宜欣然就道,乌为乎吾昨望见尔容蹙然,盖不任其忧者?夫冲冒雾露,扳援崖壁,行万峰之顶,饥渴劳顿,筋骨疲惫,而又瘴疠侵其外,忧郁攻其中,其能以无死乎?吾固知尔之必死,然不谓若是其速,又不谓尔子尔仆亦遽尔奄忽也。皆尔自取,谓之何哉!吾念尔三骨之无依而来瘗尔,乃使吾有无穷之怆也,呜呼痛哉!纵不尔瘗,幽崖之狐成群,阴壑之虺如车轮,亦必能葬尔于腹,不致久暴露尔。尔既已无知,然吾何能为心乎?自吾去父母乡国而来此,二年矣,历瘴毒而苟能自全,以吾未尝一日之戚戚也。念悲伤若此,是吾为尔者重而自为者轻也。吾不宜复为尔悲矣,吾为尔歌,尔听之。"歌曰:

"连峰际天兮,飞鸟不通;游子怀乡兮,莫知西东。莫知西东兮,维天则同。异域殊方兮,环海之中;达观随寓兮,奚必予宫?魂兮魂兮,无悲以恫!"

又歌以慰之,曰:

"与尔皆乡土之离兮,蛮之人言语不相知兮。性命不可期,吾苟死于兹兮,率尔子仆来从予兮。吾与尔遨以嬉兮,骖紫彪而乘文螭兮，登望故乡而嘘唏兮！吾苟获生归兮，尔子尔仆尚尔随兮，无以无侣悲兮。道傍之冢累累兮，多中土之流离兮，相与呼啸而徘徊兮。飧风饮露，无尔饥兮；朝友麋鹿，暮猿与栖兮。尔安尔居兮，无为厉于兹墟兮！"[1]

    文章记载一名不知姓名的吏员带着一子一仆途经龙场驿，投宿在当地苗人家里。王守仁隔着篱笆望见三人，本想过去拜访，但正值天晚雨湿，也就作罢。第二天一早他派人通报，却扑了个空，三人已经匆匆上路了。将近中午，有人说蜈蚣坡下死了一位老人，身边有两人哀哭；黄昏时分又有人说蜈蚣坡下二死一哭；翌日又有人从蜈蚣坡来，说看到坡下横着三具尸体。只这两日之间，吏员一行三人竟然尽数死在这荒郊野岭。王守仁心下不忍，带上两名僮仆将三人安葬，又写下一篇声情并茂的祭文，祭奠这三个萍水相逢的亡灵。王守仁之所以做这样的事，自是因为物伤其类，这三人的今天很可能就是自己的明天，而明天是否有人能像今天自己安葬这三人一样来安葬自己，这概率恐怕小得可怜。

    耐人寻味的是，同样的迁客骚人，同样深入蛮荒之地，吏员一行脆弱如此，王守仁却强悍如彼，原因到底何在呢？《瘗旅文》给出的答案是"自吾去父母乡国而来此，二年矣，历瘴毒而苟能自全，以吾未尝一日之戚戚也"，意即历时两年而能顽强地生存下来，是因为每一天都不曾陷入自怨自艾的情绪。

---

[1] 见《全集》，第1048-1050页。

七

从王守仁的这段经历中,我们可以看到意志力在何种程度上影响着生理机能。王守仁日夜端居澄默,积极做着正能量的心灵建设,终于胸中洒洒,平静自若,而陪着他一路到龙场驿的从人反而尽数病倒了。在这等极端环境中,主仆关系只好暂时颠倒过来,王守仁亲自劈柴烧水,煮粥来伺候从人,还要兼职心理医生,经常给他们唱些家乡小调,再讲几个笑话,当气氛活跃了,心情好转了,病情也就渐渐痊愈了。

此情此境,在王守仁心里激发出一个影响深远的哲学问题:"圣人处此,更有何道?"倘若孔子、孟子处在他这样的处境,他们会怎么做呢?

这种思维方式其实是我们每个人都不陌生的,我们在面对难关的时候也会想:如果换作雷锋,他会怎么做;如果换作乔布斯,他会怎么做……总之,被我们视为人生楷模的人,他们会如何应对我们正在面对的难关?

更深一层来说,这其实算是所有群居动物的一种根深蒂固的生存本能,即模仿并追随强者。我们都是在模仿与追随中学习的,小孩子总会模仿并追随大人,青少年总会模仿并追随明星,模仿与追随能力是最本质的学习能力。今天我们仔细观察小孩子的行为，会发现一个很经典的模式：尤其在两岁到五岁的阶段，即天性尚未被教养驯化的阶段，他们总会模仿并追随比自己大一点的孩子，还会"残忍地"拒绝那些年纪较小的孩子的示好。"攀高踩低"这种在道德标准里备受鄙夷的人格其实正是我们与生俱来的生存优势。

再进一步来说，学习就其最本质的意义而言，并不是使我们能够正确地"认识"世界，而是使我们能够妥善地"应对"世界。所以古希腊的智者们才会认为"为求知而求知"是一种高贵的行为，当然这种高贵的行为注定只会成为少数人的事业。

绝境中的问题注定与高贵无缘，"圣人处此，更有何道"，这无关哲学，而仅仅关乎生存。

其实在儒家系统里，王守仁的这个问题一点都不难回答。君子忧道不忧贫，设若圣人处在此情此境，对一切艰难险阻都会安之若素，只会继续安心向道，心志不会有丝毫动摇。任何一名儒家知识分子都会给出类似的解释，因为儒家经典里清清楚楚地这么写的，但是，当书本上的标准答案所要应对的不是试卷，而是真真实实的险状时，老生常谈的问题忽然有了重新思考的必要。

日间思虑太勤，答案忽然在夜间出现于梦里，人类历史上一些重大的发现是以这种近乎不可思议的方式出现的，譬如门捷列夫总结出元素周期表，譬如王守仁在这一天的夜半时分悟出了格物致知的真谛。梦寐之中，仿佛有人说着什么，王守仁豁然开悟，不觉欢呼雀跃，将从人们骇得不轻。

王守仁在这一刻所悟到的，即《年谱》所谓"圣人之道，吾性自足,向之求理于事物者误也",意即"道"就存在于人的天性里,或者说每个人的心里都有着完整无缺的"道",所以求道应该向内心去求,从前向外界事物中求道纯属南辕北辙。

王守仁的学说之所以被归入心学,道理正在于此。自宋代起,儒学分为理学与心学两途,理学以朱熹为代表,心学以陆九渊为代表,前者讥讽后者空疏,后者讥讽前者支离。后来是理学而非心学被尊为官学,是一件很可以理解的事情,孰对孰错姑且不论,至少理学门径清晰,学术系统里的评判标准也更容易把握,很便于学者入手,心学却很像慧能以后的禅宗,门径模糊,标准不清,譬如你我都向内心求道,但你悟的道和我悟的道全不是一回事,天知道谁是正道、谁是邪道。

值得我们留意的是,有学者认为阳明心学只是一种大杂烩一样的东西,缺乏原创性,即以龙场悟道而论,所悟的内容难道不是陆九渊早就讲过的吗?

这样讲倒也没错,不过王守仁到底是自己从九死一生中悟得的,并非剽袭来的。陆九渊的名头之所以没有王守仁响亮,一来因为他不曾如后者这样提炼出简明易诵的口号,二来他没有炫目的事功来为自己的学说加分,三来心学在明代的现实意义远较在宋代高。这就是世道人心的基本规律,任谁都无可奈何。

八

学术上虽然有了顿悟式的突破，但王守仁还是秉持着审慎的态度，以心中默记的五经之言一一与新见解印证，终于发现彼此吻合无间，这才彻底放下心来。

这就意味着，至少在王守仁自己看来，龙场悟道出来的"新见解"半点不新，只不过是对儒家经典的正确解读而已，其之所以貌似新奇，只不过是因为程朱理学或者说是明人对程朱理学的理解背离了儒家经典的本旨，虽然通行天下、万众服膺，其实与儒学本质南辕北辙、渐行渐远；自己要做的是一项拨乱反正的事业，所要宣讲的是"正确的"孔孟之道。龙场无书，王守仁凭记忆撰写《五经忆说》，这算是阳明心学的著述之始了。

龙场生涯就这样日复一日，在"朝闻道，夕死可矣"的狂喜里，一切形而下的艰难困苦也就算不得什么了。今天有心理学家做过大样本的调查统计，发现有过大悲或大喜遭际的人经过半年左右基本都会复归于常。半年是一个具有心理阈值意义的时间段，王守仁已经健康度过了两三年的时光，发现这个蛮荒之地远不似未到之前所想象的那般可怖，甚至时有一些意外之喜。

某日王守仁在山中发现了一处洞穴，实在是遮风挡雨的好所在。

王守仁带着僮仆开始了石洞改造开发的工程，整治床榻几案。文人所居例当命名，他便直接拿来家乡阳明洞的名号，这里便是"阳明小洞天"了。文人的地理从来不尽是经纬坐标上的存在，更是一种精神符号。新居落成当有所记，今天我们会在《始得东洞遂改为阳明小洞天》三首诗中读出一种"大隧之内，其乐也融融"的意味：

  古洞閟荒僻，虚设疑相待。
  披莱历风磴，移居快幽垲。
  营炊就岩窦，放榻依石垒。
  穹窒旋薰塞，夷坎仍扫洒。
  卷帙漫堆列，樽壶动光彩。
  夷居信何陋，恬淡意方在。
  岂不桑梓怀，素位聊无悔。

  童仆自相语，洞居颇不恶。
  人力免结构，天巧谢雕凿。
  清泉傍厨落，翠雾还成幕。
  我辈日嬉偃，主人自愉乐。
  虽无荣戟荣，且远尘嚣聒。
  但恐霜雪凝，云深衣絮薄。

  我闻莞尔笑，周虑愧尔言。
  上古处巢窟，抔饮皆污樽。

> 沍极阳内伏，古穴多冬暄。
> 豹隐文始泽，龙蛰身乃存。
> 岂无数尺榱，轻裘吾不温。
> 逖矣箪瓢子，此心期与论。[1]

  第一首记述阳明小洞天的开发经过，第二首开始变得有趣，看来王守仁的乐观态度已经深深感染了身边的僮仆，就连他们也开始认真发现这石洞生活的佳处了。僮仆们发现这石洞这好那好，只有一点略堪忧虑，那就是怕冬天洞里太冷，没有足够的棉衣棉被过冬。第三首字面上是王守仁对僮仆们之所忧虑的答复，更深一层的意思是对君子境界的一种标榜。为了打消僮仆们的疑虑，王守仁从今昔对比入手：上古巢居，生活水平还远不如我们；接下来给出"科学解释"，说阳气会在洞里封闭不散，所以洞内的冬天反而很有暖意。在这里或学豹隐，或效龙蛰，默默行自我陶冶的功夫，默默躲避开外界的伤害，物质生活虽然简陋，但孔子的高徒颜渊箪食瓢饮，"人不堪其忧，回也不改其乐"，难道不是一个很好的榜样吗？

---

1 见《全集》，第769页。

九

"阳明小洞天"的闲适生活并不曾持续太久,因为僮仆们的家常智慧到底击败了王守仁的自然科学理论:古洞里哪有什么阳气聚积,实在比洞外的世界阴湿难耐太多。没奈何,最后还是要伐木筑屋,任市井小民的现实主义压倒迁客骚人的浪漫情怀。

幸而在这段日子里,当地的少数民族和王守仁渐渐亲近起来。人类历史上,不同文明之间总会充满敌意,这种敌意其实来自生物本能当中的对陌生人的恐惧,而行之有效的消除敌意与恐惧的药方,正如社会学家一再论述且证明给我们的,无非是接触与沟通。在由生转熟之后,我们往往会发现原本被我们视之如魔鬼、畏之如蛇蝎、斥之为蛮夷的陌生者其实只是一些遵循着另样生活习惯的我们自己。一言以蔽之,多怪缘于少见,宽容缘于识广。

得了土著的援手,王守仁于近旁之龙冈"大兴土木",建成龙冈书院、宾阳堂、何陋轩、君子亭、玩易窝,终于"完满"解决了安居问题。当然,这些房舍并不会因为有了漂亮的名号就改变了粗陋的本质,但漂亮的名号从来都最能够体现主人的心态。

文人之例,每有建筑,必有名目;每有名目,必有诗文。既有何陋轩,则必有《何陋轩记》:

昔孔子欲居九夷，人以为陋。孔子曰："君子居之，何陋之有？"守仁以罪谪龙场。龙场，古夷蔡之外，于今为要绥，而习类尚因其故。人皆以予自上国往，将陋其地，弗能居也。而予处之旬月，安而乐之，求其所谓甚陋者而莫得。独其结题鸟言，山栖羝服，无轩裳宫室之观、文仪揖让之缛，然此犹淳庞质素之遗焉。盖古之时，法制未备，则有然矣，不得以为陋也。夫爱憎面背，乱白黝丹，浚奸穷黠，外良而中蝥，诸夏盖不免焉。若是而彬郁其容，宋甫鲁掖，折旋矩矱，将无为陋乎？夷之人乃不能此。其好言恶詈，直情率遂，则有矣。世徒以其言辞物采之眇而陋之，吾不谓然也。始予至，无室以止，居于丛棘之间，则郁也。迁于东峰，就石穴而居之，又阴以湿。龙场之民，老稚日来视，予喜不予陋，益予比。予尝圃于丛棘之右，民谓予之乐之也，相与伐木阁之材，就其地为轩以居予。予因而翳之以桧竹，莳之以卉药；列堂阶，辨室奥；琴编图史，讲诵游适之道略俱。学士之来游者，亦稍稍而集于是。人之及吾轩者，若观于通都焉，而予亦忘予之居夷也。因名之曰"何陋"，以信孔子之言。

嗟夫！诸夏之盛，其典章礼乐，历圣修而传之，夷不能有也，则谓之陋固宜。于后蔑道德而专法令，搜挟钩繫之术穷，而狡匿谲诈，无所不至，浑朴尽矣。夷之民方若未琢之璞，未绳之木，虽粗砺顽梗，而椎斧尚有施也，安可以陋之？斯孔子所谓欲居也欤？虽然，典章文物则亦胡可以无讲！今夷之俗，崇巫而事鬼，渎礼而任情，不中不节，卒未免于陋之名，则亦不讲于是耳。然此无损于其质也。诚有君子而居焉，其化之也盖易。而予非其人也，记之以俟来者。[1]

文章首先点题，轩名出自孔子"君子居之，何陋之有"一语，这便点明地理环境从来不是陋或不陋的标准，即便地处蛮荒，只要君子居之，以君子之行行之，自然就变成文明开化的所在。

当然，这只是古代小规模的熟人社会的规则，倘若今天的地产开发商打着这样的名目售卖粗制滥造的"豪宅"，恐怕没有消费者会买账。

王守仁继续议论说，当地土著只是质朴罢了，设若以诸夏之礼乐作为文明的标准，说他们"陋"倒也没错。诸夏虽然有着绚烂的文明，但抛弃道德而专主法令，狡匿谲诈无所不至，反而不如土著的木讷无文，那么"陋"的究竟是谁，倒真不好轻下断语了。

当我们将《何陋轩记》读到这里，一定会认为王守仁转向了庄子，赞美天民，厌弃文明，这与他的人生经历倒也合拍。但王守仁毕竟在儒家的阵营里，文章在结尾处有了合理的转折：浑金璞玉式的生活虽然不坏，典章礼乐却必须推广。如今这里的风俗崇巫而事鬼，渎礼而任情，感情的表露毫无节制，这终于还是"陋"的。倘若有君子住在这里，移风易俗应该倒也不难，只可惜自己还不够格，还是期待来者好了。

当然，最后期待来者云云只是老生常谈，王守仁事实上当仁不让

---

[1] 见《全集》，第981-982页。

地承担起了教化土著的事业。在今天最严苛的文化保护论者眼里,这实在有文化侵略的嫌疑。但儒家的教化如《礼记·曲礼》所谓"礼闻来学,不闻往教",只是一种以身作则、春风化雨式的做派,绝无半分强硬态度。而王守仁人格魅力所致,很快便赢得了龙场土著的好感,而游学之人亦会远道来此,荒蛮僻陋的所在竟然也生出几分通都大邑的感觉了。

十

在何陋轩前的空地上,王守仁驾楹为亭,环植以竹,是为君子亭:

> 阳明子既为何陋轩,复因轩之前营,驾楹为亭,环植以竹,而名之曰"君子"。曰:"竹有君子之道四焉:中虚而静,通而有间,有君子之德;外节而直,贯四时而柯叶无所改,有君子之操;应蛰而出,遇伏而隐,雨雪晦明无所不宜,有君子之时;清风时至,玉声珊然,中采齐而协肆夏,揖逊俯仰,若洙泗群贤之交集,风止籁静,挺然特立,不挠不屈,若虞廷群后,端冕正笏而列于堂陛之侧,有君子之容。竹有是四者,而以《君子》名,不愧于其名;吾亭有竹焉,而因以竹名名,不愧于吾亭。"门人曰:"夫子盖自道也。吾见夫子之居是亭也,持敬以直内,静虚而若愚,非君子之德乎?遇屯而不慑,处困而能亨,

非君子之操乎？昔也行于朝，今也行于夷，顺应物而能当，虽守方而弗拘，非君子之时乎？其交翼翼，其处雍雍，意适而匪懈，气和而能恭，非君子之容乎？夫子盖谦于自名也，而假之竹。虽然，亦有所不容隐也。夫子之名其轩曰'何陋'，则固以自居矣。"阳明子曰："嘻！小子之言过矣，而又弗及。夫是四者何有于我哉？抑学而未能，则可云尔耳。昔者夫子不云乎？'汝为君子儒，无为小人儒'，吾之名亭也，则以竹也。人而嫌以君子自名也，将为小人之归矣，而可乎？小子识之！"[1]

文章虽短小，却很有一波三折的味道。开篇夫子自道，说这里所谓的君子是由竹子的四种品格而来的：竹有君子之德、操、时、容——王守仁不吝笔墨地阐释了竹子身上是如何体现这四者的，这不免使我们联想起他当年"格竹"失败的经历，难道是经过岁月的历练，他终于晓得该如何"格竹"了不成？可惜王守仁似乎忘记了当年那段惨败的经历，于是也不曾因此产生重归程朱理学的念头。事情就是这样蹊跷，在他自然而然地找到"格竹"的门径之后，又自然而然地略过了这个本可以激起浩大的学术波澜的话题。

在夫子自道之后，文章又拟了一段门人的揣测，说竹子所谓的德、操、时、容，于先生身上分明一一具备，所以君子亭之"君子"径指先生自己，之所以托名于竹，只是先生自谦罢了。

诚然，这正是文人咏物的一般规则，亦全然符合读者最顺理成章

---

[1] 见《全集》，第982-983页。

的想象，但王守仁偏偏要在文章末尾为自己辩驳一番，祭出孔子"汝为君子儒，无为小人儒"的劝导，说自己以"君子"名亭当真只是因为竹子，绝对不是自谦，因为一个人倘若推辞君子的头衔，很自然地就会滑向小人的阵营，这怎么可以呢，你们一定要记住我这些话！

从这篇《君子亭记》里，我们会看到王守仁的"狂者胸次"已经蔚然成型了。那一番对"门人"的告诫完全与人情世故背道而驰，潇潇洒洒地标榜与乡愿做派势不两立。所谓阳明心学最能提升人的自信，从这里便能看出一点端倪了。

十一

驿舍堂东是宾阳堂，名号出自《尚书·尧典》"寅宾出日"，王守仁有《宾阳堂记》一文以记之：

> 传之堂东向曰"宾阳"，取《尧典》"寅宾出日"之义，志向也，宾日，羲之职而传冒焉，传职宾宾，义以宾宾之寅而宾日，传以宾日之寅而宾宾也，不曰日乃阳之属，为日、为元、为善、为吉、为亨治，其于人也为君子，其义广矣备矣。内君子而外小人，为泰。曰："宾自外而内之传，将以宾君子而内之也。传以宾君子，而容有小人焉，则如之何？"曰："吾知以君子而宾之耳。吾以君子而宾之也，宾其甘为小人乎哉？"为

宾日之歌，日出而歌之，宾至而歌之。歌曰：

"日出东方，再拜稽首，人曰予狂。匪日之寅，吾其怠荒。东方日出，稽首再拜，人曰予愈。匪日之爱，吾其荒怠。其翳其曀，其日惟霁；其昀其雾，其日惟雨。勿忾其昀，俟焉以雾；勿谓终翳，或时其曀。曀其光矣，其光熙熙。与尔偕作，与尔偕宜。俟其雾矣，或时以熙；或时以熙，孰知我悲！"[1]

《宾阳堂记》是王守仁的文章里相当难懂的一篇，原因倒不复杂，当代学者对《尚书》的研究已经远远领先于明朝人了，这也就意味着明朝人对《尚书》的解读与我们今天的注本相当不同。"寅宾出日"，据郭沫若、胡厚宣等等当代学者对殷墟卜辞的考释，讲的是殷商时代商王于日出举行的祭祀大典，而明朝人是将这里的宗教活动当作历法活动来理解的，认为"寅宾出日"是说历法官于清晨以恭恭敬敬的姿态引导太阳升起。

王守仁在文章中写到，引导太阳是历法官的职责，而自己主管龙场驿，如同历法官恭敬地引导太阳一样恭敬地引导进入驿站的宾客。太阳有各种象征义，于人象征君子，于是驿站迎宾就有了内君子而外小人的象征义。但往来龙场驿的毕竟不乏小人，难道要把这些人赶出去不成？王守仁的办法是，不管来的是什么人，我都当作君子来接待；我既然当他是君子，难道他还会自甘做小人吗？

这样的论调虽然很像今天地摊读物炮制出来的心灵鸡汤，却暗合

---

[1] 见《全集》，第986-987页。

心理学所谓的皮格马利翁效应：你对一个人做出怎样的期待，他就会相应地做出怎样的改变。教师如果总是夸奖一个笨学生聪明好学，后者的成绩真的会有显著提高；丈夫如果总是夸奖懒惰的妻子厨艺绝佳，后者真的会变成一个下得厨房的贤内助。当然，聪明的读者马上会想到东郭先生的故事，东郭先生待狼以君子，狼却照旧自甘为狼。

道理其实很简单，皮格马利翁效应仅仅适用于长期关系，以博弈论的概念言，重复博弈才是这一规律的适用范围。王守仁自己绝没有真的奉行《宾阳堂记》的人生哲学，否则他的下场不会比东郭先生好。我们将会在王守仁后半生的各种大事件里反复看到他是如何圆滑世故，如何以小人招数来应对小人的。

我们必须想到，写《宾阳堂记》的时候，王守仁生活在一个何等单纯的环境里，单纯的环境使他单纯地总结出单纯的人生哲学，然而"在山泉水清，出山泉水浊"，一旦走出莽莽大山，人生观总要发生逆转。

十二

玩易窝，顾名思义，是一间研习《易经》的书房，例有一篇《玩易窝记》：

> 阳明子之居夷也，穴山麓之窝而读《易》其间。始其未得

也，仰而思焉，俯而疑焉，函六合，入无微，茫乎其无所指，孑乎其若株。其或得之也，沛兮其若决，瞭兮其若彻，菹淤出焉，精华入焉，若有相者而莫知其所以然。其得而玩之也，优然其休焉，充然其喜焉，油然其春生焉。精粗一，外内翕，视险若夷，而不知其夷之为厄也。于是阳明子抚几而叹曰："嗟乎！此古之君子所以甘囚奴，忘拘幽，而不知其老之将至也夫！吾知所以终吾身矣。"名其窝曰"玩易"，而为之说曰：

"夫《易》，三才之道备焉。古之君子，居则观其象而玩其辞，动则观其变而玩其占。观象玩辞，三才之体立矣；观变玩占，三才之用行矣。体立，故存而神；用行，故动而化。神，故知周万物而无方；化，故范围天地而无迹。无方，则象辞基焉；无迹，则变占生焉。是故君子洗心而退藏于密，斋戒以神明其德也。盖昔者夫子尝韦编三绝焉。呜呼！假我数十年以学《易》，其亦可以无大过已夫！"[1]

如前所述，王氏家族世代学《易》，几代先祖皆有卜筮以先知的能力，王守仁早年便已有了这样的本领，只因觉得这不是正途，很快便弃置不顾了。当然，以上种种皆来自他人的记载，如果参照王守仁亲自撰写的这篇《玩易窝记》，读者难免会对那些先知式的神异产生怀疑。

龙场生活虽然困顿，好在有充裕的闲暇时间，而打发闲暇时间的

---

[1] 见《全集》，第988-999页。

方式最能体现一个人的智力与志趣。在那个没有电视更没有网络游戏的年代，市井百姓一般靠赌博和性生活来消磨岁月，蛰居的士大夫则要么寄情山水（譬如谢灵运、柳宗元），要么纵酒吟诗（譬如苏轼、辛弃疾），王守仁的处境还要极端一些，这里的山水太险恶，也找不到哪怕勉强可以沟通的酒朋诗侣，身上虽然挂着一官半职，实际上却形同囚犯。囚犯该如何打发闲暇呢？古圣先贤里有一位楷模：周文王曾被商纣王囚在羑里，百无聊赖之下排演八卦，创制出六十四卦的《周易》系统。

这当然只是传说，但明朝人还是信以为真的。

《周易》是最为古代知识分子着迷的智力游戏，不知不觉间就可以把玩终日，故而有"闲坐小窗玩周易，不觉春去已多时"的说法。何况在游戏趣味之外，《周易》蕴含着规律性的宇宙人生的哲理，诸如物极必反、否极泰来之类。掌握了这些规律，就可以做到"善易者不卜"，意即不劳卜筮便可以预知吉凶。

愚夫愚妇相信这是一种神通，大多数知识分子并不这么想，而相信所谓未卜先知，不过类似于知道水的形态变化的原理，便可以预知水在不同温度下会发生的形态变化一样，这在那些毫无物理知识的愚夫愚妇看来，当然就是未卜先知的神通了。

所以，读这篇《玩易窝记》，我们可以知晓王守仁真正的易学见解，不致被《年谱》《行状》以及各类玄而又玄的传说所迷惑。

十三

至于建设龙冈书院，大略算是一项公益性的事业。据《龙冈新构》诗序，当地少数民族帮助王守仁建成小庐以避阴湿，不月而成，远近学子听闻之下纷至沓来，请命小庐为龙冈书院。诗以记事：

谪居聊假息，荒秽亦须治。
凿巘薙林条，小构自成趣。
开窗入远峰，架扉出深树。
墟寨俯逶迤，竹木互蒙翳。
畦蔬稍溉锄，花药颇杂莳。
宴适岂专予，来者得同憩。
轮奂非致美，毋令易倾敝。

营茅乘田隙，洽旬始苟完。
初心待风雨，落成还美观。
锄荒既开径，拓樊亦理园。
低檐避松偃，疏土行竹根。
勿剪墙下棘，束列因可藩；

> 莫撷林间萝,蒙笼覆云轩。
> 素缺农圃学,因兹得深论。
> 毋为轻鄙事,吾道固斯存。[1]

诗中描绘的是一种亦耕亦读、自得其乐的生活,自诚自勉说不要轻视农耕,因为"道"就在其中。吴与弼前辈于力耕之时读书传道,岂不正是这样吗?吴与弼当年的一点心火通过娄谅传到了王守仁的心里,终于在这相似的土壤里盛开成一团烈焰。阳明心学后来强调的为学须在事上磨炼,既得自前辈学人的辗转心传,更是从王守仁自己的五更汗水中来。大约在龙冈学子们的眼里,王先生正是当年吴与弼一流的人物吧。

王守仁的性格远较吴与弼洒脱,所以龙冈书院里的讲学既不是苦行僧式的,亦非正襟危坐式的,反而很有孔子当年的杏坛之风。《诸生夜坐》为我们呈现出的是一种逍遥自适的风流韵味:

> 谪居澹虚寂,眇然怀同游。
> 日入山气夕,孤亭俯平畴。
> 草际见数骑,取径如相求;
> 渐近识颜面,隔树停鸣驺;
> 投辔雁鹜进,携榼各有羞;
> 分席夜堂坐,绛蜡清樽浮;

---

1 见《全集》,第771页。

鸣琴复散帙，壶矢交觥筹。
夜弄溪上月，晓陟林间丘。
村翁或招饮，洞客偕探幽。
讲习有真乐，谈笑无俗流。
缅怀风沂兴，千载相为谋。[1]

师生之间或弹琴读书为乐，或饮酒投壶为戏，或在讲堂秉烛，或在溪边弄月，对一个纯粹追求精神旨趣的人而言，这样的生活简直不该再有什么遗憾了，只是背井辞亲的牵挂时不时会涌上心头。《山石》一诗写得凄楚：

山石犹有理，山木犹有枝；
人生非木石，别久宁无思！
愁来步前庭，仰视行云驰；
行云随长风，飘飘去何之？
行云有时定，游子无还期。
高梁始归燕，题鴂已先悲。
有生岂不苦，逝者长若斯！
已矣复何事？商山行采芝。[2]

亲情毕竟割舍不下，这是龙场顿悟之后的王守仁唯一无法安心的

---

[1] 见《全集》，第773页。
[2] 见《全集》，第772页。

因素。但如果当真割舍得下，当真能做到这样的决绝，那也就终于突破了儒家的底线，走向佛老一途了。

王守仁的思想历程，有所谓"王子之五溺"，先后溺于任侠、骑射、辞章、神仙、佛氏，而之所以最终复归于儒家阵营，正是因为领悟到亲情非但割舍不下，也不应当割舍。儒家一切繁杂的理论与仪节，归根结底都能够追溯到一个"孝"字上，欲尽孝而不能的痛苦，暂时也只能用讲学来排遣吧。

此时的王守仁却不知道他在不知不觉间已经犯下了官场大忌。

十四

西汉宣帝年间，司马迁的外孙杨恽论罪被免为庶人，幸而家底殷实，依旧不失锦衣玉食。杨恽素来桀骜不驯，既然无官一身轻，便将庶民生活过得风生水起。好友安定太守孙会宗有些看不下去，写信劝他，说大臣凡遭废退，就应该闭门思过，扮出一副可怜相，期待君主垂怜，也许哪天还能再得起用。

杨恽很不以为然，洋洋洒洒回了一封信，这就是被《古文观止》收录的西汉名文《报孙会宗书》。书信里狠狠发了一通牢骚，更为自己的高调生活狠狠做了一番辩解。不承想到了汉宣帝五凤四年（公元前54年）发生日食——汉代是天人合一论最盛行的时代，极重日食，总有倒霉的大臣为日食负责。

杨恽的高调早为他招来了不少仇家，这时候有人借机密告，说日食分明应在杨恽身上，都怪他遭贬之后非但不思悔过，反而尽情享受人生，文字间每怀怨望。于是杨恽入狱待罪，《报孙会宗书》的底稿作为抄家的战利品进呈汉宣帝。正是这封书信使汉宣帝勃然大怒，将杨恽以大逆论处，施以腰斩，妻儿亦遭流放，就连孙会宗也被牵累罢官。

杨恽事件昭示着历代官场的一大通则：只要是被贬的官员，不管你是罪有应得还是冤比窦娥，都只应该扮出认罪悔过的可怜相。一言以蔽之，态度比罪行本身重要得多。背后的道理其实很简单：皇帝当然也和普通人一样都会犯错，皇帝当然也和普通人一样都是要面子的，人之常情罢了，认罪悔过的扮相就是在给皇帝做面子，就算有冤情，皇帝只要有了面子，自然也就有了下台的台阶，起复官员、复燃死灰也只是举手之劳罢了。但假如被贬的官员只在意是非曲直，没能顾全皇帝的脸面，皇帝纵然有了悔意，纵然不至于恼羞成怒，却也找不到台阶可下了。

王守仁倘若读过杨恽的故事，就该知道自己这种逍遥自适的姿态以及广纳四方学人的讲学热情也很值得有个孙会宗来劝诫自己一番，只是物以类聚，人以群分，湛若水那种朋友不会有孙会宗那种心思。

在集权王朝的规则下，讲学的性质远较杨恽式的奢靡严重，因为凡讲学必然聚众，凡聚众就很容易形成势力，而所讲之学只要稍稍与官学不合，对抗社会安定的不稳定因素也就隐隐成型了。孔子有言："执左道以乱政者杀，假鬼神以危人者杀。"圣人既然有这样的训诫，镇压一切异端邪说也就有了十足的道德依据。

那么，程朱理学既属官学，当然就是唯一正确的意识形态，一种学说倘若与程朱理学不合，当然属于左道；左道之徒竟敢聚众讲学，这不但会动摇国本，更会动摇千百年的伦理根基。于是，思州地方官当仁不让，派遣使者直趋龙场驿，狠狠训斥王守仁这个既不识时务又胆大包天的家伙，一场平地波澜陡生于眉睫之前。

十五

古谚有说"仗义每多屠狗辈"，苗人、瑶人完全没有所谓的大局观，一见有人如此折辱他们亲之近之的王先生，哪里还压得住怒火，当下一拥而上，送给思州使者一场不由分说的群殴。

可想而知，思州长官勃然大怒，奏报上级，王守仁即将面对的很可能是一场灭顶之灾。幸而处理这件事的贵州按察司副使毛科不愿生事，秉着大事化小、小事化了的官场智慧，劝王守仁向思州长官道歉谢罪，这件事最好可以私了。为免王守仁不识时务，毛科还在信里苦口婆心地晓以祸福利害。若换作平常人，高级长官能给自己指出这样一条明路，不知该多么感恩戴德，谢罪只是小意思而已，混得了官场的人总该有几分最基本的演技吧。

当然，王守仁在这件事上其实没有任何错处：使者不是他打的，更不是他指使人打的，他甚至全然没有动过殴打使者的心思。但官场规则正如职场规则，只讲成败胜负，没人在意是非对错。

在利害关系的权衡下，思州长官确实动了真怒，而王守仁要想摆平这件事，最有效的方法正是毛科指点出来的，而倘若执拗到底，那么非但思州长官会继续怀恨在心，甚至连原本怀着善意的毛科也要恼火了。孔子所谓"小人喻于利"，小人权衡利害关系，必然会得出这样的结论，亦必然会放下是非对错的辨别之心，诚惶诚恐地谢罪去了。

然而在王守仁那里总归是"君子喻于义"的，是非对错一定要说清楚，成败胜负完全可以不论。在很多人看来，这是一种相当迂腐、幼稚的处世哲学，但这恰恰就是儒家对君子的要求。于是王守仁认认真真地写了一篇回信，阐明自己不去谢罪的理由：

> 昨承遣人喻以祸福利害，且令勉赴太府请谢，此非道谊深情，决不至此，感激之至，言无所容！但差人至龙场陵侮，此自差人挟势擅威，非太府使之也。龙场诸夷与之争斗，此自诸夷愤愠不平，亦非某使之也。然则太府固未尝辱某，某亦未尝傲太府，何所得罪而遽请谢乎？跪拜之礼，亦小官常分，不足以为辱，然亦不当无故而行之。不当行而行，与当行而不行，其为取辱一也。废逐小臣，所守待死者，忠信礼义而已，又弃此而不守，祸莫大焉！凡祸福利害之说，某亦尝讲之。君子以忠信为利，礼义为福。苟忠信礼义之不存，虽禄之万钟，爵以侯王之贵，君子犹谓之祸与害；如其忠信礼义之所在，虽剖心碎首，君子利而行之，自以为福也，况于流离窜逐之微乎？某之居此，盖瘴疠蛊毒之与处，魑魅魍魉之与游，日有三死焉。然而居之泰然，未尝以动其中者，诚知生死之有命，不以一朝之患而忘其终身之忧也。太府苟欲加害，而在我诚有以取之，

则不可谓无憾；使吾无有以取之而横罹焉，则亦瘴疠而已尔，蛊毒而已尔，魑魅魍魉而已尔，吾岂以是而动吾心哉！执事之喻，虽有所不敢承，然因是而益知所以自励，不敢苟有所隳堕，则某也受教多矣，敢不顿首以谢！ [1]

开篇就事论事，讲得在情在理："使者凌辱自己，这是他仗势欺人的个人行为，不是思州长官指使的；龙场驿的少数民族土著与使者争斗，这是土著因为愤恨不平而自发的行为，不是我指使的。那么，上官既不曾凌辱于我，我亦不曾傲待上官，谢罪的理由又该从何说起呢？"

接下来的话是针对毛科的："我对祸福利害的理解是，君子以忠信为利、礼义为福，所以君子之祸福利害实在无关成败荣辱。只要坚守忠信礼义，就算粉身碎骨也是福分。我在龙场驿生活，每天都要面临三种濒死威胁：瘴疠、蛊毒、鬼怪。我之所以处之泰然，只因为内心坚守正道。长官就算真的加害于我，对我而言也与死于瘴疠、蛊毒、鬼怪无异，我又怎会因此惴惴不安呢？"

这样一封书信满溢着道义的力量，只要收信人不是穷凶极恶之辈，总会受到一些感染的。书信由毛科转交给思州长官，后者既惭且服，一场风波就这样消弭于无形。惯于以成败论英雄的芸芸众生似乎可以由此得出一种充满正能量的人生启迪，但我们可以笃定的是，这封信的收件人倘若是刘瑾或其死党，结果一定全然不同。

---

[1] 见《全集》，第882-883页。

十六

精神的力量毕竟不能无往而不胜,久居瘴疠之地难免会有病痛缠身,怎样治病便成了一个很要紧的问题。

所谓瘴疠,是指当地山区里很容易传染疾病的空气。空气无孔不入,杀人于无形,显然比任何毒虫猛兽还要可怕。当然,以今天的医学知识来看,那些致命的传染病其实是通过水中的微生物和蚊虫传播的,可怜的空气蒙受了上千年的不白之冤。

视空气为罪魁祸首的古代医学尽管事实上并不会给王守仁带来多大的助益,但在斯时斯地,中原医术忽然变成了可望而不可即的先进文明。贵州深山里无医无药,只有巫婆神汉,这总是一件令人沮丧的事情。那么,已经顿悟圣贤之道的王守仁这时候应该怎么解决这个朴素而实际的医疗问题呢?

当然,本着圣人的教诲,"死生有命,富贵在天",非人力所能奈何的事情就不必强求。不过,既然土著的苗人、瑶人世代以巫术治病,似乎试一试也未尝不可。

在那样的境况下,这实在是平常人都会有的心态。以今天的知识判断之,一来当时所谓的中原医术,医理其实并不比原始巫术高明许多,汉代的天人感应怪谈依旧是主流医学的坚固内核,而药物之效亦多半来自于因果不明的经验知识；二来若能暂时抛开巫术的外观，土人土办法必然也蕴含着许多直观经验的积累，总会有些管用的部分；三来安慰剂的神奇力量已经得到了当代科学的一再证实，对于许多病症，一个人愈是相信自己会被医好，便真的很有可能无药而自愈。

但王守仁一定会拒绝巫医的，因为这是孔子为儒者设定的立场。既然无医无药，那就无医无药好了，何况自己的病根岂是医药可以治愈的呢？《却巫》诗谓：

> 卧病空山无药石，相传土俗事神巫。
> 吾行久矣将焉祷，众议纷然反见迂。
> 积习片言容未解，舆情三月或应孚。
> 也知伯有能为厉，自笑孙侨非丈夫。[1]

诗中用到两则典故，颔联语出《论语·述而》，孔子生病的时候，弟子子路急着要给老师祷告，却被孔子谢绝了。在孔子的时代，很多人都还相信生病是鬼神降罚的缘故，所以生病是一件很有道德意义的事情。一个人如果久病不愈，人们就会说他罪孽深重。祷告之所以能够治病，就是因为病人可以借助祷告来与鬼神沟通，求得后者的原谅。孔子既不信这一套，更自信一生磊落，就算真有鬼神，在他们面前自己也问心无愧，没有任何事需要求得他们宽恕。

王守仁自然也是胸怀磊落，以《答毛宪副》那封书信的意思来看，

---

1 见《全集》，第778页。

我们完全可以这样为他代言：就算疾病起于鬼神，如果自己真的有罪，那就任凭鬼神降罚好了；如果自己明明无可指摘，却为了祛病而取悦鬼神，那真是赤裸裸的小人行径，为君子所不齿。

然而无论在任何地方，与主流价值观相悖总会令人寸步难行。王守仁的儒家价值观在苗人、瑶人的聚居地显得有点不合时宜，要在热心的土著们纷纷伸出愚昧的援手时狠心拒绝，还真不是一件容易的事，但他偏要坚持，他相信只要假以时日，病愈的结果自然会令大家信服。

既然顶住了"舆论压力"，王守仁也就有了傲视古代贤人的资本。诗的尾联语出《左传·昭公七年》，郑国谣传伯有的鬼魂在都城作祟，执政官子产只好既违心又违礼地任命了伯有之子，以取悦鬼神与国人。子产是孔子推崇的春秋贤相，但他对鬼神的态度让王守仁很不以为然。倘若将王守仁换在子产的位置上，即便鬼魂作祟的谣言传得再真，即便群情如何汹汹，他也不会做出半点妥协的。

大丈夫行事，不求尽如人意，但求无愧于心，这话说来容易，能够做到的人却始终寥寥无几。

十七

正德四年（1509年），贵州提学副使席书慕名造访龙冈书院，向王守仁讨教朱陆同异之辨。所谓朱陆同异之辨，即朱熹、陆九渊之间学术见解的异同。席书拈出这桩公案，显然对王守仁的讲学内容已有耳闻。王守仁却岔开话题，专讲自己龙场悟道的内容，亦即"圣人之道，吾性自足，向之求理于事物者误也"。

席书毕竟在朱子理学里浸淫得太深太久，忽然听到"离经叛道"的学说，一时虽找不出反驳的话来，却也不敢尽信。但一个人只要怀有单纯的求学向道之心，遇到疑问总不肯轻易放过。翌日席书再访，王守仁引经据典，待再三再四地切磋之后，席书豁然大悟："圣人之学复睹于今日；朱熹和陆九渊的学说各有得失，却没有辩诘的必要，只要求诸内心，一切自然明了。"

席书是第一个服膺王学的重量级人物。他在一悟之下，与毛科一起修葺贵阳文明书院，邀王守仁讲学。席书甚至亲率诸生，对王守仁以师礼相待。王守仁龙场顿悟的心得，算是在文明书院得到了半官方的认可；"知行合一"这个令后世许多名人动容的说法，也正是从文明书院正式传播开了。

今天似乎很难想象，这个貌似有一点愚蠢的命题当时是如何激烈地撼动着世道人心。

第七章

知行合一

一

　　大麻雀主教是《权力的游戏》里最令人费解的一个角色，精于权术的太后瑟西扶持他来对抗自己的政敌，没想到作茧自缚，付出了几乎无法承受的代价才勉强脱身。

　　世故败给了天真，谎言败给了真诚，这在全剧满满的阴谋气氛里成为一个绝对不可思议的战例。一个个自幼便在钩心斗角的环境摸爬滚打的权术高手败在了诚挚无欺的大麻雀手里，这很有几分聪明反被聪明误的意味。其实从战术意义上看，他们之所以落败，只是因为太按常理出牌，把大麻雀也想象成和自己一样满嘴仁义道德、满腹男盗女娼、在道德与宗教的面具下别有所图的阴谋家。他们一辈子都在和各种阴谋家打交道，以至于想象不出杀入这个圈子里的竟然真有表里如一、言行一致的人。

　　于是大麻雀主教的出场使我们眼前一亮。这位卡理斯玛型的人物振臂一呼，给那个尔虞我诈、云谲波诡、每一个最不起眼的角落都进行着"权力的游戏"的世界造成了何等翻天覆地的震荡。当王守仁高调宣讲"知行合一"的时候，正是在极其相似的环境里做着极其相似的事情。所以，他的这套理论虽然在今天看起来非但无谓，甚至难以自圆其说，但在当时不啻给整个明王朝的世道人心投下了一颗重磅炸弹。

二

"知行合一"如果只是一个应然命题,意味着有所知就该有所行,那它只是一句道德口号罢了;王守仁所谓的"知行合一"首先是一个实然命题,即知与行其实是一回事,或者说是一枚硬币的两面,知就是行,行就是知。

这样的命题乍看上去很有几分荒唐,譬如我们都知道吸烟有害健康,但烟民照样数以亿计,这显然是一个知行脱节的例子。知属于认识范畴,行属于实践范畴,有认识未必有实践,反之亦然。知与行分属二事,这显然是全人类的常识。

儒家经典早有对知与行的论述,最早见于《尚书·说命》,傅说向商王武丁陈说政治见解,武丁越听越受用,准备一一照办,傅说于是说:"非知之艰,行之惟艰。"意即知晓这些道理很容易,真正付诸实行却不那么容易。

傅说的这番话很容易得到管理者的共鸣,直到今天,管理者们也很为执行力发愁,似乎任何一项政策要想贯彻下去都会遇到万千阻力,所以铁腕人物总会拥有很多拥趸。傅说在"非知之艰,行之惟艰"之后还有一句下文——"王忱不艰",意即只要大王心志坚定,那么将所知付诸实行也就算不得多难了。那么怎样才能心志坚定呢?用阳明心学的解释就是,真知必能行,只要商王武丁对傅说的意见"真知"了,就一定能够以坚定的意志付诸实行,如此一来"行之惟艰"也就不复存在了。

《左传·昭公十年》,中原盟主晋国旧君辞世,新君嗣位,郑国大夫子皮准备带足礼物去晋国朝聘,同僚子产认为子皮小题大做了:"吊丧哪里用得到礼物?带一次礼物就要带足一百辆车,有一百辆车就要用到一千人随从,阵仗这么大,短时间肯定回不来,一定要把礼物送完才能回来。这样劳民伤财的外交,国家能支撑得起几次?"无奈子皮固执己见,结果真的得不偿失。回国之后,子皮做了自我检讨,说"非知之实难,将在行之",意即子产讲的道理我不是不明白,我错就错在放纵欲望而不能自我克制。

三

今天千千万万有过减肥经历的人最能够体会子皮的感受,减肥的原理异常简单,无非是使消耗大于摄入罢了,任何愚夫愚妇都不难理解,但是,对美食的欲望是如此不由自主,以至于无数次减肥作战都以失败告终。英国医学史家路易斯·福克斯克罗夫特写有一本有趣的小书——《卡路里与紧身衣:跨越两千年的节食史》,就其书中所呈现的触目惊心的例证与数据而言,副标题应该叫作"跨越两千年的节食溃败史"更加合宜。

"饮食男女，人之大欲存焉"，食与性是我们与生俱来的最核心的欲望，这也就意味着，禁食与禁欲都是在与最深层的人性作对，任何一场胜利总要付出异乎寻常的代价。

比之禁欲，禁食已经算是轻松的事了，毕竟禁食不是绝食；禁欲却是绝欲，一切形式的性生活都在严禁之列，所以一些极端的修行者要去乱葬岗观察死尸，想象美丽的女人不过是革囊盛血、红粉骷髅，而中世纪欧洲的基督教僧侣竟然不约而同地想到了同样的办法——如此古老的智慧在今天依然行之有效，譬如你想免除失恋的焦虑，不妨将意中人的照片和可怖、污秽的照片放到一起，反复地看上一段时间，如果你最终没有爱上那些可怖、污秽之物的话，曾经的意中人就会变成一个使你反胃的角色，从此避之唯恐不及。

《女性的秘密》，欧洲十三世纪的一本医学手册，提供了一个使女人禁欲的良方：喝男人的尿液。至于苦行僧的传统做法，那是我们在流行小说《达·芬奇密码》里便可以一窥端倪的：不断用荆条抽打自己，甚至天天系着荆条编织的腰带，用血淋淋的痛楚压制着原始生命力的勃发。《法华经》所描绘的佛土因此显得格外诱人，那里"……无女人，一切众生，皆以化生，无有淫欲"。

依我们的常识，会用意志力的强弱来解释这些现象，而王守仁的论调暗合西方哲学自苏格拉底以来的一项经典命题，即"意志薄弱"这种事根本就不存在，或者说只是一种假象，所有"意志薄弱"归根结底都是知之不深的缘故。今天的广大烟民都清楚吸烟有害健康，但戒烟的人从来寥寥无几，是因为意志力败给了烟瘾吗？不，人们有理性的权衡，觉得吸烟带来的危害不足以抵消吸烟带来的快感，或者并不觉得吸烟的危害真有公益宣传所说的那么大，无论哪种理由，都与意志薄弱无关。

美国历史学家戴维·考特莱特在《上瘾五百年》这本书里梳理过主要致瘾物品的历史，其中提到烟草在十七世纪征服欧亚大陆的惊人历程：那些吸烟的先驱者除了遭受罚款、鞭刑、截肢、处死与诅咒等威胁之外，每天还会被不沾烟草的人羞辱，不厌其烦地指责烟草让他们口腔发臭、牙齿发黄、衣服变脏、流出黄黄的鼻涕、吐出浓浓的黄痰，还说吸烟可能引起火灾，对四周都是木造房屋的环境造成致命威胁，虽然如此，还是没有任何事能阻挡吸烟风潮。今天真难想象那些先驱者是冒着怎样的风险、承受着怎样的压力才能换来一点吞云吐雾的快感。

而这一切代价之所以值得，考特莱特给出这样一种解释："被囚禁的动物远比野外自由的动物更容易去食用麻醉物。其实，文明社会可以算是一种囚禁状态。人类本来是小群人结对狩猎、采集，过着居无定所的生活。进入新石器时代以后，多数人从事农耕，生活在拥挤的、受压迫的、疾病不断的社群里。近代早期90%的人口陷于痛苦贫穷之际，正是烟草等新兴瘾品成为大众消耗品的重要时机。这些东西是对抗难堪处境的意想不到的利器，是逃离现实桎梏的新手段。"

这一切似乎都在说明，我们对烟草不离不弃当真不是意志薄弱的结果。即便本着"真知必能行"的原则，我们真的知晓吸烟的危害，也不一定会做出戒烟的选择。但海洛因之类的毒品会严重挑战人类的意志力，戒掉毒瘾远比节食和禁欲难，而这是古代哲学家们不曾遭遇的问题。一个对海洛因的危害有绝对真知并且绝不愿意以健康为代价来换取吸毒快感的人，他戒毒成功的概率会有多高呢？倘若向王守仁以及苏格拉底以来的拒绝承认"意志薄弱"的哲学家们抛出这个问题，他们会怎样回答呢？

现代心理学和神经科学的知识会承认意志力的存在，并且告诉我们，人的意志力是很有限的，顾此则会失彼，也就是说，当我们在某一件事情上耗费了大量的意志力，那么在其他方面就很容易放松自己。

既然这是客观的心理规律，那么我们明智的做法就是合理分配自己的意志力。但是，作为一种古代认知，"知行合一"与"意志薄弱"绝不相容。王守仁当然不会赞同禁欲，但如果用他的理论来解释禁欲，只能把失败归因于对禁欲的意义知之不真；他也会赞同戒毒，并且会用同样的理由解释戒毒失败。但是，倘若王守仁对现代心理学和神经科学的知识以及对海洛因的效能有了足够"真知"的话，想来应该会有不同的判断吧？

四

在我们的常识里，知与行显然是两件事情，孰易孰难也要具体情况具体分析，绝不可以一概而论。譬如戒烟、减肥，都属于知易行难；一台复杂的机器出了故障，也许只须拧一颗螺丝就可以解决，但到底要拧哪颗螺丝，只有行家里手才能认准，这就属于知难行易。

再如有人长于理论，有人长于实践；理论家未必是实践家，反之亦然。

韩非从没有过治理国家的经验,却以一部《韩非子》奠定了中国两千多年的基本政治格局;秦王嬴政倘若是阳明心学的信徒,会不会以"知而不行,必非真知"的理由将韩非的全部著作付之一炬呢?今天我们似乎也能够以同样的理由贬损霍金一类的理论物理学家,甚至可以得出更加荒谬的结论:只有经验性的知识才有属于真知的可能。

嵇康在《养生论》里"预先"反驳过——"夫至物微妙,可以理知,难以目识",即我们的认知方法有感知和推知两种。试想我们中的绝大多数人都没见过自己的祖父,但我们可以很笃定地"推知"祖父的存在。既然这都是显而易见的常识,我们便想象得到当王守仁提出"知行合一"命题的时候,他的听众自然会感到大惑不解。

当王守仁在文明书院开讲"知行合一"的时候,大弟子徐爱未能与闻,后来从旁人那里晓得了这个命题,却始终无法想通。等到他终于有机会向老师当面请教的时候,凭着和我们一样的常识讲出了心底的疑惑:"如今人人都明白事父当孝、事兄当悌,但很多人偏偏就是不孝不悌,这难道还不说明知与行分别是两件事吗?"

王守仁的解释颇有几分玄妙:"这只是知行被私欲隔断的缘故,不是知行的本体了。从本体上讲,根本不存在知而不行这回事。所谓知而不行,其实只是不知。"

王守仁在这里抛出了一个"本体"概念,所谓本体,就是本来面目,今天的读者万不能以西方哲学里的本体论来理解。譬如我们说一面尘封多年的镜子虽然看不出半点光泽,但从本体意义上说,即从它的本来面目上说,它是纤尘不染、光可鉴人的,现下它之所以失去了镜子的功用,是因为本体被灰尘遮蔽了。知行本体与私欲的关系,正是明镜与灰尘的关系。

私欲云云,原是禅宗与理学的老生常谈。朱熹所谓"存天理,灭人欲",要灭的人欲就是这个私欲。在理学的世界里,大略言之,人的天性里属善的部分被划入天理或天命之性的范畴,属恶的部分被划入人欲或气质之性的范畴。

譬如恻隐之心、羞恶之心是我们与生俱来的心理,这都是人类天生的善性,是人类最为本质的特性,所以属于天理或天命之性;好勇斗狠、欺善怕恶也是我们与生俱来的天性,但理学家认为圣人没有这种天性,我们凡夫俗子才有,即便在我们凡夫俗子身上,这些恶的天性也不是最本质的,而只是次一级的属性罢了,是人欲、私欲或气质之性。既然后者能遮蔽最本质的善性,人们当然也可以通过后天修养洗净这些恶的浮尘,显露出最本质的善性。儒家是持性善论的,作为新儒家的理学家就是用这种思路来解释性善的人为什么会有恶性。

在是否应该"存天理,灭人欲"这个大是大非的问题上,王守仁和朱熹没有半点分歧,他们的分歧只是方法或途径上的。

《安娜·卡列尼娜》的著名卷首语说:"幸福的家庭总是相似的,不幸的家庭各有各的不幸。"如果请王守仁就天理和人欲的角度解释这句话,他会说"理一而已,人欲则有万其殊"(《约斋说》),即天理只有一个,人欲五花八门。

于是,基于唯一天理而相处的家庭肯定都是相似的,而陷于人欲的家庭,有的因嫉妒而不幸(如劳伦斯的同名小说《嫉妒》所呈现的),有的因虚荣而不幸(如莫泊桑的小说《珠宝》所呈现的),有的因权欲而不幸(如莎士比亚的悲剧《麦克白》所呈现的),有的因价值观的冲突而不幸（如屠格涅夫的小说《父与子》所呈现的），有的因时代车轮的碾压而不幸（如帕斯捷尔纳克的小说《日瓦戈医生》所呈现的），而我们在周遭的世界里或多或少能找到这些文学名著里不幸家庭的影子。倘若我们彻底做到"存天理，灭人欲"，当然就会避免这些不幸，从而在天理的模式下享受高度相似的幸福。

而在通往天理的光荣的荆棘路上，知行分离的观念是一只可怕的拦路虎。

在王守仁看来，徐爱以及我们所有人的知行分离的常识都是就次一级的层面而言的，而在本体层面上，或者说从本质上看，在没有私欲遮蔽的时候，知与行确乎就是一回事，有所知则必然有所行。那么顺理成章的是，那些所谓知孝悌却不行孝悌的人，归根结底只是不知孝悌罢了。

这样的解释当然还不够妥帖，王守仁还有下文："圣贤教人知行，正是要使人回归知行的本体，所以《大学》指出了一个真正的知行给大家看……"

王守仁所援引的《大学》例证，正是很有名的两句——"如好好色，如恶恶臭"，联系《大学》上下文，这是说君子要有真诚的心意，不能自欺，这种真诚就如同厌恶臭味、喜爱女色一样，是一种当下直截、自然而然的反应。

《大学》是"四书"之首，是儒家读书人入门的功课，小时候读的第一本书；《大学》的纲领是所谓三纲领、八条目，这里涉及的诚意功夫正是八条目之一，是儒家最基础、最粗浅的功课。对于"如好好色，如恶恶臭"这两句话，任何一个儒家弟子都是自幼便耳熟能详的，所以王守仁单单挑出这两句话来，无论对徐爱还是对当时所有的读书人来说，真有"睫在眼前长不见，道非身外更何求"的况味。

在常规的理解里，所谓"如好好色，如恶恶臭"，是说人闻到恶臭自然就会厌恶，见到美色自然就会喜爱，这是自发的、自然而然的心态。在王守仁的解释里，"见好色"，即看到美色，属于知，"好好色"，即喜爱美色，属于行。貌似知是知，行是行，实则看到美色的时候就已经自发地、自然而然地喜爱上了，并不是看到美色之后立心去喜欢它，同理，闻到恶臭的时候就已自发地、自然而然地产生了厌恶感，并不是闻到恶臭之后再立心去厌恶它。

这就是说，见好色（知）和好好色（行）是同时发生的；闻恶臭（知）和恶恶臭（行）是同时发生的。当男人看到美女的时候，总会一见倾心，并不是看到之后再斟酌一下"我到底要不要喜欢她呢……哦，她是美女，而我是个正常的男人，我当然要喜欢她"，想通了之后，才开始产生爱慕的心理。

这样的逻辑当然算不得严密，即便我们不去援引现代知识来说明看到一个美女和爱慕这个美女在神经传导上确实存在微小的时差——这确实无关紧要——但我们总该知道，无论"看到"与"爱慕"也好，"闻到"与"厌恶"也好，都没有"行"发生。换言之，看到美女，心生爱慕，然后走过去搭讪，搭讪才属于"行"，倘若在心生爱慕之后不动声色地走开，正如我们绝大多数人会做的那样，"行"也就无从谈起了。同理，在接受领导训话的时候，虽然闻到他口臭，并且立即生出了厌恶感，但大多数人都会装出一副若无其事的样子，"行"同样不曾发生。这样看来，知与行毕竟是两回事，无论如何也不能混为一谈的。

五

然而这样的反驳竟然撼动不了阳明心学,因为王守仁对"行"做出了一个相当特殊的定义:"一念发动处便即是行。"也就是说,就连爱慕、厌恶这样的仅仅动之于心却未行之于身的情绪,在王守仁那里都要算作"行"的。

对"行"的重新定义使王守仁从前述质疑当中成功脱身,但这就好像我们普通人说谎一样,旧谎言的漏洞总要靠新谎言来弥补,而每一个补丁都会增加新的漏洞,又需要更新的谎言来弥补。当王守仁打好这个补丁之后,新问题果然如影随形:如果动一下念头就算"行",那么任何人只要躺在床上稍稍开动一下脑筋,也就"当真"救助了全世界所有的灾民,甚至维护了整个宇宙的和平,而他之所以领不到诺贝尔和平奖,当然不是因为他做得不够,仅仅是因为像他一样的人实在太多了。

王守仁提出"知行合一",本意是突显"行"的意义,但是顺着他的理路走下去,反而会走到他的对立面去。倘使我们不去体察他的本心,只是严格按照字面来理解的话,一定会认为他在鼓励人们以知为行、以空想为实践。事实上确实有学者这样批判过他,王夫之就说过他这样分明是"以不行为行",人伦物理因之而尽废。[1]

那么,动一下念头到底算不算行?王守仁其实明确回答过:"算。"《传习录·下》有记载说:

> 问"知行合一"。先生曰:"此须识我立言宗旨。今人学问,只因知行分作两件,故有一念发动,虽是不善,然却未曾行,便不去禁止。我今说个'知行合一',正要人晓得一念发动处,便即是行了。发动处有不善,就将这不善的念克倒了。须要彻根彻底,不使那一念不善潜伏在胸中。此是我立言宗旨。"[2]

譬如我们一直都在抱怨收入,某天经过银行,看到运钞车正停在那里,于是动一动贪念,幻想一下抢劫运钞车的情节,在意淫中得到充分的自我麻醉,然后该做什么还继续做什么去。但在王守仁看来,我们既然动了抢劫运钞车的念头,就等于付诸实行了,并不因为身体没动便真的没做。一言以蔽之,动了恶念,就等于做了恶事,这难道还不该引起重视吗?所以,只要心里动了一点恶念,我们都要严抓狠打才行!

这样的说法倒也算是用心良苦了,只是王守仁一定对善恶有双重标准:动了恶念就算做了恶事,但动了善念不能等于做了善事,否则便是"知行合一"陷入了自相矛盾的尴尬境地。

逻辑思辨确实不是王守仁的强项,而有着严密的逻辑思辨色彩的

---

1 见王夫之《尚书引义》(岳麓书社,2011年出版),第311-312页。
2 见《全集》,第109-110页。

第七章 知行合一 · 237

学说也很难得到大范围的追捧。后来弟子们有心将王守仁的学说汇编成文，后者不很情愿，觉得还是心口相传的形式最好。我们仅从"知行合一"这套说辞来看，如果当成文字看，确实会觉得漏洞百出，很难自洽，所以还是要透过文字认真体会王守仁的用心。

六

让我们回到王守仁对徐爱的开示："如果我们说某人知孝知悌，一定是因为他在行为上确实有孝悌的表现；如果他只是在口头上说些孝悌的话，我们是不会说他知孝知悌的。再如知痛，一定是因为自己真的痛了才会知痛；知寒，一定是因为自己感到寒意了；知饥，一定是因为自己已经饿了。知和行如何分得开呢？这便是知行的本体，不曾被私欲隔断。"

徐爱仍旧懵懂，觉得知行如果合一，修养功夫便不知该如何下手。这是我们普通人都会有的疑惑，譬如学习"五讲四美"，总要先搞清楚"五讲四美"的具体内容，然后才好付诸实践，而如果知行一体，到底该如何学、如何做呢？古人都把知行分开来说，何等清楚明白！

今天我们常会在宗教人士那里遇到同样的问题，譬如佛教徒非常强调实修，但佛教典籍浩如烟海，不但伪经、疑伪经充斥其间，就算是出处可靠的正典之间也往往有矛盾或分歧之处。

这倒并不令人意外，毕竟佛教发展三千多年，不断因为教义上的争执而发生分裂,新流派层出不穷,各执一词,以至于高轨难追,藏舟易远。所以就理想值而言,一个真正审慎的修行者理应在修行之前认真读遍所有典籍,并且精研佛教史,搞清楚各种分歧之所由来,然后去伪存真、去芜存菁,再针对个人资质选择一条正确的实修之路,免得误入歧途,"故能使三十七品有樽俎之师,九十六种无藩篱之固"。尽管这也许会花掉他大半生的时间,但比起受益来说,这点代价简直微不足道。而我们的问题是,在开始实修之前的这些学习和调研工作是否仅仅属于知,如果是的话,它的必要性究竟有多高呢?

朱熹遇到过这种问题,当时有弟子提到在湖南遇到一位先生只是教人践履。朱熹很不以为然:"义理不明,如何践履?"弟子说:"只要践履,就能明白义理。"朱熹反诘道:"好比你要去一个地方,路都不晓得,怎么去走?"

朱熹的话很符合我们的常识,但如果王守仁在场,一定会这样反驳:"凡是走错路的人都不是真心想抵达目的地。事情的关键在于立志,只要决意去某个地方,一定会不辞艰险、不畏万难,查地图、备舟车、具资粮,最后一定会成功抵达。"

王守仁确实不止一次这样回答过弟子们的疑问,最典型的例子莫过于正德十年(1515年)对周莹的教诲。周莹起初师从应元忠,被老师指点着千里迢迢去见王守仁,于是有如下一番对话。

王守仁问:"应先生都教过你什么呢?"

周莹答:"也没教什么,只是每天教我向圣贤学习,不可溺于流俗罢了。应先生还说,他曾就这些道理请教过阳明先生,如果我不信,不妨亲自找您求证。所以我才不远千里来这里找您。"

王守仁问:"这样说来,你是对应先生教授的内容信不过了?"

周莹答:"信得过。"

王守仁问:"那你又何必跑来找我?"

周莹答:"那是因为,应先生只教了我该学什么,却没教我该怎么学啊!"

王守仁道:"你明明知道该怎么学,不必我教。"

周莹错愕半响,这才说道:"我笨,您别开我的玩笑好吧!"

王守仁忽然话题一转:"你从永康来到这里走了多少路程?"

周莹答:"足足千里之遥。"

王守仁道:"确实够远啊,是乘船来的吗?"

周莹答:"先乘船,后来又走陆路。"

王守仁问:"真辛苦啊,尤其在六月天气,一定酷热难当吧?"

周莹答:"这一路实在酷热。"

王守仁问:"这一路准备了盘缠吗,有僮仆跟随吗?"

周莹答:"这些都有准备,只是僮仆在中途病倒了,我只好把盘缠留给他,再借钱走了下一段路。"

王守仁问:"这一路既然这样辛苦,你何不中途便返还呢,反正也没人强迫你来?"

周莹答:"我真心来向您求学,旅途的艰辛在我而言只是乐事,怎会因此半途而废呢?"

王守仁循循善诱到此,终于抛出了先前那个问题的答案:"所以我就说你知道该怎么学嘛!你立志来向我求学,结果就到了我的门下,而这一路上从水路转到旱路,又安置僮仆、筹备盘缠、忍受酷暑,这一切你又是如何学来的呢？同样的道理，只要你有志于圣贤之学，自然就会成圣成贤，难道还需要别人来教你具体的方法吗？"(《赠周莹归省序》)[1]

所以在王守仁那里，判断何为知行分离、何为知行合一，最要紧的指标其实是"立志"。只要志向坚定，有百折不挠的决心，那么哪怕一个人只读书、不实践，我们也不该说他知而不行，而是会晓得他现在读书一定是在为将来的实践做充足的准备，所以他现在读书与将来的实践是合二为一的，这就是知行合一。

孔子有一句名言——"唯上智与下愚不移"，意即最聪明的人和最笨的人是不会改变的。这话很符合我们的常识，于是问题是，如果将一位"下愚"替换为周莹的角色，他该怎么知行合一呢？——王守仁的回答很直接："上智和下愚不是不可移，而是不肯移。"意即"立志"无论对谁都是一个决定性的因素，最笨的人只要立志够坚，也一样可以做到。

王守仁的"知行合一"一定要和他对"立志"的强调结合来看，这个关键是为很多人所忽视的。如果缺少"立志"，"知行合一"就会变成一个绝顶荒谬的命题。

让我们回到王守仁和徐爱的对话，王守仁解释说："知是行的主意，行是知的功夫；知是行之始，行是知之成。只要明白这层意思，那么哪怕只说一个知，也自然包含了行；只说一个行，也自然包含了知。"

如果我们不考虑"立志"这个要素，那么依照上述逻辑，我们也

---

[1] 见《全集》，第260-261页。

可以说出生是死亡的开始,死亡是出生的结束,所以"生死合一",那么我们现在到底是活着还是死了?薛定谔的猫总是让那些缺乏概率意识的人感到玄妙莫测,以上这段说辞同样可以使那些缺乏逻辑训练的人大感不解。

至于古圣先贤为什么都将"知"和"行"分开来说,王守仁并不认为这是出于常识的考虑,而是体现了古人是何等用心良苦:"古人之所以这样说,是因为世间有意中人,懵懵懂懂任意去做,全不会思考和反省,所以才要对他们说个知,这样他们才能行得正;又有一种人,整日只是耽于空想,全不去躬行实践,所以才要对他们说一个行,这样他们才能知得真。所以分说知、行,只是古人不得已而补偏救弊的说法。"

此前王守仁之所以要将自己证悟的心得一一验之儒家经典,待席书等人前来切磋讨论,自己也要在典籍里寻求验证,这一切的缘故,只因为在王守仁看来,所谓"知行合一"并非标新立异,而是早早藏在古圣先贤的话语之中,只是后人没有细加发掘罢了。以今天的眼光来看,这正是我在《隐公元年》里分析过的圆谎式的弥合方法,总少不得要有几分牵强附会的本领。

让我们顺着王守仁的思路,既然古人本着补偏救弊的初衷,继续补偏救弊下去岂不是好,又何必要强调"知行合一"呢?答案是,因为现在又出现新的偏和弊了,有些人总要等到知得真了才去做行的功夫,结果终身不行,这自然也就意味着终身不知。

王守仁毕竟把世界看得太简单了。《庄子·则阳》有一段议论,说贤人蘧伯玉行年六十,每每曾以为对的后来却认为不对;天地万物复杂莫测，人们只晓得重视已知的东西，却不晓得凭借无知而知的道理。以今天的眼光来看，庄子这番话实在再高明不过，政治学、经济学所仰赖的正是无知之知。譬如市场经济原理、哈耶克的"扩展秩序"、英国政治传统里与大陆理性主义相悖的经验主义，莫不如此。即便只是在个体的人生里，"识迷途其未远，觉今是而昨非"也是每个人都有过的经历。对今天的已知不必奉为圭臬，不妨抱几分审慎存疑的心态，毕竟我们今天所信奉的，无论它到底是什么，都不会是终极真理。

　　王守仁却不这样看。他所关注的仅仅是道德，所以他的理由只要能在道德层面上说通几分也就足够了；他生活在价值一元化的时代，他相信儒家经典就是终极真理。那么，在这样的前提下我们当然可以理直气壮地说，孝悌之道既是终极真理，而且明白易行，审慎、存疑根本无从说起，将孝悌之道不打折扣地付诸实施也就是了，只有做到了孝悌才是真知孝悌。道理就是这么简单直接，任何人都可以一言而悟；凡是心存疑虑的人，都是被前人的观点拘束得太久。

　　王守仁绝不拘泥于文字，只要领会了古人为何将知行分说，那么说"知行合一"也罢，说知行分离也罢，都无所谓，归根结底都是一个意思；如果不明白其中的"所以然"，那么就算接受了"知行合一"的说法，也无济于事。[1]

---

[1] 王守仁与徐爱的这段对话，见《全集》，第4-5页。

七

多年之后，弟子舒芬（字国裳）请王守仁为自己写一幅字，内容是"拱把桐梓"一章，以便时时诵读反省。"拱把桐梓"一章出自《孟子·告子上》，大意是说人们对桐树、梓树的幼苗都晓得如何培养，却不晓得如何做自我修养，难道人们爱树苗胜过爱自己不成？

舒芬选孟子这段话来做座右铭，似乎怎么看都是一件很正常的事情。但王守仁写到自我修养那一句时，忽然放下笔，对在座的弟子们笑道："舒国裳考中过状元，难道还不知道自我修养，需要靠座右铭时时提醒自己吗？"言者似不经意，听者却无不汗流浃背。[1]

听者汗流浃背，是因为这句话太平常，平常得所有人都应该想到，却偏偏所有人都没有想到。《孟子》是读书人必学必背的功课，"拱把桐梓"一章对当时的所有读书人而言都不陌生，而四书循序渐进，从《大学》《中庸》《论语》一路读到《孟子》，儒家君子的自我修养之道早已经是读书人熟得不能再熟的内容，更何况对于舒芬这位状元郎而言？这就好比今天一个受过高等教育的成年人要把一幅写着"不能随地吐痰"的标语贴在书房的墙上，随时警醒自己千万别做随地吐痰的

---

[1] 见《全集》，第1521页。

事。这当然很荒唐，然而更荒唐的是，当他真的把这幅标语贴好之后，竟然没有人觉得荒唐。

这就意味着大家对"不能随地吐痰"的认识仅仅从书本到书本，可以从容应对关于这项内容的各种填空题、简答题、论述题，可以在试卷上赢取高分，而一旦考试通过，这些知识就变得毫无用处了。有些人，譬如舒国裳那样的人，终于认识到"不许随地吐痰"确实是生活中一个重要的修养，但那时候就需要以新的心态对这些早已倒背如流的旧知识重新学一遍。

王守仁所面对的正是这样的一个社会，儒家学术早已沦为从书本到书本的死知识。大家读圣贤书不是为了学圣贤、做圣贤，而是为了考中科举，从此跻身官僚阶层，尽情享受由这些死知识带来的黄金屋、千钟粟、颜如玉。也正是在这样的环境下，少年王守仁讲出读书做圣贤的志向时才会被人哂笑，原本光明正大、不言而喻的道理在一个黑白颠倒的世界里只会显得荒唐，而荒唐的、应受到哂笑的本该是这个黑白颠倒的世界。

《孟子·告子上》，就在"拱把桐梓"一章之后不几段处，孟子做了一番"天爵"与"人爵"之辨：仁义忠信、乐善不倦，这是天爵；公卿大夫，这是人爵。古人修养天爵，人爵随之而来；今人修养天爵来求人爵，在获得人爵之后便扔掉了天爵，这真是太糊涂了，这样下去最终会连人爵也一道丧失的。

孟子时代的"现实问题"到了一千七百多年后的王守仁时代仍然是个现实问题，状况还要严峻很多。没办法，这就是体制的筛选功能所致。人的天性就是追名逐利的，这是写在每个人身上的核心密码，无论如何也涂改不掉。当圣贤书成为通往名利场的门径时，也就意味着人们对"淡泊名利"的知识愈精通，就愈容易在名利场中赢得一席之地；换言之，"淡泊名利"的知识变成了追名逐利的利器，圣贤书自然会变了味道，而那些对"说一套，做一套"的虚伪巧诈的生存策略最游刃有余的人，亦即那些最没有操守的人，才最容易攀爬到名利场的塔尖，成为万人瞩目的现实意义上的人生赢家。

八

于是，在一个以虚伪求发迹的世界里，王守仁所谓"知行合一"最现实的意义是给天下读书人和做官的人提出了一个极尽天真的问题：被你们口头上奉为圭臬的那些书本知识，你们真的相信吗，真的做到了几分吗？

在无数的"聪明人"眼中，读圣贤书只是走个过场而已，在职业生涯中真正要拼的是算计，是权谋，是各种和圣贤教诲背道而驰的"真理"，久而久之，凡夫俗子们也默认了虚伪的游戏规则，甚至再不会反思半分。而王守仁偏偏要把"聪明人"心照不宣的东西摆到阳光下一一验证，这当然会令凡夫俗子们惊诧，也令"聪明人"深深地感到嫌恶。不过自从悟道之后，世人怎么说、怎么想，王守仁越发无感了，心境如《雪夜》诗所谓：

> 天涯久客岁侵寻,茆屋新开枫树林。
> 渐惯省言因病齿,屡经多难解安心。
> 犹怜未系苍生望,且得闲为白石吟。
> 乘兴最堪风雪夜,小舟何日返山阴?[1]

  首联写龙场谪居的生涯,全不见迁客骚人们惯有的愁云惨雾,更没有强作欢颜的做作,只见一派平静而内敛的生命力。颔联说自己话少了,心安了,话少是因为牙痛,这是故意给出一个肤浅的理由,心安是因为苦难经历得多了,这倒是真心话。但是,"屡经多难"的人从来不少,"解安心"的人却一向不多。安心中些许也有不安,那就是颈联里感叹的"犹怜未系苍生望"。儒家讲"达则兼济天下,穷则独善其身",在贵州龙场投闲置散的生活里虽然可以安安心心地独善其身,但兼济天下的使命感总在召唤自己。尾联表面上用到《世说新语》"雪夜访戴"的风雅掌故,实则在颈联的铺垫下隐隐透出几分出山用世的向往。

  好在三年的谪居生活真就这样挨到了尽头,回顾龙场生活的艰辛,怕也算是"九五龙飞之始,大人豹变之初"吧。初入龙场时那个籍籍无名的低级京官,即将以脱胎换骨之身走出来,以天鼓雷音一般的话语去撼动有明一代的世道人心。

---

1 见《全集》,第780页。

第八章

知庐陵县：走出龙场的第一程

一

正德四年（1509年）十二月，有吏部公文下到贵州，升任王守仁为吉安府庐陵县知县，三年的谪戍生涯忽然就此告终。

王守仁有点意外，也有点惊喜。赴任途中有诗说"万死投荒不拟回，生还且复荷栽培"（《游瑞华》二首之二），原以为会死在龙场，没想到不但生还，还有小小的升迁，这当然要感谢上级的栽培。武宗的"皇恩"显然不可能真的这么浩荡，这三年来他那声色犬马的阵仗一天胜似一天，把荒淫玩成了行为艺术，哪会记得千里之外还有王守仁这一个小角色呢？

究竟是时间冲淡了刘瑾的恨意还是朝廷里又发生了怎样微妙的权力变迁，远在蛮荒的王守仁无从得知。庐陵之行是福是祸，似乎也很难逆料。只是依照常情揣测，在权力场的风口浪尖浴血拼杀的刘瑾怕也无暇多想远在天边的王守仁吧，眼下还有太多的权要争、太多的钱要抢、太多的人要摆平、太多的乐趣要享受……蜕变之后的王守仁更不会费什么患得患失的心思，径自出龙场，赴庐陵，一路会晤弟子，讲授学术。除夕他就在顺沅江而下的孤舟中度过，"远客天涯又岁除，孤航随处亦吾庐"（《舟中除夕》二首之二），一派君子随遇而安的潇洒，但有时也会思量"也知世上风波满，还恋山中木石居"（《舟中除夕》二首之二），虽陋犹安的龙场似乎胜过外面的滚滚红尘。

入洞庭、过长沙，世界似乎越来越宽广，人烟越来越稠密。江西吉安，自宋代以来便是物华天宝、人杰地灵的所在，名臣名士辈出，但也正因为文教普及，营造出当地好讼的民风。

所谓民风好讼，意味着老百姓喜欢依靠法律来解决纠纷。这在今天看来非但不是什么坏事，反而是文明开化的表现。当然，如果站在地方官的角度，这等"刁民"动辄就上公堂来打官司，不但自己讲起法律条文来头头是道，最可恨的是竟然还有职业律师（这种职业在宋代就已经有了，称为健讼或珥笔）在一旁帮腔，个个都比"老爷"更懂法律，实在招人讨厌；如果不理他们，或者判决结果不令他们满意，他们还会越县上府地不停申诉，给上级长官增添数不清的麻烦。倘若孔圣复生，一定不会容忍这样的事情吧？

王守仁虽然懂儒学，通经术，却偏偏没有学过法律；三年龙场生涯历练了他许多，却没给过他法务实践的机会。他即将面对的是一县精通各种法律条文和法律程序的资深讼棍，是令所有地方官大呼头痛的刁民中的刁民。那么，他那一套"吾性自足""知行合一"的学问究竟能派上多大用场呢？

二

正德五年（1510年）三月，王守仁甫至庐陵上任，还没来得及烧新官上任的第一把火，就被庐陵百姓杀了一个下马威：乡民一千余人冲入县城，直扑县衙，这是何等群情激奋的场面，幸而这不是造反，只是陈情请愿。新任县太爷出来安抚百姓，好不容易才从嘈杂中听出了几分梗概，大略是庐陵百姓不堪摊派，请知县大人为民做主。

仓促之下，王守仁最担心的只是乡民们情急生变，当下唯有好言安抚，承揽下一切，待把百姓哄走，询差役、查卷宗，真正搞清了事情的来龙去脉，这才晓得自己接了多么烫手的山芋。

事情的起因还要追溯到明朝的镇守中官制度。自成祖永乐年以来，皇帝会委派心腹宦官坐镇边防重镇，称"镇守中官"或"镇守内官"，此例一开便一发不可收拾，至宣宗宣德年间，镇守中官开始遍及内地，于"镇守"之余，肩负着搜刮土特产向皇帝进贡的重任。而到了武宗正德年间，镇守中官简直泛滥成灾，而他们所有进贡的、挥霍的以及中饱私囊的，都来自加在百姓头上的一重又一重的摊派。

具体办理摊派事宜的是各地的粮长、里长。这两个职位其实并不在正规的官僚系统里，以粮长为例，原本是由政府指派当地大户人家充任，督缴田粮，为政府分忧。这差事原本倒也不算难做，奸猾一点的粮长甚至会超额征收，给自己的"义务劳动"主动算一点报酬，但随着摊派越来越多，督缴的工作也就越来越不好做了。倘若实在收不足额，粮长就必须自己补足。善男信女做这个差事只会落得倾家荡产，于是地痞流氓渐渐填补了这个空缺。而在此时的庐陵县，局势尚未败坏到这一步，粮长自己已经贴补了两年的欠款。

但让粮长以及庐陵百姓们最怕的是，这不是终了，只是开始，眼看这第三年又有更多的摊派，当摊派成为定制，以后谁还能有活路？

这才有了前述上千人围堵县衙的一幕。

于情于理,蠲免已欠与将收的一切摊派才是当务之急,但维护百姓岂不意味着要与宦官作对,王守仁受过的教训难道还算小吗?

三

我们当然不难预测王守仁的做法,也不难预测他的结局。

但凡事总有例外,王守仁不出所料地以"虽九死其犹未悔"的姿态上书,尽陈事件始末原委,论述蠲免之势在必行,文末说上官若有怪罪,自己甘愿一人承担,大不了罢官归田。[1]

然而蹊跷的是,灭顶之灾并没有如期而至。王守仁那一封本该一石激起千层浪的公移只似泥牛入海,事情就这样不了了之。似乎除了幸运之神的格外垂青,我们实在找不出其他解释。镇守中官究竟在忙什么,刘瑾这个恶魔一般的存在难道吃斋念佛去了不成?

刘瑾当然一直没有闲着,他晓得打天下难,治天下也难,攫取权力不易,巩固权力同样不易。在刘瑾当时的位置上,要想巩固权力,只做坏事,只迫害异己、招权纳贿显然是不足够的。所谓"定海内者无私仇",坏人要想做大也必须有不凡的心胸,更何况刘瑾真的有几分政治抱负和政治眼光。

---

[1] 见《全集》,第1135-1136页。

单论镇守中官制度，刘瑾早在孝宗时就看它很不顺眼，认为弘治一朝朝廷徒有虚名，权力尽掌握在司礼监和内阁手里，天下镇守、分守、守备等职位上中官皆由司礼监太监举用，所以贿赂横行，如果能将天下镇守中官撤回，全部换一批人，让他们各备一两万两银子直接献给皇上谢恩，总好过让他们拿更多的钱去贿赂司礼监。

当然，时位移人，刘瑾掌管司礼监之后就不再说这些话了，但这至少说明他对朝政还是很有自己一番见解的。刘瑾当权之后，招权纳贿的事自然像所有奸佞都会做的那样紧锣密鼓，但他也做了许多至少出发点是巩固大明王朝的政治改革，诸如清丈土地、精简机构、为百姓减免赋税，甚至启用了一些有治世之才的正人君子。围绕在刘瑾身边的，也不尽是只会阿谀奉承的小人，佼佼者如屡得名臣推荐的进士出身的张彩。

倘若不考虑道德色彩的话，那么可以说张彩之于刘瑾堪比诸葛亮之于刘备。

张彩劝刘瑾约束身边的小人和宦官，说这些人大多只会骗财坏事；张彩还劝刘瑾惩治贪贿，说所有贪贿最终只有两个出处，非盗公帑，即剥小民，那些贪贿之徒借刘瑾的名义招摇撞骗，好处大多自己得了，献给刘瑾的还不到十分之一，天下的怨怼却全集中到刘瑾身上，实在得不偿失。刘瑾还真有大奸大恶者的心胸和眼光，对张彩这些意见欣然接受，并且"知行合一"去了。天下最贪的人厉行反贪，这虽然有几分荒唐，细思之下倒也是合情合理的明智举动。

真正荒唐的是，刘瑾当初以雷霆手段铲除异己，开罪的无非是戴铣、王守仁这样的正人君子，但当他"整顿朝廷法度"的时候，却开罪了太多的小人；刘瑾毕竟是奸佞，所以君子与他势不两立，而小人们因为利益受到侵害，自然也对刘瑾恨之入骨。于是，权力场上的明眼人其实已经能够在刘瑾的熏天气焰之下看到他早已注定的败局了。

四

正德五年（1510年）四月，即王守仁就任庐陵知县的一个月后，安化王朱寘鐇打着诛刘瑾、清君侧的名义在宁夏叛乱，将"正义之师"的檄文发往天下各镇。

这一场本该属于顺天应人的"义举"败亡得太快。游击将军仇钺连用智计，使这一场史称"寘之乱"的大事件仅仅延续了十九天时间，这简直像是王守仁后来平定宸濠之乱的预表。

武宗接到叛乱奏报之后，委派的总制军务的大臣正是前述为王守仁的父亲王华作有传记的名臣杨一清；领兵平叛的武将是总兵官神英，神英受封泾阳伯，这个爵位原是靠着贿赂刘瑾得来的；照例还要有太监监军，这个人选正是"八虎"之中的张永。

大军未至，叛乱已平，杨一清却不想就这样轻易收场，他还有件大事要做：难得有机会能和张永单独相处，一定要好好拉拢这个人，天下大事就着落在张永身上了。

正所谓"小人之交甘若醴"，当年的"八虎"本就是个以势利相交的团伙，危急时可以抱团死战，而危机只要稍有缓解，很快就会陷入彼此倾轧的缠斗里了。尤其在刘瑾一支独大之后，处处压制其他

"七虎"，尤其与张永的矛盾最深，两人甚至在武宗面前老拳互殴，显见得再没有半点转圜的余地了。

那么，张永既是武宗最信任的东宫旧人之一，又是刘瑾的死对头，要想除掉刘瑾，张永自然是最理想的切入点了。杨一清于是借着出兵在外的机会，对张永"晓以大义"，当然，起实质作用的只会是"晓以利害"。"君子喻于义，小人喻于利"，一贯如此。

回朝后，张永果然说动了武宗，连夜便逮捕了刘瑾，这是八月中旬的事情，即王守仁知庐陵县的五个月后。事情的经过自有一番惊心动魄，张永等人务求一击致命，下手完全是分秒必争的架势。

翌日，武宗将张永弹劾刘瑾的奏疏交付内阁，将刘瑾降职，准备将他发往南京赋闲。但接下来的事情相当出人意料，武宗亲自查抄了刘瑾的府邸，搜出私刻的伪玺及弓弩、甲胄，这显然是谋反的铁证。武宗这才动了真怒，刘瑾被凌迟处死，曾经依附刘瑾的官员亦一一作为逆党被严厉清算，先前被刘瑾迫害的官员也被一一平反，史称"一时朝署为清"。

刘瑾之死，细思之下很有几分蹊跷。史籍所载，刘瑾早有谋反的意图，起因是有江湖术士向他"泄露天机"，说他的从孙刘二汉当有"大贵"，他便信以为真地筹备如何"顺应天命"去了。恰逢刘瑾的兄长去世，刘瑾便计划在正德五年（1510年）八月十五日趁着百官来参加葬礼的时候起事，而张永平定安化王的捷报忽然抵京，恰恰请于这一天行献俘礼。刘瑾要求献俘缓期，张永担心有变，提前进京献俘，这才在千钧一发之际挽狂澜于既倒。

以刘瑾的精明，在当时的政治框架里无论如何也不会蠢到做改朝换代的打算，即便真要改朝换代，也不会蠢到私自准备玉玺和武器的程度，这倒很可能是张永和杨一清等人栽赃诬陷的结果。毕竟武宗对刘瑾感情极深，只要刘瑾不死，不消说到南京赋闲，就算是和王守仁一样贬到贵州龙场，总还有死灰复燃的机会，将来谁能顶得住刘瑾这号狠角色的报复呢？唯一能定刘瑾死罪的，也就只有谋反这一途了。而谋反的铁证，有什么还能比私刻的玉玺和私藏的武器更有说服力呢？更何况武宗是个顽童一般的皇帝，这种戏剧化的情节最对他的口味。

五

当权力圈的核心酝酿并发生如此天翻地覆的激斗时，王守仁正在遥远的庐陵努力应对着当地精通法律、爱打官司的百姓。及至刘瑾败亡，王守仁还陷在繁杂的事务里，简直无暇做个小小的欢庆。

儒者应该如何应对诉讼，孔子早有指示："听讼，吾犹人也，必也使无讼乎。"（《论语·颜渊》）孔子的着力点并不在于怎样把官司判得公平合理，而是要尽可能地使人们不打官司。

孔子生活的时代是宗族聚居的小社会模式，也可以称作熟人社会，社会规模小，人口少，大家或多或少都认识，或多或少沾亲带故，抬头不见低头见，所谓"出入相友、守望相助、疾病相扶持"，所以"人情"才是最适用的社会凝固剂。一旦讲法律、对簿公堂、据理力争，人情也就生分了，无论谁打赢了官司，都对这个社会没有好处。

那时候之所以要"以德治国"，是因为国君以及卿大夫集团同时也兼有宗族长老的身份，对晚辈总要讲几分怜惜疼爱，而晚辈对长辈也有着相应的敬爱；长辈以身作则，自我修养品格，晚辈总能受到相应的影响与感化。

这很像我们今天关于家庭的一种认识：家不是讲理的地方，而是用感情来彼此包容的；家人之间一旦讲理，这个家也就散了。反过来看，儒家的政治哲学之所以在今天行不通，是因为社会结构早已经发生了天翻地覆的变化，今天意义上的城市早已经不是古代意义上的城市了，不但面积巨大、人口众多，而且聚居的人口往往是五湖四海汇聚而来，彼此之间完全是陌生的。陌生人之间没法讲情，只能讲理，只在一些人口流动性极小的小城市以及仍旧保留着宗族结构的乡村里，孔子的这套政治哲学还勉强剩有几分土壤。

所以醇儒治理地方都会本着孔子"必也使无讼"的指导，不在官司的审理上花力气，而是花力气使老百姓不打官司。所以民间虽然推崇包青天，儒家对包拯却很有微词，说他是败坏世道人心的坏分子。对这个话题感兴趣的读者可以看我的《治大国：古代中国的正义两难》，这里就不予详论了。

宋代儒家官僚治理好讼之地，甚至有过官司未审先打律师的先例。毕竟在古代观念里，地方官并非公仆，而是民之父母，父母惩治子女总有几分"打是疼，骂是爱"的意味。王守仁的做法要温和许多，先礼后兵，写了一篇长达数千言的《告谕庐陵父老子弟》，警告百姓不要有事没事就来衙门告状。

六

做地方官势必要面对纷繁复杂的具体事务，这可不是只靠格物致知、正心诚意就能应付裕如的。所以，尽管《告谕庐陵父老子弟》一文在思想史关于阳明心学的研究中完全不受重视——它也确乎没有什么"思想意义"——但它自有一种独到的意义，那就是为我们展示了龙场悟道之后的王守仁是如何真正应对世务的：

> 庐陵文献之地，而以健讼称，甚为吾民羞之。县令不明，不能听断，且气弱多疾。今与吾民约：自今非有迫于躯命，大不得已事，不得辄兴词。兴词但诉一事，不得牵连，不得过两行，每行不得过三十字。过是者不听，故违者有罚。县中父老谨厚知礼法者，其以吾言归告子弟，务在息争兴让。呜呼！一朝之忿，忘其身以及其亲，破败其家，遗祸于其子孙，孰与和巽自处，以良善称于乡族，为人之所敬爱者乎？吾民其思之。
>
> 今灾疫大行，无知之民惑于渐染之说，至有骨肉不相顾疗者。汤药饘粥不继，多饥饿以死。乃归咎于疫。夫乡邻之道，宜出入相友，守望相助，疾病相扶持。乃今至于骨肉不相顾。县中父老岂无一二敦行孝义，为子弟倡率者乎？夫民陷于罪，

犹且三宥致刑。今吾无辜之民，至于阖门相枕借以死。为民父母，何忍坐视？言之痛心。中夜忧惶，思所以救疗之道，惟在诸父老劝告子弟，兴行孝弟。各念尔骨肉，毋忍背弃。洒扫尔室宇，具尔汤药，时尔馈粥。贫弗能者，官给之药。虽已遣医生老人分行乡井，恐亦虚文无实。父老凡可以佐令之不逮者，悉已见告。有能兴行孝义者，县令当亲拜其庐。凡此灾疫，实由令之不职，乘爱养之道，上干天和，以至于此。县令亦方有疾，未能躬问疾者，父老其为我慰劳存恤，谕之以此意。

谕告父老，为吾训戒子弟，吾所以不放告者，非独为吾病不任事。以今农月，尔民方宜力田，苟春时一失，则终岁无望，放告尔民，将牵连而出，荒尔田亩，弃尔室家，老幼失养，贫病莫全，称贷营求，奔驰供送，愈长刁风，为害滋甚。昨见尔民号呼道路，若真有大苦而莫伸者。姑一放告，尔民之来讼者以数千。披阅其词，类虚妄。取其近似者穷治之，亦多凭空架捏，曾无实事。甚哉，尔民之难喻也，自今吾不复放告。尔民果有大冤抑，人人所共愤者，终必彰闻，吾自能访而知之。有不尽知者，乡老据实呈县。不实，则反坐乡老以其罪。自余宿憾小忿，自宜互相容忍。夫容忍美德，众所悦爱，非独全身保家而已。嗟乎！吾非无严刑峻罚以惩尔民之诞，顾吾为政之日浅，尔民未吾信，未有德泽及尔，而先概治以法，是虽为政之常，然吾心尚有所未忍也。姑申教尔。申教尔而不复吾听，则吾亦不能复贷尔矣。尔民其熟思之，毋遗悔。

一应公差人员经过河下，验有关文，即行照关应付，毋得留难取罪。其无关文，及虽有关文而分外需求生事者，先将装载船户摘拿，送县取供。即与搜盘行李上驿封贮，仍将本人绑拿送县，以凭参究惩治。其公差人安分守法，以礼自处，而在官人役辄行辱慢者，体访得出，倍加惩究，不恕。

借办银两，本非正法。然亦上人行一时之急计，出于无聊也。今上人有急难，在尔百姓，亦宜与之周旋。宁忍坐视不顾，又从而怨詈讪讦之，则已过矣。夫忘身为民，此在上人之自处。至于全躯保妻子，则亦人情之常耳。尔民毋责望太过。吾岂不愿尔民安居乐业，无此等骚扰事乎？时势之所值，亦不得已也。今急难已过，本府决无复行追求之理。此必奸伪之徒，假府为名，私行需索。自后但有下乡征取者，尔等第与俱来，吾有以处之。毋遽汹汹！

今县境多盗，良由有司不能抚绥，民间又无防御之法，是以盗起益横。近与父老豪杰谋，居城郭者，十家为甲；在乡村者，村自为保。平时相与讲信修睦，寇至务相救援。庶几出入相友，守望相助之义。今城中略已编定。父老其各写乡村为图，付老人呈来。子弟平日染于薄恶者，固有司失于抚绥，亦父老素缺教诲之道也。今亦不追咎，其各改行为善。老人去，宜谕此意，毋有所扰。

谕示乡头粮长人等，上司奏定水次兑运，正恐尔辈在县拖延，不即起运。苟钱粮无亏，先期完事，岂有必以水次责尔之理？纵罪不免，比之后期不纳者，获罪必轻。昨呼兑运军期面语，亦皆乐从，不敢有异。尔辈第于水次速兑，苟有益于民，吾当身任其咎，不以累上官。但后期误事，则吾必尔罚。定限二十九日未时完报。

今天时亢旱，火灾流行，水泉枯竭，民无屋庐，岁且不稔。实由令之不职，获怒神人，以致于此。不然，尔民何罪？今方斋戒省咎，请罪于山川社稷，停催征，纵轻罪。尔民亦宜解讼罢争，息心火，无助烈焰。禁民间毋宰杀酗饮。前已遣老人遍行街巷，其益修火备，察奸民之因火为盗者。县令政有不平，身有缺失，其各赴县直言，吾不惮改。

昨行被火之家，不下千余，实切痛心。何延烧至是，皆由衢道太狭，居室太密，架屋太高，无砖瓦之间，无火巷之隔。是以一遇火起，即不可救扑。昨有人言，民居夹道者，各退地五尺，以辟衢道，相连接者，各退地一尺，以拓火巷。此诚至计。但小民惑近利，迷远图，孰肯为久长之虑，徒往往临难追悔无及。今与吾民约，凡南北夹道居者，各退地三尺为街；东西相连接者，每间让地二寸为巷。又间出银一钱，助边巷者为墙，以断风火。沿街之屋，高不过一丈五六，厢楼不过二丈一二。违者各有罚。地方父老及子弟之谙达事体者，其即赴县议处，毋忽。

昨吴魁昊、石洪等军民互争火巷，魁昊等赴县腾告，以为军强民弱已久。在县之人，皆请抑军扶民。何尔民视吾之小也？夫民吾之民，军亦吾之民也。其田业吾赋税，其室宇吾井落，其兄弟宗族吾役使，其祖宗坟墓吾土地，何彼此乎？今吉安之军，比之边塞虽有间，然其差役亦甚繁难，月粮不得食者半年矣。吾方悯其穷，又可抑乎？今法度严厉，一陷于罪，即投诸边裔，出乐土，离亲戚，坟墓不保其守领，国典具在，吾得而绳之，何强之能为？彼为之官长者，平心一视，未尝少有同异。而尔民先倡为是说，使我负愧于彼多矣。今姑未责尔，教尔以敦睦，其各息争安分，毋相侵陵。火巷吾将亲视，一不得，吾其罪尔矣。诉状诸军，明早先行赴县面审。

谕告父老子弟，县令到任且七月，以多病之故，未能为尔民兴利去弊。中间局于时势，且复未免催科之扰。德泽无及于民，负尔父老子弟多矣。今兹又当北觐，私计往返，与父老且有半年之别。兼亦行藏靡定，父老其各训诫子弟，息忿罢争，讲信修睦，各安尔室家，保尔产业，务为善良，使人爱乐，勿作凶顽，下取怨恶于乡里，上招刑戮于有司。呜呼！言有尽而意无穷，县令且行矣，吾民其听之。[1]

从这篇告谕里可以看出知县确实不容易做，一个小小的县城有多少麻烦事，又有多少总也摆不平的利害纠葛。告谕针对的第一个问题便是好讼之风，王守仁先强占道德制高点，说庐陵有这种风气，我都为你们感到羞耻！我身体不好，没精神处理官司，我跟大家约好：

1. 今后若非性命攸关的大事，一概不许诉讼。

2. 就算诉讼，也只许针对一件事，不得牵扯到其他事情。

3. 状纸别写太长，两行以内把事说完，每行不得超过三十字。大家要和睦相处，少生事端！

---

[1] 见《全集》，第1130-1135页。

王守仁还有解释:"我之所以这样做,其实主要因为现在正是农忙时节,打官司会耽误收成。而且,昨天很多人拦路喊冤,好像真的苦大仇深似的,我就准备审一审看,结果消息一出,赶来告状的一下子就有好几千人!我一看状纸,基本都是胡说八道,你们这些老百姓也太过分了吧?所以呢,以后别来找我打官司了,如果真有人神共愤的深冤大恨,迟早都会彰显的,到时候再来处置也就是了。你们要是不听我的话,就别怪我对你们不留情面!"

接下来,告谕要处理的第二个问题:庐陵疫病流行,百姓害怕传染,不敢接近病人,导致很多人一旦染上疫病,便会落入自生自灭的境地。王守仁的意见是:"你们这些无知百姓啊,胡乱相信传染的谣言,以至于病人往往不是病死的,而是因为没人照顾而饿死的。治病救人的办法只有一个,那就是诸父老以孝悌之道劝告子弟,大家都来认真照顾生病的亲人。做得好的人,本官会亲自登门拜访。如果有家贫买不起药的,政府负担药费。"

第三个问题:公差下去办事,倘若手续不全或有非分要求,百姓可以将他们绑到县衙发落;但如果人家手续完整、安分守法,却受到辱骂、刁难,只要被我查出,一定严惩不贷!

从上述内容可以看出当时官民矛盾太深,民间怨气太重。确实在正德年间,各地民变愈演愈烈,民怨很容易就会演变为民变。

第四个问题:上级长官向民间借办银两,即各项摊派,导致民情激愤,前述《庐陵县公移》正是一例。王守仁并没有公然声讨摊派的不对,而是站在父母官的立场做劝导说:"摊派确实不是正法,只是上级长官为了应急而行的无奈之举。上官有了急难,你们做百姓的也应该积极想办法才对,哪能忍心坐视呢?还有人谩骂攻讦,这实在过分了!大公无私、一心为民,做长官当然该有这样的自我要求,但保全自身与妻儿之心也属人之常情啊。官也是人,你们这些老百姓不要对长官责望太过。难道我不愿意让你们安居乐业吗,难道我愿意搞各种摊派来难为你们吗?这都是时也,势也,我也是不得已啊!如今急难已过,我绝无再向你们追讨索求之理,如果有人要到你们头上,那一定是奸伪之徒打着我的旗号谋求私利。从今以后,再遇到下乡征收钱粮的,你们尽管带着他来县衙找我,我自有办法处置,你们可不能自己闹起事端来啊!"

第五个问题:治安。庐陵县内盗匪横行,政府无能为力,民间亦无防盗之法,王守仁因此推出了保甲制度:城内以十家为一个单位,称为甲;乡村以自然村落为单位,称为保。每甲每保,平时要讲信修睦,和谐共处,一旦有寇盗侵犯,务必互相救援。

这种制度源于管仲,使民、兵一体,作战的时候,每一个单位不是父子兄弟就是左邻右舍,熟悉程度高,协同能力强,齐桓公以此称霸诸侯。及至战国,商鞅变法在秦国施行了加强版的保甲制度,极大强化了行政效率和作战能力。

以今天的概念来说,王守仁的保甲制度近乎一种民兵制,由政府协调,由民间自组,是一种权变应急的办法。不难想见的是,这种民间武装组织一定会招来皇帝的忌惮。幸而武宗是个顽童,幸而北京的高层权力斗争正如火如荼。后来王守仁领兵平乱,严行保甲,正是与庐陵知县的这段经历一脉相承的。

第六个问题:钱粮征收。文章所谓"水次兑运",属于明代漕运术语。大运河是钱粮运转的交通命脉，沿河重镇设有粮仓，称为水次仓。里长、粮长需要协调百姓运粮储仓，但这件事过于耗损民力，后来制度有了改变，百姓负担运粮储仓的费用，由卫所官军代劳，称为兑运。运送钱粮是关乎地方官业绩的头等大事，过程中又少不得各种吃拿卡要，以至于里长、粮长每每视之为畏途。王守仁要在卫所军官和里长、粮长之间协调，让前者不苛求，后者不拖延，倘若后者再有拖延，那就严惩不贷了。

第七个问题：防火。亢旱天气，火灾流行，王守仁讲到自己昨天才视察了一处火灾现场，见失火者千余家，触目惊心。那么防火的办法，一要务虚，根据天人感应理论，王守仁斋戒沐浴，多做自我批评，暂停钱粮催征，赦免只犯了轻罪的囚犯，拜托山川社稷神灵高抬贵手，还请当地百姓平心静气别再打官司，免得心火助长烈焰。二要务实，火灾之所以容易蔓延，是居住密度过大的缘故，有人建议道路两边的民居各自退地五尺，连在一起的房屋各自退地一尺，这是个好办法。"但你们这些老百姓一向只顾蝇头小利，没有长远眼光，肯定不会有主动退地的自觉性。现在我跟你们约定，凡南北夹道的房屋，各自退地三尺，让宽街面；凡东西相连的房屋，每间让地二寸；每间屋出银一钱，作为在边巷筑防火墙的费用；沿街的房屋，高度不得超过一丈五六，厢楼不得超过二丈一二，违者必罚！"

这样一件事大体相当于今天城管拆除违建，怎么看都像是不可能完成的任务。难道老百姓真的如此短视，不晓得过度密集的木结构建筑在火灾中的幸存概率微乎其微吗？症结其实在于，即便每个人都有足够的远见，都知道火灾风险的存在，利益最大化的办法仍然是见缝插针——因为你退让了,退让出来的土地只会被旁人侵占,你平白损失了居住面积,火灾的隐患却丝毫没有降低。

如果人人都有足够的远见,为什么还会是这个结果呢?这就好比今天面对高房价,人人都知道只要所有人坚持三年都不买房,房价必降,但这种情况永远不会发生;再如在一家蛀虫横行的企业,每只蛀虫都知道,如果大家再这样损公肥私下去,企业一定会垮,到时候自己不但黑色收益落空,就连白色收益也一道损失了。即便这样,他们非但不会有所收敛,反而变本加厉,争取在大厦倾覆之前为自己多捞取一点好处。从博弈论的角度来看,这非但不出于愚蠢,反而恰恰都是理性人利益最大化的理性抉择。

我们当然不能以博弈论思维要求王守仁,但是,让全县百姓人人拆房退地,可想而知,最后会由政府出面强拆,那时候会不会激起民变,政府有没有这份人力物力……每个环节都让人疑虑丛生。

第八个问题:调解军户和民户的纠纷。明代军制是卫所制,重要地点设卫,次要地点设所,军人另立户籍,世袭为军。所以明代户籍主要分为军籍、民籍、匠籍三种,军籍隶属于都督府,民籍隶属于户部,匠籍隶属于工部。尽管户籍各有隶属,但现实生活往往交叉。这次在庐陵县,军户和民户发生了纠纷,民户告到县衙,说军户常常欺压民户,政府实在有必要抑军扶民。

这类纠纷不论孰是孰非,都会很让地方官为难。王守仁以宣传教育为主,说了许多军民一家的道理,又讲到军户的负担其实比民户更重,生计更艰,请民户多多体谅,不要搞到这般对立的地步。

这些政策究竟收效如何呢?告谕的最后一段给出线索:"本官到任

将近七个月了,身体一直不好,没能为你等百姓兴利除弊,中间还迫于局势,没少因为催粮催钱的事情打扰你们,实在有点过意不去。我马上就要进京朝觐了,来回大约需要半年,也不一定回来,所以就拜托本县父老好好训诫子弟,别再动不动打官司了,亲善和睦地过日子多好!"

这份告谕至少使我们知道,知县的工作何其烦琐,又何其无奈,种种具体事务并不是靠着一颗悟道之心就能够应付裕如的。退一步说,就算知县大人一举一动都能安心,但县里能不能太平、百姓能不能满意就是另一回事了。不过据《年谱》的说法,王守仁治庐陵县当真卓有成效。

七

《年谱》给我们的说法是,王守仁在庐陵县"为政不事威刑,惟以开导人心为本",至于开导人心的具体措施,是恢复了明初洪武年间的里正三老制。

这是朱元璋钦定的地方制度,很有几分儒家古风。民间以"里"为基本行政单位,每里由地方官挑选德高望重的长者,称为耆宿、里老或方巾御史,专门调解民事纠纷。倘若有人越过耆宿,直接向官府告状,这叫"越诉",官府非但不予受理,还要打当事人一顿皮鞭。耆宿甚至有权力联络乡民将为非歹的地方官绑赴京城问罪,当时的档案留下了被绑的地方官向耆宿哀求的记载:"我十四年寒窗苦读才谋得这个职位,求您高抬贵手,不要毁了我的前程!"[1]

耆宿制一度遭到废止,原因是耆老也会所用非人,也会腐化堕落,鱼肉乡里,百姓反受其害。[2]

朱元璋还有明令,要各地乡里设置申明亭、旌善亭,大约相当于今天居委会的布告栏,对好人好事张榜表彰,对坏人坏事张榜批判。只是自洪武至正德,国初制度早已荒废,王守仁起而复行,将耆宿制、申明亭、旌善亭一一恢复,全是一派化民成俗的做派。庐陵民风为之一变,百姓们真心不愿再打官司了,甚至有来打官司的人受到感化,哭着撤诉回家的。如此日复一日,监狱里的犯人自然也越来越少了。

王守仁知庐陵县的七个月间,总共发布有十六份告谕,大抵都是谆谆教导。城中发生火灾的时候,王守仁亲自做祷告,结果风向逆转,没有酿成更大的灾害。他甚至以自己的血来祭神禳灾,大火当即便熄灭了。于是王守仁在城中开辟火巷,订立钱粮征缴的合理流程,杜绝镇守中官的横征暴敛,以保甲法平定盗匪之患,清理水陆驿站以接待宾旅,这些办法数十年都在沿用。[3]

当然,这些话总会令今天的读者感到可疑。正是祈神禳灾之类的记载使《年谱》的可信度大打折扣,以致我们就连那些绝无迷怪的部分也不敢轻易相信了。无论如何,编纂《年谱》的钱德洪素以忠厚著称,想来他是真心相信这些吧。

---

[1] 见《御制大诰三编》。
[2] 见《太祖实录》。
[3] 见《全集》,1356-1357页。

第九章

北上：讲学大兴隆寺

一

明代制度，地方官每三年进京一次，朝见皇帝并接受吏部和都察院的考核，称为"朝觐考察"。正德六年（1511年）正月正是三年一度的朝觐时间，做了七个月知县的王守仁打道上京就是为着这个缘故。

朝觐考察可以看作对全国地方官的例行考察，正常情况下的官员罢黜都是在这个环节发生的，每次免职者少则数百，多则数千。当然，任何一项制度发展下来都容易变成教条。明代中叶，每次朝觐考察的罢黜名额都基本遵循先例，维持在两千五百多个名额。正德六年（1511年）的这次考察，罢黜州府县官一千三百二十五人、杂职衙门官一千一百四十二人。[1]这一场京城盛事，即将决定两千多名地方官的命运。

王守仁当然可以坦坦荡荡地应对这次考察，即便还有什么党争或倾轧，那又有什么关系呢？他是在正德五年（1510年）十一月抵京的，暂时在大兴隆寺落脚，在这个忙忙碌碌的冬春之交会见各个久违的朋友与同僚。

大兴隆寺是北京当时的一大名胜，始建于明英宗正统十三年（1448年），由刘瑾的偶像王振主持修建。如此大手笔的祈福却没能如

---

1 见《武宗实录》卷七十一。

愿以偿，翌年即发生了土木之变，英宗沦为瓦剌的俘虏，王振死于乱军之中。但可以想见的是，这一切都影响不到大兴隆寺的香火，凡进京的举子、商贾、官员，也都很喜欢在寺中借宿。当时的寺院在很大程度上承担着今天宾馆酒店的功能，只是费用很灵活，以香火钱的形式自愿奉献，毕竟寺院不是营利机构，提供住宿也只是与人方便罢了。

王守仁与湛若水重逢于这座大兴隆寺，既是道义之交、金兰之契，又有过生离死别的遭遇，重逢自然有太多话要讲。黄绾，王守仁最重要的弟子之一，《阳明先生行状》的作者，就是在这个时候加入王、湛之列的。

二

黄绾，字宗贤，一字叔贤，号久庵，黄岩人，少王守仁五岁，以祖荫入官，授后军都督府都事。

黄绾结识王守仁的经过，简略的版本可见黄宗羲《明儒学案》。黄绾未做官之时师从谢铎，授官之后，听说王守仁讲学，便前去拜访，说自己虽然有志于圣学，但功夫还没下足。王守仁说："人就怕不立志，只要立志，就不怕功夫不到。"继而将黄绾引荐给湛若水，三人一道立志向学。[1]

---

[1] 见清代黄宗羲《明儒学案》(中华书局，2008年出版)，第280页。

《年谱》记载稍详。黄绾是通过储巏结识王守仁的，两人交谈之下，王守仁喜形于色："你讲的这些学说久绝于世，你是从哪里听说的？"黄绾答道："我只是有志向学，但没下过太多功夫。"王守仁道："人就怕不立志，不怕功夫不到。"翌日，将黄绾引荐给湛若水，三人约定，天天都要在一起切磋学术。[1]

黄绾自己的记述就详细多了。话说黄绾从小便有志于圣学，学习朱熹、周敦颐、二程、陆九渊的著作，每天都要静坐。虽然他与王守仁有通家之旧，却对后者的学术了解不多。执友储巏来信说："近日有士大夫如王伯安，有正确的学术方向，造诣也深，不是拘泥于文字的人，你如果能和他结交，应当会有不小的受益。"于是黄绾当晚便拜访王守仁，当时湛若水正在房间里，王守仁便出来和他讲话。接下来的内容与《年谱》无异，最后讲到翌日王守仁派人邀请黄绾，与湛若水"共拜而盟"。[2]

这里很有几个值得重视的信息，首先是储巏其人。储巏，字静夫，号柴墟，长王守仁十五岁，长黄绾二十岁，是一位以骨鲠著称的名臣。储巏两袖清风，所以做了十年京官还没能买一套属于自己的房子，写诗说"僦屋都城已十年，移从东陌复西廛。傍人门户终低首，老我风尘未息肩"，总少不得租房搬家的麻烦。刘瑾当权的时候，经常随意辱骂朝官，却对储巏很恭敬，始终尊称以"先生"。但储巏的为官原则很单纯，既然无能为力，绝不尸位素餐，于是托病致仕，直到刘瑾伏诛才重新入朝为官。但朝廷没了刘瑾，竟然也没有出现拨云见日的景象——张永成为刘瑾第二，宦官依旧飞扬跋扈，而武宗皇帝的顽劣

---

1 见《全集》，第1357页。
2 见《全集》，第1558页。

更甚，储巏便再次遵照单纯的人生法则辞官养老去了。

储巏虽已致仕，但毕竟是以高级官员的身份致仕，名望和影响力并非普通官员可比。所以，王守仁的学术能得到储巏的认可和推广，也就意味着距离大行其道不甚遥远了。

黄绾称储巏为"执友柴墟储公巏"，显见得两人交谊不浅，储巏对黄绾的学术当不陌生。黄绾自述读书范围既有程朱又有陆九渊，这也显然与王守仁更贴合，而与世俗攻举业的读书人相去甚远。应当正是黄绾的陆学心得使王守仁发出惊喜之感叹的。

湛若水对这件事情也有回忆。王守仁原本被改任为南京刑部主事，随即被留在北京做吏部验封主事，很有声誉。他觉得可以在京城买房久住了，于是就做了湛若水的邻居。当时他们常在大兴隆寺讲学，黄绾加入进来，他们三人相谈甚欢，情投意合。(《阳明先生墓志铭》)[1]

此时三人以平辈订交，但是十二年后，即明世宗嘉靖元年（1522年），黄绾正式行弟子礼，拜王守仁为师，成为阳明心学旗下的一员大将。而在他初识王守仁的时候，那番只留下简短记载的对话其实已经透露出阳明心学的一条精义：人贵立志。

这一时期的王守仁极重立志，他有这样一段话，说，求圣人之学却没有取得成效的，大抵都输在立志不坚。天下之人，有立志做木匠的，有立志做皮匠的，有立志做巫医的，最后都做得成，他就从没见过有决定却做不成事的例子。然而木匠、皮匠、巫医遍天下，为什么偏偏求圣人之学而能学成的人数百年间也见不到一两个呢？不是因为

---

[1] 见《全集》，第1540页。

圣人难做，只是因为没人立这个志罢了。(《赠林以吉归省序》)[1]

这个观点可以表述为"有志者事竟成"，所有立了志但事竟无成的人，只是因为立志不坚。这当然不同于"人有多大胆，地有多大产"，毕竟地力是人很难左右的东西，而做木匠或做圣贤，基本上由主观能动性决定一切。

以今天的眼光来看，王守仁的这个命题完全符合卡尔·波普尔的证伪主义：有解释万事万物的能力，无法验证其真伪，而无论发生什么，都能被归于该理论的一部分，诸如弗洛伊德的心理学和麦克卢汉的传媒理论。

但是，只要我们不将王守仁的这项命题当作一项"理论命题"来看，我们立时就会发现它很有鼓动人心的积极意义，于那个时代的社会风气也很有切中肯綮的针砭意义：人们读书都是为着黄金屋、千钟粟、颜如玉来的，以至于读圣贤书的人虽多，却当真没有几个立志做圣贤的人，甚至整个社会已经把圣贤架在了一个既空且高的位置，只被人们敷衍了事地膜拜一下而已。

所以，王守仁抛出的这个命题其实很让大家难堪，因为它不留任何情面地点出了士大夫阶层的虚伪性，此时的王守仁正如指着皇帝的新装高呼的那个小孩子。于是，在全国官员云集京城的时候，王守仁就这样指给大家看：这些衣冠楚楚的士大夫其实都没穿衣服。当然，有人会恍悟流涕，也有人会恼羞成怒。这会引发怎样的后果，我们当然不难猜到。

---

[1] 见《全集》，第253-254页。

三

只在王守仁进京朝觐的一个月后，即正德五年（1510年）十二月，便有了新的任命，升王守仁为南京刑部四川清吏司主事。

前文述及，南京政府基本都是闲职。湛若水很希望王守仁留在北京，于是和黄绾商议，通过户部侍郎乔宇走通了杨一清的关系，使王守仁改任吏部验封清吏司主事，此时已是正德六年（1511年）正月了。

乔宇，字希大，号白岩山人，长王守仁十五岁。王守仁曾经在诗中谈到"柴墟吾所爱，春阳溢鬓眉。白岩吾所爱，慎默长如愚"，意即储巏（柴墟）、乔宇（白岩）都是自己爱慕的人，前者精神矍铄，后者大智若愚，"度量较齿德，长者皆吾师"，论年岁的话，两位长者都是我的老师。（《忆昔答乔白岩因寄储柴墟》三首之三）

然而在大兴隆寺讲学的日子里，乔宇这位长者兼高级官僚反而很像王守仁的弟子。就在这一年里，乔宇调任南京礼部尚书，临行前特地找王守仁论学，而在这一番对话中，王守仁才是那个传道、授业、解惑的角色：

大宗伯白岩乔先生将之南都，过阳明子而论学。阳明子曰："学贵专。"先生曰："然。予少而好弈，食忘味，寝忘寐，目无改观，耳无改听。盖一年而诎乡之人，三年而国中莫有予当者。学贵专哉！"阳明子曰："学贵精。"先生曰："然。予长而好文词，字字而求焉，句句而鸠焉，研众史，核百氏。盖始而希迹于宋、唐，终焉浸入于汉、魏。学贵精哉！"阳明子曰："学贵正。"先生曰："然。予中年而好圣贤之道。弈吾悔焉，文词吾愧焉，吾无所容心矣。子以为奚若？"阳明子曰："可哉！学弈则谓之学，学文词则谓之学，学道则谓之学，然而其归远也。道，大路也。外是，荆棘之蹊，鲜克达矣。是故专于道，斯谓之专；精于道，斯谓之精。专于弈而不专于道，其专溺也；精于文词而不精于道，其精僻也。夫道广矣大矣，文词技能于是乎出，而以文词技能为者，去道远矣。是故非专则不能以精，非精则不能以明，非明则不能以诚。故曰'惟精惟一'。精，精也；专，一也。精则明矣，明则诚矣。是故明精之为也，诚一之基也。一，天下之大本也；精，天下之大用也。知天地之化育，而况于文词技能之末乎？"先生曰："然哉！予将终身焉，而悔其晚也。"阳明子曰："岂易哉？公卿之不讲学也，久矣。昔者卫武公年九十而犹诏于国人曰：'毋以老耄而弃予。'先生之年半于武公，而功可倍之也。先生其不愧于武公哉？某也敢忘国士之交警！"（《送宗伯乔白岩序》）[1]

---

[1] 见《全集》，第254-255页。

王守仁说:"学贵专。"

乔宇答:"没错!我小时候爱下棋,废寝忘食地研究棋艺,一年之后技压本乡,三年之后打遍全国无敌手。学习确实贵在专一。"

王守仁说:"学贵精。"

乔宇答:"没错!我长大之后爱好文辞,字字句句都要精心雕琢,文章出唐宋而入汉魏。学习确实应当精益求精。"

王守仁说:"学贵正。"

乔宇答:"没错!我在中年以后爱好圣贤之道,后悔从前都把时间、精力花在下棋和文辞上了。如今我全不在意棋艺和文辞了,你觉得这样还好吗?"

王守仁接下来做了长篇大论式的阐发,强调"道"才是一切的根本,只有学道才谈得上专、精、正;道既广且大,一切文学、技能皆由道而发,舍道而专求文学技能就会去道日远。专则能精,精则能明,明则能诚,所以才有"惟精惟一"的说法。"惟精惟一"之"精"正是精于道之"精","惟精惟一"之"一"正是专于道之"专"。

现代读者不易理解这段话的深意。"惟精惟一"语出《尚书·大禹谟》,舜有心禅位给禹,于是对他有一番告诫,其中有一段至关重要的话:"人心惟危,道心惟微,惟精惟一,允执厥中。"宋儒极其重视这句话,称其为圣人的十六字心传。后来阳明心学的信徒更加推崇这十六个字,因为王守仁称其为"心学之源"。(《象山文集序》)[1]

至于这十六个字的含意,朱熹的高徒蔡沈奉师命为《尚书》做注,

---

1 见《全集》,第273页。

即后世定为官版教科书的《书集传》，解释这句话说："人的思想凡发于形气的是为人心，凡发于义理的是为道心；人心充满私欲，故而危殆，道心容易被私欲遮蔽，故而微茫难求；人必须精研、专注，以诚信的态度奉行中道。"

所谓中道，简言之就是既不过度，也无不及。这十六字心传以及蔡沈的注释，都是明代读书人熟读、熟背的内容。于是我们会发现，王守仁这是在用无人质疑的儒家经典与圣贤语录为自己的新理论做背书，正如他在后来一再所做的那样。至于"惟精惟一"是否真能这样解释，其实从蔡沈那里就已经阐释过度了。

王守仁所谓专则能精，精则能明，明则能诚，这又关涉到《大学》《中庸》"明"和"诚"两个概念：以《大学》言，"明"是要"明明德"，也就是使内心的善性彰显出来，"诚"是"诚其意"，也就是使意念的发动充满真诚；以《中庸》言，由诚而明是天性的彰显，由明而诚是后天的教化，诚与明相辅相成。依王守仁的逻辑理论，人应当专心致志地学习圣贤之道，然后善性便会彰显，心念便会挚诚，如此则会洞悉天地万物的终极真理，文章与棋艺这种雕虫小技也就不学而自会了。

这样的道理当然太小看客观世界的知识了，牛顿、爱因斯坦谁也不是先成为道德家再"顺带着"发现物理原理的。只是明朝人不这样想问题，王守仁更不这样想问题。阳明心学在今天总有点方凿圆枘、扞格难通，正是因为很多知识——譬如自然科学和社会科学——已经从道德哲学的统辖下脱身了。

不过，明朝人能够从王守仁的这段话里感到特殊的震撼，因为它虽然只字不曾提及陆九渊，虽然有来自《尚书》《大学》的处心积虑的经典背书，但它的含意、它的字里行间所藏着的纲领性的遗憾，完全属于"陆九渊异端"，与朱子理学背道而驰。

读者只要对朱熹、陆九渊的学说有一定了解，便很容易看到个中玄机。倘若朱熹有机会反驳的话，一定会说棋是一物，文章是一物，自不妨一物一物地去格，总有积少成多、从量变到质变的时候，这正是格物致知的功夫，有什么不好呢？直接从"道"下手，一通百通，连颜渊那样的人都做不到，也只有陆九渊那几个人会这么想！

是的，王守仁讲给乔宇的这番话，与陆九渊的思想如出一辙。

幸而明朝人熟悉陆九渊的并不很多，所以需要一段反应过程才能明白王守仁的思想其实多么"反动"。但是，一旦陆九渊的名字被明明白白地提出来，朱陆对立被明明白白地问出来，事情就会一下子变得敏感起来。这样的事情很快便不可避免地发生了。

四

大兴隆寺讲学吸引了越来越多的听众，自然也有越来越多的人成为王守仁的门人弟子，人多则见解各异。正德六年（1511年）正月，就在王守仁刚刚调任吏部验封清吏司主事之后，弟子王舆庵、徐成之争论起朱学和陆学的是非来了。王舆庵尊陆，徐成之尊朱，既然莫衷一是，便请王守仁出面裁决。

在我们看来，王守仁当然会站在陆九渊的一边，这是不言而喻的，然而设身处地来想，公然支持"异端邪说"，与官方意识形态唱反调，这是要冒天下之大不韪的。王守仁之前各种讲学论道，其实从不曾直面过这个问题，他和乔宇的那番对话就是一个很典型的例子。而王舆庵、徐成之这一次等于逼着王守仁对朱陆异同做出明确表态，一个单纯的学术问题忽然变成了生死攸关的抉择。

王守仁以一封长信作答，概而言之："认为朱学是真理、陆学是谬误，这是长久以来的天下定论，怎是轻易撼动的？就算徐成之不站在朱学的立场上争辩，难道王舆庵的见解就能一下子被人接受吗？"

这怎么看都像是一种和事佬打太极的态度。多年之后，王守仁检讨自己曾经有过乡愿习气，这一次折中王舆庵、徐成之的辩论正是乡愿之一例。

辩论当事人当然不会满意折中的、乡愿腔的答案，尤其是徐成之，他认为老师表面上虽然含糊其词、模棱两可，其实还是偏向王舆庵的。王守仁被逼得紧了，只好又给徐成之写了一封长信，用的是语重心长、剖肝沥胆的口吻，讲出自己对朱陆异同的看法。

所谓朱陆异同，正是思想史上聚讼纷纭的话题。简言之，两人的不同是所谓"尊德性"与"道问学"的不同。这六个字出自《中庸》："故君子尊德性而道问学，致广大而尽精微，极高明而道中庸，温故而知新，敦厚以崇礼。"

在《中庸》的逻辑里，圣人之道遍布天地之间，化育万物，博大精深，具体内容多到数不清，所以普通人没有能力施行圣人之道，只有至德之人才行，所以君子才需要"尊德性而道问学"云云。

以我们今天的眼光来看,"尊德性"是指推崇道德,提高道德修养;"道问学"是指学习具体而客观的知识;那么"尊德性而道问学"简言之就是品学兼优的意思,这是在奥卡姆剃刀的原则下最贴合上下文的解释。但朱熹将《中庸》从《礼记》当中独立出来,给予相当程度的重视,用他的理学思路来做解读,求之唯恐不深。

在朱熹的解释里,"尊"是恭敬奉持的意思,"德性"是人心中的天理,"道"则是经由的意思,于是"尊德性而道问学"的意思便是经过学习而敬奉心中的天理,这就与朱子版的"格物致知"合拍了。

如何体认天理,达到以至德推行至道的程度呢?陆九渊主张从大处入手,这个大处就是自己的内心,功夫做足就可以一通百通;朱熹主张从细节入手,穷究一个又一个细节,不断地积累最终会由量变而质变。在著名的鹅湖之会上,陆九渊当众吟诗,诗句有"易简工夫终久大,支离事业竟浮沉",听得朱熹变颜色。陆九渊这是把自家学问称为"易简工夫",符合《易经》"大道至简"的道理,简单直接的才是真理,却贬斥朱熹的学问是"支离事业",意即支离烦琐,费力却不讨好。

陆学要人在自己的心上下功夫,不断磨炼道德,这便是"尊德性"的一途;朱学要人在万事万物上下功夫,不断求知,这便是"道问学"的一途。换言之,朱陆异同的核心在于方法论意义上的"向内"还是"向外"。近现代的思想史称朱熹哲学为客观唯心主义,称陆九渊哲学为主观唯心主义,概念移植虽然有些生硬,却也道出了几分真谛。而王守仁悟道,悟出来的是圣人之道——吾心自足,不假外求,这显然是"向内"的一途,和陆九渊站在同一条战线上。

五

王守仁答复徐成之的书信,主要意见可以归纳如下:

1. 讨论学术不要以意气相争,你们两位负气争胜,已经背离儒者精神了,看问题难免越发偏颇。

2.《中庸》论学不下千百言,概括起来只是一句"尊德性而道问学",没必要在这一句话里还要各执一偏。

3. 看陆九渊的文集,他分明也教人读书穷理,也有"道问学"的一面;朱熹也教人居敬穷理,分明也有"尊德性"的一面。后人全无必要将朱学、陆学各立壁垒,搞得水火不容。

4. 朱子理学早已遍行天下,陆学却一直湮没无闻,这实在不公平。我早就想冒天下之大不韪为陆九渊鸣不平,但并非因此就要反对朱学。

5. 我之所以这样裁断,完全是由心出发的。君子论学,最重要的就是得之于心。如果所有人都认为对的,自己求之于心却不能认同,那就不要去认同,反之亦然。心是我所得之于天理的,心与天理不受时空阻隔,所以只要尽心而求,总能体悟天理。为学只在尽心,"尊德性"之"尊",尊的就是这个;"道问学"之"道",道的也是这个。

如果不向自己内心求证而只求证于他人，还学个什么？(《答徐成之》)[1]

这是王守仁对朱陆异同这个敏感问题的明确表态：尊陆，但不反朱。但在世人的眼里，尊陆就已经意味着反朱了，两者非黑即白、非此即彼，没有调和的余地。这倒不能说世人都错了，因为这就譬如今天我们说社会主义经济里也有市场因素，资本主义经济里也有计划因素，但不能因此就将两者画上等号。

上述第五点虽然是王守仁借题发挥，却是阳明心学里很要紧的一个原则。我们从中可以读出这样的言下之意：王舆庵、徐成之，你们两位何必找我来裁决呢，为何不向自己的内心求证呢？

上述这个意思完全像是从陆九渊的口中说出来的，只不过王守仁说得更明确、更决绝，这当然会很好地激发人的自信心。在价值一元化的时代，人们确实很容易相信这样的道理。

只是王守仁这一次是借着对朱陆异同问题的明确表态来阐扬这番道理的，这不啻公然高举异端大旗，向着作为政治与风俗基础的朱子理学发动了明火执仗式的口诛笔伐，还以下犯上地责怪高级官员久不讲学。

这种事竟然就发生在天子脚下，"正道人士"再也不能袖手旁观了，大兴隆寺的三人小集团必须拆散，岂容他们颠倒黑白、蛊惑人心！

这就是社会运作的基本规律，尽管三人小集团都不是位高权重的角色，他们所吸引的门徒亦鲜有权力核心的要人，但权力核心一定会嗅到其中的危险因子，唯恐星星之火酿成燎原之势。

---

1 见《全集》，第888-893页。

然而有点可悲的是，对于这类问题，不是由今天的社会学家，而是由灵长类动物研究专家为我们提供了具有高度解释力和预测力的模型：在猿猴社会存在着三种结盟类型，地位高的雄性一般会建立保守性联盟以维持现状，当发现地位较低的雄性有彼此梳理毛发的示好动作时，它们会悍然制止，免得后者结成革命性联盟并扩大势力。在专制性较强的社会系统中，"保守性联盟会很普遍，而且主要由接近社会等级顶端的个体组成，尽管不一定包括雄性首领"。[1]

讲学和传教一样，都是在人类社会很容易形成"革命性联盟"的活动，后者更有可能掀起暴动，前者更有可能结党营私。尤其在王守仁所处的社会，学术势力也就是政治势力，学术上的同道与门人同时也是政治上的同盟军。事实上我们已经看到了，即便是湛若水这等高风亮节的人物，也动用了政治人脉和政治手段，影响着王守仁的升降与去留。所谓"王阳在位，贡公弹冠"，这是政治社会的必然。

六

正德六年（1511年）九月，湛若水接受任命，远赴安南为安南新王行册封事。这一去山长水远，再聚首不知会在何年何月。对王守仁而言，这一场分别分明意味着理想受挫，意味着圣学光芒燃而复熄。

---

[1] 这个有趣的分析来自意大利裔美籍学者达里奥·马埃斯特里皮埃里《猿猴的把戏：动物学家眼中的人类关系》一书（吴宝沛译，电子工业出版社，2014年出版）。

湛若水也走得无可奈何，这一项从北京赴安南的使命，单程足足耗费了一年零四个月本该与王守仁一起昌明圣学的时光，又花了另外的一年多才重返北京，途中与王守仁再会于滁阳，夜论儒学与佛学之别，那已是正德九年（1514年）春天的事了。

北京之别，王守仁以一篇《别湛甘泉序》相赠，索性以狂者胸次针砭时弊，于自己真实的学术心得再不做半点遮掩。如果说数月前为陆九渊翻案是冒天下之大不韪，这一次他甘犯更大的众怒，真有孟子"虽千万人吾往矣"的豪雄意气：

> 颜子没而圣人之学亡。曾子唯一贯之旨，传之孟轲终，又二千余年而周、程续。自是而后，言益详，道益晦；析理益精，学益支离无本，而事于外者益繁以难。盖孟氏患杨、墨；周、程之际，释、老大行。今世学者，皆知宗孔、孟，贱杨、墨，摈释、老，圣人之道，若大明于世。然吾从而求之，圣人不得而见之矣。其能有若墨氏之兼爱者乎？其能有若杨氏之为我者乎？其能有若老氏之清净自守、释氏之究心性命者乎？吾何以杨、墨、老、释之思哉？彼于圣人之道异，然犹有自得也。而世之学者，章绘句琢以夸俗，诡心色取，相饰以伪，谓圣人之道劳苦无功，非复人之所可为，而徒取辩于言词之间。古之人有终身不能究者，今吾皆能言其略，自以为若是亦足矣，而圣人之学遂废。则今之所大患者，岂非记诵词章之习！而弊之所从来，无亦言之太详、析之太精者之过欤！夫杨、墨、老、释，学仁义，求性命，不得其道而偏焉，固非若今之学者以仁义为

不可学，性命之为无益也。居今之时而有学仁义，求性命，外记诵辞章而不为者，虽其陷于杨、墨、老、释之偏，吾犹且以为贤，彼其心犹求以自得也。夫求以自得，而后可与之言学圣人之道。某幼不问学，陷溺于邪僻者二十年，而始究心于老、释。赖天之灵，因有所觉，始乃沿周、程之说求之，而若有得焉。顾一二同志之外，莫予翼也，岌岌乎仆而后兴。晚得友于甘泉湛子，而后吾之志益坚，毅然若不可遏，则予之资于甘泉多矣。甘泉之学，务求自得者也。世未之能知其知者，且疑其为禅。诚禅也，吾犹未得而见，而况其所志卓尔若此。则如甘泉者，非圣人之徒欤！多言又乌足病也！夫多言不足以病甘泉，与甘泉之不为多言病也，吾信之。吾与甘泉友，意之所在，不言而会；论之所及，不约而同；期于斯道，毙而后已者。今日之别，吾容无言。夫惟圣人之学难明而易惑，习俗之降愈下而益不可回，任重道远，虽已无俟于言，顾复于吾心，若有不容已也。则甘泉亦岂以予言为缀乎？[1]

这篇文字涉及一点儒学背景，首先给出了一个儒学道统的谱系：圣人之学由孔子传给颜渊，随着颜渊之死而宣告终结。孔子之学有一个一以贯之的原则，即"忠恕之道"，曾子将"忠恕之道"传承下来，到孟子而宣告终结。一千多年之后，周敦颐和程颢重新发现了圣人之学。自此以后，关于圣学的论述辨析日渐烦琐，圣学宗旨反而晦暗不

---

[1] 见《全集》，第257-258页。

明，学术益发支离无本，变成一门很难的功课。

儒学讲道统谱系是从唐代韩愈开始的，一般认为这是受了禅宗的影响。韩愈首倡儒家道统，把自己作为遥接孟子的道统传人，及至宋代，朱熹提出汉唐不传道统，而以二程直接孟子。当程朱理学成为官学之后，朱熹的道统论遂成为万世不刊之论。我们明白了这个背景，就会晓得王守仁重立道统在当时是什么性质的举动。七年之后，王守仁再谈自己的道统论，那时候他的胆子更大，公然以陆九渊直接孟子。(《象山文集序》)[1]

文中所谓"一贯之旨"，出自《论语·里仁》，孔子对曾子说"吾道一以贯之"，曾子只应了一声，并不多问。待孔子出门，门人问曾子刚才孔子那句话是什么意思，曾子道出了一句名言："夫子之道，忠恕而已矣。"意即孔子的全部学术皆由"忠恕"一以贯之。"恕"在这里并非现代汉语里"宽恕"的意思，而是指将心比心、推己及人。忠以待己，恕以待人，这正是孔子所推崇的"仁"。

《论语·卫灵公》还有一段可资参照的话。孔子对子贡讲："你以为我是博闻强识的人吗？"子贡很诧异："难道不是吗？"孔子答道："当然不是，我只是一以贯之罢了。"

孔子确实博学，是他那个时代首屈一指的知识精英，所以子贡的理解并不错，他确实是个博闻强识的人。而孔子强调的是，所有的博闻强识在他而言都不是零散知识的堆砌，而是由一个思想主线贯穿起来的。

---

[1] 见《全集》，第273-274页。

儒家的知识体系非常繁复，甚至早在孔子的时代，儒学就已经是当时最难掌握的学问了，稍稍发展一下就是"累世不能通其学，当年不能究其礼"的局面，大到两国邦交，小到穿衣吃饭，一言一行、一衣一帽都有无数的规矩。但这一切都围绕着一条思想主线，即忠恕之道。倘若学者不能以忠恕之道一以贯之，那么即便他精通儒家的所有仪节，也不过是个专家级的司仪罢了。

从这个角度来看朱陆异同，问题就可以换一种表述方式了：学习圣人之道该怎么入手，是从忠恕之道入手呢，还是从博闻强识入手？陆九渊要从忠恕之道入手，由忠恕之道一通百通，自然而可以博闻强识；朱熹要从博闻强识入手，日积月累而领悟忠恕之道。

王守仁显然是支持陆九渊的，在他看来，圣人之道其实很简单，孔子一以贯之的无非是忠恕之道，后人却偏偏弃简就繁，只在细枝末节上下功夫，学得再好也无非是个没有灵魂的专业级司仪，谈起古代的典章制度来头头是道，而对这些典章制度背后的"精神"非但一无所知，甚至不耐烦去了解。这种荒谬现象竟然成为普世之现状，难道我们不应该过而改之，重返孔子的精神世界吗？

王守仁的这一番见解确实切中时弊，也确实揭示出学术发展史上的一大流弊。今天我们来读儒家经典，也很容易对王守仁的这番话产生共鸣，因为《论语》《孟子》简明易懂，基本上没有让人大费脑筋的西方意义上的哲学思辨内容，无非一些朴素的甚至相当原始的道理；汉儒开始大搞玄学，使儒学与巫术合流，巫术的技术门槛自然更高一些，所以连累得儒学也难懂了；唐人很有唯物主义精神，在政治学、社会学的意义上整理儒家经典，虽然烦琐，但是易读；及至宋代，佛学影响所及，使二程、朱熹等人将儒学发展为一种近乎神学的理论体系，对基督教经院哲学有了解的读者接受起程朱理学来会轻松很多，但普通人一见到各种"神学概念"的精微辨析，诸如心、性之辨，无极、太极之辨，除了头痛之外，不会有其他感受。倘若孔子、孟子复生，参加以程朱理学为标准的科举考试，可想而知，他们无论考多少次都注定落榜。

从这个角度来看，王守仁对道统的梳理其实等于对学术史的梳理，而在梳理清楚之后，一个简单的答案便呼之欲出了：圣人之学不该是现在这样，为什么我们不努力使它恢复它的本来面目呢？

当然，王守仁疏于考虑的是：

1. 只要科举制度不废，总要有一种考试内容才行。

2. 考试的标准化程度越高，公平性也就越强。

3. 标准化程度注定与博闻强识成正比，与一以贯之成反比。所以，即便阳明心学彻底取代了程朱理学，但科举制度注定会使它教条化、烦琐化，变成程朱理学第二。而废除科举制的话，又有什么更好的人才选拔机制来代替它呢？

这就像我们今天对应试教育有太多的口诛笔伐，谁都说得出应试教育的种种弊端，但难点就在于我们究竟有没有一种更好的制度来取代它。在更好的制度出现之前，应试教育注定还会延续下去，而在科举制度被更好的人才选拔机制取代之前，陆九渊、王守仁的学术只会要么被程朱理学挤到二线，要么变为程朱理学第二，即教条化、烦琐化，与陆、王二人的初衷背道而驰。这就是社会发展的规律，任谁也无可奈何的。

七

在百家争鸣的年代，杨朱、墨翟的主张大行其道，孟子站出来"铁肩担道义"，以攻击杨、墨异端为己任；宋代的异端变成了佛教和道教，二程接起孟子的重担，矢志驱散佛、道的阴霾，使儒家圣学的光芒照耀天下。诚然，这都是思想史上的事实，只不过是站在儒家立场上所看到的。

杨朱主张"为我"，墨翟主张"兼爱"，佛教教人解脱于轮回苦海，道教教人白日飞升、羽化成仙，这些迥异的论调同属儒者眼中的异端邪说，是早已被儒家经典定了性的坏思想。于是出现了另一个荒诞的现象——《别湛甘泉序》继而谈到，当今儒者都知道贬低杨、墨，摈斥佛、道，貌似圣人之道大明于世，然而现实状况是，非但一个圣人都寻不到，当今儒者甚至连杨、墨、佛、道这些异端都不如。学杨朱至少知道"为我"，学墨翟至少知道"兼爱"，学佛至少究心性命，学道至少清静自守，而学儒的这些人只晓得字面上的章句训诂。

荒诞当然也是有原因的，王守仁的解释是，杨、墨、佛、道这些异端，究其初衷，也是为了学仁义、求性命之理，只是努力而不得其道，走偏了路而已；而今天的儒家弟子们，求学的初衷根本就无关仁义性命，都说圣人之道劳苦而无功，不是人力所能强求的，于是只在字面上做文章。所以说当下最严重的社会问题就是记诵辞章之习。

继而王守仁谈到自己的求学经历，说自己早年陷溺于邪僻二十年——这是指溺于任侠、辞章的那段经历，在今天看来显然构不成所谓邪僻——然后又溺于佛教与道教，最后终于有所觉悟，沿着周敦颐、程颢的学说探究圣学的门径，若有所得。但这条正途竟然走得很孤独，只有一两个志同道合的人可以与之切磋学术。只有在遇到湛若水之后，他的学术志向才真正坚定下来，所以说湛若水对他的助益怎么估量都不为过。而湛若水的学术方向，一言以蔽之，就是"务求自得"。

所谓"务求自得"，意即学问不是由书本到书本，不是为了考中科举或其他什么目的，而仅仅要从内心真正体悟圣学的真谛，换言之，即"古之学者为己"，以区别于芸芸众生的"今之学者为人"。

正是出于这个缘故，王守仁感到自己和湛若水的肩上担负着沉重的使命：作为真正窥见圣学正途的极少数孤独者，他们有义务传播正学、消灭伪学，将这个误入迷途的世界从伪学的羁绊中拯救出来。而两人这一次分别使扶正祛邪的事业越发显得任重而道远了。

至此我们应该可以理解，《别湛甘泉序》篇幅虽然不长，内容在当时却堪称劲爆，这不啻一篇向全世界宣战的檄文，全部主流的意识形态尽在王守仁的讨伐之列。最令时人恼火的是，王守仁竟然说当世儒者连杨、墨、佛、道异端分子都还不如，这真是肆无忌惮的侮辱和挑衅啊！

湛若水走了，黄绾也未能久留京城。正德七年（1512年）这个多事之秋，黄绾告病回乡，王守仁赠诗有说"古人戒从恶，今人戒从善。从恶乃同污，从善翻滋怨"（《赠别黄宗贤》），诗句很是写出了荒诞感：没想到劝人向善的讲学竟然招致如此多的责难，难道同流合污才是时代主旋律吗？

三人已去其二，王守仁也无法独善其身。在屡经调职之后，他终于在十二月间由京官外调，升任南京太仆寺少卿，要到滁州赴任。这正是官场上最常见的明升暗降的手段，以名义上的加官晋爵换得异端分子的投闲置散。然而事情的另一面是，唯有远离了权力中心，远离了名利场厮杀最烈的舞台，王守仁的"异端邪说"反而可以卸下重负，杀出自己的一片天地。

所以朝廷错了。依照集权政治的一般规则，应将大兴隆寺的三人小集团横加拆散，要将小集团的主将安置在天子脚下严加看管——历代明智的帝王对待宗教与思想领袖一贯采用这种手法，放任他们离开京城才是真正意义上的放虎归山。所以我们要感谢武宗皇帝的荒唐，感谢正德朝廷的混乱，唯其如此，王守仁这头猛虎才有了咆哮山林、撼动天下的机会。

中国思想史系列

万化根源总在心

王阳明一切心造

下

熊逸 作品

北京联合出版公司
Beijing United Publishing Co.,Ltd.

图书在版编目（CIP）数据

王阳明：一切心法：全两册 / 熊逸著. — 北京：北京联合出版公司，2018.3（2024.11重印）

ISBN 978-7-5596-1167-3

Ⅰ.①王… Ⅱ.①熊… Ⅲ.①王守仁（1472—1528）－人物研究 ②王守仁（1472—1528）－思想评论 Ⅳ.①B248.25

中国版本图书馆CIP数据核字（2017）第263111号

王阳明：一切心法

作　　者：熊　逸
责任编辑：喻　静
产品经理：张其鑫
特约编辑：丛龙艳

北京联合出版公司出版
（北京市西城区德外大街83号楼9层　100088）
北京联合天畅发行公司发行
廊坊市海涛印刷有限公司印刷　新华书店经销
字数 429千字　880mm×1270mm　1/32　印张 22.25
2018年3月第1版　2024年11月第17次印刷
ISBN 978-7-5596-1167-3
定价：118.00元（全两册）

未经书面许可，不得以任何方式转载、复制、翻印本书部分或全部内容。
版权所有，侵权必究
如发现图书质量问题，可联系调换。
质量投诉电话：010-88843286/64258472-800

第十章

南下：舟中论道与岩中花树的故事

一

正德七年（1512年）冬，王守仁从北京启程，往滁州赴太仆寺少卿任。可资欣慰的是，大弟子徐爱于北京朝觐考核后升任南京工部员外郎，正好陪王守仁一路南下，顺路回余姚省亲。

徐爱，在今天看来这是一个很奇怪的名字。以"爱"为名的名人里，最为大家熟知的就是原名杨爱的柳如是，但是，徐爱之"爱"有个光明正大的出处——孟子曰："……仁者爱人……"所以徐爱名"爱"，字"曰仁"，名与字相合，这是古人取名的通则。

徐爱为人不负其名，年纪轻轻便很有几分醇儒的做派。当年王守仁谪贬龙场，但凡有一点功利计较的人皆避之唯恐不及，徐爱却带着蔡宗兖、朱节正式向王守仁行拜师礼，成为王门第一批弟子。当然，那一次拜师仪式意义远高于实际意义，徐爱三人无疑是用拜师这个行为向王守仁表达声援，向险恶的名利场直白地宣泄不满，师徒礼成之后便是"分携更复凭高望，满目青山万叠横"，以至王守仁在龙场悟道之后的讲学内容，他们反而比贵州学子听闻得更晚。

所以，这一次同行南下，对徐爱而言是一次弥足珍贵的"补课"良机，何况师徒二人都走在"荣升"的旅途上，绝没有龙场之行的偃蹇促迫。尤其在同舟水行的时候，平稳悠然的客船恰好是一个与世隔绝的小世界，徐爱有太多疑惑想问，王守仁也有太多心得想说。两人讨论《大学》宗旨，《年谱》如是描述徐爱的反应："闻之踊跃痛快，如狂如醒者数日，胸中混沌复开。"

二

对于《年谱》如此这般的记载，古人的震惊远较我们为甚，因为《大学》列为四书之首，是朱熹版的儒学入门读本。朱熹注重"初等教育"，对《大学》下过惊人的功夫，临终的前一天还在修改自己对《大学》的注讲。

所以，在程朱理学遍行天下的时代，小孩子正式要读的第一本书就是《大学》，而《大学》应该如何解读早有朱熹的定论。《大学》自然是每个儒家弟子自小便耳熟能详的东西，其宗旨怎么还会有讨论的必要呢？讨论结束之后难道还能出现什么拨乱反正、颠倒黑白的结论，以至于让人"如狂如醒者数日"？

王守仁还真的就把朱熹版的《大学》推倒重来了，这相当于告诉世人："你们读的儒学，从根子上就读错了。"

对这等惊世骇俗、颠覆常识的结论，即便是徐爱，也不可能一下子就接受。于是在这小小的客舟之上，徐爱三番五次地思考与辩驳，王守仁不厌其烦地传道、授业、解惑，这诸多内容于是构成了后来《传习录》的首卷，成为了解阳明心学的入门功课。

三

儒学以礼学最是烦琐难学，礼学经典有三部，即《周礼》《仪礼》《礼记》，而《大学》和《中庸》一样，原本只是《礼记》当中的一篇而已，在唐代以前并不受到重视。

唐代由韩愈开始标新立异，表彰《大学》，宋代学者虽不愿意把韩愈纳入儒学道统，却对《大学》越发重视起来，出现了好几种所谓的《大学》改本。

所谓改本，是相对于原始版本而言的。《礼记》是一部相当芜杂的书，编纂不精，阅读障碍太多，所以宋儒很怀疑《礼记》有大量的错简、错字、阙文，而作为《礼记》当中的一篇，《大学》显然也不能幸免于难。既然如此，当然有必要根据手边这个粗陋舛讹的"古本"梳理出一个文从字顺的"改本"。宋代很有疑经、改经的风气，不觉得这样"擅自篡改经典"是多严重的事情。

对《大学》极度重视的二程、朱熹都编过自己的《大学》改本，后来是朱熹的改本脱颖而出，成为官方指定的意识形态教科书。明朝人参加科举，《大学》部分只考朱熹的改本。所以，王守仁重新阐释《大学》宗旨，正是从批判朱熹改本入手的，这真称得上对朱子理学釜底抽薪式的攻击手段啊。

四

《大学》首章即便在今天也是人人耳熟能详的名言："大学之道，在明明德，在亲民，在止于至善……"其中"亲民"，朱熹引用程颐的意见，认为"亲"是别字，应当改成"新民"。于是朱熹的解读是，"新"是使动用法，意思是革去其旧，那么"新民"就是说一个人在"明明德"之后，即在破除气禀与人私欲的遮蔽、使心底本具的天理大放光明之后，还要推己及人，使别人也能像自己一样脱去气禀与人欲的遮蔽，焕然一新，绽放天理的光芒。

"明明德""新民"做到极致，并且一直保持在极致处，这就是"止于至善"。人倘若到了这样的修养程度，心里便全是天理流行，再没有一毫人欲。"明明德""亲民""止于至善"，这三者就是《大学》的纲领。(《大学章句》)[1]

程颐和朱熹之所以改"亲民"为"新民"，其实有着很牢靠的证据，那就是《大学》下文里的一段：

> 汤之盘铭曰："苟日新，日日新，又日新。"《康诰》曰：

---

1 见《朱子全书》(上海古籍出版社、安徽教育出版社，2002年出版)，第6册，第16页。

"作新民。"《诗》曰:"周虽旧邦,其命惟新。"是故君子无所不用其极。

这一段显然是在解释"新民"的含义,引经据典地告诫君子要有锲而不舍的自新精神。更何况古代文字标准不严,"亲""新"通假,这完全不值得大惊小怪。所以程颐、朱熹虽然改字解经,既有古文惯例的支持,又有文献内证,绝对可以站得住脚,只有天理、人欲那些发挥才纯属附会。程朱理学之所以风行天下、屹立数百年不倒,功劳也不全在皇权推手那边。

王守仁与徐爱论《大学》宗旨,直接从"亲民"开刀,认为我们应该回到《大学》古本,不能信朱熹改字解经的所谓改本。"亲"就是字面义,"亲民"就是"爱民",而"爱民"岂不正是儒家的仁政原则?

面对如此颠覆常识的意见,徐爱坚决不能认同,于是,一部《传习录》正是从这里开始的。这也恰恰是现代人读《传习录》的最大障碍,毕竟明朝知识分子在学术研讨当中所涉及的学术常识早已远离我们了。

我们需要首先熟悉基本的儒家经典,至少先熟悉四书,还要熟悉这些儒家经典的朱熹版,有了明朝知识分子的常识,再尽情想象一下他们对这些常识的感情。换言之,换上一个明朝儒生的头脑,然后才能在《传习录》里不断找到这种程度的惊悚:"天哪,原来地球是方的!"

徐爱当时所发出的惊叹正是这一类,或者说,无异于一个有着十足理性思维的中世纪知识分子被伽利略或达尔文说得无言以对的时候所能发出的惊叹。当然，徐爱一开始是据理力争的，他首先拿出的反驳证据正是上述"汤之盘铭……"一段，这是《大学》的文献内证，与首章三纲领前后呼应，而老师既然提出异说，不知道能拿出什么证据。

王守仁竟然也从《大学》内证着手，说《大学》下文提到"君子贤其贤而亲其亲""如保赤子""民之所好好之，民之所恶恶之，此之谓民之父母"，等等，大段大段的内容都在阐述爱民的道理，却不曾阐述使民自新的道理。下文又有孔子"修己以安百姓"的话，"修己"（自我修养）正是"明明德"，"安百姓"正是"亲民"。所以，说"亲民"便兼有教育人民和养育人民这两层意思，这正符合儒家的一贯宗旨，说"新民"就只有教育而没有养育的内容了。

当然，这是一种和我们今天的常识截然相反的政治理念。在儒家看来，统治者是"民之父母"，对百姓既承担着母亲一样的养育职责，亦承担着父亲一样的教育职责，所以百姓也相应地被称为"子民"，作为孩子，对父母应当感恩戴德才是。而父母对于子女，最不可或缺的当然就是"爱"了，有"爱"才有"养"有"教"。

然而问题是，在孔子所推崇的周礼时代，这种爱当真依附于血缘关系，是天然存在的情感，统治者往往同时也有父家长的身份。秦汉以降，血缘依附关系荡然无存，让统治者以父母对子女之爱去爱治下的百姓，这实在有点强人所难，于是"亲民"或"爱民"就变成了一种时时需要统治者自我检讨的道德约束了。

五

《大学》讲"知止而后有定",依照朱熹的解释,"止"就是至善的所在之处,那么,人只要知道了至善在哪里,也就有了明确的目标,不会迷茫了。而在朱熹的哲学体系里,天理是属善的,人欲是属恶的,"存天理,灭人欲"就是一个去恶向善的过程。当一个人的心里人欲灭尽,纯然只有天理的时候,自然就是至善无恶的状态,大约相当于今天所讲的"大公无私",这是人们应该努力去追求的自我修养的最高境界。

朱熹又讲"事事物物皆有定理",即万事万物——譬如竹子或随便什么东西——莫不蕴含着天理或终极真理,王守仁却有不同的见解,这正是徐爱接下来所讨教的问题。

这里有必要援引《传习录》原文:

> 爱问:"'知止而后有定',朱子以为'事事物物皆有定理',似与先生之说相戾。"先生曰:"于事事物物上求至善,却是义外也。至善是心之本体,只是'明明德'到'至精至一'处便是,然亦未尝离却事物,本注所谓'尽夫天理之极,而无

一毫人欲之私'者得之。"(《传习录·上》)[1]

这里涉及朱熹与王守仁很核心的一个分歧。王守仁有过"格竹子"失败的体验,对朱子的格物论很不以为然。王守仁的观点是,如果像朱熹说的那样,万事万物皆蕴含天理,这就相当于"至善"要到我心之外的万事万物上去寻。这完全搞错了方向,因为道德不可能是外在的,而只能是内在的,所谓至善,只在自己的心里,是"心之本体"。

所谓"本体",我们不能做西方哲学之本体论的理解,它是指"原本的状态",或者用一个禅宗爱讲的词:"本来面目。""本体""义外"这些词都是阳明心学里很常见的概念,无论如何都避不开。

王守仁说朱熹的方法是向外寻求至善,这是"义外"。不熟悉儒学背景的话就不会晓得这是一句何等狠辣的攻讦。"义外"是百家争鸣时代告子提出的命题,被孟子当作异端邪说狠狠地批判过(《孟子·告子上》)。所以,说朱熹是"义外",就等于说他非但不是醇儒,甚至是告子异端那一派的,这在当时真是惊世骇俗的说法,也真有欺师灭祖的罪过。

更有讽刺意味的是,当初朱熹听闻陆九渊去世的消息后,发出过一声盖棺论定式的叹息:"可惜死了告子。"在心性问题上,告子曾是孟子最重要的论敌,正如陆九渊是朱熹最重要的论敌,所以朱熹这句话无疑是以孟子自居,一面将陆九渊贬损为告子异端,一面流露着郢人不再、无以为质的哀伤。

---

[1] 见《全集》,第2页。

朱熹将陆九渊比作告子，理由之一就是两人的主张同属于"义外"。终于风水轮流转，这回王守仁反而将"义外""告子异端"这些标签一并贴在朱熹身上。

至于王守仁所谓"至善"就是"心之本体"，意味着我们的心的原始状态就是至善的，就是只有天理而没有一毫人欲的。这是一个革命性的见解，因为从这里就可以顺理成章地推衍出一个惊人的结论：我们所有人生来都是圣人。阳明心学之所以振奋人心，与这个命题的关系最大。所以后来阳明弟子说"看到满街都是圣人"，理论根源就在这里。

那么，天理究竟何在呢？

如果天理就是至善的话，那么以今天的知识来看，善恶只是人类社会的伦理观念，是由风俗形成的，而且善恶的标准总是因时因地而异，所以在竹子之类的东西上肯定找不出善的成分。同样，善恶也不在我们的心里，不是我们的先天特质，而是我们所生活的社会在潜移默化中灌输给我们的。所以，探究善恶问题，只能从社会结构上着手，借助社会学和人类学的研究手段。

当然，古人没有这样的见识，朱熹和王守仁都相信至善是人与生俱来的一种心理预设，而人之所以有恶，首先是因为气禀的差异，正如人天生便有智力差异和形体健全程度的差异一样，其次是因为私欲的遮蔽，因为感官受到外物的不良诱惑所致。

至善既然是与生俱来的一种客观存在，我们这些被私欲遮蔽了至善的人又该怎样认识到它呢？朱熹的经典方法是，不断去穷究一事一物背后的至理，由积少成多而触类旁通，最后豁然贯通，洞见宇宙万物的终极真理。这是一种很有自然科学方法论色彩的见识,但是,"至善"到哪里去了?

朱熹果然还有另外的说法:终极真理不仅仅是客观的实然规律,更是应然的道德导向。格物,便是对一事一物所蕴含的道理穷究不已,不但要知其然,还要知其所以然。譬如格一下皇帝,就会发现做皇帝应当以仁为极致,为何如此呢,是因为……再如格一下臣子,就会发现做臣子应当以敬为极致,为何如此呢,是因为……于是皇帝之仁、臣子之敬,乃至我们每个人心中先天固有的仁义礼智,这一切穷究到底的话,都是天理昭彰。如果每个人都由格物致知的功夫达到这样的认识,即每个人都摆脱了私欲,一言一行都依据天理,世界该何等有序、何等美好!

于是我们就会看到朱熹哲学的模糊性:他所谓的格物致知如果仅仅针对客观世界的话,完全可以自圆其说,今天所有的科学工作者——无论在自然科学抑或社会科学领域——可以说都是通过这种方法来认识世界的,然而朱熹偏偏要引入道德价值,于是情形就近似于牛顿当时所做的事情:他发现了宇宙万物之所以如此运转的基本力学原理,因此证明上帝作为"第一推动"的存在,相应证明我们这个世界之所以存在的道德意义。

我们能够想象,用朱熹的方法格竹子确实能够格出一些生物学上的客观知识,但确实格不出任何道德意义来。而王守仁是从纯然的道德意义上理解朱熹版格物致知的,格竹子竟然格不出道德的所以然来,这当然会让他恼火。从这个角度上,王守仁对朱熹发出的质疑也确实是很有力的,朱熹的那套办法纯属"义外",竹子何曾蕴含着道德价值？推而广之，万事万物又何曾蕴含着道德价值？一切道德价值都存在于人心，只是会表现在人和万事万物的关系上罢了。所以，寻求天理，或者说寻求至善，唯一的途径便是反求诸己，从自己的内心去体认，一切向外的路都是歧途。

六

徐爱接下来问了一个很要紧的问题，也是绝大多数人在听过王守仁的上述道理之后都会问出的问题："至善如果只向内心去求，恐怕对天下事理不能掌握完全吧？"

这问题一半是站在朱熹的立场上，另一半是站在常识的立场上。我们很容易会想到，一个只向内心求至善的人该怎么掌握客观知识或者技能型的知识呢，譬如掌握化学知识或者会骑自行车？

王守仁给出了一个纲领性的答复："心即理。天下哪有心外之事、心外之理呢？"

这是阳明心学的一个经典论断，倘若我们不了解王守仁，所关注的只有道德而不及其他，自然会觉得这个论断实在匪夷所思，而当时的徐爱正是这样的感受，所以追问道："譬如事父之孝、事君之忠、交友之信、治民之仁，其间有许多理在，恐怕不可不察吧？"

王守仁答道："这种论调误人太久，不是我现在三言两语就能让人醒悟。姑且就你所问及的这几点来说吧。事父，难道要在父亲身上寻一个孝的理？事君，难道要在君主身上寻一个忠的理？交友、治民，难道要在朋友和百姓身上寻一个信与仁的理？所有这些理都只在自己的心里，心就是理。心只要不受私欲的遮蔽，就是天理。以这般纯然发于天理的心去事父，自然就表现为孝；去事君，自然就表现为忠；去交友、治民，自然就表现为信与仁。一个人的自我修养，只消在自己的心里去人欲、存天理就是。"

这里需要做一点特别说明的是，古汉语是一种相当含混的语言体系，适宜写诗，但不适宜辩理，在表达思辨性内容的时候往往不尽如人意，平白造成很多理解障碍。这里王守仁提出"心即理"，按语法理解就是"心就是理"，事实上王守仁绝没有这个意思，他真正要表达的是，每个人的心中都蕴含着全部的天理。

那么，事父要孝，孝心是从我们心中发出来的，如果用朱熹的方法求之于外，去格自己的父亲，一辈子也格不出孝的理来，但只要反过来向内心去寻求，把遮蔽着内心的私欲——清除，恢复"心之本体"，即心的本来面目，那是一种天理充盈而无一毫私欲的状态，事父自然便孝，事君自然便忠，交友自然便信，治民自然便仁。

那么，心的本来面目真是这样的吗？以今天的知识来看，答案当然是否定的。如果事情真是这样，人类这个物种早就在残酷的自然竞争中被淘汰掉了。而儒家的性善论之所以能在两千多年的历史中大行其道，因为这是几乎所有人都乐于接受的理论，也是统治者乐于推行的理论，并且，作为第一个系统阐述性善论的大儒，孟子的磅礴论述对于缺乏现代知识的受众来说真的很有说服力。无论是朱熹还是王守仁，他们对天理与心的理解都是扎根于孟子的"四端论"，所以，我们在此很有必要暂时脱离王守仁和徐爱的对谈，让善辩的孟子携着他那深刻影响了中国历史的性善论出场。

七

孟子设计了这样一个场景：当你看到一个小孩子就要掉进井里时，你的第一反应是什么？

孟子说，所有人都会立即产生惊惧和恻隐之心，而这种心理从何而来呢？是想要和这个小孩子的家长攀交情吗，是要在乡里博取名誉吗，是因为厌烦小孩子的哭声吗？显然都不是，这是与生俱来的心理反应。

人有四种与生俱来的善心，除了恻隐之心外，还有羞恶之心、辞让之心、是非之心，它们分别是仁、义、礼、智的萌芽。人有这四种萌芽就像有手足四肢一样，如果将它们培养茁壮并推广，便足以安定天下，倘若任由它们凋萎，这样的人就连侍奉父母都做不到。(《孟子·公孙丑上》)

我们确实有一种对他人的遭遇感同身受的能力，这是我们与生俱来的心理结构。情况甚至是这样的，即便掉进井里的不是小孩子，而是小猫小狗，后者的哀鸣声也会激发我们同等程度的恻隐之心，这是孟子不曾考虑到的问题。

今天的动物学家会告诉我们这样一个事实：各类哺乳动物在婴儿

期的哭声极其相似,就连动物妈妈都无法分辨。最有可能成立的解释是,从幼崽角度而言,哭声吸引到的关注越多,自己的存活概率也就越大;从妈妈的角度而言,听到哭声之后的反应速度远比反应的准确程度重要。这可以解释不同物种之间常见的领养现象:一个刚刚失去宝宝的动物妈妈在听到动物幼崽的哭声时,极有可能向它倾注全部的母爱,无论它的相貌和自己所属的物种多么不同。是的,如果传闻可信的话,罗马的血统要溯源到一位伟大的狼妈妈身上。

那么,恻隐之心的道德意义也就因此变得可疑了,而羞恶之心、辞让之心和是非之心的道德意义更未必然。

冯友兰在谈到阳明心学的时候,举过一个很有代表性的事例:王守仁的一个门人,夜间在房内捉得一贼,他对贼讲一番良知的道理。贼大笑,问他:"请告诉我,我的良知在哪里?"当时是热天,他叫贼脱光了上身的衣服,又说:"还太热了,为什么不把裤子也脱掉?"贼犹豫了,说:"这好像不太好吧。"他向贼大喝道:"这就是你的良知!"[1]

这个良知,也就是孟子所谓的羞恶心,但是,偷吃禁果之前的亚当、夏娃,以及高更画笔下的塔希提女人,显然都会有另外的想法,而即便在"文明社会",譬如英国斯图亚特王朝的宫廷里,女人露乳也并不是什么罕见的景象。我们的眼界比古人开阔,会看出这样的羞恶心无非是习俗于后天熏染的结果,当然,古代儒者会反驳说,塔希提女人也好,斯图亚特王朝的贵妇也罢,都只是化外之地的蛮夷,形同禽兽,不能被当作人来看待。是的,这是价值一元化的社会里必然

---

[1] 见冯友兰《中国哲学简史》(涂又光译,北京大学出版社,2013年出版),第296页。这故事的主角并不是王守仁的门人,而是再传弟子韩贞。

会出现的论调,而辞让之心、是非之心也正是在同样的语境下才得以成立的。

但孟子和王守仁并没有完全说错,羞恶心的确是与生俱来的,它是自尊心的另一个名称,可以促进个体对自己所在族群的价值体系的认同感,显然也属于群居动物的生存优势之一。然而问题在于,羞恶心或自尊心虽然是与生俱来的,为何羞恶或为何感到伤了自尊却没有百世不易的标准。

譬如中原士大夫看待游牧部落,说他们"以诛杀为道德,以烝报为仁义"(刘峻《辩命论》),"贱老贵壮,气力相高……业在攻伐,事在猎射"(王褒《四子讲德论》),虽然语气是贬损的,却不曾罔顾事实。

在那些原始的游牧部落,杀人越货就像打猎一样,杀人最多、猎获最丰的人才能赢得最高的尊重,而那些只晓得以理服人,手上未沾过一滴鲜血的部落成员——倘若真有这样的成员的话——在大家围着篝火各自汇报战果的时候,一定会像那个犹豫着要不要脱裤子的贼一样,感到羞耻。王守仁的门人如果在座,这时候会不会大喝一声"这就是你的良知"呢?

辞让之心、是非之心与羞恶之心一样,虽然与生俱来,同属群居动物的生存优势,但具体内容完全随着族群的不同而不同,每个族群看其他族群都会觉得"非我族类,其心必异"。

八

孟子毕竟生活在遥远的战国时代，所讲所论都是一些极尽朴素的认识。在"论知识分子的自我修养"这个问题上，朱熹和王守仁无非是对孟子的朴素说法做了神秘的玄学包装罢了。

所以，如果可以抛开形而上的依据，我们完全可以从最简单易懂的孟子"四端论"入手，那么，无论存天理、灭人欲也好，格物致知也好，致良知也好，一切的自我修养都无非是在儒家的价值观里悉心培养"四端"，使自己变成一个心中充满了恻隐之心、羞恶之心、辞让之心和是非之心的人。如果哪一天你的自我修养真的达到了这种程度，你就可以欣慰地告诉自己："真好啊，我已经是一个圣人了！"

当然，说来容易做来难。方法虽然就这么简单，但这需要你每时每刻都专注于培养善念、克制恶念，最后达到恶念自然而然就不会发生的地步，而善念会成为你应对每一个具体事物时下意识的反应。

现在让我们回到徐爱和王守仁的对话。徐爱若有所悟，但还是有想不通的地方："就以事父这一件事来说吧，侍奉父亲，需要知晓许多温清定省之类的礼仪，难道这些都不需要讲求吗？"

徐爱的意思是，倘若"心即理"是成立的，所有孝悌忠信既是与生俱来的，自然都应当内求于心，但是儒家有很多礼仪，这些礼仪知识总不可能也是与生俱来的吧？难道说只要有孝悌忠信之心就好，不必在意那些礼仪吗？

儒家确实有很烦琐的礼仪，因为儒家原本的角色大约相当于今天所谓的司仪，是婚丧嫁娶各种仪式的主持人。仪式究竟有多么烦琐，这里举一个细节为例：不同等级的人，吃瓜有不同的方式。为天子切瓜，削皮后要切成四瓣，再从中间横断，用细葛布盖着呈上去；为诸侯国的国君切瓜，削皮后把瓜切成两瓣，再从中间横断，用粗葛布盖着呈上去；为大夫削瓜，削皮后切成两瓣，不用覆巾；为士削瓜，削皮后只须横切一刀，去除瓜蒂。庶人只要去掉瓜蒂就直接咬着吃。（《礼记·曲礼上》）我们今天的瓜多半都是舶来品，孔子时代的瓜指的是今天所谓的甜瓜。

儒家推崇的是一种非常具有仪式色彩的生活方式，因为他们非常看重仪式的社会功能。正是这些仪式可以"定亲疏、决嫌疑、别同异、明是非"（《礼记·曲礼上》），使整个社会尊卑有序，使所有人各安其位，由此可以维系长久的稳定。相反，如果人人都像陈胜、吴广那样相信"王侯将相宁有种乎"，那社会不知道会乱成什么样子。

所以，儒家既有仁义礼智、孝悌忠信这些意识形态准绳，又有从切瓜到治国的各种具体仪节。徐爱所疑惑的，也正是我们常人都会疑惑的：难道切瓜的这些细则也可以求之于心不成？

王守仁的解答："一概向内心去求就是，把存天理、灭人欲的功夫做足，那些细节也就自然随之而来了。如果你的心里已经没有了人欲遮蔽，只有纯然的天理流行，那么在侍奉父亲的时候自然会萌生孝心，于是冬天自然会担心父亲受寒，因而去求个给父亲御寒的办法，夏天自然会担心父亲中暑,因而去求个帮父亲降温的办法。孝心是根,具体尽孝的方法都是枝叶;先有了根,自然会生出枝叶;不是先寻了枝叶,然后再去种根。"

这个理路正是陆九渊式的,立乎其大,一通百通。

陆九渊曾经说自己没事的时候就像一个完全无知无能的人,一旦有事情需要解决,忽然又像一个无所不知、无所不能的人。[1]

想来陆九渊所谓的"事"都是人际关系方面的,或者是社会性、政治性的事务,否则很难想象让他去编程或者维修一台精密仪器,他是不是真能有这样的惊人表现。

不过,技术性的工作确实不在古代君子的考虑范围,那是"小人"的事;"君子不器",只用考虑管理性的事务,即社会性、政治性的事务。

在这一类事务上,诸如切瓜那些无法求之于心的烦琐规矩虽然还是要学,但正如前文讲过的"立志"和"知行合一"的道理,只要心意坚定,自然会花费时间和精力来了解、掌握这些烦琐的仪节。烦琐的仪节并非不该去学,只不过不该只学枝叶而不问根本,否则便会如王守仁所谓:"就像今天的那些戏子,扮得出各种温清定省的仪节,难道就是至善了吗?"(《传习录·上》)[2]这话在当时显得很犀利,因为王守仁一向批判的那种学术风气,即明代最主流的学术风气,恰恰就是戏子式的:上至高官,下到士子,背得来圣贤之言,扮得出士大夫的行为举止,却只是靠演戏来求升官发财罢了。

---

1 见《陆九渊集》(中华书局,1980年出版),第455页。
2 见《全集》,第3-4页。

九

对阳明心学有了以上这些认识,我们就可以很轻松地理解那个最著名的岩中花树的故事:

> 先生游南镇,一友指岩中花树问曰:"天下无心外之物,如此花树,在深山中自开自落,于我心亦何相关?"先生曰:"你未看此花时,此花与汝心同归于寂。你来看此花时,则此花颜色一时明白起来。便知此花不在你的心外。"(《传习录·下》)[1]

岩中花树自开自落,从不同的立场可以做出不同的解读。站在花树的立场,可以说"草木有本心,何求美人折",自顾自地美丽就是了,至于旁人是否欣赏,全无所谓;站在旁观者的立场,可以说"荆玉含宝,要俟开莹;幽兰怀馨,事资扇发",一切不为人见的美善都有必要开发出来;站在阳明心学的立场,岩中花树便别有一番面貌。

王守仁后来宣讲"心外无物",任何抱有基本常识的人都会感到大惑不解。如果说至善或天理只在心中,只能向内心求得,这毕竟可

---

[1] 见《全集》,第122页。

以理解，但是，山河大地、花鸟鱼虫，乃至我之外的所有人，甚至我的身体，都只是我心中的幻象不成？

那么，当王守仁知庐陵县的时候，该不该这样告慰自己："各种所谓乱摊派，无非是我心中的某些幻象在欺压另一些幻象罢了，并没有任何真实的人因此受到真实的损害，那我何不置之不理呢？"把时间再往前追溯一点的话，如果他想到父亲和祖母也是自己心中的幻象，即孝心的对象并不真实存在，人生旅途也许从此不同了吧？

在王守仁游南镇的时候，一位友人指着岩中花树问出了这样一个完全基于常识的问题："如果真的心外无物，那么这株在深山中自开自落的花树和我的心究竟有什么关系呢？"是的，岩中花树自开自落，不为尧存，不为桀亡，不以任何人的主观意志为转移，这是多么显而易见的事实，难道它不是长在岩中的，而是长在我心里的不成？

王守仁的答复很有一点狡黠："你没看到它的时候，它与你的心同归于寂；你来看到它，花的颜色便一下子明朗起来，所以说此花不在你的心外。"

这样的解释很容易让我们想起英国哲学家贝克莱"存在就是被感知"的命题，但两者只是形似罢了，因为正如我在前文里一再提到的，王守仁所关心的仅仅是道德问题，他完全没有西方式的纯粹智识意义上的哲学趣味。冯友兰在《中国哲学简史》里引述了这则故事，认为它所表明的是王守仁一种独特的宇宙观："宇宙是一个精神的整体，其中只有一个世界，就是我们自己经验到的这个具体的实际世界。这样，当然就没有朱熹如此着重强调、抽象的理世界的地位。"[1]

朱熹和王守仁虽然都用"天理"这个概念，但所指范围不同。朱熹的"天理"所指范围更广，不限于道德层面，譬如在世界上第一栋房子出现之前，建造房子的理便已经存在了，而在道德层面上，在人类出现之前，仁义礼智、孝悌忠信之理便已经存在了。王守仁持相反的看法——用冯友兰的话说："如果没有心，也就没有理。如此，则心是宇宙的立法者，也是一切理的立法者。"[2]

对这段话我们有必要打一点折扣，因为冯友兰本人的哲学趣味太强，以至于总是不自觉地将阳明心学往哲学上理解，而事实上王守仁对宇宙论、本体论这些问题全不关心，他所谓的"天理"仅仅是《大学》三纲领当中的"至善"，所以王守仁所谓的心往往不是哲学认识论意义上的心，而是儒家传统下的道德的心。我们不宜从纯粹的哲学趣味出发来批评王守仁不能自洽——借用乔治·奥威尔评论莎士比亚的话："但你不能用这种方式批倒他，就像你不能以讲道的方法把一朵花毁掉一样。"

至于王守仁所谓的"物"，也并非我们一般概念中诸如一草一木那样的客观事物，而是从人际关系的意义上来讲的。王守仁对徐爱解释"格物"，有这样一段话说：

> 身之主宰便是心，心之所发便是意，意之本体便是知，意之所在便是物。如意在于事亲，即事亲便是一物；意在于事君，

---

1 见冯友兰《中国哲学简史》（涂又光译，北京大学出版社，2013年出版），第293页。
2 同上。

即事君便是一物；意在于仁民爱物，即仁民爱物便是一物；意在于视听言动，即视听言动便是一物。所以某说无心外之理，无心外之物。(《传习录·上》)[1]

王守仁所谓"物"，即"意之所在便是物"，亦即心意所凝注的对象。"心外无理，心外无物"都是以这个为前提来说的，可见就岩中花树发问的那位友人显然会错了意，后人更把岩中花树这段文字孤立拿出来看，做出各种玄而又玄、似是而非的解读，营造一种神秘莫测的氛围，使阳明心学显出美丽的禅意。知识界的很多命题都有过这样的遭遇，久远者如各种佛学概念，晚近者如薛定谔的猫。

话说回来，当道德的心和万事万物发生关系，所发生的当然就是道德关系。而当任何一种道德关系发生的时候，其道德意义当然还是在心里的。所谓"心外无物"，无非就是这个意思，只是因为王守仁没有讲明他所谓的心是道德的心，换言之，他没有像现代学者那样按照现代学术规范做出明晰的概念限定，不严谨的表述造成了太多的理解障碍。

所以，当那位友人指着岩中花树发问的时候，问的是一个朴素的认识论的问题，王守仁却不是从认识论的角度来回答的。假使我们一定要他做一个认识论上的回答，他一定会说："岩中花树当然是客观存在的，无论我们有没有看到它，它都是存在那里的。难道我会以为它是我心中的幻象不成？当然不，只有佛教才会那么讲。"

---

[1] 见《全集》，第6-7页。

佛教确实有这样的理论,《楞严经》就讲山河大地都是妙明真心中的事物,所以王守仁的敌人们以不求甚解的态度批评他是披着儒家外衣的佛教徒。其实儒家阵营里也有过这样的理论,陆九渊的弟子杨简著有一部《己易》,明明白白地说道:"天,是我性中之象;地,是我性中之形;《易经》所谓'在天成象,在地成形',其实都是我自己的创造。"

儒家当然不会喜欢这样的"异端邪说",所以杨简的"发明"后来不很为人所知。王守仁绝没有走上杨简的老路,所以,我们不妨将岩中花树替换为一个具有道德意义的事物,譬如庐陵县的百姓,当王守仁未知庐陵县之前,他完全不会去想这世界的某个角落有这样一群百姓,庐陵县的百姓也不会想到茫茫人世间有王守仁这样一个角色,我们可以说王守仁的心与庐陵县的百姓"同归于寂";但是,自从王守仁到庐陵县上任,彼此发生了统治与被统治的关系之后,庐陵百姓的生老病死、吉凶祸福便在王守仁的心里"一时明白起来";而王守仁的心,倘若这时候已经彻底达到存天理、灭人欲的极致,那么天理流行,作为至善的天理发动于庐陵百姓身上,这便有了儒家亲民的仁政。于是,是由王守仁内心所发出的一条道德纽带将他自己与庐陵百姓联结在了一起。在这样一种道德意义上,便可以说庐陵百姓不在王守仁的心外。

十

在纯粹的认识论的问题上，王守仁甚至比许多朱子派的儒者更有常识。儒家烦琐的仪节也好，各种客观知识也罢，王守仁并不曾荒唐到认为这些知识都是天赋于心、与生俱来的。有人认为圣人不但生而知之，而且无所不知，针对这样的看法，王守仁有一番入情入理、没有半点玄虚的反驳：

"圣人无所不知，只是知个天理；无所不能，只是能个天理。圣人本体明白，故事事知个天理所在，便去尽个天理。不是本体明后，却于天下事物都便知得，便做得来也。天下事物，如名物度数、草木鸟兽之类，不胜其烦。圣人须是本体明了，亦何缘能尽知得？但不必知的，圣人自不消求知；其所当知的，圣人自能问人，如'子入太庙，每事问'之类。先儒谓'虽知亦问，敬谨之至'。此说不可通。圣人于礼乐名物，不必尽知。然他知得一个天理，便自有许多节文度数出来。不知能问，亦即是天理节文所在。"（《传习录·下》）[1]

---

[1] 见《全集》，第110页。

在王守仁看来，圣人所谓无所不知、无所不能，不可能从字面义上成立，因为天下事物不胜枚举，即便是圣人，也不可能知道每种植物的名字、每个朝代的每项典章制度，这根本不是人力所能为的。圣人的无所不知、无所不能，所知所能的其实只是天理，而天理在握之后，需要了解哪些事项，还是要去学去问。《论语》记载孔子去太庙，无论什么都向人请教。前辈学者解释这段话，说孔子这是明知故问，表现恭敬和谨慎之心。这样的解释毫无道理，因为即便是孔子，对于烦琐的礼乐名物也不可能尽数了解。对不了解的事物，尽管去问就是了，这正是天理的体现。

这就是说，圣人掌握的是核心原理，虽然该原理放之四海而皆准，但这只是使他更善于解决问题罢了；他虽然可以从核心原理一通百通，但并不会因此就变成全知全能的神。我们不妨想象一名将军，他熟读兵书战策，对一切军事理论烂熟于心，换言之，掌握了行军打仗所需要的全部核心原理，但在每一场具体的战斗中，他仍然需要做大量的情报工作，了解各种信息，而他所做的每一项具体的情报工作其实都是兵法原理在实战当中的体现。当然，即便如此，这仍然不能保证他能百战百胜。

事实上，孔子周游列国，孟子"遍干诸侯"，这两位举世公认的圣人，他们的事业轨迹上正是失败远多于成功。甚至以今天的成功学标准来看，他们都是彻头彻尾的失败者，都会被教科书写成反面典型，让年轻人引以为戒。

十一

徐爱与王守仁探讨王通、韩愈之优劣,这也是两人的南下旅程中一段极富启发意义的对话。臧否名人是人类永恒的社交语言,属于群居生活中必不可少的内容之一,以极其微妙的方式调整着我们每个人内心深处的归属感。

"君子不党"是一个古老的儒家命题,它意味着君子应当凭借理性和修养来扭转自己身上那种渴望拉帮结伙的低级天性,依自己的主见行事,而不去逢迎某个正式或非正式的团体。

这是一件很难的事。

今天每一个读过小学的人都会存留这样的记忆:小孩子在人际关系上的表现比成年人更接近本真,换言之,更加"野蛮"。他们用来打击同伴的最有力也最常用的武器就是拉拢全班同学来孤立他,譬如"我们都不要和某某说话"。相应地,处于弱势的孩子总要竭力避免被孤立,为此他们会做一些很不情愿的事情,而那些本来持无所谓态度的同学仅仅为了和大多数人保持一致,便往往甘于变身为被孤立者的敌人。

这是人类的天性。作为群居动物,我们总喜欢拉帮结伙,不能忍受孤独的境地。

君子虽然"不党",但正是通过"不党"将自己确立为君子群体中的一员,以"君子之交淡若水"的方式在君子的小团体里彼此交往。无论我们是君子还是小人,无论我们是怎样的人,总需要使自己的归属欲望得到满足。而只有当终极的归属目标被视为天经地义的时候,我们才能真正享受到归属感带来的愉悦和慰藉。

人类历史上出现过很多终极的归属目标,诸如国家、阶级、宗教……"全世界无产者联合起来",人们因此归属于无产阶级,于是,同属于无产阶级阵营的外国人对他们而言更亲于本国的资产阶级同胞。"国家利益高于一切",人们因此归属于祖国,于是,另一阶级的同胞对他们而言更亲于与他们同一阶级的外国人。"我们都是上帝的子民",人们因此归属于天主教,罗马教廷于他们而言超越祖国政府,他们全然不惜为教会而背叛祖国。当然也有一些特例,譬如托马斯·潘恩,他真的将"我的国家是世界,我的宗教是行善"这样的人生哲学奉行到底,也因此他的遭际不是绝大多数人所能承受的。

那么,谁的天经地义才是真正的天经地义呢?出于谨言慎行的考虑,我当然会毫不犹豫地支持国家至上论。当然,无论如何,我们对终极归属感的渴求确实是天经地义的。

当君子们标榜"君子不党"的时候,总是蕴含着这样的言外之意:

1. 只有小人才喜欢结党,喜欢扎堆抱团。

2. 小人是一种可鄙的生物。

3. 我们一定要把自己装扮成与小人相反(至少是不同)的样子,使自己能够便捷有效地区别于小人团伙。

虚荣心,或者说攀比心,在其中扮演着至关重要的角色。如果可以在这里套用经济学概念的话，我愿意说"君子不党"是一种精神层面的炫耀性消费。

任何人类社会都会形成自然分层，强者为首，次强者为爪牙，弱者垫底，社会金字塔就这样赫然成形。上层人士永远力图使自己与下层形成一目了然的区别，无论在穿着打扮、言谈举止甚或一切重要的行为模式上都在向下层标榜这样一种高高在上的姿态："我不属于你们！"

"属于"与"不属于"貌似相反，其实一并强化着每个人心底或隐或现的归属意识，而后者较之前者具有更多一些的文明意味。人的年龄越小，本真的色彩则越浓，所以在小孩子身上尤其表现出扎堆抱团的特点——如果"同学们都怎样怎样"而自己不能怎样怎样的时候，他们不仅会痛苦，甚至会恐惧。于是他们会喜欢同样的打扮，迷恋同样的明星，喜欢同一本书。在商家的眼里，这是一个何等理想的巨大市场啊。手机市场就是一个典型，学生党追求一致性，"同学都有，我也要有"，而成年且受过良好教育的人即便真的喜欢街机的款式和功能，往往也会果断舍弃，另选一个相对小众的型号。

在更加深刻的意义上，归属感其实影响着我们的平等观念。"属于"使我们顽固地追求平等，以一种近乎病态的执拗想要和他人保持一致；"不属于"使我们顽固地追求不平等，刻意与他人有所区别或疏离。换言之，我们确实有追求平等的天性，但同样有追求不平等的天性。当我们试图对一些所谓的自然权利寻求普世认可的时候，其实不可能提出任何足以自圆其说的理据，最多不过是在所有人的归属感的两极之间找一个最大公约数罢了。

儒家主张"君子不党"，归根结底只是说君子不可以像小人那样结党营私,"党"的问题,即归属感的问题,始终都要解决,这毕竟是人性使然。所以欧阳修写有《朋党论》,界分小人之党与君子之党,认为后者非但无可厚非,反而应该大加鼓励。

十二

  对名人的认同是一种很常见的、自然而然发生的划分内外的手段。徐爱向王守仁讨教王通、韩愈孰优孰劣,这又涉及一个心理学所谓认知一致性的问题:希望自己高度认同的人也会认同自己所认同的名人,譬如热恋中的女人总希望男友也会喜欢自己喜欢的明星,使彼此都能归属于同一个群体,即那位明星的粉丝群。

  这种小小的归属感问题在今天常常引发情侣之间的矛盾:倘若对明星各有所爱的话,两人最直接的做法都是试图说服对方"你喜欢的明星是如何庸俗,而我喜欢的明星是如何卓越"。当然,"以理服人"在这种问题上从来不会得到令人愉快的结果,而最后只能是较弱的情感让位于较强的情感:如果对恋人的爱更强烈,明星往往会遭到背叛,反之亦然,而凡是以"求同存异"的理性光芒维系着恋爱关系的情侣,彼此之间往往缺乏牢固的感情纽带。同理,我们完全可以预测徐爱的心态转变,只不过徐爱此时与王守仁所做的毕竟是一场学术讨论,后者还是要以理服人的,尽管从效用上而言这并不重要。

  比较王通与韩愈的优劣,这在当时是一个关乎价值取向的敏感话题。明朝人推崇前代古文,以"唐宋八大家"为翘楚,韩愈位列"八大家"之首。王通则是隋唐之际的一代名儒,隐居教授,仿儒家六经著作《续六经》。明朝知识界的风气是推崇韩愈而贬低王通——推崇韩愈,是因为欣赏韩愈的文章;贬低王通,是因为他胆敢续写六经,这分明是以圣贤自居的僭越行为,即便不算欺师灭祖,至少也算恬不知耻!凡是对王通有任何认同的人,一定有同样的厚脸皮,士大夫阶层理应群起而攻之。

可以预见的是,王守仁的评价当然是逆潮流而动的:"韩愈不过是个文学家,后人只以文学成就作为评判标准,这才把他推尊到那么高的地位,其实他比王通差得远。"

徐爱站在"常识"的立场上,以儒家"原心定罪"的传统发出质疑,认为王通续写六经,只是为了邀名,否则的话,自己写自己的书,阐述自己的主张,何必非要披上圣贤经典的外衣呢?

王守仁接下来发表了一番在今天看来很有点惊世骇俗的意见:"天下之所以大乱,是因为虚文太多而实行太少,孔子的时代就已经如此了,所以孔子才做了删述六经的工作,只留下足以明道的核心内容,把纷纷杂杂、五花八门的说辞通通删除。后来秦始皇焚书,错就错在出于私心,又焚掉了儒家经典,否则的话,是与孔子删述六经一样的好事。秦汉以降,文学再一次兴盛起来,删不胜删,也只有本着孔子的宗旨筛选那些近于正道的文字,以期各种异端邪说自行消亡。我虽然不知道王通当初续写六经的初衷,但想来就算圣人复出也会赞许这样的做法。"

上述意见隐含着这样一个观点,即一切必要的知识在孔子以前的典籍里一应具备，后人要做的只是传承罢了。当然，在王守仁看来，这些知识全部都是关于"至善"的道德知识，很简单，很直接。后人不应该再有任何新著作，不应该发表任何新观点，也不应该用铺天盖地的文学修辞淹没古圣先贤那至高至简的道德哲学。

诚然，倘若我们所需要知道的只有天理，而天理是永恒不变的，并且早已被孔子删述的儒家经典尽数揭示清楚的话，王守仁的看法完全顺理成章。

即便对传统六经，王守仁也不是尽数接受的。在他看来，《礼记》和《诗经》等都出于后儒附会，《春秋》可以独立成书，不必依赖《左传》。所以我们看到王守仁论学一概在做减法：凡是复杂的说法，他会删繁就简；凡是成对的概念，他会合而为一。阳明后学不可避免地兴起反智主义浪潮，以至于被批评者讥讽为"束书不观，游谈无根"。心怀宽厚的学者每每将这些所谓的"流弊"归罪于王守仁的弟子及再传弟子身上——当然，"为贤者讳"是一种来自儒家传统的美德，但如果可以抛开感情成分的话，我们必须承认王守仁对反智主义有着极其明确的主张以及一套足以自洽的逻辑。

让我们设想一个理想国，王守仁就是这个国家柏拉图意义上的哲人王，在那里他将有足够的能力来实现自己的文化主张。焚书显然是一件首要事务。在较严苛的标准下，我相信存世著作的总字数大约不会超过一万。文学趣味会受到最严厉的压制，任何新颖的思想即便不会在火刑柱上灰飞烟灭，至少也没机会得到有效的传播。

如果标准更严苛一些的话，全世界值得传承的文字只消一句话便够。

曾经有人批评陆九渊，说他的全部学术只是信奉孟子的一句话："先立乎其大者。"陆九渊的回答简单直接："诚然。"

从内心入手，立乎其大，只抓纲领性的问题，自然就会纲举目张，一通百通。王守仁的立言宗旨与陆九渊如出一辙，如果算上必要的辅助说明性的文字，两三千字就已经绰绰有余了。

今天恐怕很少有智力健全的人会认同这样一种社会形态，我们知道哪怕仅仅是道德问题也远不是千言万语所能说尽或说清的。道德即便像王守仁所说的那样需要求之于心，表现为自我修养，但我们必须承认的是，道德归根结底是人际关系的衍生物，倘若没有人际关系便无所谓道德，换言之，对于在荒岛独自求生的鲁滨孙来说是不存在任何道德问题的，只有当"星期五"出现之后，道德问题才随之发生。所以在今天显而易见的是，道德，或王守仁所谓的天理，其根源只在人际关系上，而不在任何人的心里。

当然，王守仁会认为我这样的说法属于"义外"，是告子异端的居心险恶的升级版。

王守仁正因为太拘泥于内外之别，这才导致问错了问题，而错误的问题又导向了错误的答案。他追问"孝"要到哪里去求，是到父亲身上去求吗？不，这是"义外"，"孝"不在父亲身上，而只应到我们心底去求。在王守仁看来，"孝"只可能存在于两个地方，要么在父亲身上（义外），要么在自己心里（义内）。他不曾想到的是，道德是人际关系的衍生物，所以还存在着第三个选项："孝"既不在父亲身上，也不在我的心里，而是存在于我和父亲的关系里。

更为"义外"的是，道德问题既是人际关系的衍生物，就必然会随着客观知识而变化。举一个简单的例子：英国人一度相信女人的性高潮是导致受孕的一项要素，于是，因强奸而受孕的女人就会顺理成章地遭到正义的唾骂。如果唾骂者当中有一位是王守仁的弟子，无论他怎样求之于心，他心中的天理都会告诉他这样一个正确答案："这女人是个荡妇！"

是的，王守仁所谓的天理，很大程度上不过是社会习俗内化在我们心中的行为守则。我们不妨参照孙悟空的一生：他头上的紧箍就是社会习俗的制约力量，对他每一个恣意而为、触犯习俗的举动施加惩罚，久而久之，他终于修成正果，紧箍消失了——确切地说，是头上的紧箍内化为他心里的紧箍，从此他的任何"恣意而为"天然地都会囿于社会习俗的规范之内，不会有任何出格的念头，这也就是孔子所谓"七十而从心所欲，不逾矩"的境界了。

十三

与徐爱同舟论道，王守仁还对《大学》所谓的"格物"做了重新的训诂。

《大学》讲格物致知，究竟"格物"是什么意思，其实我们找不出确切的解释。以现代学术的标准，我们应当拿出文字学的证据，罗列几种可能成立的解释，将"正确答案"悬置不论，留待将来的考古新证。古人却不这样想问题，因为这在他们而言与其说是学术问题，不如说是意识形态问题，意识形态问题一定要黑白分明，哪能存而不论呢？

朱熹训"格"为"至"，"格物"的意思因此就是"穷至事物之理"，即穷究事物背后的终极原理。王守仁另辟蹊径，认为这个"格"应当与《孟子》"唯大人为能格君心之非"的"格"同一个意思。

孟子的原话，从上下文可以推断出确切的意思，是说"只有大人才能纠正国君的错误思想"。"格"在这里显然是"纠正"的意思，这个义项在《尚书》和《论语》里也可以找到佐证。王守仁本着"存天理，灭人欲"的原则略略做了引申：

> "格物如《孟子》'大人格君心'之'格'，是去其心之不正，以全其本体之正。但意念所在，即要去其不正以全其正，即无时无处不是存天理，即是穷理。天理即是'明德'，穷理即是'明明德'。"(《传习录·上》)[1]

概言之，所谓"格物"，就是一种自我反省的功夫，心里每动一个念头，只要其中含有不道德的（或者说属于"人欲"的）成分，都要立即纠正；只要无时无处都这样做，"人欲"就会彻底消失，心中满满充盈着天理，这就是所谓的"穷理"，即《大学》三纲领之一的"明明德"。

王守仁所宣讲的"格物"理路是，人心具备全部的天理，即具备

---

[1] 见《全集》，第7页。

十足的"至善",只不过被不同程度的人欲遮蔽住了,所以只要时刻留意,刚有人欲闪现就把它扼杀,久而久之,人欲就被清理净尽,天理或"至善"便会完全显露出来。

王守仁后来常用镜子来做比喻:我们的心天生就是一面明镜,只是被尘土遮蔽了光明,而朱熹版的格物说只是教人在"照"上用功,拿这面镜子东照一物、西照一物,殊不知镜子本身又脏又锈,再努力又能照出什么?正确的格物方法是在"磨"上用功,一点点清理灰尘和锈迹,使镜子恢复光彩照人的本来面目。这一面无瑕的镜子,也就是心之本体。"至理匪外得,譬犹镜本明。外尘荡瑕垢,镜体自寂然"(《郑伯兴谢病还鹿门雪夜过别赋赠》三首之二),王守仁以诗说理,这四句诗就是最简要的概括。

这一下子让我们想到神秀和慧能那两个著名的佛偈。神秀说的"身是菩提树,心如明镜台。时时勤拂拭,休使惹尘埃",与王守仁的镜论如出一辙,而慧能说的是"菩提本无树,明镜亦非台。本来无一物,何处惹尘埃",禅宗从此南北分途,神秀在北方推行渐修,慧能在南方宣传顿悟。神秀禅法自唐末以后便一蹶不振,后来的禅宗全是慧能的天下。

成王败寇的法则在佛教界一样适用,禅宗谱系于是以慧能为六祖,全然没了神秀的位置,以致在王守仁的时代,提起禅宗,人们只想到慧能一脉。当时不少人批判王守仁的学说流入禅学,王守仁和他的门人子弟当然都不服气,但今天当我们以思想史的眼光跨出王守仁那个时代的"时代局限性",就会发现那些批评者的结论其实没错,只不过这禅学不是慧能的禅学,而是已似空谷足音一般的神秀的禅学。

这样的修养说来简单，修起来却着实辛苦。幸而古人的生活环境自有其有利的一面，单以性意识而论，女人一般大门不出、二门不迈，即便出门，也会穿戴齐整，更不至于像今天这样天天都有男男女女同挤公交车的场面，尤其没有可怕的互联网，所以使人"动邪念"的诱惑远不似今天多。而反过来讲，今天要想奉行王守仁的这套修养方式，对任何一个身心健康的人来说都难如登天。

当然，即便在明朝人看来，王守仁的磨镜修养也嫌苛刻了些。对比一下春秋时代的君子，曾子的修养方式是每天"三省吾身"，仅就关键事项做几次反省罢了，王守仁却教人时时处处提高警觉，拔除每一个刚刚露头的人欲嫩芽，这该需要何等惊人的毅力啊。

十四

也许真理从来都是沉重的，所以"立志"才成为王守仁屡屡强调的话题。当然，对于徐爱这样的有志青年，沉重从来不是问题。

这一番同舟共渡，徐爱的世界观就这样被彻底颠覆了。那种拨云见日、豁然开朗的感觉使他不禁手舞足蹈，甚至连日陷入一种如狂如醒的亢奋状态。及至正德八年（1513年）二月，中国思想史上最激动人心的一段水程终告结束，王守仁和徐爱回到了阔别多年的故乡余姚。

真的过去了很多年。在故乡等待着王守仁的是九十三岁高龄的祖母、年近古稀的父亲、结婚已经二十多年却总是聚少离多的妻子，而兄弟和堂兄弟们也都已经儿女成行了。一个尴尬的问题忽然凸显出来：时年四十二岁的王守仁竟然还没有一儿半女，这在"不孝有三，无后为大"的年代简直罪不可逭。

此情此境，以当时的道德而论，继承人问题才是重中之重，而王守仁才到家里，就要开始与徐爱一同到天台山、雁荡山游山玩水的计划，只因为被宗族亲友绊住才未能成行。就这样到了五月底，他才带着徐爱与几名后辈启程。《年谱》如此记载旅游行程："乃从上虞入四明，观白水，寻龙溪之源；登杖锡，至雪窦，上千丈岩，以望天姥、华顶；欲遂从奉化取道赤城。适久旱，山田尽龟坼，惨然不乐，遂自宁波还余姚。"

旅途并不愉快，一来因为适逢浙东久旱，满眼尽是山田龟裂的景象，只会让人生出"哀生民之多艰"的哀伤；二来因为同行的这些晚辈在朱熹哲学里"积重难返"，王守仁纵使费尽开导点化之功，终不能使顽石点头。

十五

是年十月，王守仁在优游中终于抵达了滁州任所。

英语词汇里有所谓的"火鸡牧场"（Turkey Farm），是指那些专门用来安置闲人的部门。几乎每一个稳定的官僚体系都有自己的火鸡牧场，因为总有一些难办的人，或是能力平庸的元老，或是裙带关系里的废材，或是有能力却不安分的家伙，既影响效率又讨人嫌，无论安置在哪里都不合适，但也不宜草率地把他们除名——那会带来更多的麻烦，这时候就显出火鸡牧场的重要性了。在火鸡牧场，这些人有编制，有收入，却没什么正经事做。上级不会要求他们创造业绩，而仅仅希望他们少惹麻烦。

貌似这是一种人浮于事、肆意挥霍民脂民膏的机构，而理想的管理结构应当如英明的唐太宗所言"为官择人者治，为人择官者乱"，意即一个合理的政府应当为现成而设计合理的岗位来选拔人才，而不是为了安置某些人而特地设置某些岗位。然而无论古今中外，真实的管理结构总是"为官择人"和"为人择官"并存的，其中一定存在着什么合理因素。其实古人就意识到了这个问题，譬如王夫之讲过，如果只是"为官择人"，这是法家循名责实、追求速效之道，却不利于奖掖人才、敦厚风俗（《宋论》卷一）。显然"为人择官"不但是不可避免的，甚至是必不可少的，这正是火鸡牧场存在的积极意义。

在明朝的两京制下，南京政府就扮演着火鸡牧场的角色。

王守仁此时的职务是南京太仆寺少卿，任所不在南京，而在滁州——诞生过《醉翁亭记》的那个滁州。

太仆寺掌管马政，虽说马政事关军事命脉，但一来北京自有太仆寺，那才是实际意义上的马政衙门；二来明代宦官机构设有御马监，严重侵夺了北京太仆寺的职权，尤其在顽童般的武宗皇帝那里，直接从御马监调动战马该是何等过瘾的乐事，以致南京太仆寺几乎名存实亡，使王守仁可以在地僻官闲的日子里名正言顺地尸位素餐，每天都与门人弟子在当地名胜琅琊、瀼泉间逍遥自在。

尤其每到月夕，数百门人环绕龙潭而坐，歌声在山谷中回荡，有疑问者随时向王守仁请教，每有所悟便踊跃歌舞。这样的讲学场面太让人心驰神往，甚至会令人庆幸当时在位的是武宗这个顽童，而不是太祖、成祖那样的有为之君，否则聚众这等大有隐患的事情怎可能在专制体制下发生。

十六

龙潭问学，《年谱》只选出一则来做记载，门人的问题很有代表性："静坐中思虑纷杂，不能强行禁绝，这该怎么办呢？"

当初王守仁从龙场赴庐陵，途中便教诸生于僧寺静坐，目的很简单，只是让大家收收心。人人平日里总是事务繁多，千头万绪，倘使不能收心，便很难专注向学。今天很多心灵修炼类的畅销书仍然会教人静坐，静心澄虑，这对人总有一些好处。毕竟现代人也会面临同样的问题：无论正事还是杂事，每天总有数不清的事情要去操心，心里总是满满的、乱乱的，久而久之就会使人陷入焦灼、烦躁的状态。

静心澄虑说来容易，难在大脑的活动总是不由自主的，即便在我们自以为无梦的睡眠时间，大脑也不曾有片刻闲着。在清醒状态下什么都不想，这确实是一项不可能完成的任务。

最常见的纯技术性的解决方案是所谓的专注冥想，将注意力集中在自己的呼吸节奏上。佛经里就载有许多默数呼吸的禅定训练。再如正念冥想，既留心每一种感觉，又不让注意力被某一种特定的感觉带走，这是精神减压的一剂良方。还有一种慈悲冥想，只将注意力集中于无私的同情和博爱，默默重复一些"愿众生幸福"之类的短语。真要做到"什么都不想"，还要依靠第一种，即专注冥想的技术。

许多宗教人士都拥有这样的本领。譬如在六祖慧能的时代，有一位卧轮和尚讲过一个偈子："卧轮有伎俩，能断百思想。对境心不起，菩提日日长。"大意是说，卧轮有一项本领，可以斩断一切思想，任由外境如何变幻，内心始终岿然不动，于是修行每天都在提高。

然而有趣的是，慧能竟然很不以为然，认为这是错误的修行方式，正确的做法应该是："慧能没伎俩，不断百思想。对境心数起，菩提作么长。"这是说自己没什么本事，不能斩断一切思想，外境变幻之时心也随之反应，也不知道修行怎么提高。（《六祖大师法宝坛经》）

以今天的知识来看，卧轮与慧能其实分别是专注冥想和正念冥想的代表，慧能站在正念冥想的立场上否定专注冥想的意义。但当时他们是从宗教意义上理解这回事的。

卧轮的静坐可谓心如死灰，物是物，我是我，彼此全不相干。在慧能看来，这意味着心念的停滞，是一种有束缚的状态；慧能的主张是"用心若镜"，心会随着外界境况的变化而生出相应的反应，完全是被动的、承受的、不得已的，外物来时不拒，外物去时不留，对境心起，境过无痕。在慧能的佛学理论里，若心灵进至这样的状态，也就斩断轮回了。

佛教在个人修行上的终极目标就是断轮回、入涅槃，慧能认为这是人在活着的时候就能达到的目标，"念念无住"时自然摆脱了业力的牵绊，也就是超出因果链条了。当然，即便达到如此境界，也要像普通人一样吃饭睡觉，只是若能一直保持这个状态的话，就能不再堕入轮回了。至于不堕入轮回到底是怎样的一种状态，这只能由信仰者自己体会了。

这样一种对静坐的主张，根源其实在庄子身上，只是后来被不同立场的人做了不同方向的发挥。慧能站在佛教立场，以这样的静坐方式斩断业力的因果链，跳出轮回，证入涅槃，王守仁站在儒家立场，也标榜"用心若镜"的境界，只是加入了一些存天理、灭人欲的成分："纷杂的思虑没法强行禁绝，我们要做的只是在心念刚刚闪现的时候去省察克制，等到天理充盈的时候，对一切事物都可以兵来将挡、水来土掩，完全应付裕如，不使它们在心中纠缠不去。如此的话，心会自然呈现出精专的状态，那些纷杂烦扰的念头也就自然不会产生了。《大学》所谓'知止而后有定'，说的就是这个意思。"

王守仁的理路是，我们心中一切的纷扰和焦虑归根结底都是患得患失造成的，总有一些事情在我们心头盘桓不去，让我们费尽思前想后的功夫；推想患得患失的原委，无非是功利意识作祟罢了，换言之，都是"人欲"这种不道德的因素造成的，那就让我们在静坐中"狠斗'私'字一闪念"，把每一个发自"人欲"的念头坚决扼杀在摇篮中；于是我们的心就像一面积满灰尘的镜子被一点点擦拭干净一样，终于恢复本来面目，那就是纯然天理的光明状态；保持这种状态的话，遇到任何事情都可以从容应对，因为天理会自然而然地指导我们每一次待人接物，从此再不会患得患失了；而我们遇到的每一件事，都像明镜前晃过的事物一样，来时被明镜如实地映照，去后不会在镜面上镌下任何痕迹。

那么相应的是，一个人倘若没有这样的修养，心是一面积满了灰尘的镜子，那么每遇到什么事情，即便在事情过后，镜面的灰尘上总会留下或深或浅的印痕，这些印痕也就是我们的纠结、焦虑、烦恼、苦闷……

十七

此时的王守仁心志愈坚，体系愈成，时时与数百从学者探幽揽胜，发言的胆色也越发大了。这一时期写的《山中示诸生》五首之一，已经旗帜鲜明地站在陆九渊的阵营里声讨朱熹了：

> 路绝春山久废寻，野人扶病强登临。
> 同游仙侣须乘兴，共探花源莫厌深。
> 鸣鸟游丝俱自得，闲云流水亦何心？
> 从前却恨牵文句，展转支离叹陆沉！[1]

这首诗处处语带双关，以游山玩水的写实笔墨带出学术旨归的各种暗示。所谓"路绝春山久废寻"，通往春山之路也就是通往真理之

---

1 见《全集》，第805页。

路，而这条路废弃已久，世人皆不识得，只有自己这个被主流社会排挤到边缘的"野人"费尽千辛万苦一路寻来。真希望自己带来的同伴也能一起走到繁花似锦的终站，一起走到真理的终极处，不要半途懈怠才好。真理不假外求，每个人都只能向自己的心中获得。通往真理之路就是这样简明直截，而自己曾经在朱子哲学的宏伟迷宫里兜兜转转，想来真是不胜懊悔啊！

尾联一句"展转支离叹陆沉"，不加掩饰地用到朱子学者最忌讳的"支离"二字。宋代鹅湖之会，朱熹与陆氏兄弟辩论学术，陆九渊当众吟诗一首，吟到颈联"易简工夫终久大，支离事业竟浮沉"，立即便使听众席上的朱熹变颜色。

朱熹与陆九渊之争，简言之正是"支离事业"与"易简工夫"之争。陆九渊相信大道至简，讥讽朱熹哲学"支离"。这很像宗教与科学之争，基督徒只一句"因信称义"就足以应对复杂的世界，科学家却要做无数的实验，用无数次的调查取证来解决一个又一个细小的问题，无数人的无数时光的积累才给世界勾勒出一个模糊的轮廓。

站在朱子哲学的立场，"支离"纯属陆九渊异端对真理所做的恶毒攻击，其言可鄙，其心可诛，而王守仁竟敢宣称"从前却恨牵文句，展转支离叹陆沉"，懊悔从前在"支离"的朱子哲学里浪费时间，是可忍孰不可忍！

十八

正德九年（1514年）春，远从安南回京述职的湛若水特地取道滁州，匆匆与王守仁相会。个人的升沉荣辱不值得多费口舌，这两颗在当时的夜空最耀目的思想巨星彻夜畅谈儒释之道，毕竟只有真理最使他们激动。

饶有趣味的是，湛若水虽然和王守仁一样高举反"支离"的大旗，但以他的哲学标准来衡量，王守仁那一套"心外无物，心外无理"的说辞过犹不及，陷入另一种"支离"了。

湛若水是相当彻底的一元论者。物和理究竟在心内还是心外，湛若水认为划分内外本身就是错的，正确的说法应当是"理心合一"，无内无外。

湛若水的一元论即便在今天看来依然很有高明的成分。人对世界的最原始的看法都是二元的，因为二元对立最直观，所以《道德经》说"长短相较，高下相形"，所以《周易》区分阴阳，所以摩尼教相信间一切都是光明之神与黑暗之神争夺宇宙控制权的结果，所以基督教相信上帝和撒旦的反复斗争导致了人间正邪的此消彼长……

但是，极少数的明眼人会发现，所谓二元对立其实是一种假象。譬如光明与黑暗，所谓黑暗，只是光明的缺失罢了；我们将光明缺失的状态称作黑暗，"黑暗"是我们为求方便而创造的一个语词标签，它并不是什么真实存在的实体。善恶问题也是一样的，所谓恶，只是善的缺失罢了，我们将善缺失的状态称作恶。再如正和反，我们站在自己的角度来看一个物体，于是人为地划分出正面和反面，试想所谓月亮的背面，一个在宇宙中悬浮的球体就其自身而言有什么正面和背面之分呢？

所以，正如英国哲学家维特根斯坦告诉我们的，很多哲学问题归根结底无非是语词陷阱造成的，只要把语词概念辨析清楚，那些哲学问题就会自然消解。湛若水在相当程度上正是这样来解决问题的，在他看来，天地间只是一气，只是一理，而所谓阴与阳的二元对立只是一物两名给我们造成的错觉罢了，动则为阳，静则为阴，就是这么简单。

这种认识可以一直追溯到宋儒那里，倒不是湛若水完全崭新的创见，他只是将这种一元化论推衍到了极致，以至于就连王守仁这样的高度一元化的论者在他眼里也变成了二元论的"支离派"。

然后，一切哲学归根结底还是道德，湛若水也未能免俗。虽然以今天的标准看，让哲学为道德背书实在是一件再荒谬不过的事情，而在古人的世界里，尤其在古代儒家的世界里，让哲学与道德划清界限甚至都谈不到狂悖或可耻，而是所有人都不曾想过，这正是历史局限性之一例。

无论如何，湛若水都是对王守仁影响最大的人。两人后来不断在通信中切磋学术，彼此都觉得对方虽然有貌似一元论的主张，实际上却流于二元论的"支离"，但确实越到后来，王守仁一元化的倾向便越发明显,以至提出"无善无恶心之体"的命题,而这个命题正是湛若水的逻辑必然会达到的一个结论,这是后话。

十九

湛若水去后不久,是年四月,新的调令下达,王守仁改任南京鸿胪寺卿,此时距离滁州赴任不过半年光景。

鸿胪寺隶属礼部,负责各项朝廷典礼,名义上倒也符合王守仁礼学专家的身份。聚集在滁州的门人弟子以浩浩荡荡的队伍送别师尊,一路竟送到了长江北岸,眼见过江便是南京了。一些人甚至要暂住江北,遥送王守仁渡江。这样的阵仗,当时实在是太过招摇了。王守仁大概被送得不耐烦了,以一首《滁阳别诸友》催促众人返程:

> 滁之水,入江流,江潮日复来滁州。
> 相思若潮水,来往何时休?
> 空相思,亦何益?
> 欲慰相思情,不如崇令德。
> 掘地见泉水,随处无弗得;
> 何必驱驰为,千里远相即。
> 君不见尧羹与舜墙,又不见孔与跖对面不相识?

> 逆旅主人多殷勤，出门转盼成路人。[1]

诗意是说："你们既然这样舍不得我，与其在送别形式上大费周章，不如回去在圣贤之学上多下苦功。至道就在每个人的心里，并不在你们老师这里，所以向心中求道，随时随地都是可以的，没必要千里追随着我。当年尧圣人去世之后，舜圣人满心思念，常会在羹汤中、墙壁上看到尧圣人的音容笑貌，而孔子和盗跖就算对面而坐也会彼此不识。你们再看那旅店的掌柜，总是一副很热情的样子来接待客人，可是等客人一走，便再不会记挂人家了。"

重心意而轻形式，这是王守仁的一贯主张。他一直都在声讨当时虚伪的学风，笑人们像戏子一样只将儒家的样子学得惟妙惟肖，以此为自己换来各种利益，但学得再像也只是徒有其表的戏子罢了。

二十

正德九年（1514年）五月，王守仁抵达南京，就任鸿胪寺卿。官闲无事，讲学自然便是第一等的要务。足堪欣慰的是，大弟子徐爱也在南京任职，于是同志日亲，越来越多的人聚集在王守仁的门下，是为一时之盛况。

---

1 见《全集》，第809页。

对任何一种思想来说，门徒往往是最有破坏力的敌人，阳明心学也不例外。这时候有人带来滁州的消息，说滁州的那批门人大多放言高论，甚至有渐背师教的人。王守仁出面表态："我为针对时弊，从高明一路入手接引门人，如今见到有些门人流入空虚，不免感到懊悔。所以，今后南京论学只教人存天理、去人欲的省察克制功夫。"

所谓"流入空虚"，这是婉语，实际意思是指"流入禅学"。

这真是在所难免，因为王守仁所谓"高明一途"与禅宗的方法论简直如出一辙：慧能一脉的禅宗教人顿悟，说这是针对资质上佳的人而言的，至于资质差的人，还是老老实实坐禅为好。

上乘法门说来简单，"直指人心，见性成佛"，只要力气使对了，成佛只在一瞬间。下乘法门却复杂难修，先要持戒，数百项戒律单是记住就不容易，再要修定，每天都要花大把时间坐禅入定，以求最后因戒生定、因定生慧，终于觉悟成佛。朱熹教人格物致知，就很像戒、定、慧的苦修，而王守仁教人舍外求内，尽管也有坐禅式的苦修，但自负资质的学生难免直接悟入心之本体，以为这就是师尊龙场悟道的境界了。心学与禅宗，仿佛只有一线之隔。

所以王守仁这时还会警告那些好谈仙佛的弟子："我年轻时求儒家圣学不得，也曾努力修佛修道，直到被谪往蛮荒之地，三年间始见圣学端倪，后悔从前错用了二十年的工夫。佛与道的学问，其精妙处与儒家圣学只有毫厘之别，故而不易分辨，只有笃志于圣学的人才能有足够的眼力。"

二十一

事实上儒学与禅学可谓泾渭分明。倘若孔孟复生，一定会以"恶紫之夺朱"的态度来攻讦王守仁这些论调的。王守仁要将社会学缩进心性学里，难免会与传统儒学渐行渐远，与禅宗的相似度却越来越高。我们看他在这一时期所写的文字，概念都是儒家的概念，理路却绝不是孔孟的理路，譬如《赠林典卿归省序》：

> 林典卿与其弟游于大学，且归，辞于阳明子曰："元叙尝闻立诚于夫子矣。今兹归，敢请益。"阳明子曰："立诚。"典卿曰："学固此乎？天地之大也，而星辰丽焉，日月明焉，四时行焉，引类而言之，不可穷也。人物之富也，而草木蕃焉，禽兽群焉，中国夷狄分焉，引类而言之，不可尽也。夫古之学者，殚智虑，弊精力，而莫究其绪焉；靡昼夜，极年岁，而莫竟其说焉；析蚕丝，擢牛尾，而莫既其奥焉。而曰立诚，立诚尽之矣乎？"阳明子曰："立诚尽之矣。夫诚，实理也。其在天地，则其丽焉者，则其明焉者，则其行焉者，则其引类而言之不可穷焉者，皆诚也；其在人物，则其蕃焉者，则其群焉者，则其分焉者，则其引类而言之不可穷焉者，皆诚也；其在人物，则

其蕃焉者，则其群焉者，则其分焉者，则其引类而言之不可尽焉者，皆诚也。是故殚智虑，弊精力，而莫究其绪也；靡昼夜，极年岁，而莫竟其说也；析蚕丝，擢牛尾，而莫既其奥也。夫诚，一而已矣，故不可复有所益。益之是为二也，二则伪，故诚不可益。不可益，故至诚无息。"典卿起拜曰："吾今乃知夫子之教若是其要也！请终身事之，不敢复有所疑。"阳明子曰："子归，有黄宗贤氏者，应元忠氏者，方与讲学于天台、雁荡之间，倘遇焉，其遂以吾言谂之。"[1]

林典卿听王守仁讲过"立诚"，辞归之际请老师就"立诚"再多讲一些什么。王守仁只答了两个字："立诚。"

且不论王守仁具体的学术主张，单是这种答话的方式便完全是禅宗机锋的手段，所以攻击者说他外儒内禅，这倒不能说是凭空栽污。

所谓"立诚"，《大学》讲"正心诚意"，《周易》讲"修辞立其诚"，总而言之，要人有一种诚挚而真切的心态，切切不可作伪。一个人的所作所为不是做给别人看，而是对自己的心负责，这便是诚。王守仁曾经这样回答弟子："在诚的萌芽状态正本清源，便是立诚。古人的道德训练，全部的精神命脉只在此处。"[2]

立诚的重要性当然不难理解，而难以理解的是，当林典卿希望王守仁多讲一些的时候，后者还是说"立诚"。所以林典卿接下来的问题非常合情合理："以天地之大，人物之富，那么多学者终其一生殚精

---

[1] 见《全集》，第262页。
[2] 见《全集》，第39-40页。

竭虑也没能研究出多少所以然来，难道有立诚就足够了？"

王守仁的回答是："没错，有立诚就足够了。因为诚就是理，所以万事万物归根结底都是诚。"接下来王守仁故意将林典卿的"请益"（请多讲一些）做双关的发挥，说"诚"无法有所增益，所以自己才会在一开始对"请益"仅答之以"立诚"。

现代人很难理解这样的说辞，毕竟我们生活在一个知识爆炸、科学昌明的时代，我们很明白很多知识都不是"立诚"就能掌握的。但对于明朝人，尤其是对于一个主要关注道德领域的明朝儒者，王守仁的这番道理倒也成立——这正是他基于"立志"的知行合一论的一个变形，我们每个人都像前文所述的周莹一样，只要立志够坚，想做的事情总能做到，想掌握的知识总能掌握。

二十二

《赠郑德夫归省序》也属于王守仁这一时期讲学的典范，主人公郑德夫完全不同于林典卿，是一个带着审慎态度半信半疑的人：

> 西安郑德夫将学于阳明子，闻士大夫之议者以为禅学也，复已之。则与江山周以善者，姑就阳明子之门人而考其说，若非禅者也。则又姑与就阳明子，亲听其说焉。盖旬有九日，而后释然于阳明子之学非禅也，始具弟子之礼师事之。问于阳明

子曰:"释与儒孰异乎?"阳明子曰:"子无求其异同于儒、释,求其是者而学焉可矣。"曰:"是与非孰辨乎?"曰:"子无求其是非于讲说,求诸心而安焉者是矣。"曰:"心又何以能定是非乎?"曰:"无是非之心,非人也。口之于甘苦也,与易牙同;目之于妍媸也,与离娄同;心之于是非也,与圣人同。其有昧焉者,其心之于道,不能如口之于味、目之于色之诚切也,然后私得而蔽之。子务立其诚而已。子惟虑夫心之于道,不能如口之于味、目之于色之诚切也,而何虑夫甘苦妍媸之无辩也乎?"曰:"然则五经之所载、四书之所传,其皆无所用乎?"曰:"孰为而无所用乎?是甘苦妍媸之所在也。使无诚心以求之,是谈味论色而已也,又孰从而得甘苦妍媸之真乎?"既而告归,请阳明子为书其说,遂书之。[1]

起先,郑德夫听说了王守仁的名声,有心前往求学,忽然又听到一些负面传言,说王守仁那一套无非是打着儒学幌子的禅学罢了。才兴起的求学之念就此打消,但又觉得不太甘心,郑德夫便与好友周以善商议,走出了试探性的一步:先就近打探一下阳明弟子的学术好了。

试探的结果很为先前的负面传闻减分,但还不足以彻底打消郑德夫的疑虑,那就再进一步,姑且到王守仁的课上试听几次。郑德夫足足试听了十九天才终于释怀,正式行了拜师之礼,继而向老师求教第一个问题:"佛家和儒家究竟有何区别呢?"

---

[1] 见《全集》,第265-266页。

郑德夫先前听说的传闻也好，现在发出的问题也好，都说明了当时一种尴尬的社会现象，即佛家和儒家相似度太高，竟然很难区别了，这是孔子和佛陀都会感到骇异的事。

佛教东渐，在自觉不自觉中越来越中国化，即变得越来越入世了，甚至开始讲仁义礼智、爱国爱家、孝顺父母之类的话，而儒家的视野越来越从社会转向内心，精微的心性论酷似佛教的名相辨析，静坐功夫更与禅定难分彼此。即便官方搞一次焚书坑儒，再将佛教奉为官方意识形态，以佛经作为科举考试的标准教科书，将孔子像请出文庙，换上佛陀的金身，这世界的面貌也不会真的发生多大变化。只不过在那个价值一元化的时代，正邪不两立的观念枷锁太牢固，即便佛家和儒家读一样的书，行一样的事，彼此也要拿着显微镜找出一点"核心差异"的。

王守仁如果正面回答郑德夫的问题，会说"佛家和儒家的极致处非常近似，要有极高明的眼界才能辨识彼此的差异"。但究竟差异何在，我们可以想见的是，无论王守仁指出何种差异，只要郑德夫对佛学有足够的了解，就一定能从佛经或高僧大德的语录里找出反驳之词，于是双方会陷入一场无休止的辩论。

王守仁真正的回答是："你不必费力气辨析佛家和儒家的差异，只要选择其中正确的内容去学就是了。"

郑德夫的新问题顺理成章："那我该怎么判断哪些是正确的、哪些是错误的呢？"

王守仁答道："别人说是说非，你都不必去管，只要向你的心里印证。哪些学说你觉得心里能安然接受，那它就是正确的学说。"

郑德夫再问:"心又怎么能够判断是非呢?"

王守仁答道:"如果没有是非之心,那就不是人了。每个人对于甜味和苦味的辨别都和美食家易牙一样,每个人对于美丑的辨别都和以视力著称的离娄一样,同理,每个人的心里对于是非的辨别都和圣人一样。那些心里不明是非的人,只是因为他们的心之于真理不能够像口之于味、目之于色那样真诚恳切,所以被私欲蒙蔽了。你的当务之急就是立诚。只要你的心之于真理能够像口之于味、目之于色那样真诚的话,自然便可以分清是非。"

这段话的理论源头是《大学》"如好好色,如恶恶臭"。所有人对食与色的爱憎,在爱憎发生的那一瞬间都是真实不欺的,那么,对真理的爱憎如果也一样真实不欺的话,我们对任何一件事或一个观点都能够在一瞬间直观地做出是非判断。设若美色当前,看到美色和爱慕美色是同时发生的——王守仁并不知道神经传导也是需要花时间的——那么当一种正确的学说摆在眼前,看到它和信服它难道不应该也是同时发生的吗?

当然,这是理想状态。在实际情况中,"看到"和"信服"总是有时间差的,甚至"看到"之后的反应不是"信服",而是"排斥"。之所以会发生如此荒谬的事,是因为我们立心不诚,立心不诚导致私欲遮蔽本心,明镜变成了哈哈镜,不能正确地映照事物,这才导致我们不能即时而准确地判断是非。所以我们必须从立诚入手,让自己的心之于真理具备口之于味、目之于色那样的即时反应能力,我们就会成为随时随地都能明辨是非的人。

今天的读者恐怕很难认同这样的理论了,但我们不能低估它在古代社会的说服力。

时过境迁,单以口味而论,现代知识使我们知道,我们感受到的味道并不是由味蕾或口腔决定的,而是多种感官的综合体验。如果阻断嗅觉,甚至仅仅阻断视觉,就连美食家都会对口中食物的味道产生严重到简直不可思议的判断偏差。而对味道的似乎与生俱来的偏好其实是许多先天与后天因素共同作用的结果,譬如母亲在怀孕期间喜食大蒜,那么孩子将来很可能对大蒜的味道情有独钟。进化论给出了简单直截的解释:母亲扮演了食品安全检测器的角色,母亲吃起来安全的食物,对孩子也是安全的。

至于怪诞的口味,有人有嗜痂之癖,还有人,甚至是相当数量的人,有食土之癖。直到十九世纪,食土癖在欧洲都很常见,以今天的生物学知识来看,这不是病,而是一种适应性行为:黏土当真有吸附毒素和病原体的功效,还可以补充人体所需的一些矿物质。生物学家还发现了口味和基因的关联,譬如具有某种基因突变的人会尤其偏好伏特加和白葡萄酒的味道。基因在很大程度上决定着饮食偏好,这与饮食文化背景毫无关系。

对异性审美的偏好差异更加显而易见。我们翻开任何一本美术史读物,都会惊叹于某些样貌的女人竟然会在某时某地成为美的标准。就我本人而言,伦勃朗笔下极富肉感的女体总会引发生理上的不适,我总是怀疑它们会在青春期的男生身上诱发厌女症。

当然,这些问题其实不必借助现代知识才能判断,譬如曹植《与杨德祖书》有名言说:"人各有好尚,兰、茝、荪、蕙之芳,众人之所好,而海畔有逐臭之夫;《咸池》《六茎》之发,众人所共乐,而墨翟有非之之论，岂可同哉！"换作平民语言，即"萝卜青菜，各有所爱"。

退一步说，即便所有人对口味与美色的标准都是相同的，真理也和美食、美色毫无可比性。再退一步说，即便我们把自己限定在一个价值一元化的世界里，真理只有唯一的标准，而价值一元化之所以构成，总需要社会习俗的长久浸染与磨合，慢慢内化成每个人心里的道德准绳。孟母之所以择邻三迁，正是为着这个缘故。

用一个形象的说法，道德意识来自于社会习俗对我们的先天心理结构的塑形和贴标签的努力，但是在王守仁那里，心具备了亘古不变的一切道德范式，如孟子所谓"万物皆备于我"，所以"立诚"才是一件如此急迫的事情。于是，郑德夫接下来的问题就是一个所有人在这个当口儿都很想提出来的问题："这样说来，四书五经岂不是没用了？"

是的，依循王守仁的理论推演下去，既然真理只在吾心，一味向心里去求也就是了，何必借助书籍这样的心外之物呢？陆九渊当初就遇到过这样的问题，那是在著名的鹅湖之会上，朱熹强调读书的意义，陆九渊反唇相讥："尧舜之前，何书可读？"

这是一句极有力的反驳。儒家推崇的圣人以尧舜为最，经典排名是"尧、舜、禹、汤、文、武、周公"，后来加入孔子，名列周公之下。事实上，孔子才是真正意义上的第一位知识分子型的圣人，周公以前的圣人基本上都无书可读，属于文盲或半文盲式的存在。榜样就这样摆在眼前，难道只有读书才可以成圣？

事实上就陆九渊个人而言，确实不存在其他人那样苦苦读书求知的经历，儒学真理来得是那样自然而然，不经意间便将他浸染成一位儒者了。田浩对此有这样一段概述："陆九渊没有影响深远的外来老师，只接受家学教导。陆家的儒家道德教育很特别，孝宗曾经明令褒扬他们的孝悌美德。陆九渊在讲究儒家教养、文化气息深厚的家庭中成长，又是六兄弟中最年幼的一位，所以一直对儒家的行为准则感到很自在。宋代的主要道学家除程颢以外，都不像陆九渊那么信心十足，认为成德轻易可行，儒家的学说简易明了。陆家的家庭经济活动很多元化，而且独立，又有武装自卫的能力，大概都培养了陆九渊的自信，相信努力必然有成，能够以修养发展完成自我。此外，他在三十四岁时就通过进士考试，比南宋时期新科进士的平均年龄年轻两岁。他的修养很成熟，从不担心科举考试，而且显然愿意接受政府任命的任何职位。"[1]

显然，对于任何一个成长环境与陆九渊大相径庭的人而言，儒家真理远不是那么顺理成章的东西。孟母三迁之所以成为教育典故，正是因为负责任的家长更愿意给孩子选择一个陆九渊式的成长环境，使孩子"不知不觉中"成长为儒家意义上的道德标兵，换言之，成长为一个好人。

四书五经的存在价值正在于此，它是一个好的环境、一个正确的路标、一把有能力清扫心灵之镜的鸡毛掸子。所以在与朱熹反复辩学之后，陆九渊也开始重视经典劝人读书了，尽管这与他的心学主张并不能完全自洽。王守仁也是站在这个立场上回答郑德夫的："谁说四

---

[1] 见田浩《朱熹的思维世界》（江苏人民出版社，2009年出版），第203-204页。

书五经没用呢，是非善恶都记载在这些书里。问题只在于，若不立诚，读四书五经不过使自己增长一些谈资罢了，又怎能得到是非善恶之真呢？"

这样的回答有点避重就轻，或许是出于因材施教的缘故吧。倘使王守仁可以直言不讳，并且面对的是资质上佳的听者，他应该也会答出"尧舜之前，何书可读"那样的话来。阳明后学有不少人"束书不观"，其实正是阳明心学的自然结果。我们看王守仁在这一时期写的《与徽州程毕二子》：

> 句句糠秕字字陈，却于何处觅知新？
> 紫阳山下多豪俊，应有吟风弄月人。[1]

所有文字典籍都只是陈腐的糠秕，妙道只在言外——这是源出《庄子》的观点，王守仁径自拿来剑指朱熹，教人从风水天然一般的本心中寻觅至道。再如，《次栾子仁韵送别》四首之一：

> 从来尼父欲无言，须信无言已跃然。
> 悟到鸢鱼飞跃处，工夫原不在陈编。[2]

孔子曾说"予欲无言"，至道只在言语之外，学者倘若悟到"鸢飞戾天，鱼跃于渊"的自然本真，返归心之本体，就会晓得儒家的修

---

[1] 见《全集》，第811页。
[2] 见《全集》，第820页。

养功夫只在这里，而不在那些故纸堆里。

试想一些阳明弟子读了这样的诗，怎会不跃跃欲试地以"吟风弄月人"的姿态去"悟到鸢鱼飞跃处"呢？四书五经无非糠秕，不值得下半点功夫。

二十三

正德十年（1515年）是例行考察的年份，四品及以上官员不必亲往北京，只要上书自陈即可。南京鸿胪寺卿位在四品，王守仁依例自陈，同时还提交了一份《自劾乞休疏》，检讨自己体弱多病、尸位素餐，致仕还乡才是最好的归宿。[1]

程序上说，自陈是否属实，自有吏部和都察院负责审核，科道官员更可以风闻言事，对自陈官员的"遗行"检举揭发。一旦遭到揭发，便意味着之前的自陈有欺君嫌疑，当事人按惯例要自请致仕，故而稳妥的做法是在自陈的时候就摆出自请致仕的姿态。

事实上，王守仁确实有致仕之心，所谓体弱多病也好，尸位素餐也罢，倒半点没有故作姿态的夸张。他从青年时代便疾患缠身，而南京鸿胪寺卿本身就是闲职，纵使他有万千本领也无处可以发力。依照儒家的准则，倘若时势不能使自己有所作为，而家贫亲老又必须供养

---

[1] 见《全集》，第324页。

的话，知识分子理应谋求一个低级职务以换取最基本的物质保障。王氏家族早已脱贫，王守仁确实没理由在一个闲职上白拿朝廷俸禄，何况祖母年事已高，及早回家尽孝才是一个正直的儒者此时此刻最应该做出的选择。

朝廷并未批准王守仁致仕的请求，而王守仁的心思已经放在一件迫在眉睫的家务事上了：王华生有四子一女，自长子王守仁以下，时至今日竟然全无子女，尤其王守仁已是四十四岁"高龄"，这在古代已是为人祖父的年纪。生不出继承人，在儒家观念里意味着香火断绝，从此历代先祖的魂灵将得不到后人的祭祀，得不到祭品馨香的滋养，于是陷入"挨饿"的痛苦境地。使列祖列宗"挨饿"，这当然要算最大的不孝，所以才有"不孝有三，无后为大"的说法。

更为实际的问题是，没有后嗣的话，家庭遗产便得不到继承，养老送终也无人可以操办。士大夫之家解决这类问题，纳妾是最常见的方法。王守仁纳妾的情形，今天我们只能从门人弟子的书信里看出很少的线索：在诸氏夫人生前，王守仁前后大约纳有五房妾室，却始终无人生育。妾室若不生育，那就只有过继一途了，尤其是"病根"看来就出在王守仁自己身上。于是在这一年，由王华出面，立王守仁堂兄弟王守信的第五子、时年八岁的王正宪为后。

其实在儒家的宗法根源上，大族聚居，世官世禄，只要宗子这一支保障香火不断，祭祀和爵禄也就有了承袭，并不要求每个男丁都有继承人。王守仁的这种情况，如果依据最传统、最严苛的儒家法则，是不应当有所过继的。王夫之在《宋论》里狠狠批评过这一类的过继，说古礼明明就有无后之祭，倘若不是宗子身份，肩负着宗庙香火和爵

第十章　南下：舟中论道与岩中花树的故事 · 355

禄承袭的话，那么无论有没有儿子都是天意，人不该以自己的虚伪来逆天行事。那些觊觎继承权而背弃双亲去做别家继承人的，简直不能算人！

但毕竟时代变了，社会格局变了，用这样的儒家古礼来苛求王守仁总有点不合时宜。作为一代礼学名家的王守仁，这方面的书本知识未必比王夫之少，但心学的是非标准不在书本，而在自心，心之所安便当行。我们设身处地来想想王守仁当时的状况，为了慰藉祖母和父亲，难道还有比遵从他们的心意从家族中过继一个男孩子更好的方式吗？

然而不幸的是，现实问题总比书本上的分歧更加棘手：十一年后，诸氏夫人去世，王守仁新娶的张氏夫人为王守仁诞下一名男婴，使后来爵位与遗产的继承问题掀起了一场不甚名誉的官司。看来，即便在王守仁这样的儒家圣贤而言，"齐家"也并非易事。

二十四

是年京城出了一件大事：越发贪玩好奇的武宗皇帝迷上了藏传佛教，派遣太监刘允远赴西藏迎请活佛，为此不惜耗费大量人力物力。

这种事情倘若发生在别人身上，譬如以佞佛著称的梁武帝，总还有几分虔诚的心在，但武宗的心思只会牵挂着传说中密宗活佛的神秘法术，这是最让儒家士大夫感到不安的地方。这倒也不能苛责武宗，毕竟密宗活佛的广大神通直到今天也使很多人着迷。

儒家官员连番上书劝阻，王守仁虽然远在南京，也写了一篇《谏迎佛疏》试图使武宗回心转意。这自然会令人联想到韩愈在唐宪宗年间写下的那篇名文《谏迎佛骨表》，但两篇文章对照之下，我们会发现王守仁全没有韩愈那种直言无隐、甘犯龙颜的骨鲠姿态，而是循循善诱，极尽温柔婉转之能事。

然而文章写成之后，不知为何，王守仁并未将它呈递上去。于是，《谏迎佛疏》俨然是一株岩中花树，当时虽未能与武宗的心一同明朗起来，却可以启发弟子与后人，至少可以在相当程度上洗脱心学即禅学的嫌疑：

臣自七月以来，切见道路流传之言，以为陛下遣使外夷，远迎佛教，郡臣纷纷进谏，皆斥而不纳。臣始闻不信，既知其实，然独窃喜幸，以为此乃陛下圣智之开明，善端之萌蘖。郡臣之谏，虽亦出于忠爱至情，然而未能推原陛下此念之所从起。是乃为善之端，作圣之本，正当将顺扩充，逆流求原。而乃狙于世儒崇正之说，徒尔纷争力沮，宜乎陛下之有所拂而不受，忽而不省矣。愚臣之见独异于是，乃惟恐陛下好佛之心有所未至耳。诚使陛下好佛之心果已真切恳至，不徒好其名而必务得其实，不但好其末而必务求其本，则尧、舜之圣可至，三代之盛可复矣。岂非天下之幸，宗社之福哉！臣请为陛下言其好佛之实。

陛下聪明圣知，昔者青宫，固已播传四海。即位以来，偶

第十章　南下：舟中论道与岩中花树的故事　·　357

值多故，未暇讲求五帝、三王神圣之道。虽或时御经筵，儒臣进说，不过日袭故事，就文敷衍。立谈之间，岂能遽有所开发？陛下听之，以为圣贤之道不过如此，则亦有何可乐？故渐移志于骑射之能，纵观于游心之乐。盖亦无所用其聪明，施其才力，而偶托寄于此。陛下聪明，岂固遂安于是，而不知此等皆无益有损之事也哉？驰逐困惫之余，夜气清明之际，固将厌倦日生，悔悟日切。而左右前后又莫有以神圣之道为陛下言者，故遂远思西方佛氏之教，以为其道能使人清心绝欲，求全性命，以出离生死；又能慈悲普爱，济度群生，去其苦恼而跻之快乐。今灾害日兴，盗贼日炽，财力日竭，天下之民困苦已极。使诚身得佛氏之道而拯救之，岂徒息精养气，保全性命？岂徒一身之乐？将天下万民之困苦，亦可因是而苏息！故遂特降纶音，发币遣使，不惮数万里之遥，不爱数万金之费，不惜数万生灵之困毙，不厌数年往返之迟久，远迎学佛之徒。是盖陛下思欲一洗旧习之非，而幡然于高明光大之业也。陛下试以臣言反而思之，陛下之心，岂不如此乎？然则圣知之开明，善端之萌蘖者，亦岂过为谀言以佞陛下哉！陛下好佛之心诚至，则臣请毋好其名而务得其实，毋好其末而务求其本。陛下诚欲得其实而求其本，则请毋求诸佛而求诸圣人，毋求诸外夷而求诸中国。此又非臣之苟为游说之谈以诳陛下，臣又请得而备言之。

夫佛者，夷狄之圣人；圣人者，中国之佛也。在彼夷狄，则可用佛氏之教以化导愚顽；在我中国，自当用圣人之道以参赞化育，犹行陆者必用车马，渡海者必以舟航。今居中国而师佛教，是犹以车马渡海，虽使造父为御，王良为右，非但不能利涉，必且有沉溺之患。夫车马本致远之具，岂不利器乎？然而用非其地，则技无所施。陛下若谓佛氏之道虽不可以平治天下，或亦可以脱离一身之生死；虽不可以参赞化育，而时亦可以导群品之嚚顽；就此二说，亦复不过得吾圣人之余绪。陛下不信，则臣请比而论之。臣亦切尝学佛，最所尊信，自谓悟得其蕴奥。后乃窥见圣道之大，始遂弃置其说。臣请毋言其短，言其长者。夫西方之佛，以释迦为最；中国之圣人，以尧、舜为最。臣请以释迦与尧、舜比而论之。夫世之最所崇慕释迦者，慕尚于脱离生死，超然独存于世。今佛氏之书命载始末，谓释迦住世说法四十余年，寿八十二岁而没，则其寿亦诚可谓高矣；然舜年百有十岁，尧年一百二十岁，其寿比之释迦则又高也。佛能慈悲施舍，不惜头目脑髓以救人之急难，则其仁爱及物，亦诚可谓至矣，然必苦行于雪山，奔走于道路，而后能有所济。若尧、舜则端拱无为，而天下各得其所。惟"克明峻德，以亲九族"，则九族既睦；平章百姓，则百姓昭明；协和万邦，则黎民于变时雍；极而至于上下草木鸟兽，无不咸若。其仁爱及物，比之释迦则又至也。佛能方便说法，开悟群迷，戒人之酒，止人之杀，去人之贪，绝人之嗔，其神通妙用，亦诚可谓大矣，然必耳提面诲而后能。若在尧、舜，则光被四表，格于上下，其至诚所运，自然不言而信，不动而变，无为而成。盖"与天地合其德，与日月合其明，与四时合其序，与鬼神合其吉凶"，其神化无方而妙用无体，比之释迦则又大也。若乃诅咒变幻,眩怪捏妖,以欺惑愚冥,是故佛氏之所深排极诋,谓之外道邪魔,正与佛道相反者。不应好佛而乃好其所相反,求佛而乃求其所排诋者也。陛下若以尧、舜既没,必欲求之于彼,则释迦之亡亦已久矣;若谓彼中学佛之徒能传释迦之道,则吾中国之大,顾岂无人能传尧、舜之道者乎?陛下未之求耳。陛下试求大臣之中,苟其能明尧、舜之道者,日日与之推求讲究,乃必有能明神圣之道,致陛下于尧、舜之域者矣。故臣以为陛下好佛之心诚至,则请毋好其名而务得其实,毋好其末而务求其本;务得其实而求其本,则请毋求诸佛而求诸圣人,毋求诸夷狄而求诸中国者,果非妄为游说之谈以诳陛下者矣。

陛下果能以好佛之心而好圣人,以求释迦之诚而求诸尧、舜之道,则不必涉数万里之遥,而西方极乐,只在目前;则不必糜数万之费,毙数万之命,历数年之久,而一尘不动,弹指之间,可以立跻圣地;神通妙用,随形随足。此又非臣之缪为大言以欺陛下,必欲讨究其说,则皆凿凿可证之言。孔子云:"我欲仁,斯仁至矣。""一日克己复礼,而天下归仁。"孟轲云:"人皆可以为尧、舜。"岂欺我哉?陛下反而思之,又试以询之大臣,询之群臣。果臣言出于虚缪,则甘受欺妄之戮。

臣不知讳忌,伏见陛下善心之萌,不觉踊跃喜幸,辄进其将顺扩充之说。惟陛下垂察,则宗社幸甚!天下幸甚!万世幸甚!臣不胜祝望恳切殒越之至!专差舍人某具疏奏上以闻。[1]

---

1 见《全集》,第325-329页。

熟悉《孟子》的读者一眼便会看出，这篇文章简直就是孟子说齐宣王的翻版。

齐宣王称自己贪财好色，孟子一概顺着他说，贪财是好事，将贪财之心发展，全国百姓都会过上富足的日子；好色也是好事，将好色之心发展，全国将不会再有孤男寡女。王守仁一开篇就在顺着武宗的心意说："迎佛是好事，那些劝阻的人都没能体察陛下的向善之心。我跟别人不一样，我是站在陛下这一边的，我不担心您爱好佛教，只担心您爱得不够。"

将欲取之，必先予之。这样的开头，是战国游辩之士的典型风格。文章先要肯定的是，武宗应佛怀有良善的初衷，希望以佛法修养性命、普度众生。这样的谎言属于儒家传统里的"为尊者讳"，王守仁哪会不晓得武宗只是贪玩呢？只不过这样一顶高帽子戴下去，这个皇位上的顽童总会容易听劝一些吧。

接下来论证的是，既然有这样的良好初衷，那么与其崇佛，不如崇儒。理由是，佛是夷狄之圣人，圣人是中国之佛，所以推崇儒家的圣人也就等于在崇佛了。而之所以崇儒优于崇佛，是因为两者都有本土适应性。譬如船与车都是很好的交通工具，但前者适于水而不适于陆，后者相反，在中国行佛教恰似陆地行舟，不可能有好结果的。

当然，这些道理对武宗而言都无足轻重，故此王守仁还需要再做分析："退一步说，如果陛下崇佛不为治国平天下而只为修养性命的话，学佛也不如学儒。因为佛经所载，佛陀的寿命是八十二岁，而儒家经典有记载说，舜活到一百一十岁，尧活到一百二十岁。佛陀虽然有舍身以助人急难的壮举，但总要苦行于雪山，奔走于道路，而尧舜垂拱无为，天下便各安其所。"

对于这样的比较，佛教徒肯定不会服气，但无论其是非对错，依然不是武宗最关心的问题。于是接下来，王守仁终于略略搔到痒处："至于那些神通法术，原是佛教极力抵制的东西，称之为外道邪魔，那么，一个爱好佛教的人总不该去追求佛教所抵制的东西吧？"

神通确实是佛教典籍里一个很让人费解的问题，一方面有明文禁止，另一方面又有大量关于神通的记载，而在凡夫俗子的心里，得道高僧总该是有些神通的。僧人们既从神通的传闻里得到了许多实际的好处，譬如更多的供养，也受过神通的致命牵累，譬如在战争中被守城将领限令不得离城。

藏传佛教又属于佛教全部宗派中最具神秘感的一支，名为密宗，有太多令中原人士感到神秘莫测的奇能异术。著名者如拙火定，修成之后可以使身体产生一种奇异的热能，赤膊便可以禁受青藏高原上的严冬天气。古代藏区物资匮乏，御寒不易，所以这是一项实用性很强的神通。当然，今天我们可以免受修炼之苦，用一套加厚羽绒服达到同样的效果。而拙火定练到最高级别就会令今天的技术手段望尘莫及了，它可以使室外三四丈方圆的积雪全部融化，更可以使人入水不溺，入火不焚，游行灵空，如履平地。

异域神通会令武宗着迷，这是完全可以想见的事情，至于这些神通究竟是佛教正法还是外道邪魔，武宗其实不在意。所以同样可以想见的是，即便王守仁这篇奏疏真的呈递上去，也不可能会有任何收效。他只是一心想把武宗的心从崇佛引向崇儒罢了："陛下只要以求佛之诚而求诸儒家正道，则既不必跋山涉水，亦不必耗费民财，做圣人岂不是容易得多?"

这依然是关于"立诚"的阐发,只不过把道理讲到了皇帝头上。至于成圣成贤是否真的那么容易,王守仁引述了三句语录:孔子有说"我欲仁,斯仁至矣""一日克己复礼,而天下归仁",仁是孔子提出的儒家最高境界,这境界虽高却可及;孟子有说"人皆可以为尧、舜",圣人是人人都可做的,只看你有没有诚意去做罢了。

这三条语录分别出自《论语》和《孟子》,都是读书人人人背得的名言。于是一个隐含的问题是,只要我们认真地看待经典,就会知道做圣贤不是什么高不可攀、遥不可及的壮举,而世人为什么一边背诵着这些名言,一边将圣贤遥尊于九天之上,绝没有自己成圣成贤的意图呢?

孔子和孟子的名言分明给自己的主张做了清晰的背书,任何对儒家典籍抱有诚挚之心的人都没理由反对自己,显然,在王守仁看来,世人所缺的不是典籍,不是解读,而仅仅是一份诚意。

第十一章

巡抚南、赣、汀、漳

一

正德十一年（1516年）九月，时年四十五岁的王守仁意外获得升迁：升都察院左佥都御史，巡抚南、赣、汀、漳等处。

巡抚原是临时性职位，顾名思义，即中央派遣专员到地方巡察政务、抚慰子民，而临时性机构往往会变为常设机构，这是全球政坛的一大通则。巡抚最终未能破例，转变为省级最高军政长官。巡抚例挂都察院衔，左佥都御史是正四品，对王守仁来说名义上相当于平级调动，然而从南京政府的礼部闲职转任为手握大权的省级最高军政长官，不得不说是仕途上的一大飞跃。

所谓南、赣、汀、漳等处，是指江西南安府、江西赣州府、福建汀州府、福建漳州府以及广东、湖广若干府县。在这片跨州连省的广袤地界，多年来巨寇横行，官军的征剿每每只收劳民伤财之功，反而使叛军的势力越发壮大了。所以朝廷当务之急是要选拔军事人才平定匪患，这是兵部要大伤脑筋的事情。

明代实行卫所制度，武官世袭，及至正德年间早已名将凋零，而内忧外患丝毫不见减弱。武宗皇帝将全部的尚武精神都用在了玩乐上，江彬以武邀宠，将边防劲卒调入北京，陪皇帝在排兵布阵、往来冲杀的游戏中取乐，谁都没空操心真实世界里的战争。

一切治国平天下的事情就只看朝廷大员的自觉性了。不知道是出于什么缘故，当兵部尚书王琼想到南安、赣州一带的匪患时，竟然会推举从未有过领兵经验、只以讲学出名的王守仁这一介文人。尽管王守仁少年时代有过一段任侠岁月，青年时候又很有兵法上的热情，但纸上谈兵的文人从来都不罕见，怎知道他不是又一个赵括呢？

所谓"特达而相知者，千载之一遇也；招贤而处友者，众士之常路也"，当然，事后所有人都会赞叹王琼有知人之明，更会从他那烜赫而低调的仕途履历看出他是一个有眼光、有胆识的人，自然只有这样的人才会在人才选拔上有这等非凡的举措。

真相究竟如何，我们永远不得而知，设若我们站在王守仁至亲好友的角度，很可能会以为这是朝中有人想借刀杀人，置王守仁于死地，正如汉武帝将自己不喜欢的人派去镇守边陲防范匈奴一样。

而站在醇儒的角度，可以将王琼的知人善任看作王守仁"立诚"的结果。孟子有言，不得到上级的信任是不能够把百姓治理好的，而得不到朋友的信任便得不到上级的信任，要取得朋友的信任就必须先得到父母的欢心，要得到父母的欢心就必须有足够的诚意，要有诚意就必须先明白什么是善。所以说"诚"是天之道，"思诚"是人之道。至诚一定会感动人，不诚便不可能感动人。（《孟子·离娄上》）

简言之，一个人必须由立诚出发，才可以一步步取得上级的信任。从这个逻辑上看，"风云际会"与否不该找客观原因，而要找主观原因。譬如岳飞没能直捣黄龙，是立诚不足、没能取得宋高宗信任的结果，而王守仁之所以得到王琼的绝对信任和支持，都是靠自己立诚挣来的。

上述逻辑其实并不像看上去那样荒唐，岳飞确实做过很多足够使宋高宗猜忌的事情。

二

儒家传统，凡有升迁，当事人要例行推辞，继而推辞被例行拒绝，如此者三番五次，当事人这才"勉为其难"地就任新官。正德十一年（1516年）十月，王守仁递交《辞新任乞以旧职致仕疏》，希望获准以南京鸿胪寺卿的旧职致仕还乡，理由有二：

1. 体弱多病，不能胜任。
2. 祖母年迈，尽孝无时。[1]

官场惯例，辞呈到底是敷衍故事还是真心实意，一般由篇幅决定。当年李密《陈情表》也是以奉养祖母为名谢绝任命，但写得词真意切、连篇累牍，使惯于强人所难的司马氏王朝不得不对他网开一面，而王守仁只写了四五百字，不免使人怀疑他其实很想接受巡抚任命，在多年的投闲置散之后抓住这个难得的治国平天下的机会。

从正德十二年（1517年）正月的《谢恩疏》来看，当时南安诸地贼情汹涌，官员以托病辞职为先，不敢踏进这片是非之地，朝廷则言简意赅地摆出了强硬态度：负责任必须立即上任，不得辞避迟误。几

---

[1] 见《全集》，第329-330页。

道圣旨，全是一副赶鸭子上架的姿态。[1]

正德十一年（1516年）十月，王守仁决计赴任，先回余姚归省，毕竟这一别之后很可能再没机会见到祖母了。当时有同乡好友王思舆对季本说："阳明此行，必立事功。"季本追问缘由，王思舆说："我触他不动啊！"

这位王思舆，正是前文提到的携三名好友造访阳明洞，被王守仁准确地预卜了行程，派出僮仆前往迎接的那个人。想来在他的眼里，王守仁或多或少都有些民间传说里诸葛亮、刘伯温的影子。他这番预言倒也有几分理性基础：对一个素来体弱多病的人，如今推他一下，他却纹丝不动，只能解释为他心志坚定、信心十足。当然，以小人之心揣度，事情还可以有另一种解释：王思舆仗着同乡旧识的身份，究竟敢用多大的力气去推这位手握实权的四品高官呢？

我们倒也不必当真，毕竟总有人做出各种或正或反的预言，而当事情有了结果之后，与结果不符的预言自然会被淘汰。事情每每如此，正是人们天然的心理机制决定了史书的书写方式，决定了我们对世界的认知方式。

---

1 见《全集》，第330-331页。

三

赴任伊始，王守仁便在途中遇到了一次惊险。

那是正德十二年（1517年）正月，王守仁走水路，沿赣江至江西万安，忽然遇到数百流贼沿途劫掠，商船不敢前行。官船是进是退，瞬间成为一个不得不解决的棘手问题。

万安素以民风剽悍著称，一支数百人的队伍很可能有惊人的战斗力。家族旧事仿佛重演：洪武年间，王守仁的曾祖王纲被水寇截舟罗拜，硬逼这位朝廷专员入伙，王纲只是骂不绝声，落到求仁得仁的结果。其子王彦达羊革裹尸，千里迢迢归葬禾山，王守仁有案可查的家族史正是由此开始的。

王守仁所要应对的局面，无论如何都比曾祖王纲当时更有几分优势。虽然眼见得是一场寡不敌众的遭遇战，但自己这边在情报上先了一步，因此便有了以智计取胜的机会。在此之前，学者身份的王守仁再三教人"立诚"，但局势变了，"兵者，诡道也"，行军作战总是要靠"阴谋诡计"的。

以最传统、最严苛的儒家标准来看，战争非但不是诡道，反而是正大光明的荣誉之道。这是仅属于封建社会的传统，当时武士阶层属于贵族阶层，战争既是他们的权利，也是他们的义务。贵族的打法受到一系列荣誉标准的约束，受到鼓励的是面对面公平交手、追杀时不为已甚的分寸感，以及种种在后人看来迂腐至极的东西。欧洲所谓的骑士精神，日本所谓的武士道，都是一样的。

而当礼崩乐坏、封建社会解体，荣誉迅速让位于功利，平民阶层迅速蹿升，战争可以为达目的而不择手段。用商鞅的话说，"事兴敌所羞为，利"，即战争是一项搏下限的事业，赢家属于最没节操的那一方。(《商君书·去强》) 这种时候，"卑鄙是卑鄙者的通行证，高尚是高尚者的墓志铭"，仍然抱持着传统骑士精神的贵族们一个个成为骑士精神的殉葬品。

在广为人知的例子里，曹刿论战的故事将曹刿塑造成一个擅于权变的军事天才，殊不知他所拟定的战术在当时而言仅仅意味着率先破坏了骑士精神的战争传统。还有那位宋襄公，他那古老贵族式的战争原则后来被毛泽东讥讽为"蠢猪式的仁义道德"。战国以降，集权制取代封建制，骑士精神再难寻到一点影踪了，诡诈成为兵法的第一准则。在王守仁的时代，几乎凡言兵者皆以诡诈为先。是的，时代变了，社会格局变了，主流观念变了，即便是以"立诚"为准则且对古老的儒家精神满怀真挚的王守仁，也会天然地以诡道用兵而不觉得这有任何的不妥。

四

有人数上的劣势，有情报上的先机，王守仁当即调遣商船排列阵势，扬旗鸣鼓，伪装成官军水师荡寇平叛的作战姿态，直冲流贼阵营。数百流贼猝不及防，一下子慌了手脚，纷纷在岸边拜服，高呼自己只是受饥荒所迫的流民，不敢作乱，只企求官府赈济。

这些话即便只是权宜脱困的手段，王守仁此时此刻也只能顺水推舟，以假为真。他将空城计唱到极致，施施然泊岸下船，遣人宣谕贼众，数百流贼竟这样恐惧散归。于是是年正月十六日，王守仁顺利抵达赣州，正式开府办公。

万安的遭遇似乎使人觉得所谓流贼不过是些无组织、无纪律的饥民，只要开仓赈济便可以轻易招抚，如果动用武力，那更是指日可下了。

但是，当地的乱象远没有这样简单。

今天在大城市里养尊处优的读者很容易有一种感觉，即相信贫穷天然具有一种道德力量，弱势群体天然就值得同情。《悲惨世界》的主人公冉阿让是一个很具有典型意义的"贫穷的犯罪者"，但倘若雨果不是以悲天悯人的姿态俯视人间，而是出身于伦敦东区之类的地方，他眼中的悲惨世界绝对会是另一种颜色。甚至他很有可能会发出米

兰·昆德拉式的感慨："我要告诉你我一生最悲哀的发现：那些受害者并不比他们的迫害者好。"(《为了告别的聚会》)

依古代中国的传统，知识分子相信"君子喻于义，小人喻于利"，平民百姓往往"无恒产者无恒心"，无恒产而有恒心的只有士人阶层。知识分子对普罗大众既有责任和义务，同时也有着很强的戒备心理，因为后者不仅"喻于利"，还有"比而不周"的特点，喜欢抱团扎堆，而越是抱团扎堆便越是穷形尽相。

正如勒庞在群体心理学的开山之作《乌合之众》里所揭示的那样，道德会在这样的群体中迅速失效，而群体的某些特点，"如冲动、急躁、缺乏理性、没有判断力和批判精神、夸大感情，等等，几乎总是可以在低级进化形态的生命中看到，例如，妇女、野蛮人和儿童"。

这样的言辞会使我们联想起孔子那句在现代社会饱受攻讦的名言："唯女子与小人为难养也，近之则不逊，远之则怨。"当然，这在相当程度上不是出于天性，而要归咎于旧时代不公正的教育制度。

早在庐陵任上，王守仁就已经深深领教过"刁民"做派了，而南、赣、汀、漳的"刁民"早已经进阶为暴民，在打家劫舍、对抗官军的生活里无法无天惯了。虽然在"父母官"的传统政治哲学里，"民之父母"理应为此承担养育和教育失职的责任，但"父母"对于那些业已顽劣成性、以作奸犯科为家常便饭的"子女"，赈济和感化显然不能使浪子回头，合理且有效的办法只有恩威并施、剿抚并用。

五

终明一代,叛乱始终都是难以根除的痼疾,朝廷顾此则失彼,叛军彼伏则此起,尤其在江西、福建、湖广、广东等地,叛乱的规模之大每每使地方官员望而生畏。

正德年间,叛乱更绵延数千里,腐败无能的官军打磨出一支又一支资深的反政府武装。王守仁受命巡抚之地,西有横水、左溪、桶冈三寨,南有浰头诸寨,俱以险峻的地势为依托,上得天时,下得人和,而且锐意发展,很难说哪天就会燃起燎原之势,做成一番改朝换代、改天换地的英雄事业。

以盘踞横水的谢志珊为例,他自号征南王,显然政治目标明确;打造巨型攻城器械吕公车,显然战术意图明确。反政府武装做到这种程度,哪里还是灾区难民被迫求温饱,俨然有了以正规军姿态攻城略地、建号称王的野心。此情此境,已经远不是庐陵那些好讼的"刁民"可比。交给王守仁的就是这样一个人人视之为畏途的高风险任务,稍有差池的话,代价也绝不仅仅是降职或免官那样简单。

不知道有多少人正在关注着王守仁,尤其是朱子哲学的那些捍卫者,看这个大谈知行合一的异端分子究竟是不是一个只会空谈而懦于实干的家伙。倘若他这一次行不得,岂非恰恰说明了他的不知?世人以成败论英雄，阳明心学的生死存亡就这样在世俗偏见里系于王守仁这一次事功的结局了。

正德十二年（1517年）正月，王守仁刚刚到府就职之后，率先要做的是"知己知彼"中的"知己"工作，召所辖各府县各级官吏详细上报地形、武备、物资、贼情等事宜，并限时征求可行性方案，《巡抚南赣钦奉敕谕通行各属》一道公文具载其详。[1]

同时王守仁迅速在府衙所在的赣州展开调查，第二道《选拣民兵》的公文便很有针对性了：已知的地理情况是，山深林茂，利于叛军而不利于官军；已知的物资和武备情况是，财用耗竭，兵力脆寡；已知的传统战术是，情势缓和的时候，地方官府便无所作为，每到叛军猖獗的时候，地方官府便上奏朝廷，征调土兵、狼兵平叛。[2]

所谓土兵，是指湘西土家族地方武装，狼兵则是广西壮族的地方武装，两者不隶属军籍，由当地土司统管，战斗力远在官军之上，所以明代平叛、抗倭，每每要借助土兵、狼兵。但这些军队战斗力有多强，破坏力就有多大，以至于百姓畏惧土兵、狼兵远甚于畏惧叛军。有叛军向百姓打趣说："你们被我们抢，就像被梳子梳了一遍；等土兵他们来了，你们就要被篦子篦了一遍了。"

所以，以土兵、狼兵平定叛乱，只有那些仅在意政权稳定而不管百姓死活的政府才做得出，这自然不是王守仁所能容忍的。而仅从技术层面来说，借助土兵、狼兵总需要借，远不如自己有兵用起来得心应手。然而明代卫所军籍经过多少代世系传承，要么有其籍而无其人，

---

[1] 见《全集》，第583-585页。
[2] 见《全集》，第585-586页。

要么有其人而不堪用，所以当务之急便是打造一支精兵。《选拣民兵》详详细细地给出了选拔与操练的各项流程，但读者难免疑惑，如此显而易见的事情，难道王守仁之前的官员竟然不曾想到吗？

六

一般而言，能在官场攫取实权位置的人未必是会做事的人，但绝对是会做官的人。

选兵平寇是一件很敏感的事，几乎必然会触犯皇家的忌讳，晚近的例子如曾国藩、李鸿章平定太平天国起义，所遭遇的微妙处境是很为今天读者熟悉的。那么，叛乱的平定与否毕竟"只是"国事，个人要不要为此甘冒前程甚至身家性命的风险，这却与个人利益密切相关。除了王守仁这样的人，谁愿意做这种无论输赢都会获罪的事呢？

醇儒自不会有这样的小人之心，"苟利国家生死以，岂因祸福避趋之"，王守仁在选拣民兵的同时迅速发出第三道公文——这是他的军事生涯史上极著名的一项措施，立十家牌法。我们从这份《十家牌法告谕各府父老子弟》当中，看到的是一个完全不同的王守仁：

> 本院奉命巡抚是方，惟欲剪除盗贼，赡养小民。所限才力短浅，智虑不及；虽挟爱民之心，未有爱民之政。父老子弟，凡可以匡我之不逮，苟有益于民者，皆有以告我，我当商度其

可，以次举行。今为此牌，似亦烦劳。尔众中间固多诗书礼义之家，吾亦岂忍以狡诈待尔良民。便欲防奸革弊，以保安尔良善，则又不得不然，父老子弟，其体此意。自今各家务要父慈子孝，兄爱弟敬，夫和妇随，长惠幼顺，小心以奉官法，勤谨以办国课，恭俭以守家业，谦和以处乡里，心要平恕，毋得轻意忿争，事要含忍，毋得辄兴词讼，见善互相劝勉，有恶互相惩戒，务兴礼让之风，以成敦厚之俗。吾愧德政未敷，而徒以言教，父老子弟，其勉体吾意，毋忽！

轮牌人每日仍将告谕省晓各家一番。

十家牌式：

某县某坊

某人某籍

某人某籍

某人某籍

某人某籍

某人某籍

某人某籍

某人某籍

某人某籍

某人某籍

某人某籍

右甲尾某人

右甲头某人

此牌就仰同牌十家轮日收掌，每日酉牌时分，持牌到各家，照粉牌查审：某家今夜少某人，往某处，干某事，某日当回；某家今夜多某人，是某姓名，从某处来，干某事；务要审问的确，乃通报各家知会。若事有可疑，即行报官。如或隐蔽，事发，十家同罪。各家牌式：

某县某坊民户某人。

某坊都里长某下，甲首军户则云，某所总旗小旗某下。匠户则云，某里甲下，某色匠。客户则云，原籍某处，某里甲下，某色人，见作何生理，当某处差役，有寄庄田在本县某都，原买某人田，亲征保住人某某。若官户则云，某衙门，某官下，舍人，舍余。

若客户不报写庄田在牌者，日后来告有庄田，皆不准。不报写原籍里甲，即系来历不明，即须查究。

男子几丁

某：某项官，见任，致仕，在京听选，或在家。

某：某处生员，吏典。

某：治何生业，成丁，未成丁，或往何处经营。

某：见当某差役。

某：有何技能，或患废疾。

某

某

某

见在家几丁。若人丁多者，牌许增阔，量添行格填写。

一、妇女几口。

一、门面屋几间：系自己屋，或典赁某人屋。

一、寄歇客人：某人系某处人，到此作何生理，一名名开写浮票写帖，客去则揭票；无则云无。[1]

所谓十家牌法，严格来说并不是什么创新，而是来自古老的保甲制度。出发点一言以蔽之，即"攘外必先安内"。这在"内部文件"《案行各分巡道督编十家牌》里说得明白："经探访得知，军民之家多有贪图小利为来历不明之人提供住宿的，甚至私通贼寇，为贼寇做内应的，这才是盗贼不靖的原因所在。所以平定盗贼，必须先解决这个内政问题，各个有关部门必须按照给定的十家牌的格式沿街逐巷挨次编排，限一个月内务必完成！"[2]

而在上面引述的那份在各个府县张榜通报的"公开文件"里，王守仁完全是另一种语气，先是以谦恭的姿态坦诚自己上任伊始虽有爱民之心，却无爱民之政，希望父老乡亲多多批评指教；继而谈到十家牌法，说这样做很有扰民之嫌，实在不好意思，毕竟本地百姓多有诗书礼义之家，怎能够如此当作刁民来防范，实在是不得已啊；最后还少不得一番勉励，说情非得已，希望大家多多体谅，今后各家务要父慈子孝、兄友弟恭、夫妻和睦，有矛盾要多忍让，不要动不动就打官司，让我们一起促成本地敦厚礼让的风气吧！

这些话至少多半是言不由衷的，可参照者除了《案行各分巡道督

---

[1] 见《全集》，第587-589页。
[2] 见《全集》，第589-590页。

编十家牌》之外，王守仁还在《告谕各府父老子弟》文中重提道德建设的重要意义，文末终于直言不讳地说出"此邦之俗，争利健讼"，显然觉得他们并不比当初的庐陵百姓更良善。

对刁民不能行仁政，十家牌法以十家为一个户籍单位，以一块木牌写明十家的基本情况，由十家轮流执掌，每天酉时，即下午五点到七点这段时间，当天值日的人要拿着这个木牌到各家依次对照审查，审查还要依据每家单独的木牌，这块木牌上会写明非常具体的家庭情况。审查的具体内容：谁家今晚少了某个人，这人去了哪里，去做什么事，什么时间回来；谁家今晚多了某个人，这人是谁，从哪里来的，做什么的。核实清楚之后，值日的人还要负责把情况通报给各家知道，如果发现可疑人等，立即报官。倘若有隐瞒不报的，一旦事发，十家同罪。

是的，一家违令，十家同罪。

七

如果此时发出一句龙场的追问："圣人处此，更有何道？"倘若孔子、孟子处在这个处境，他们会怎么做呢，他们会颁布保甲、连坐的政策吗？

孟子其实很明确地回答过这个问题："行一不义，杀一不辜，而得天下，皆不为也。"换作康德的表述方式："仁义也好，人命也好，都只能是目的，而不能是手段，为了所谓'更大的善'而牺牲无辜者是不道德的。"

王守仁不熟悉康德，但肯定熟悉孟子，何况保甲、连坐在儒家视野里分明属于暴秦之苛政，是儒家的死对头商鞅搞出来的法家路线，儒家怎么可以这样呢？让十家互相监督，这会使儒家推崇的睦邻关系荡然无存，就算因此赢得一时的战争，而深深败坏了的世道人心百世都难以恢复。

站在儒家的立场上，可想而知会有如此这般的反对意见。

而反观法家经典，《商君书·说民》旗帜鲜明地提出以奸民治民的理论："邻里亲睦友善，这就会彼此遮掩过失，所以表彰良民只会对国家不利；而使民众彼此疏远、互相监督的话，他们越奸就对国家越有好处。"

法家治国，标榜的是编户齐民，全国百姓只是一盘散沙，彼此小心防范，只会揭发、检举而不会团结，全无凝聚力可言，这才最便于集权君主的统治。毛泽东有诗说"百代都行秦政法"，散沙精神和麻将精神于是成为两千多年来最深刻的国民性。儒家的经典方针是修齐治平，以由己及人的感化力量为核心，表彰的是宗族聚居的亲善睦邻的生活方式。所以王守仁的十家牌法无论怎么看，都在和儒家唱反调，都在与法家名人中最为儒者所不取的商鞅站在同一条战线。

虽然自宋代以来儒家阵营里总是有王道和霸道的对垒，朱熹当时就迎战过事功一派的陈亮、叶适，即便是以富国强兵为主张的事功派儒家，所推崇的也不过是齐桓公、晋文公、汉武帝、唐太宗，谁也不曾堕落到商鞅那里。王守仁在讲学过程中也屡屡提及王霸义利之辨，连事功派的霸道主张都不以为然，然而他真正做起事来竟然是纯正的法家路数，这真有一点匪夷所思了。

八

执行力的问题从来不仅仅是一个现代问题，所以智囊型的人才一般只宜做参谋，不宜做统帅。方案再好，落实不下去的话便只是一纸空文。

正德年间的明朝政府早已不是什么高效的官僚体系了，王守仁新政一出，各级有关部门有的是办法来敷衍。王守仁只好三令五申，《申谕十家牌法》苦口婆心地告谕下级："近来访查，发现各处官吏大多将十家牌法视为虚文，不肯着实办理；本当依法查办，但恐怕大家还没理解我的用心，所以我把十家牌法的意义向大家重申一遍……"[1]

做官只消巴结上级，做事却永远都有千头万绪，时时处处都会遇到不尽如人意的烦恼。但认真总是有成效的，王守仁严加督办十家牌法，在相当程度上斩断了叛军的耳目。继而在十家牌法的基础上，王守仁专门针对农村情况推行了保甲制度：各乡推选保长一人，设鼓一面，有贼情则击鼓鸣警，保长统率各甲村民一齐捕盗。

但是，十家牌法也好，选拣民兵也好，一切措施都需要财政的支

---

[1] 见《全集》，第675-676页。

撑。面对种种额外的开销，钱从哪里来成为一个迫在眉睫的问题。这情形很像今天的大学和科研机构，旁人看到的是颇有几分清高姿态的教育和科研成果，而校长、所长们最要紧的能力却不是学术能力，而是找钱的本领。钱是百善之源，无钱寸步难行。鲁褒《钱神论》早有名言："军无财，士不来；军无赏，士不往。"

王守仁的财政难题是，倘若申请财政拨款，朝廷无钱可拨；倘若向百姓摊派，那就会将更多的良民推向反政府武装的阵营。可选的方案也许只剩下这一个：从商人身上来找这些钱。于是我们看到王守仁的身上再一次闪现出了商鞅的影子。

九

儒家和法家时时处处势同水火，但如果说两者有什么共识的话，那一定就是重农抑商了。

明代实行食盐专卖，用计划经济的方式统辖着食盐的生产和销售。这是一项悠久的传统，对生活必需品的垄断式官营其实是一种隐蔽而高效的税收手段。《管子·海王》早已讲过，如果向每个人征税，税收成本太高，百姓怨气太重，但食盐专卖的获利百倍于税收，而且简单易行，每个人都无法逃避。

在全世界的范围内，盐都是一种高度政治化的物资，政府永远都在努力垄断着盐的生产和分配。随着文明化的进程，盐的垄断渐渐向着盐税转化。所以英国1825年废除盐税，成为世界上第一个废除盐税的国家，我们不难想象这到底意味着什么。

在王守仁所处的时代，盐商进货和销售都需要得到政府审批，不但要申请销售许可证，还要严格遵循政府规划的销售范围，于是中央政府和地方政府可以瓜分丰厚的盐税。这样一种模式，今天我们经常可以在欧美影视表现黑社会经营毒品的情节中看到。在毒品生意里，负责某个片区的黑社会"中层干部"不但会与邻近片区的同级干部对销售范围明争暗斗，还会以各种名目向帮派老大争取更高的分成比例。王守仁要做的正是同样的事情，就盐税和关税向朝廷上疏，争取更高的分成比例和更大的税收区划，当然，除此之外还要向商人加税。

少不得一番公文往来、讨价还价的工夫，而十家牌法同时也在执行，民兵也在紧锣密鼓地选拣和操练着，没时间去等待万事俱备了，王守仁必须尽早打一个胜仗，哪怕是个不大的胜仗。

王守仁太需要一个胜仗。只要有一场胜仗，向朝廷可以谈下来更好的条件，向下可以在久败成习的各级官吏中间竖立威信，只要两者兼备，就可以去追求更大的胜利。

战略方针明确：先易后难，速战速决。南安和赣州的叛军势力最盛，所以这场胜利要到相对弱小的漳南叛军那里去寻。于是，到任就职当月，王守仁便做起了用兵的筹划，移文三省兵备分进合击，这一仗的详细经过见王守仁写于是年五月初八日的《闽广捷音书》里，书中引述各路军将的战情汇报，读来很是跌宕起伏。

福建方面的军务负责人胡琏汇报，官军五千人从长富村开始与叛军交战，前后大战数合，斩杀叛军四百三十二人，俘虏一百四十六人，己方被杀的有老人许六、打手黄富璘等六名。

这里所谓"老人"并非一般意义上的老人,而是明代一种特殊的职务,大约相当于今天的居委会主任;所谓"打手",也不是现代汉语里的意思,它原指临时性的民兵,后来转化为半职业化的营兵。所以,以严格的概念而论,这一次的战果最耐人寻味的是,官军无一伤亡,民兵阵亡六人,算上"老人"也不过七人,这是何等惊人的战斗力啊!

胡琏的汇报继续称,叛军余部逃到象湖山据守,福建、广东官军联合进剿,官军阵亡七人,民兵阵亡八人。象湖山地势凶险,历来官军到这里就束手无策。有人建议添调狼兵,等到秋冬时节会剿,但此时得到王守仁的指令,要军队做出犒军撤退的姿态,待叛军放松警惕时全力扑杀。我军依计而行,侦得叛军松懈,各职统领于二月十九日夜衔枚疾走,三路并进,直捣象湖山,鏖战直到第二天正午,此时奇兵从小路加入战场,叛军这才惊溃大败。我军乘胜追击,擒斩贼首黄猫狸等二百九十一人,俘虏一百三十三人,其间叛军坠崖而死者不可胜计,我方的人员损失是头目、打手一十四名。

这个结果仍然意味着官军无一伤亡,民兵阵亡十四人,就从夜间鏖战到下午的一场艰巨的攻坚战而言,明朝军队的战斗力再一次令人惊叹!

次日早晨又有一场大战,叛军被擒斩一百六十三人,俘虏一百零六人,汇报当中没提官军和民兵的伤亡数字。依照前文的行文格式推测,这应该是一次零伤亡的战斗吧。

又据王铠等人汇报,叛军首领詹师富等人盘踞在可塘洞山寨,聚

第十一章 巡抚南、赣、汀、漳

粮守险，易守难攻。己方军队分兵五路，连日攻打，生擒詹师富等人，继而追击余寇，擒斩二百三十五人，俘虏八十二人，己方人员伤亡是，老人胡文政被杀，乡夫叶永旺等五人受伤。

接下来还有各种汇报，大体上都是这种风格，恐怕不会有哪个心地纯真的读者不被大明官军、民兵的英勇和神武所感动的。王守仁最后有总结陈词，详细提到了象湖山失利后剿匪官军提出增调狼兵的动议："这显然不是个好办法，等下去更会错失灭贼的时机，于是我当天便从赣州启程，亲自到前线指挥。詹师富等人恃险叛乱已近十年，这次在三个月内便告平定，这都要感谢朝廷的恩德和上级领导部署有方啊。以下将官功勋卓著，应予重赏……"[1]

这一仗确实胜了，但双方伤亡比例的惊人悬殊显然意味着惊人的水分。王守仁不会看不出，但胜利才是最要紧的，水至清则无鱼，人至察则无徒，还有更难对付的敌人等在前面，这些赤裸裸的浮夸索性就容忍了吧。

朝廷也不会在意这些浮夸之词，只要有了胜利，一切都好商量。

十

战争就像牌局，总有很多偶然因素，百战百胜只是传说，高手和

---

[1] 见《全集》，第335-340页。

庸才的差别总要从长线判断。高手也总会因为各种偶然因素而失利，但只要牌局够久，概率注定会将胜利的天平倾斜向高手一边。

象湖山、可塘洞之战，王守仁的战术其实有两手准备：叛军据险而守，倚仗地利而防范心不强，我军可以出其不意，由小道出奇兵，用邓艾破蜀之策；倘若叛军据险而持重，我军无隙可乘，那就该用赵充国破羌之策，减冗兵以节约战争成本，如此才能万全无失。

结果叛军不够持重，明军得以奇袭成功，设若事情向"赵充国破羌之策"发展，不能取得速战速决的战绩，不知道朝廷还有没有耐心给王守仁足够的支持。

出征途中，王守仁有诗说"莫倚贰师能出塞，极知充国善平羌"（《丁丑二月征漳寇进兵长汀道中有感》），显见他心中谋划的战略局面更倾向于后者。诗中"贰师"指贰师将军李广利，为汉武帝伐大宛取名马，以一次次劳民伤财的"壮举"换取与成本远远不成比例的战果；赵充国也是西汉名将，晚年时平定羌乱，极言反对同僚求速胜的战略，以老成持重的姿态屯田固守，以外交和宣传策略对羌人分化瓦解，不战而屈人之兵。

结果是邓艾破蜀之策一战功成，这场马到成功式的胜利真的给王守仁接下来平定横水、桶冈、浰头的强敌带来太多的便利。此时的王守仁似乎进入了"时来天地皆同力"的运程，就连上天都会为他降下及时雨。

十一

早春时节，三月不雨。

王守仁当时驻军上杭，作为方面大员，祈雨是必做的事情。

天公倒也敷衍了一场小雨，及至王守仁获捷班师的时候，忽然大雨一连降了三日。在天人感应的观念中，这充分证明了平叛事业是如何顺天应人。下级僚属不失时机地提出建议，将祈雨所在的行台之堂题名为"时雨堂"，取"王师若时雨"的意思，请长官撰文为记。

历代官场皆有这样的传统，所以我们才能读到《岳阳楼记》《醉翁亭记》这样的经典古文。尤其凡有建功，总要搞一个纪念与表彰意义兼具的建筑，然后写一点什么。历代文人官僚当中，苏轼是这方面的行家里手。王守仁其实并没有那些文人情怀，只是不便推却下属的热情，草草写下一篇极具敷衍之能事的《时雨堂记》：

> 正德丁丑，奉命平漳寇，驻军上杭。旱甚，祷于行台；雨日夜，民以为未足。乃四月戊午班师，雨；明日又雨；又明日大雨。乃出田登城南之楼以观，民大悦。有司请名行台之堂为"时雨"，且曰："民苦于盗久，又重以旱，将谓靡遗。今始去兵革之役，而大雨适降，所谓'王师若时雨'，今皆有焉。请

以志其实。"呜呼！民惟稼穑，德惟雨，惟天阴骘，惟皇克宪，惟将士用命，去其螣蟘，惟乃有司实穮获之，庶克有秋。乃予何德之有，而敢叨其功！然而乐民之乐，亦不容于无纪也，巡抚都御史王守仁书。是日，参政陈策、佥事胡琏至，自班师。[1]

文章借下属之口道出这座时雨堂的缘起，继而谦虚一番，说农事和战事顺利都是因为皇帝圣明、将士用命、各级有关部门认真负责，自己不敢冒认功德，只是本着与民同乐之心秉笔以记其事。

王守仁虽然一向大谈天理，却对天命不甚以为然，这是很正统的醇儒态度。早在弘治十六年（1503年），关于祈雨，三十二岁的王守仁写过一篇《答佟太守求雨》，认认真真地讲出了自己的态度：

昨杨、李二丞来，备传尊教，且询致雨之术，不胜惭悚！今早谌节推辱临，复申前请，尤为恳至，令人益增惶惧。天道幽远，岂凡庸所能测识？然执事忧勤为民之意真切如是，仆亦何可以无一言之复！

孔子云："丘之祷久矣。"盖君子之祷不在于对越祈祝之际，而在于日用操存之先。执事之治吾越，几年于此矣。凡所以为民祛患除弊兴利而致福者，何莫而非先事之祷，而何俟于今日？然而暑旱尚存而雨泽未应者，岂别有所以致此者欤？古者岁旱，则为之主者减膳撤乐，省狱薄赋，修祀典，问疾苦，

---

[1] 见《全集》，第994页。

引咎赈乏，为民遍请于山川社稷，故有叩天求雨之祭，有省咎自责之文，有归诚请改之祷。盖《史记》所载汤以六事自责，《礼》谓"大雩，帝用盛乐"，《春秋》书"秋九月，大雩"，皆此类也。仆之所闻于古如是，未闻有所谓书符咒水而可以得雨者也。惟后世方术之士或时有之。然彼皆有高洁不污之操，特立坚忍之心。虽其所为不必合于中道，而亦有以异于寻常，是以或能致此。然皆出小说而不见于经传，君子犹以为附会之谈；又况如今之方士之流，曾不少殊于市井嚚顽，而欲望之以挥斥雷电，呼吸风雨之事，岂不难哉！仆谓执事且宜出斋于厅事，罢不急之务，开省过之门，洗简冤滞，禁抑奢繁，淬诚涤虑，痛自悔责，以为八邑之民请于山川社稷。而彼方士之祈请者，听民间从便得自为之，但弗之禁而不专倚以为重轻。

夫以执事平日之所操存，苟诚无愧于神明，而又临事省惕，躬帅僚属致恳乞诚，虽天道亢旱，亦自有数。使人事良修，旬日之内，自宜有应。仆虽不肖，无以自别于凡民，使可以诚有致雨之术，亦安忍坐视民患而恬不知顾，乃劳执事之仆，仆岂无人之心者耶？一二日内，仆亦将祷于南镇，以助执事之诚。执事其但为民悉心以请，毋惑于邪说，毋急于近名。天道虽远，至诚而不动者，未之有也！[1]

因为王守仁一度修仙学佛，又筑室阳明洞，预卜外界的一举一动，

---

[1] 见《全集》，第881-882页。

难免传出几分"半仙"的名声，以至于地方官在苦于干旱的时候会连番派人向他请教祈雨的要领。王守仁引经据典，提出了一个很重要的命题——"君子之祷不在于对越祈祝之际，而在于日用操存之先"，意即君子的祈祷绝不像愚夫愚妇那样一遇到难题就烧香拜佛、画符念咒，而在于时时处处都心存诚敬。

文章继续说："至于用书符咒水求雨，完全不见于经典，只有后世的方士才这么做，何况如今的那些方士大多是些市井无赖。您果真有求雨之心，不妨像经典所载那样，停掉不急之政，广开纳谏之门，昭雪冤案，禁止奢靡，然后再向山川神灵祷告。民间那些愚昧的求雨之法不妨听之任之，倒也不必强行禁止。"

那么，天与人是否真的各行其道呢？王守仁并不曾走到这般彻底的唯物论："您平日里的修养、言行只要无愧于神明，又深怀戒惧之心，那么上天纵然降下旱灾，也自有其定数，只要您把分内的事情做好，十天半月的光景总能使上天感应而落雨的。我倘若真懂什么求雨秘术，哪会坐视百姓受灾而不救呢？我这两天也会诚心祈雨，以助您的诚意。您只要悉心为民祈求上苍，不被方士们的邪说蛊惑，收敛急功近利之心，那么，天道虽远，一定会为您的精诚所感动。"

王守仁毕竟还是相信天道的，只是怀着孔子"天道远，人道迩"的心思，尽人事以听天命，并不以为人可以通过纯粹的技术手段来影响天上的阴晴。

佟太守其实也不算全错，因为远在汉代，技术性的求雨当真属儒家的本分，董仲舒《春秋繁露》有相当篇幅都可以看作"求雨技术详解"。平民百姓更没有那么多的理性知识，眼睁睁看着和尚懂得求雨，道士懂得求雨，如果儒者不懂求雨的话，那真叫"百无一用是书生"了。而儒家神道设教，原本就有一套心怀善意的愚民纲领，儒家官员纵使心里有一万个不信，在百姓面前总要虚应故事，摆摆姿态。只不过时间久了，相当多的儒者也和愚夫愚妇一样对那些神道设教的把戏信以为真，这位佟太守正是其中一个典型。

综上，从这两篇求雨的文章，我们可以看到王守仁虽然一再强调"立诚"，却绝不是程颐那种迂直的儒者，很清楚在哪些事情上应该揣着明白装糊涂，这倒不能说是虚伪，毕竟孔子就是这样做并且这样教导的。

无论如何，祈雨则得雨，心情总是好的，何况原本就挟着胜利的愉悦。《时雨堂记》虽然只是虚应故事，《喜雨》三首七律却是发自性情的文字：

即看一雨洗兵戈，便觉光风转石萝。
顺水飞樯来买舶，绝江喧浪舞渔蓑。
片云东望怀梁国，五月南征想伏波。
长拟归耕犹未得，云门初伴渐无多。

辕门春尽犹多事，竹院空闲未得过。
特放小舟乘急浪，始闻幽碧出层萝。
山田旱久兼逢雨，野老欢腾且纵歌。
莫谓可塘终据险，地形原不胜人和。

> 吹角峰头晓散军，横空万骑下氤氲。
> 前旌已带洗兵雨，飞鸟犹惊卷阵云。
> 南亩渐忻农事动，东山休共凯歌闻。
> 正思锋镝堪挥泪，一战功成未足云。[1]

少时梦想忽然涌上心头，"五月南征想伏波"，自己刚刚打完的这一仗难道不正有几分伏波将军马援当年南征的气势吗？看春雨牵动了农家的笑颜，凯旋的歌声仿佛也冲散了自己曾经有过的东山归隐的念头。这一仗也见得地利不如人和，而横水、桶冈、浰头那些叛军所倚仗的地利，难道比可塘洞还险要许多吗？

十二

求雨得雨，这种幸运也许可一而不可再。汀州、漳州雨水充沛，但与之接壤的虔州依旧在旱情里焦灼着。王守仁又有《祈雨》二首，情绪转而落入徒唤奈何的忧伤里了：

> 旬初一雨遍汀漳，将谓汀虔是接疆。
> 天意岂知分彼此，人情端合有炎凉。

---

[1] 见《全集》，第821-822页。

月行今已虚缠毕,斗杓何曾解挹浆!
夜起中庭成久立,正思民瘼欲沾裳。

见说虔南惟苦雨,深山毒雾长阴阴。
我来偏遇一春旱,谁解挽回三日霖?
寇盗郴阳方出掠,干戈塞北还相寻。
忧民无计泪空堕,谢病几时归海浔?[1]

明明是二州接壤,却偏偏一雨一旱,仿佛天意也有所偏私似的。"天意岂知分彼此,人情端合有炎凉",这一联虽写实而意在言外,是早已不求文藻之丽的王守仁的诗中罕见的佳句。"月行今已虚缠毕",暗用《诗经·小雅·渐渐之石》"月离于毕,俾滂沱矣",依照上古的气象知识,月亮行经毕宿就该是大雨滂沱的时候,此夜天象正是这般,却无雨下,于是"夜起中庭成久立,正思民瘼欲沾裳",久久站在庭院里仰观天文,为虔州可以预见的农业歉收落下了怜悯的泪水。看来即便是王守仁本人,也没法把"知行合一"的道理推广到客观事物上去。

旱情毕竟不如匪患急切,当务之急是向朝廷申请更大的权力。

大约是象湖山、可塘洞之战使王守仁感到指挥军队远远称不上得心应手,一来他这个巡抚并没有对军事要务的决策权,二来明军纪律松散,令行禁止对他们来说只是兵书上的理论值罢了。

---

1 见《全集》,第822页。

于是，是年五月，王守仁上奏一封洋洋数千言的《攻治盗贼二策疏》，在详细分析贼情之后，提出了两套备选方案。方案之一是顺应人心，人心都渴望大举夹攻叛军，以期一鼓成擒，永绝后患，那么依据兵法"十围五攻"之例，叛军有两万人，正面进攻就需要十万人，而动用十万军队不但日费千金，而且无论是粮草物资的转运还是狼兵、土兵的劫掠，都会严重妨害民生，这是国家和百姓都无法承受的。再者以如此规模用兵，叛军当中的强者或据险固守，或蹿入深山，再多的官军对此也不能有所作为，只能斩获一些老弱胁从罢了。方案之二是希望陛下给他赏罚重权，使他可以便宜行事，不强求破敌的时限，如此则事无掣肘，可以伸缩自如、相机行事，逐个击破叛军，这就好比给小孩子拔牙，每天晃动一些，牙齿会在小孩子不知不觉间掉落，而第一种方案就算强硬地把牙齿拔掉，小孩子也会立毙当场的。[1]

对于第一套方案，王守仁特意提到，大举夹攻倘若失利，责任会由大家分摊，不失为最能顾全个人安危的办法，但为臣子者应当是国事为重，所以希望第二套方案能够获准。

这就是做官和做事的区别。以做官的原则，第一套方案最稳妥可靠，无论如何劳民伤财，总之全由皇帝和百姓埋单，就算打了败仗，自己也受不到多少严厉的处罚，何况一应相关人等都这么想，何必非要力排众议、挑一个自己担全责的劣等方案呢？

---

[1] 见《全集》，第345-350页。

十三

　　九月，朝廷新的委任书下达赣州，给王守仁"提督军务"的权力，并发给兵部旗牌，准予便宜行事。这就意味着王守仁真正成为南、赣、汀、漳等地最高军政长官，执掌生杀大权，对文官武将不听号令者，"文职五品以下，武职三品以下，径自拿问发落"[1]。

　　来自朝廷的支持基本要归功于兵部尚书王琼。王琼当初擢拔历任闲职、毫无军事经验、只有讲学之名的王守仁，这是一种很大胆、很容易招致非议的举动，所以可想而知象湖山、可塘洞的捷报对王琼而言意味着什么。站在王琼的立场而言，既然已将赌注压在王守仁的身上，除非遇到太大的变故，否则就理应一往无前地把支持的戏份做足。成败利钝纵然不可逆，但这样做无论对国家、对个人都意味着最大的赢面。

　　《明实录》记载这一段经过，说王守仁之所以能够提督军务，都是因为巴结王琼，故此王守仁的捷报里每每将功劳专门归于王琼，全是一副阿谀奉承的嘴脸，而王琼对王守仁也不吝溢美之词，对后者的奏请一概批准，两个人这种狼狈为奸的嘴脸很令知情人鄙视。

---

[1] 见《全集》，第380页。

《明实录》正是以这样的腔调一以贯之地描述王琼和王守仁的。王世贞《史乘考误》深究史源，辨析《武宗实录》的第一任总裁官是内阁首辅杨廷和，杨廷和与王琼矛盾很深，而王琼虽然阴险，偏偏慧眼识人，独任王守仁，故而王守仁前后平定盗贼与宸濠之乱，捷报奏疏全在颂扬兵部调度有方，对内阁只字不提，杨廷和等人早就切齿痛恨了，所以在编撰《武宗实录》的时候没少给王琼和王守仁抹黑。继任总裁官费宏是宁王朱宸濠的眼中钉，先是被排挤出朝廷，继而于王守仁抚绥之地深受宸濠之害，而在朝廷内外的群臣交相向朝廷上疏荐用费宏的时候，王守仁却一言不发，想来费宏很难释怀。至于以副总裁身份专任编撰之事的董玘，最有忮毒之名，内忌王守仁之功，外欲以媚杨廷和、费宏，所以才会撰此诬史。[1]

　　王世贞原心定罪，或许有点诛求过甚，尤其费宏为人刚直，还曾为王守仁撰有《阳明先生平浰头记》《移置阳明先生石刻记》《阳明王先生报功祠记》《田石平记》，字里行间不但赞颂王守仁的战功，也佩服王守仁的学术。但我们看《明实录》版的王守仁，当真是一副大奸大恶的嘴脸，若非后来有《明史》认认真真做了考证还原，后人也不知道会在历史的迷雾里迷失多久。但是，《明实录》的记载也当真透露出一则真相，即王守仁在前线的战功无不仰仗着王琼的鼎力支持，而王守仁在与核心权力层打交道的过程中只对王琼一个人用心。

　　王守仁得到王琼的赏识，真是一件祸福参半的事。王琼是一个相当干练的人，有能力，有手腕，而在那个荒诞的朝廷里，要想富有效

---

[1] 见明王世贞《弇山堂别集》（中华书局，1985年出版），第485页。

率地实干，就注定没有寻常路可走。当时武宗宠信钱宁、江彬，王琼做到了任何一位正直的大臣都绝不会做的事，即深相结纳这两个奸佞小人，从此只要王琼的请求一经提出，很快就会得到皇帝的批准，而公文的一来一往全不经过内阁，使杨廷和又气又无奈。

如果不是武宗死得太突然，王琼注定还有大好的锦绣前程，很可能会成为张居正式的人物，但世事偏就这样白云苍狗，钱宁因为宸濠之乱被牵连倒台，江彬因为武宗的暴亡而失去了依靠，王琼也就注定名列奸党，遭到受屈已久的朝臣们的奋力清算。王守仁作为王琼一手提拔并鼎力扶持的爱将，命运的浮沉或多或少总要和这位老上级绑在一起。

站在王守仁的立场，对王琼的感激当然是真诚的，归功于王琼也是顺理成章的。他不会为了赢得内阁的好感就违心地称道后者的支持，何况仅仅从技术意义上说，那样做显然会惹王琼不快。

有人的地方就有江湖，江湖的本质就是派系，派系最看重的品质就是忠诚，这是人类作为群居动物在亿万年的进化史上被血与沙打磨出来的或许不那么光彩的天性。很少有人能够在不同派系间左右逢源，而那些不站队的逍遥派很难获得任何一个派系的支持，于是，貌似带有利他主义色彩的"忠诚"其实是对人类个体而言的一项生存优势，尽管它会给你带来一些不必要的、你原本也无意开罪的敌人，但它也会给你带来最大限度的支持和保障。

十四

　　就在和朝廷讨价还价的同时，王守仁开始重新整编军队，以二十五人为一伍，两伍为一队，四队为一哨，两哨为一营，三营为一阵，两阵为一军，实行逐级负责制，又重新设计兵符的形制与使用规范，以收整齐划一、如臂使指之效。同时他奏请朝廷，在新近平定的地区置县设防，以免将来贼势复起。

　　如此规模的改制整编，从管理的角度看确实是很高明的手段。说它高明，倒不在于这个新的组织结构本身。

　　任何一个机构，只要时间久了，内部关系都会盘根错节，严重影响管理效率。一个锐意有为的新任管理者注定会面临这个问题，但解决起来麻烦很大，牵一发而动全局，尤其是岗位调动、职务升降之类的事情，总会伴随着无边的怨言和谣言。所以最有效的办法莫过于全部洗牌，重新来过，如此则一切人事问题都自然变成"对事不对人"了。

　　再者，虽然俗话说"养兵千日，用兵一时"，但兵不是一般的难养。人之常情，很难长时间一直保持紧张状态，机构也是如此，所以养兵不但耗时耗力，还往往越养便越涣散。我们看历朝历代"养兵千日"，越是承平日久，这一规律便体现得越是明显。商鞅曾经懵懂地意识到这个问题，而提出的对策毫无道德操守："国力一强就应该出去侵略。"（《商君书·去强》）儒家阵营里的王夫之意识到养兵的弊端，认为用兵的关键就在于利用好以下三点：

1. 士兵短时间内凝聚起来的士气。

2. 士兵对作战习以为常的心态。

3. 打仗则有利可图，不打仗则无利可图的形势。(《宋论》卷一)

我们看王守仁的做法完全暗合上述三点原则。

王守仁在前线积极备战，王琼则在后方积极为他免除一切后顾之忧。权力所在，总有人想要分一杯羹。既然王守仁有了提督军务的权力，江西的镇守太监毕真理所当然地提出监军的要求。面对这样一个"合理要求"，王琼提出了一个很中肯的反对意见：用兵最忌遥控；在南安、赣州一带用兵，却要事事去和远在南昌的镇守太监商议，这个仗就没法打了；只能说南昌有了危机时，南安、赣州可以派兵策应。

太监监军之事就这样在有惊无险中没了下文，接下来的一切就只看王守仁的手段了。

王守仁的策略是剿抚并用，先易后难。三大势力暂且放在一边，先从乐昌、龙川的各路叛军入手。为防浰头叛军乘间作乱，王守仁派人送去牛、酒、银、布，以示政府慰问。慰问总要有个名义，这正是宣传攻势得以施展的机会。这一回王守仁全用老百姓的语言，言谆谆，意切切，一副苦口婆心的态度：

> 本院巡抚是方，专以弭盗安民为职。莅任之始，即闻尔等积年流劫乡村，杀害良善，民之被害来告者，月无虚日。本欲即调大兵剿除尔等，随往福建督征漳寇，意待回军之日剿荡巢

穴。后因漳寇即平,纪验斩获功次七千六百有余,审知当时倡恶之贼不过四五十人,党恶之徒不过四千余众,其余多系一时被胁,不觉惨然兴哀。因念尔等巢穴之内,亦岂无胁从之人。况闻尔等亦多大家子弟,其间固有识达事势,颇知义理者。自吾至此,未尝遣一人抚谕尔等,岂可遽尔兴师剪灭;是亦近于不教而杀,异日吾终有憾于心。故今特遣人告谕尔等,勿自谓兵力之强,更有兵力强者,勿自谓巢穴之险,更有巢穴险者,今皆悉已诛灭无存。尔等岂不闻见?

夫人情之所共耻者,莫过于身被为盗贼之名;人心之所共愤者,莫甚于身遭劫掠之苦。今使有人骂尔等为盗,尔必怫然而怒。尔等岂可心恶其名而身蹈其实?又使有人焚尔室庐,劫尔财货,掠尔妻女,尔必怀恨切骨,宁死必报。尔等以是加人,人其有不怨者乎?人同此心,尔宁独不知;乃必欲为此,其间想亦有不得已者,或是为官府所迫,或是为大户所侵,一时错起念头,误入其中,后遂不敢出。此等苦情,亦甚可悯。然亦皆由尔等悔悟不切。尔等当初去后贼时,乃是生人寻死路,尚且要去便去;今欲改行从善,乃是死人求生路,乃反不敢,何也?若尔等肯如当初去从贼时,拼死出来,求要改行从善,我官府岂有必要杀汝之理?尔等久习恶毒,忍于杀人,心多猜疑。岂知我上人之心,无故杀一鸡犬,尚且不忍;况于人命关天,若轻易杀之,冥冥之中,断有还报,殃祸及于子孙,何苦而必欲为此。我每为尔等思念及此,辄至于终夜不能安寝,亦无非欲为尔等寻一生路。惟是尔等冥顽不化,然后不得已而兴兵，此则非我杀之，乃天杀之也。今谓我全无杀尔之心，亦是诳尔；若谓我必欲杀尔，又非吾之本心。尔等今虽从恶，其始同是朝廷赤子；譬如一父母同生十子，八人为善，二人背逆，要害八人；父母之心须除去二人，然后八人得以安生；均之为子，父母之心何故必欲偏杀二子，不得已也；吾于尔等，亦正如此。若此二子者一旦悔恶迁善，号泣投诚，为父母者亦必哀悯而收之。何者？不忍杀其子者，乃父母之本心也；今得遂其本心，何喜何幸如之；吾于尔等，亦正如此。

闻尔等辛苦为贼，所得苦亦不多，其间尚有衣食不充者。何不以尔为贼之勤苦精力，而用之于耕农，运之于商贾，可以坐致饶富而安享逸乐，放心纵意，游观城市之中，优游田野之内。岂如今日，担惊受怕，出则畏官避仇，入则防诛惧剿，潜形遁迹，忧苦终身；卒之身灭家破，妻子戮辱，亦有何好？尔等好自思量，若能听吾言改行从善，吾即视尔为良民，抚尔如赤子，更不追咎尔等既往之罪。如叶芳、梅南春、王受、谢钺辈，吾今只与良民一概看待，尔等岂不闻知？尔等若习性已成，难更改动，亦由尔等任意为之；吾南调两广之狼达，西调湖、湘之土兵，亲率大军围尔巢穴，一年不尽至于两年，两年不尽至于三年。尔之财力有限，吾之兵粮无穷，纵尔等皆为有翼之虎，谅亦不能逃于天地之外。

呜呼！吾岂好杀尔等哉？尔等苦必欲害吾良民，使吾民寒无衣，饥无食，居无庐，耕无牛，父母死亡，妻子离散；吾欲使吾民避尔，则田业被尔等所侵夺，已无可避之地；欲使吾民贿尔，则家资为尔等所掳掠，已无可贿之财；就使尔等今为我谋，亦必须尽杀尔等而后可。吾今特遣人抚谕尔等，赐尔等牛酒银钱布匹，与尔妻子，其余人多不能通及，各与晓谕一道。尔等好自为谋，吾言已无不尽，吾心已无不尽。如此而尔等不听，非我负尔，乃尔负我，我则可以无憾矣。呜呼！民吾同胞，尔等皆吾赤子，吾终不能抚恤尔等而至于杀尔，痛哉痛哉！兴言至此，不觉泪下。(《告谕浰头巢贼》)[1]

这篇告谕不仅体现了王守仁的军政原则，也暗含阳明心学的学术要领，很值得我们重视。开宗明义是，巡抚一方，职责就是弭盗安民。言下之意是，兵和贼虽然势同水火，但那是兵的职责所在，彼此并没有私人恩怨，兵对贼并没有出于私人恩怨的偏见。

继而谈到之前平乱的体会："斩获虽然有七千六百多人，却发现真正的首恶不过四五十人，党羽不过四千多人，其余的人都是被贼人胁迫罢了。由此想到你们这些山寨，恐怕也有不少人是心不甘情不愿地被胁迫参与的。还听说你们当中有不少人都是大家子弟，明是非，懂义理。我如果就这么带兵围剿过去，这就近乎孔子所批评的不教而诛了，所以我特地派人给你们讲讲道理。"

道理似乎相当浅易直白："人人都耻于盗贼之名，人人都痛恨被盗贼劫掠，人同此心，心同此理。那么，你们之所以做盗贼，之所以出门行抢，一定有不得已的苦衷，想来或是被官府所迫，或是被大户所

---

[1] 见《全集》，第622-625页。

逼，一时行差踏错做了贼，后来便不敢回头了。那么，你们当初决意做贼的时候，是活人寻死路，尚且要去便去，如今悔改的话，是死人寻活路，又担心什么呢？"

我们看儒家心学一脉，从陆九渊到王阳明，都有个"人同此心，心同此理"做根基，事实上王守仁这里所讲的理，即便在当时的价值一元论的背景下看，也只是知识分子的理，而不是平民百姓的理。

王守仁试图以"己所不欲，勿施于人"的道理说服叛乱分子，然而这样的一种道德原则完全是理性反思的结果，并非出于人性的自然，换言之，在人的天性里，并不存在"己所不欲，勿施于人"这个道理。相反，出于天性的一面正如阿克顿勋爵的名言"权力导致腐败，绝对的权力导致绝对的腐败"，或者是它的意大利谚语版"只要有机会，人人都会做贼"。一个人不知要经过多少自觉或不自觉的道德教育，才有可能内化出"己所不欲，勿施于人"的道德操守。所谓活人求死路、死人求活路之类的说法更没道理，明朝开国岂不正是从"活人求死路"上来的，只不过覆雨翻云、成王败寇罢了。

王守仁如此剖白，甚至说出了因果报应的道理："我们这些做官的人难道真的残忍好杀吗？无故杀一只鸡都不忍心，何况杀人！轻易杀人的话，冥冥之中自有报应，祸及子孙，真是何苦来哉？！"

倘若这样的冥报真的存在，王华一家四子多年不育不知道意味着什么；王守仁后来真的有一场子孙之难，难不成就是"镇压农民起义"的报应？事实上王守仁正式认准儒学之后，花费过太多的唇舌来辩驳佛道之非，善恶冥报更属于愚夫愚妇间流行的佛教知识，王守仁更不会以为然，也许立诚之道能够容许这些善意的谎言吧。

王守仁接下来说："我处心积虑想给你们找到一条活路，但你们如果冥顽不化，那就不是我杀你们，而是天杀你们了。你们虽然堕入恶途，但也和良民一样都是朝廷赤子。这就好比一对父母生了十个孩子，其中有八人为善，二人悖逆，这二人要杀那八个兄弟，父母只能杀掉这两个悖逆的孩子来保全其他的孩子。并非父母真有杀心，只是事非得已。倘若那两个悖逆的孩子改邪归正，父母欢喜还来不及呢。"

上面这套道理正是标准的父母官思维，统治者和被统治者是父母和子女的关系，彼此是由亲情维系着的。当初先秦儒家之所以有这种理论，是因为宗法社会确是这样的实情，统治者往往身兼父家长的角色，或者说是一个大家族的族长。但宗法社会解体之后，宗法社会诞生的政治思想依然沿袭下来，人们乐于相信这种温情脉脉的政治哲学，但真的应用起来注定会有圆凿方枘的龃龉感。

无论皇帝对待百姓还是地方官对待百姓，哪会有半点父子亲情？帝王将相或"屠毒天下之肝脑，离散天下之子女，以博我一人之产业"，或"敲剥天下之骨髓，离散天下之子女，以奉我一人之淫乐"（黄宗羲《原君》），倘若拿掉道德的眼镜，会发现这不过是人之常情罢了。即便彼此真有父子血缘，倘若一对父母生下几百几千万的儿女，想来也会把他们当中的绝大多数当作陌生人看待的。

"小人喻于利"，王守仁便真的喻之以利："听说你们辛苦做贼，日子竟然过得相当拮据，与其如此，何不将做贼的辛苦精力用在务农或经商上呢？只要你们改邪归正，我一定既往不咎，你们看叶芳、梅南春、王受、谢钺这些例子，如今我将他们都当作良民看待。但你们如果还是要做贼的话，那就别怪我手段毒辣了。我将南调两广的狼兵，西调湖湘的土兵，亲率大军围攻你们的巢穴，一年不成就两年，两年不成就三年，你们这点财力难道能耗得过我背后的国家财力吗？我如今良言相劝，如果你们执意辜负我这番心意，我也就只有挥起屠刀了。想到这里，不觉泪下。"

这些话应当也算作本着立诚之心的善意的谎言吧，但想来也有故布疑阵的意思在。公开告谕的这些战术方针完全是朝廷以往的平乱手段，所以既容易取信于叛军，也容易瞒天过海，使出奇兵。当然，千言万语也是为了说服自己，使自己可以毫无心理障碍地去镇压和屠杀这些曾经的"朝廷赤子"，倘若在生死搏杀中心存半点不忍，有了半点犹豫，都会把自己抛向败亡之道的。

《年谱》记载，这份用心良苦的告谕使人得以想见"虞廷干羽之化"——这是儒家很推崇的仁者之战，圣王虞舜举着盾牌和大斧表演了一场舞蹈，穷凶极恶的苗人部落便甘心归顺了。李白有诗"如何舞干戚，一使有苗平"，这种古老的道德感化力量才是最值得称道的兵法。

于是，叛军首领黄金巢、卢珂等人率部来降，应时应景地扮演了三苗的角色，表示愿效死力以报答王守仁的仁德。卢珂是个关键人物，下文还将有他的重要戏码。

十五

因功行赏，朝廷就象湖山、可塘洞等处的捷报下达表彰，给王守仁升俸一级，赏赐白银二十两与纻丝二表里。王守仁上表谢恩，照例要说全部功劳都是朝廷、兵部、诸将、士卒努力的结果，自己不过申严号令、敷部督促而已。如此种种都是谢恩的套话，但接下来讲出一个很重要的意思，尽管自己担当不起朝廷的赏赐，但有必要照单全收，这是因为自己之前就向朝廷申明过赏罚的力度与及时性对于作战是何等重要，自己因微劳受赏便足以激励将士，这正与古人千金市马骨的道理一样。(《升赏谢恩疏》)[1]

管理一个庞大的团队，确实最要紧的事情莫过于赏罚严明，这是先秦法家一再强调的事情。是的，这完全不是儒家的思路，儒家对逃兵都可以网开一面，只要这个逃兵有孝道之类的理由。

这倒不能简单说儒家迂腐或法家冷酷，两者实在源于不同的社会背景。封建制下，战争原本是贵族阶层的事情，贵族在意荣誉胜于赏罚，战国以降，战争变成了平民百姓的事情，动辄发生几十万人的战事。那么，即便本着儒家"君子喻于义，小人喻于利"的思路，这时

---

1 见《全集》，第374-375页。

候的军政原则也确实应当以赏罚为圭臬了。

秦国当时对赏罚制度执行得最有力，所以最后可以"六王毕，四海一"。王守仁此刻面临的情形与战国无二，以首级计功正是源于秦国法家式的暴政，然而现实是缺乏高贵色彩的，军队的斗志远不是只靠荣誉感和责任心就可以激发起来的，只有严明和及时的赏罚才能触动那些披着军装的市井小民。

十六

王守仁虽然向朝廷申报，希望能够相机行事，不被责以克敌之期，但形势总不等人。叛军大修战备，积极做着攻州克府的谋划，出兵平叛已是迫在眉睫的事情。

当时巡抚都御史秦金（《年谱》误作陈金）提出三省会兵夹攻的方案，很快获得了朝廷的批准。倘使执行这样的战略，王守仁便不是指导全局的统帅，而仅仅是三名平级的负责人之一。

王守仁不看好这样的安排，因为站在南赣的角度，倘若径直进军，与其他两省夹攻桶冈，势必遭到横水、左溪叛军的严重威胁，陷入腹背受敌的困境，而最好的办法莫过于因势利导，当叛军以为三省军队当真要夹攻桶冈，并且将在十一月会师的时候，注意力一定会被转移过去，而南赣军队出其不意，先攻横水、左溪，然后挟战胜之威以临桶冈，破竹之势沛莫能御。

王守仁果然就这样"便宜行事"了,分派辖下知府、知县、守备等人各自统兵就位,于十月初七夜各哨齐发,同时派出探子,四路侦察敌情。横水叛军果然措手不及,在一片忙乱鼓噪中各据险要,在滚木礌石的保佑下等待着官军攻山。

　　在王守仁的战报里,虽然着力形容了横水叛军措手不及的窘态,但也道出当时的形势是"贼已据险,势未可近"。换言之,叛军确实措手不及,但在回防时展现出惊人的效率,结果有惊无险,平安渡过一劫,而官军很可能也像以往一样在山下僵持一些时日,最后悻悻退兵,打出招抚的旗号来保全一点面子。

　　王守仁绝不能容忍这样的结果,他再一次针对对方的心理做出部署:大军伐木立栅,开挖壕沟,营建瞭望哨所,摆出一副僵持的姿态,而在夜晚派出两支四百人的奇兵,带着旗帜、火铳、钩镰之类的东西,从山间小道攀登山崖绝壁,占据远近山头;待就位之后,尽可能多地竖起茅草垛子,只等第二天大军攻到险要处便鸣炮点火相应。

　　第二天一早,王守仁督兵前进,叛军照例据险迎战,而就在这个时候,远近山头炮声如雷,烟焰四起,王守仁立即挥师强攻。倘若叛军能够有几分钟反应时间的话,应该会看出那些有炮声和烟焰的山头其实并不是自家据点,从那些地方也攻不进自家的营寨,但仓促之间哪还有这份冷静,只以为大势已去,纷纷弃险溃逃,一败便不可收拾。

　　冷兵器时代作战,士气往往对胜败起着决定性的作用,所以兵法的具体内容虽然林林总总、五花八门,但往往都围绕着"士气"二字,要么是激励己方的士气,要么是瓦解敌人的士气。士气的感染力蔓延得比瘟疫还快,往往一队争先便队队争先,一队溃逃便全军溃逃,而军队的人数越多，溃逃起来便越是无法挽回。历史上众寡悬殊却以少胜多的战役，败的那方大多都是因为局部的溃败引发了整体的溃败。

王守仁打了一场很好的心理战，片刻之间便瓦解了对手的士气，胜败立时便见分晓，接下来的事情无非是巩固并扩大战果罢了。如此一鼓作气，一举荡平横水、左溪诸寨，叛军首领谢志珊等人带着残部投奔桶冈的蓝天凤去了。

十七

横水已定，下一个目标便是桶冈。

官军还从未打过这样的胜仗，忽然间扬眉吐气，于是纷纷请战，要乘胜再下桶冈。

士气不可沮，这是兵法的一大要领，但事情总不可一概而论。当初宋太宗初克北汉，军心汹汹要乘胜夺回幽云十六州，结果遭到了丧师辱国的惨败。王守仁这一回便偏要沮一沮士气，下令军队驻扎在桶冈附近，休兵养锐，暂时就不打仗了。

王守仁有自己一番考虑：桶冈天险，四面是万仞绝壁，中间是百余里的盘山小道，山高谷深，物产丰富，实实在在是一夫当关、万夫莫开的地方。进山只有五个入口，而所有这五个入口都是悬在绝壁上的栈道，叛军只要在山崖顶上随便扔扔石头就足以阻挡大队官军，连兵器都用不着。虽然另有一条稍稍平直的通路，但那条路深入湖广，太过迂回，而湖广军队原本就要从那里进去，难道南赣的军队也绕过去走同一条路不成？况且如今横水、左溪的残敌都已经逃进了桶冈，同难合势，一定会奋力死守。我军如果在这个时候长途奔袭，正所谓强弩之末不能穿鲁缟，不如就近修养整顿，先派人进山晓谕利害，叛军一定会畏惧请服，即便还有冥顽不灵的人，也难免瞻前顾后，心怀犹豫。我们趁这时候发动奇袭，这才有机会得手。

王守仁要把心理战进行到底。一代心学宗师，丰功伟绩全靠诈术取得，心地单纯的读者总会对此有所纠结吧？而那些以王守仁为成功学导师的读者，不知道能否从《传习录》里学到这些诡谲的实战本领。

王守仁计议已定，派出几名投诚反正的叛军成员去往桶冈，告知蓝天凤等人，官军将在十一月初一的早晨在五个入口之一的锁匙龙受降。三个人的一席话，果然瓦解了桶冈叛军的士气。谢志珊决意要战，蓝天凤却很有几分动摇，俩人心不能往一处想，气力也就耗费在辩论上了。

十月三十日夜，王守仁调度军队，在夜幕掩护下分别埋伏在桶冈的五个入口处。第二天一早，前夜的大雨未停，蓝天凤正在锁匙龙主持会议，还在为是战是和的问题争执不下，突然间五处兵起，冒雨疾登。叛军全未想到原定的受降时间竟然是总攻时间，一瞬间措手不及便失去了御敌的先机，官军连克桶冈诸寨。

这一天也正是湖广军队原定的会剿之日，王守仁听说湖广土兵将至，当下分兵驻防各地，一来巩固战果，二来为湖广土兵供应粮饷，三来防备叛军残余，最后和湖广军队联手会剿，及至十二月上旬，桶冈诸寨一应荡平，总计擒斩自蓝天凤、谢志珊以下从贼三千一百六十八人,俘虏二千三百三十六人。

横水、桶冈的平叛经过,王守仁在上报朝廷的《横水桶冈捷音疏》里有不厌其烦的记载,洋洋万言。[1]而有一则不便写在奏疏里的轶事被《年谱》记录在案:谢志珊被擒之后,王守仁对他有过一番审问,一个与贼情无关但很令王守仁好奇的问题是:"你何以能招致这么多的同党?"谢志珊答道:"这事并不容易。我平生见到世上好汉,绝不轻易放过,一定会想尽办法和他们结交,要么纵酒言欢,要么助其急难,等人家被我的诚意感动之后,我再以实情相告,便没有不答应入伙的。"王守仁深有所感,退堂之后对门人说:"我们儒者一生求朋友之益,难道不正该如此吗?"

《庄子》早在两千多年前便揭示过这个真相:"成功的强盗和成功的儒者具有相同的素质和行为准则,只不过目标方向的差异使他们判然两途。"以今天的知识来看,非凡的说服力以及操控他人的手段往往既为政界、商界的杰出领袖所具备,亦为变态杀人狂所具备。只要我们摘下道德眼镜,理解这样的现象便轻而易举,在生物学的意义上,这些都是"成功者"的必备素质。

---

[1] 见《全集》,第375-388页。

十八

班师至南康的时候,百姓沿途顶香拜迎。王守仁所经过的州、县、隘、所,无不为这位荡寇英雄建立生祠,偏远乡村的百姓则将王守仁的画像供上祖宗祠堂。那些将叛军一概称为"义军"、将平叛一概称为"镇压农民起义"的当代明史著作,或多或少总要回避这样的史料。

横水、桶冈既平,便只剩下浰头的匪患了。

事实上,浰头叛军首领池仲容早已经向王守仁递出了橄榄枝,派弟弟池仲安带着老弱病残两百余人随营报效,为桶冈之战摇旗呐喊。

当然,这一切都只是表面现象。池仲容不但是所有匪首里势力最强的一个,也是最奸诈的一个。当然,如果用中性词语表述的话,"奸诈"应当替换为"审慎"。当初在王守仁派人慰问并招抚的时候,黄金巢、卢珂率部相应,池仲容却不为所动。他的理由其可以成立:"我们做贼这么多年,官府招抚这么多次,一份告谕怎可以当真呢?先看看黄金巢他们的动向吧,等确认他们平安无事,我们再投降也不迟。"

黄金巢、卢珂确实平安无事,但池仲容还是不肯投降。

正是以往的作战经验培养出他的雄厚信心:明政府真正有战斗力的军队无非是土兵、狼兵,但调动土兵、狼兵总需要半年光景,而自己到时候只消躲避一个月就足够把土兵、狼兵熬走。所以,之前两度各省联兵围剿，池仲容始终安然无恙。这次虽然见到王守仁攻山破寨的手段，但他自己总还不失周旋的伎俩。派池仲安带人投诚，既是缓兵之计，又可以试探王守仁的态度，亦相当于在明军心腹安插了间谍，王守仁单是防范这些人就要手忙脚乱。

站在王守仁的角度，池仲安带来的这两百多老弱病残确实很添麻烦。倘若是常规情形下的收编，要么打发这些人各自回家种田，要么让他们去当炮灰，冲锋陷阵在最前线，要么将他们彻底拆散，分别安置到其他军事单位，但当时情形显然不容许这样做。

王守仁必须使他们维持在原有的整编状态，这毕竟是给池仲容发出的诚意信号，继而也只能不动声色地将他们支派到远地，再暗中安排其他部队严加监视。这是一场以诈对诈的交手，输赢生死取决于谁的诈术更高明、谁的心肠更狠辣。

十九

当桶冈平定的消息传到浰头，池仲容真正开始紧张起来，暗中加强战备，深沟固守，之所以要暗中进行，是因为自己已经向王守仁表达了向善的"诚意"，总不好堂而皇之地摆出防范姿态。

王守仁也不去撕破脸面，只是以绵里藏针的手段再派人去送慰问品。池仲容总不好将送礼的人拒之门外，当下随机应变，推说卢珂等人和自己有深仇，他们既有了官府做靠山，正准备兴兵来浰头寻仇，自己不得不防。

王守仁将计就计，移文狠狠申饬了卢珂，甚至派遣官兵伐木开道，做出讨伐卢珂的准备，而卢珂兄弟此时赶到赣州，向王守仁报告浰头情势，一场苦肉计就这样上演了：公堂之上，王守仁假作愤怒，历数卢珂挑拨离间、擅自备兵寻仇的罪状，对他施以杖刑之后收监系狱，同时部署官军，准备尽斩卢珂属下。

当然，一切都是演给池仲容看的，王守仁阴纵卢珂之弟回营备战，继而安排城里张灯结彩，打造一派多年未有的太平盛世的热闹光景。而池仲容能否入彀，还要看新一轮慰问使的表演。

使者带着新年的历书再去浰头招抚——历书是一件很有象征意义的东西，用谁的历法就相当于承认谁的统治地位。往往前朝遗民不肯奉新朝正朔，以此作为一种明确的政治表态。叛军如果有了政治抱负，往往颁布新的年号和历书，标榜独立政权的地位。当时浰头反叛，已经照猫画虎地搞出了自己的一套政府班底，俨然一副与明王朝分庭抗礼的姿态，所以接受明朝的历书就有退让的意思在，而王守仁派人来送历书也是一种示好和有心招抚的暗示。

这一件件事都在给池仲容的戒心卸防，当使者顺理成章地提出要他进城答谢的要求时，他便真的离开山寨，进城去见王守仁了。

池仲容精心挑选了九十三名悍匪一同启程，抵达赣州之后，将众人安置在城外教场，只带几名贴身护卫进城。这真是惊人的举动，那么，究竟该怎样解读池仲容发出的信号呢？倘若横水、桶冈未平，池仲容当然可以有这样的胆色，因为王守仁一旦对他不利，只会坚定横水、桶冈各路叛军的固守之心，但此时此刻三大叛军只剩下浰头一支，王守仁要杀他的话不必有任何顾虑，更何况他的兄弟已经在王守仁的手上。

也许池仲容真的动了投诚的念头，特地以这样的行为表达十足的诚意以及对王守仁十足的信任；也许他笃定王守仁不敢贸然下手，因为一旦杀了他，官军便再没法攻克浰头；也许他就是艺高人胆大，不很将王守仁放在眼里……不管是哪一种原因，我们都已经无从知晓了。

站在王守仁的角度来看，这倒真是擒斩池仲容最好的时机。匪首或多或少都有马克思·韦伯所谓的卡里斯玛型人格，凭着个人魅力不断吸引着追随者和拥戴者们，所以只要失去领袖，部众就会迅速陷入群龙无首的乱境，要么堕落为乌合之众，不堪一击，要么会有几名骨干分子借机争夺头把交椅，于是或火并，或分裂。这是历史一再为我们展现的人类行为模式，王守仁不可能不知道。

王守仁的反应却出乎人们的意料，只是笑脸相迎，对池仲容说："你等如今都是改过自新的良民，怎么不一起进城呢，难道对我还有所怀疑不成？"池仲容惶然听命，显然有些意外，但他被引到祥符宫临时住所之后，见那里屋宇整洁，不禁喜出望外，最后一点戒心就此打消殆尽。

似乎此时此刻王守仁并未真的决意要杀池仲容，但等池仲容一行人住进祥符宫后，舆论的压力便骤然而至了。这些二十年来杀人越货的强盗竟然变成了官府的贵客，大摇大摆在赣州城里游逛，在热火朝天迎新年的气氛里"与民同乐"，这深深伤害了赣州百姓的感情，而被派去祥符宫向这些悍匪教授礼仪的人也发来负面的反馈，这一切终于坚定了王守仁的杀意。

于是，池仲容两番辞归都被王守仁设计拖延。正月初二，王守仁派人在祥符宫里杀猪宰羊，筹备第二天的盛宴，而就在当夜，一众甲士忽然掩杀进来，一直杀到天明，池仲容和他那九十三名护卫无一得脱。

这是一场不甚光彩的屠杀，王守仁当日无法下箸，晕眩呕吐，为自己终不能感化这些悍匪而深深懊恼。

以上是《年谱》的说法，而据王守仁在《浰头捷音疏》里自己的说辞，一切疑兵、缓兵之计并非为了感化悍匪，而是为了等待兵马就位。当正月初三兵马就位之后，王守仁在赣州府衙设宴款待池仲容一干人等，出伏兵尽擒其党，然后经过审讯程序，待案犯一一服罪之后，再将其收押入狱。正月初七，各哨并进，至三月初八彻底荡平浰头各寨。[1]

哪个版本更加真实可信，这就是见仁见智的事情了。依常理讲，王守仁荡寇虽极尽诡诈之能事，上表自述总不会欺君，至于以忠厚见称的钱德洪是如何访得祥符宫的往事载于《年谱》，据说是得自王守仁的重要谋士龙光的回忆，言之凿凿。当然，如果池仲容能写出一部回忆录的话，事情也许又会有一个迥然不同的新版。

而在情感上，仅仅在情感上，今天的读者更愿意接受哪个版本呢——无论怀着毫无保留的心抑或勉为其难的态度？如果我们依循《传习录》的教诲，依循王守仁一切讲学当中的教诲，当我们处在类似境况的时候，我们会不会做出同样的决断呢？乔治·奥威尔有一篇评

---

[1] 见《全集》，第394-407页。

议圣雄甘地的文章，开篇便提到了一个相当尖锐的问题："在多大程度上他参与了政治而损害了自己的原则呢，因为政治的本质决定不能脱离胁迫和欺诈。"

或许甘地在"立诚"的原则上做得比王守仁好，尽管他从不知道这个儒家概念。作为一个素食主义者，他"至少有三次宁愿他的妻子和一个孩子死掉，也不愿意按照医生的处方让他们进食动物食品。不错，死亡并没有像当初害怕的那样发生，并且甘地——你可以猜想，大概来自对立面的强大道义压力下——总是让病人自己选择，是否以犯下罪过为代价延长生命。但是，如果完全由他自己来决定的话，他仍旧不会进食动物食品，不论这会带来多大的危险。他说，在我们为了要活命而采取的行动中，应该有一定的限度"。

就甘地这一道德原则本身来说，换言之，当它以一种抽象的形式表达出来的时候，绝大多数人都会觉得在情在理，为求活命当然不能不择手段，譬如我们不应该为了活命而吃掉自己的亲人。问题仅仅在于，甘地所谓"一定的限度"比我们普通人为自己所设的限度要严苛很多。

1938年，甘地就纳粹德国所发生的灭犹事件发表看法，他对犹太人提出了一个相当惊人却在他的价值观里一以贯之的策略："犹太人应该集体自杀，这'就会唤起全世界和德国人民对希特勒暴行的注意'。"战后他为自己辩护说，反正犹太人要被杀死，不如死得有意义。……甘地不过是在说老实话而已。你如果自己不准备杀人，那么你必须经常准备有人会以其他某种方式丢命。1942年他号召对日军入侵实行非暴力抵抗时，他承认这可能会造成好几百万人死亡。(《甘地

随想录》)

所谓有识之士，顾名思义，总会有一些不同寻常的见解，不会泯然于众，或者说，不会为他的同时代人所接受，甚至在未来的很多个时代都不被接受。他们要想活得舒服一些，就必须拿出"乡愿"精神，至少表面上对主流价值观表示出真诚的认同。

倘若王守仁熟识甘地的话，至少会赞赏他的"狂者胸次"。而甘地这般一以贯之的对原则的坚守，"虽千万人吾往矣"，无论如何都要算是"立诚"与"知行合一"的典范了。

倘使甘地换在王守仁的位置，一定比后者更少纠结，或者说心安的程度一定更高；甘地一生也过着"存天理，灭人欲"的日子，只不过他所理解的天理不同于朱熹与王守仁所理解的罢了。

第十二章

破心中贼

一

戎马倥偬之际，王守仁也不曾疏忽了儒学修养，在横水时寄书杨仕德，其中两句话成为后人反复征引的名言："破山中贼易，破心中贼难。"

所谓"破山中贼易"，王守仁确实有资格说这样的话，但前有元顺帝，后有明思宗，亡国都亡在"山中贼"之手，想来不会认同王守仁这番话吧？当然，站在心学的立场可以做这样的反驳："这两位皇帝正是因为心中贼的势力太强，所以才会被山中贼打败。"

不那么拘泥于字面的话，这两句话可以理解为："完成客观目标是容易的，完善主观修养是困难的。"诚然，"破心中贼"意味着"灭人欲"，对饮食仅满足于箪食瓢羹，对情色仅满足于生育目的，且不论嫉妒、虚荣、恚怒等简直数之不尽的心灵瑕疵，但是食、色这两项就需要真正意义上的"灭绝人性"的努力。倘若我们今天随机选一些人，抛给他们一个二选一的难题，想来愿意去"破山中贼"的人会比愿意去"破心中贼"的多。

各种史料其实已经提供给我们足够的大样本统计数据，我们可以清楚看到，平叛功勋数不胜数，而公认的圣人只有那寥寥几个。王守仁说"破心中贼"才是大丈夫的不世伟业，这话显然半点都没有夸大。

二

功成身退,天之道也。

叛乱既定,置县设防一应事宜各上正轨,于是在正德十三年(1518年)三月,四十七岁的王守仁上呈《乞休致疏》,请求退休养病。疏中叙及病情,说自己"潮热咳嗽,疮痍痛肿,手足麻痹,已成废人"。[1]与同僚吟诗唱和,也说"主恩未报身多病,凯旋须还陇上耕"(《桶冈和邢太守韵》二首之二)。[2]

王守仁自成年之后一直都在受病痛的折磨,病痛愈演愈烈,药石越发对他无济于事,所以养病的请求倒也不是故作姿态。而朝廷照例不准,倒不全是出于狠心,而是这种形同以退为进的手段早已成为官场常态,谁也不会当真,更何况从王琼的角度讲,好不容易栽培出这样一个能干而功高的"自己人",哪能轻易放他离去呢?

六月有圣旨下,王守仁升都察院右副都御史,荫子一人,世袭锦衣卫百户。王守仁再次上疏辞谢,朝廷照例不准。(《辞免升荫乞以原职致仕疏》)[3]这次升迁荫子,以品秩论,是从正四品升为正三品,荣誉

---

[1] 见《全集》,第392-393页。
[2] 见《全集》,第823页。
[3] 见《全集》,第417-419页。

和待遇有别，但职权范围不变；养子王正宪时年十一岁，以今天标准看只是读小学五年级的年纪，但已经有了锦衣卫百户的官衔，这个正六品官衔将来还可以子孙罔替，传之永久。这倒不是对王正宪有特殊优待，而是明代武职皆为世袭，锦衣卫属于卫所，不隶属州县而隶属兵部。

三

辞官不果，王守仁以副右都御史衔继续巡抚南、赣、汀、漳，而既然"山中贼"已破，接下来就展开一场剿灭"心中贼"的伟大事业了。当然，要剿灭的不是自己的"心中贼"，而是当地百姓的。儒家地方官既然是所谓"父母官"，便自然要承担起"养不教，父之过"的责任，用孔子的说法，对平民百姓应当养之、富之、教之。

如何养之、富之，这倒不如想象中那样困难。儒、法两家都相信百姓的生活福祉取决于统治者的管理水平，然而事实上，经济发展往往不是统治者"管得好"的结果，而是"放任不管"的结果。道家早早看到了经济规律的这一真谛，提出"无为而治"的政治纲领，政府不要干涉民间，只要扮演好守夜人的角色，惩罚一下坏人坏事也就够了。

而儒家的原则是要干涉，要管理，但这一切都要有分寸才好。分寸究竟定在哪里呢？统治者只要怀有仁爱之心，自然会找到正确的分寸，至少不会横征暴敛。王守仁班师途中有一首《回军九连山道中短述》，就是上述儒家精神的概括：

> 百里妖氛一战清，万峰雷雨洗回兵。
> 未能干羽苗顽格，深愧壶浆父老迎。
> 莫倚谋攻为上策，还须内治是先声。
> 功微不愿封侯赏，但乞蠲输绝横征。[1]

诗意是说，虽然打胜了仗，但赢得不够光彩，所以愧对父老乡亲的厚爱。怎样才能赢得光彩呢？那就是以德服人，不战而屈人之兵。儒家圣人大舜做出过榜样，手执盾牌和战斧，舞蹈一番，就降服了叛乱的三苗。用军队解决叛乱绝不是好办法，搞好内政才是最要紧的。我不愿意为这点功劳而封侯受赏，只希望朝廷能够减免百姓的负担，不要再横征暴敛了吧！

如何教育百姓，儒家和法家各执一词。法家提倡"以吏为师"，所谓吏，特指法官、法吏，他们肩负着普法教育的职责，要使每一位国家子民熟知法律条文，知晓触犯某一条法律之后会遭到怎样的惩罚。

法律的条文化和公开化始于春秋时代，当时引起过很严重的争议，反对者相信世道人心的败坏必从此始。（这是我在《治大国：古代中国的正义两难》一书中详加辨析过的话题，感兴趣的读者可以参看。）朱元璋搞过法家这一套，这也是当时一些知识分子不愿与明政府合作的原因之一。

---

[1] 见《全集》，第827页。

儒家推崇的是宗法亲情模式，不喜欢冷冰冰的、毫无弹性的法律条文。儒家所谓"教之"，是如父母教育孩子那样。平民百姓无知无识，是一种介于人类和禽兽之间的物种（小孩子其实正是这样），只有通过教育才能使他们文明开化，才能使他们耻于作恶而一心向善；不教他们如何打官司，而教他们不去打官司。以实际情形言之，只有剿灭了他们的"心中贼"，他们就算再怎么忍饥挨饿受压迫，也不会去做"山中贼"了。

以政治的技术层面论，"破山中贼"为治标，"破心中贼"为治本，治本之道在于移风易俗、统一意识形态。王守仁颁布《告谕》，务求家喻户晓：

> 访得吉水县民人陈文继妻黄氏，庐陵焉。至于孝亲敬长、守身奉法、讲信修睦、息讼罢争之类，已尝屡有告示，恳切开谕，尔民其听吾诲尔，益敦毋怠。[1]

这份《告谕》最着重的地方就是严禁奢靡，提倡节俭。我们看一部《二十四史》，同样纲领的告谕总是一而再、再而三地出现，繁不胜繁，显见得世人的逐利之心永远"野火烧不尽，春风吹又生"。统治者之所以总是将移风易俗当作一项核心政治目标，原因正是王守仁开宗明义所说的"风俗不美，乱所由兴"，糟糕的社会风俗总会迅速败坏世道人心，人一旦失去了淳善，就很容易为非作歹了。

---

[1] 见《全集》，第627-628页。

王守仁在南安、赣州一带观察到的社会怪象是，明明民生凋敝，大家却还是飞蛾扑火一般争豪斗富，将大把财富浪费在虚荣、攀比的荒唐事上。人们为什么会有这样荒唐的行为呢，岂不知"鹪鹩巢于深林，不过一枝；偃鼠饮河，不过满腹"，满足基本的生存所需明明只需要很少的财富就够？鹪鹩和偃鼠的生活方式正是"存天理"，要想返回鹪鹩和偃鼠的生活方式就必须"灭人欲"。所有那些贪婪、虚荣，都是"人欲"，都是"心中贼"，不遭灭亡便无法彰显天理。

既然找到了症结，就应当对症下药。那么，到底该怎样剿灭"心中贼"呢？——对知识分子可以开内省、慎独之类的高端药方，但对于愚夫愚妇，只能申饬简单的戒律，告诉他们不要做什么：

1. 丧事不许用鼓乐、做道场。
2. 医病不许信邪术、事巫祷。
3. 婚事不许计较彩礼、嫁妆，不许大摆筵席。
4. 走亲戚只要有诚意就好，不许为送礼设立各种名目。
5. 街市村坊不许迎神赛会、百千成群。

凡上述所禁，都是奢靡无益的事情。倘若有人违反，十家牌法尚在，十家之内互相监督纠正；隐瞒不纠者，十家同罪。

饶有趣味的是，为王守仁所严禁的这五项内容，直到今天依然是我们习见的社会现象，只在"破旧立新"的时代短暂地消隐过一阵罢了。设若王守仁复生，一定会再一次发出"破心中贼难"的感叹。有学者将明代中后期"商品经济发达"归功于阳明心学，这绝不会是王守仁愿意听到的。

事实上人类生活的绝大部分开支都属于"不必要的"。以我们今天的生活为例，住宅内部的地板、壁纸、装修项目里花钱最多的那些，没有哪个是真正必要的；我们的穿着方面，百亿元规模的时装产业并不使我们穿得比中山装、军大衣的时代更温暖、更舒适……如果仅仅维持基本生存的话，低保标准即便算不得奢靡，至少也够温饱，而我们辛勤工作所换来的薪水当中竟然绝大部分都"浪费"在那些审美和虚荣的项目上。至于那些富商大贾，凡人标准的"浪费"早已不足以打动他们，只有成百上千万元一件的艺术品才会给他们带来足够的魅惑，而这些艺术品当然不会有半点实用价值。

今天很少有人觉得这有任何不妥，至多会对那些挥霍祖产的纨绔子弟投去鄙夷的目光。即便是纨绔子弟一掷千金的风流，也得到过来自审美立场的衷心赞美。仅举波德莱尔的观点："风流作风是英雄主义在颓废之中的最后一道闪光……风流作风是一轮落日，犹如沉落的星辰，壮丽辉煌，然而没有热力，充满了忧郁。民主的汹涌浪潮漫卷一切，荡平一切，日渐淹没了这些人类骄傲的最后代表者……"（《美学珍玩》）

在波德莱尔时代的知识阶层，这非但不是哗众取宠的怪话，反而是一种很有代表性的观点。事实上，人类文明史上最耀眼的那些遗产无不诞生于虚荣或贪婪。虚荣心和贪欲携力，构成人类文明最强有力的推手。正是这两点在道德上长久遭受鄙薄的人性，在相当程度上造就了我们这个世界今天的繁荣。那么，它们难道真是我们必欲去之而后快的"人欲"？甚至可以说，它们分明更像是"天理"。

四

我们身边从来不缺少知足常乐的人生哲学,诸如"弱水三千,我只一瓢独饮""广厦万间,栖身不过方寸之地"。无数人生导师在无数时光里向无数人灌输过这样的道理,我们认同之,叹服之,甚至奉之为座右铭,但往往我们只是在失败或无力的时候以之为慰藉,世界并不曾真的因此变得稍许温和。

诚然,很少的物质资源就能够满足我们的生活所需,所以,倘使我们过的是鲁滨孙那样的生活,一切知足常乐的哲学确实找得到立足之地,但是很不幸,我们偏偏是群居动物,注定要在人群里寻求生存,别人的态度在极大程度上决定着我们的幸福感,这是几乎全部心灵痛苦的根源所在。

弱水三千,富人和穷人的饮水量并不会有什么不同,但如果你霸占了这些水源,你就可以对别人予取予求,有最大的机会占有最优质的配偶,生育具有优质基因的子女,并给他们最好的呵护和教育。反之,你就很容易成为别人予取予求的对象,眼睁睁看着心仪之人投入别人的怀抱。我们并不该责怪婚恋市场上的嫌贫爱富,因为获取优质资源的能力其实和性魅力息息相关。

广厦万间,富人的床当然不比穷人的更大些,但如果你拥有广厦万间,其他人只有茅屋草舍,你至少可以收获很多羡慕的眼光,感觉到生活如此美好。当然,更要紧的是,即便每个人都拥有了弱水三千和广厦万间,但当末日到来的时候,一定是其中最富有的人才能够得到挪亚方舟的船票。

生活永远是一场接一场的竞赛,我们跑出了多快的成绩并不重要,重要的只有名次。当奥运冠军赢得全部的鲜花与掌声的时候,没有人嫌恶他们在竞技场上表现出来的"贪得无厌"。

一言以蔽之,我们所争夺的并不仅仅是物质资源本身,更是我们在"人类食物链"当中的位置。没办法,谁让我们生性如此呢,正如任一群居动物一样。

五

所以,要造一个人人向俭的社会,道德和法律很难维持长久的效用。在这一点上,只有宗教与宗教性质的意识形态才能做得好些。欧洲中世纪,天主教信仰使人们相信世俗生活不过是通往永恒天国的一个短暂过场,于是人人向死而生,对劳作、享乐、攀比一概兴趣缺缺。即便是宗教的力量,也仅仅可以取胜于局部,改变一时,人对虚荣的追求迄今都不曾被真正克服过。这正如狄更斯在《双城记》里所哀叹的:"用同样的锤子再一次打烂人性,人性仍会以同样扭曲的形态出现。"

于是我们难免陷入这样的梦想：倘若人类并没有追求虚荣的深层本能，社会该呈现出一幅怎样美好的伊甸园图景呢？

可惜答案是否定的，在"物竞天择，适者生存"的世界上，任何缺乏竞争冲动的物种都注定灭亡，而虚荣和竞争性只是一体的两面，倘若不是不分彼此的话。

现代世界一般奉行着自由主义的行为准则：只要不触犯别人，自己可以为所欲为，即任何一种行为就其本身而言都没有是非对错之分，这显然会与"存天理，灭人欲"的原则发生本质上的冲突，因为哪些是天理、哪些是人欲都有着很具体的内容，即便你陷入鲁滨孙那样的处境，这些条条框框也不会因为你的独处而自行消隐。"君子慎独"，独处的时候也有严肃的道德问题让人不能掉以轻心。

如果我们自己就是南安、赣州的百姓，那么对王守仁的这份告谕一定很不以为然。婚丧嫁娶为什么不可以大操大办？只要当事人两相情愿，只要不给别人造成困扰，当然是可以的。敲锣打鼓也好，请和尚办道场也好，只要选好时间地点，不扰民也就是了。而站在王守仁的角度，百姓只是小孩子一般的群氓，不明事理，对他们的这些意见完全不必当真；地方官有义务教给他们是非对错的唯一标准：对婚丧嫁娶大操大办就是错的，无论有没有打扰到任何人，无论当事人是不是两相情愿。所有人都应当遵循唯一的道德准则行事，那就是儒家式的俭朴。

然而吊诡的是，虽然王守仁推行的是儒家标准的道德教化，推行的手段却带着相当程度的法家风格，除了我们已经熟悉的十家牌法之外，还有配套的乡约制度。

六

今天提到乡约，我们会想到《市民文明守则》之类的东西，但王守仁提出的乡约绝不仅仅是一种道德呼吁，而是有一套相当具体的规章制度，很有洪武年间的行政风格。简言之，王守仁推行的《南赣乡约》是一套以村、族为单位的基层自治体系，每月聚会，表彰好人好事，批评坏人坏事，救人急难，平息纠纷，将屡教不改者扭送入官。[1]

当然，那时候的好人好事和现在不尽一致，譬如寡妇守贞就是其中的一个重要项目。王守仁为此亲自撰写有《旌奖节妇牌》：

> 访得吉水县民人陈文继妻黄氏，庐陵县生员胡克妻曾氏，俱各少年守制，节操坚厉，远近传扬，士夫称叹，当兹风俗颓靡之时，合行旌奖，以励浇薄。为此仰府官吏即行吉水、庐陵二县掌印官，支给无碍官钱，买办礼仪，前去各家，盛集乡邻老幼之人，宣扬本妇志节之美，务使姻族知所崇重，里巷知所表式，用奖贞节，以激偷鄙。仍备述各妇节操志行始末，及将奖励过缘由，同依准随牌缴报，以凭施行。[2]

---

1 见《全集》，第664-669页。
2 见《全集》，第669-670页。

黄氏是民人之妻，曾氏是生员之妻，两人同样年轻守寡，远近知名，王守仁特地给予旌奖，要让这两位节妇的光辉事迹为万民做表率，以收移风易俗之效。显然在王守仁看来，女子守贞属于"天理"的一面，他并不曾想到自己求之于心的"天理"只不过是社会习俗内化在心中的道德规范罢了。

王守仁应当知道，南宋以前，女子所谓贞洁并不是这般定义的，即便在宣传"饿死事小，失节事大"的南宋，寡妇再嫁依然是相当常见的事情，寡妇的财产权、继承权也受到了很好的保障。

其实明朝才是真正使"贞洁烈女"的标准走向病态化的王朝，这首先得"益"于皇权的公开嘉奖。于是我们看到这样一种"阴阳和合"的怪象：士大夫对于诏狱与廷杖的淫威从逃避到接受，再到主动追求，女子对于贞烈也开始有同样的果敢追求了，一种极端而病态的道德在大明王朝愈演愈烈，似乎病态的政治模式使全社会的人都患上了心理失调。

即便是特立独行的王守仁，也往往会浸淫在大时代的怪诞"天理"中而不自知。

除了表彰节妇之外，移风易俗的事业更要从孩子抓起。于是王守仁兴办社学，教小孩子歌诗习礼。

这种复古的做派在当时引起了一些争议。在科举营造的风气中，学习总要以做官为目标，所以朱子版的四书才是学习的重点，歌诗习礼能有多大的用处呢，完全不切时务嘛！王守仁不能不有所反驳：这都是末俗庸鄙之见，哪里晓得古人立教的用意呢？小孩子天性活泼好动，喜欢玩耍而害怕拘束，教他们歌诗，不仅是发其志意而已，也为让他们在载歌载舞中宣泄精力；教他们习礼，也不仅是肃其威仪而已，也为使他们在周旋揖让间达到体育锻炼的效果。如果只是约束他们，他们便会视学校为监狱而不敢入，视老师为仇敌而不敢见，这还怎么能教他们为善呢？

这确实是很明智的幼教思维，只有思维敏捷、脑筋活络的人才会有这种因势利导的主意，这是《红楼梦》里贾政一流的人物无法理解更无法接受的，而贾政恰恰可以作为王守仁时代那些正派士大夫的缩影。

作为现代人，我们很容易忽略王守仁教育思想的意义，因为这不过是我们的常识，然而我们必须知道，小孩子在成人世界里的样貌从来不是一成不变的。"棍棒底下出孝子"作为一则有着实际参考价值的谚语，至今仍然存活在一些教育程度低下的地区，而一些百岁老人仍然能够记起私塾里的戒尺的滋味。

对孩子的"人性化"关怀其实是非常晚近出现的，以至于在一些发达国家里，譬如日本，人们还会不断质疑法律和社会是否已经对未成年人形成了过度的保护。有两部很流行的小说，东野圭吾的《彷徨之刃》和药丸岳的《天使之刃》，对这个"文明化"与"现代化"带来的道德冲突做了精彩的呈现。然而在旧时代的世界各地，未成年人基本上都长久地生活在粗暴的——至少在今天看来绝对算得上粗暴的——管束下，今天我们习以为常的"儿童"这个概念其实是相当晚近才出现的。（有兴趣的读者可以参阅法国学者菲力普·阿利埃斯《儿童的世纪：旧制度下的儿童和家庭生活》。）

七

与此同时，赣州巡抚衙门成为各地学子会集的所在，"破心中贼"的事业眼见进行得如火如荼。巡抚衙门渐渐接纳不下，王守仁遂在赣州建立书院，以宋儒周敦颐之号为书院命名，称为濂溪书院，还在这段时间着手刊刻了两部阐扬心学的书籍：《大学古本》与《朱子晚年定论》。

前文有述，王守仁重新定义《大学》"格物致知"，旗帜鲜明地和朱熹唱起反调。在王守仁看来，自己并不是标新立异，而是证明了朱熹的失误，由此揭橥久被误解的"格物致知"的真实含义。而朱熹之所以犯错，主因就在于胆子太大，擅自改动《大学》原文，不但改字解经，还误认《大学》有阙文，自己补写一段去画蛇添足。如此一来，《大学》的原意遭到扭曲，圣人的原意遭到扭曲，当然有必要因此拨乱反正。

早在龙场的时候，王守仁对朱熹的《大学章句》就有过深深的怀疑，于是手录古本，伏读精思，这才悟出《大学》原本简单直白，格物致知本于诚意，根本就不存在阙文可补。换言之，原本作为《礼记》之一篇的《大学》是一个相当完好的版本，朱熹只是因为没读懂，这才以为原文有讹误和缺漏，这才做了修改和增补。所以现在很有必要重新发掘《大学》的古本，使《大学》以本来面目重新呈现在世人面前。王守仁作序以明其意：

> 《大学》之要，诚意而已矣。诚意之功，格物而已矣。诚意之极，止至善而已矣。正心，复其体也；修身，着其用也。以言乎己，谓之明德；以言乎人，谓之亲民；以言乎天地之间，则备矣！是故至善也者，心之本体也；动而后有不善。意者，其动也；物者，其事也。格物以诚意，复其不善之动而已矣！不善复而体正，体正而无不善之动矣！是之谓止至善。圣人惧人之求之于外也，而反覆其辞。旧本析而圣人之意亡矣！是故不本于诚意，而徒以格物者，谓之支；不事于格物，而徒以诚意者，谓之虚；支与虚，其于至善也远矣！合之以敬而益缀，补之以传而益离。吾惧学之日远于至善也，去分章而复旧本，傍为之什，以引其义，庶几复见圣人之心，而求之者有其要。噫！罪我者其亦以是矣夫！(《大学古本原序》)[1]

开宗明义，一部《大学》要领只在"诚意"二字。人要通过"格物"来达到"诚意"，"诚意"的极致就是"止于至善"。那么，依照王守仁的训诂，心念发动就是"意"，我们只要时时刻刻"狠斗'私'字一闪念"，将所有不道德的念头扼杀在摇篮中，使"意"纯洁无瑕，这便是"诚意"了。将"诚意"做到极致便是"止于至善"，这个时

---

[1] 见《全集》，第1320-1321页。

候心里纯然天理流行，再没有人欲的污点了。

以上就是《大学》的真谛，而朱熹的"格物"不以"诚意"为目标，只向外界事物下功夫，这就失之于支离；不向内心"格物"而言"诚意"，"意"便无从"诚"起，这就失之于空虚。支离加上空虚，怎可能触到"至善"或"天理"呢？

如果从反面来说，王守仁这一时期所作《怀归》二首之二有"意常不足真夷道，情到方浓是险机"，贪欲永远都是"诚意"的敌人，情深也总会遮住人的眼睛，这确实都是简单平易的道理。

《大学古本》的序言虽然很短，但脉络清晰，对朱熹的批判也很言简意赅、切中肯綮，可以说王守仁到此刻为止的全部学术要领都浓缩在这三百字当中了。而在五年之后的明世宗嘉靖二年（1523年），王守仁对这篇序言做了一些修改，增加了"致知"的内容：

> 《大学》之要，诚意而已矣。诚意之功，格物而已矣。诚意之极，止至善而已矣。止至善之则，致知而已矣。正心，复其体也；修身，着其用也。以言乎己，谓之明德；以言乎人，谓之亲民；以言乎天地之间，则备矣。是故至善也者，心之本体也。动而后有不善，而本体之知，未尝不知也。意者，其动也。物者，其事也。至其本体之知，而动无不善。然非即其事而格之，则亦无以致其知。故致知者，诚意之本也。格物者，致知之实也。物格则知致意诚，而有以复其本体，是之谓止至善。圣人惧人之求之于外也，而反覆其辞。旧本析而圣人之意亡矣。是故不务于诚意而徒以格物者，谓之支；不事于格物而徒以诚

意者，谓之虚；不本于致知而徒以格物诚意者，谓之妄。支与虚与妄，其于至善也远矣。合之以敬而益缀，补之以传而益离。吾惧学之日远于至善也，去分章而复旧本，傍为之什，以引其义。庶几复见圣人之心，而求之者有其要。噫！乃若致知，则存乎心；悟致知焉，尽矣。(《大学古本序》)[1]

两相对照，修订版将"致知"当作"止至善之则"与"诚意之本"，倘若不以致知为本而去格物诚意的话，就会失之于妄。简言之，朱熹所谓格物致知，我们可以想象牛顿格苹果这个物而致万有引力之知，而王守仁所谓格物致知是格去心里的坏念头而致良知。

是的，那时候的王守仁已经明确提出了那个著名的"致良知"的口号，越发与朱熹背道而驰了。

八

让我们回到王守仁刊行《大学古本》的正德十三年（1518年），同时刊刻的还有一部重量级作品：《朱子晚年定论》。这部书成为王守仁当时对抗"旧世界"最有力的一件武器，特点是以朱熹反朱熹，让那些站在朱子理学立场攻击阳明心学的人哑口无言，举着刀枪剑戟却

---

[1] 见《全集》，第270-271页。

无处下手。

《朱子晚年定论》后来被收入《传习录》下卷，王守仁作序言：

洙、泗之传，至孟氏而息；千五百余年，濂溪、明道始复追寻其绪；自从辨析日详，然亦日就支离决裂，旋复湮晦。吾尝深求其故，大抵皆世儒之多言有以乱之。

守仁早岁业举，溺志词章之习，既乃稍知从事正学，而苦于众说之纷扰疲苶，茫无可入，因求诸老、释，欣然有会于心，以为圣人之学在此矣！然于孔子之教间相出入，而措之日用，往往缺漏无归；依违往返，且信且疑。其后谪官龙场，居夷处困，动心忍性之余，恍若有悟，体验探求，再更寒暑，证诸《五经》《四子》，沛然若决江河而放诸海也。然后叹圣人之道坦如大路，而世之儒者妄开窦径，蹈荆棘，堕坑堑，究其为说，反出二氏之下。宜乎世之高明之士厌此而趋彼也！此岂二氏之罪哉！间尝以语同志，而闻者竞相非议，目以为立异好奇。虽每痛反探抑，务自搜剔斑瑕，而愈益精明的确，洞然无复可疑；独于朱子之说有相牴牾，恒疚于心，切疑朱子之贤，而岂其于此尚有未察？及官留都，复取朱子之书而检求之，然后知其晚岁固已大悟旧说之非，痛悔极艾，至以为自诳诳人之罪，不可胜赎。世之所传《集注》《或问》之类，乃其中年未定之说，自咎以为旧本之误，思改正而未及，而其诸《语类》之属，又其门人挟胜心以附己见，固于朱子平日之说犹有大相谬戾者，而世之学者局于见闻，不过持循讲习于此。其于悟后之论，概乎其未有闻，则亦何怪乎予言之不信、而朱子之心无以自暴于后事也乎？

予既自幸其说之不谬于朱子，又喜朱子之先得我心之同然，且慨夫世之学者徒守朱子中年未定之说，而不复知求其晚岁既悟之论，竟相呶呶，以乱正学，不自知其已入于异端。辄采录而裒集之，私以示夫同志，庶几无疑于吾说，而圣学之明可冀矣！

正德乙亥冬十一月朔，后学余姚王守仁序。[1]

序言首先梳理出儒学道统的简要脉络：孟子之后，道统中断，及至宋代，才有周敦颐、程颢做出传承，自此以后，对儒学的辨析越发详细，而儒学的要领反而被湮没了。之所以如此，主要因为后世儒者太多话。

序言继而从个人的治学经历谈起："我早年学的是举业，后来兴趣转向了文学，再以后才稍稍知道要学儒家的正统学术，这才发现这个领域里观点太多太杂，茫茫然寻不到入手处，于是转向佛教、道教，欣然有所得，以为圣人之学就在其中。但佛教、道教的学问毕竟和孔子之学有出入，验之于日常生活，总觉得有些不对。直到我被贬到龙场，这才恍然悟出了儒家宗旨——验之经典，豁然贯通。我终于知道圣人之道其实是一条平坦、宽阔的大路，都怪后儒发明了各种古怪的理论，反而把这条大路弄得荆棘丛生、歧路纷呈，连佛、道两家都不如了。所以说，不该埋怨佛、道两家蛊惑人心，要怪就怪这些遮蔽儒

---

[1] 见《全集》，第144-145页。

家正途的内部人士好了。"

读到这里，我们显然会相信王守仁不点名地批评了朱熹，但序言内容忽然有了一个转折："我将这些心得讲出来，没想到大家竟相非议，都说我标新立异乱讲话。我每每认真反省，想找出自己究竟错在哪里，但找来找去，越发坚信自己没错，只是从感情上说，不太愿意相信是朱熹错了。以朱熹这样的贤者，难道真没看清儒家正道吗？及至我在南京任职，仔仔细细再读朱熹著作，忽然有了重大的发现，原来朱熹晚年才找到真理，于是痛悔以前的错误，甚至认为自己犯下的自欺欺人的罪孽实在太深，再怎样做都无法赎罪。所以，世间流传的朱熹所著之《四书章句集注》《四书或问》之类，都是他中年的错误见解，他晚年想要修改却来不及了。至于《朱子语录》，不过是朱熹的门人弟子以争强好胜之心掺杂己见所编订的，根本不足为凭。后世学人囿于见闻，将朱子中年时期的错误见解奉为至宝，所以才会非议我的儒学领悟，殊不知我的领悟和朱熹晚年的领悟一般无二。"

因着这个缘故，王守仁将朱熹"晚年"与友人论学的三十四封书信汇编成册，刊印出版。确实在这些书信里，朱熹认识到往昔的"支离"之病，又因为患了眼疾，不能多看书，只常常瞑目静坐，却发现这对收敛身心很有益处，更懊悔以往讲论文义太多，疏于日用工夫，以及"为学之要，只在着实操存，密切体认，自己身心上理会"……

这些书信一直都藏在朱熹的文集里，只是多年来无人理会，至少无人重视，如今被王守仁"发现"，对知识界的杀伤力不问可知，与清代学者阎若璩考订《古文尚书》之伪属于同一性质、同一级别的大事件。《朱子晚年定论》一出，确实封住了不少来自朱子阵营的心学论敌的口舌。

从思想史的脉络上看，这部书的问世并不是一个孤立事件，而是所谓"牵朱入陆"思想潮流中的一个浪花。早在元代，儒学宗师赵汸在《对江右六君子策》里约略提出一个猜想：朱熹和陆九渊晚年很可能各弃争端，殊途同归。及至明孝宗弘治二年（1489年），程敏政站在朱子阵营内部编辑出一部《道一编》，顾名思义，"道一而已矣"（《孟子·滕文公上》），将儒学史上的"朱陆异同"划分为三个阶段：始则冰火不容，中则疑信参半，终则辅车相依。

王守仁读过《道一编》，《朱子晚年定论》在很大程度上正是取材于前者，程敏政在编年上犯的错误王守仁也一并犯了。在一封写给友人的书信里，王守仁提到近世有《道一编》之类的书，只因读者都怀着党同伐异的心理，所以不但不信，反被激怒；而自己编辑的《朱子晚年定论》收效甚好，虽然门人弟子初闻之下不太高兴，但士大夫每每从这部书开悟，自己也因此省去不少口舌麻烦。(《与安之》)[1]

其实王守仁不很关心"朱陆异同"的话题，只是一力传扬自己的学术心得罢了。证明出朱熹的"晚年定论"和自己的"标新立异"如此地贴合，证明出不是自己反对朱熹，而是世人误信了朱熹中年未定之论，那还能有什么比这更令人欣慰的事呢？

---

1 见《全集》，第194页。

九

诚然,《朱子晚年定论》本可以成为一件无往而不胜的武器,然而问题在于,王守仁可以说是一位思想家,却称不上治学严谨的学者,故纸堆里的寂寞事业从不是他的强项。这三十四封书信是否真属于朱熹晚年的手笔,王守仁很有一点考证失实。今天我们可以用陈来的《朱子书信编年考证》来做参照的标准,而早在王守仁的时代,就已经有人从考据上提出过质疑了。

最重要的质疑者非罗钦顺莫属。罗钦顺,字允升,号整庵,是当时一位能与王守仁分庭抗礼的学者。罗钦顺有着很朴实的哲学观,最能贴近今天的日常思维。他虽然站在朱子阵营里,却对理气二元论不以为然,而这恰恰就是朱熹当初没能说清楚的一个问题。

在朱熹看来,在房子尚未被人发明之前,就已经存在着建造房子的理,罗钦顺就是对这一点不满,他认为建造房子的理一定是随着房子的出现而出现的,不可能凭空悬在什么地方。这样的观点在今天看来就属于"唯物主义倾向",所以任继愈《中国哲学史》将罗钦顺的著作《困知记》评价为"是一部直接批判王守仁的主观唯心主义的唯物主义哲学著作"。我们只要去掉这句话里的"时代局限性",还是能够借以理解罗、王立场之别的。

罗钦顺针对《朱子晚年定论》的批评主要是考据上的，事实不比观点，对与错可以有简明而唯一的标准，王守仁在铁证面前不能否认，于是回信说：

> ……某为《朱子晚年定论》，盖亦不得已而然。中间年岁早晚，诚有所未考，虽不必尽出于晚年，固多出于晚年者矣。然大意在委曲调停以明此学为重，平生于朱子之说如神明蓍龟，一旦与之背驰，心诚有所未忍，故不得已而为此。"知我者，谓我心忧；不知我者，谓我何求"，盖不忍牴牾朱子者，其本心也；不得已而与之牴牾者，道固如是，不直则道不见也。执事所谓决与朱子异者，仆敢自欺其心哉？夫道，天下之公道也；学，天下之公学也，非朱子可得而私也，非孔子可得而私也。天下之公也，公言之而已矣。故言之而是，虽异于己，乃益于己也；言之而非，虽同于己，适损于己也。益于己者，己必喜之；损于己者，己必恶之。然则某今日之论，虽或于朱子异，未必非其所喜也。君子之过，如日月之食，其更也，人皆仰之，而小人之过也必文，某虽不肖，固不敢以小人之心事朱子也。……（《答罗整庵少宰书》）[1]

大意是说，自己确实考订不精，但《朱子晚年定论》收录的那些书信毕竟多数都是朱熹晚年写的；自己之所以汇编这部书，实在是因

---

[1] 见《全集》，第84-89页。

为平生视朱熹为神明，一旦与他的意见不合，心里总是不忍，所以不得已而为此。接下来的话可以套用亚里士多德的名言，吾爱朱熹，吾更爱真理。这封信似乎透露了一个耐人寻味的事实，即王守仁虽然以《朱子晚年定论》来证明自己的主张和朱熹并不矛盾，但心底还是认为彼此存在着无法跨越的鸿沟，而鸿沟对岸的朱熹显然站错了位置。

时代稍后，朱子阵营里出现了一名干将，即陈建，字廷肇，号清澜，于嘉靖二十七年（1548年）著成《学蔀通辨》，从观点上力证王守仁之非，简言之，朱熹和陆九渊各自都有明确的理论体系，不可强作混同。专务虚静、玩养精神，这是陆九渊的定论。主敬涵养，以立其本；读书穷理，以致其知；身体力行，以践其实，三者不偏不废，这是朱熹的定论。朱熹有时候只讲三者之一，那只是因人施教、对症下药的缘故罢了。如果单独点出涵养为朱熹的定论，那就不对了。

以今天的眼光来看，罗钦顺和陈建显然都击中了《朱子晚年定论》的要害，但在阳明心学掀起波澜之后，这两人的声音或多或少都被湮没了。及至明清易代之际，顾炎武惊奇地发现，当时的学者大多相信《朱子晚年定论》，却并不了解罗钦顺和陈建的说法。[1]

---

1 见清代顾炎武著、黄汝成集释《日知录集释》（上海古籍出版社，2011年出版），第1061-1067页。

十

与《大学古本》《朱子晚年定论》约略同时，王守仁的大弟子徐爱等人整理老师的语录，仿照《论语》编成了一部《传习录》，最终由师弟薛侃出资刊行了，这便是今天我们看到的《传习录》上卷的主体部分。

后人学习阳明心学，基本都是从《传习录》入手的，但王守仁原本并不赞成编选语录，理由大体上是，教育总是因材施教、因地制宜、因时感发的，时过境迁再株守这些教条的话，那就与刻舟求剑无异了。

徐爱的同门也有用老师的这个理由来规劝的，但徐爱自有一番道理，而且摆出了经典中的依据：《论语》有载，孔子对子贡说"我不想说话"，另一段却记载孔子说"我和颜渊谈了一整天"，难道孔子是自相矛盾吗？当然不是，而是因为子贡太拘泥于老师的言语，孔子这才用沉默来提示他，要他从内心深处多做领悟；颜渊对孔子的教诲完全心领神会，孔子全不介意和他谈上多久。王守仁编这部语录，也希望读者能够心领神会，不可当作教条来看。(《传习录·序》)[1]

语言一落文字，确实容易变为僵化的教条。事实上王守仁汇编

---

1 见《全集》，第1737-1738页。

《朱子晚年定论》正犯了这个错，将朱熹的文字摆脱了当初的语境，当作教条来理解了，不免"死于句下"。

然而吊诡的是，各种思想的传承，最常见的谬误非但不是"死于句下"，反而是过于灵活的理解，灵活到面目全非甚至颠倒黑白的程度。思想史上往往有这样惊人的呈现，纯粹的"原教旨主义者"反而凤毛麟角。我们就算嫌恶他们的冥顽，至少可以尊重他们那难能可贵的较真精神。

《传习录》的编订，徐爱当居首功，遗憾的是，他却没能看到《传习录》的刊行。

徐爱病逝的时候年仅三十一岁，果然徐爱之于王守仁正如颜渊之于孔子啊。

王守仁在写给徐爱的祭文里提到了这样一件奇事：徐爱游衡山时做了一个梦，梦见一位老僧拍着自己的肩膀说："你与颜渊同德。"过不多时，老僧又增补了一句："也和颜渊同寿啊。"徐爱醒后，忧心忡忡地将梦境讲与王守仁听，后者宽慰道："不过是梦，哪有必要忧心呢！"徐爱却答道："心里总是不安，只盼早一点告病辞官，一心追随您的教导，朝闻道夕死可也。"没想到梦竟会成真，而眼前的真实又焉知不是梦呢？（《祭徐曰仁文》）[1]

对于徐爱之死，王守仁有深刻的伤心。曾经"钟期既遇，奏流水以何惭"的快乐，从此竟一去而不复返了。

---

1 见《全集》，第1052-1053页。

十一

这最早一版的《传习录》里,还专门记有徐爱的心得:

> 曰仁云:"心犹镜也。圣人心如明镜,常人心如昏镜。近世格物之说,如以镜照物,照上用功,不知镜尚昏在,何能照?先生之格物,如磨镜而使之明,磨上用功,明了后亦未尝废照。"[1]

以镜喻心,是王守仁常常言及的比喻。徐爱的理解有两层意思,第一层意思是,每个人的心都是一面镜子,但有的镜子光洁无瑕,不染尘埃,这便是圣人的心;有的镜子锈迹斑斑、尘埃遍布,这便是常人的心。第二层意思是,朱熹的格物理论是教人以镜子来映照外界的事物,只是在"照"上用功,殊不知镜子本身都还脏着,再努力去照又能照出什么来?而王守仁的格物理论是教人磨镜子,在"磨"上用功,镜子磨得明亮无瑕之后,自然可以清清楚楚地映照万物。

换言之,朱熹的格物是向外用功,王守仁的格物是向内用功,王守仁常讲的内外之别,要领便在这里。"镜论"其实还有下文,王守仁《郑伯兴谢病还鹿门雪夜过别赋赠》三首之二有所谓"至理匪外得,譬犹镜本明,外尘荡瑕垢,镜体自寂然",朱熹教人格物致知,格外物而致天理之知,王守仁只向内求,教人格去镜上的灰尘,恢复明镜的

---

[1] 见《全集》,第23页。

本来面目，而天理就在这本来面目之中。再如，《夜坐》诗有"千圣本无心外诀，六经须拂镜中尘"，所有古圣先贤与儒家经典的教诲，归根结底都是教人拂去心镜上的尘埃而已，别无其他。

那么，接下来的问题是，如果我们真的做到了这一点，待人处事会有什么不同呢？《传习录》有载：

问："圣人应变不穷，莫亦是预先讲求否？"先生曰："如何讲求得许多？圣人之心如明镜，只是一个明，则随感而应，无物不照，未有已往之形尚在，未照之形先具者。若后世所讲，却是如此，是以与圣人之学大背。周公制礼作乐以文天下，皆圣人所能为，尧、舜何不尽为之而待于周公？孔子删述《六经》以诏万世，亦圣人所能为，周公何不先为之而有待于孔子？是知圣人遇此时，方有此事。只怕镜不明，不怕物来不能照。讲求事变，亦是照时事，然学者却须先有个明的工夫。学者惟患此心之未能明，不患事变之不能尽。"曰："然则所谓'冲漠无朕，而万象森然已具者'，其言如何？"曰："是说本自好，只不善看，亦便有病痛。"[1]

在常人眼里，圣人似乎无所不知、无所不能，这肯定是平时做足了积累的缘故。正如我们上学读书，各种知识储备做得越好，将来应对各种问题的能力就越强。但无论我们如何努力，总会在不知什么时

---

[1] 见《全集》，第13-14页。

候遇到一些难以应对的困难,而圣人不存在这种问题,也不知他们做了多少知识储备!

但王守仁用"镜论"来解释说,即便是圣人,也不可能储备那么多知识和本领,人家只是心如明镜罢了,遇到任何事物都会准确地映照出来,准确地做出反应。言下之意是,常人之所以应对不来,是因为心镜不明,对事物映照不清晰,反应不准确。

王守仁给出的例证是,周公制礼作乐,这是圣人之所为,但为何尧、舜不事先把礼乐都制作完成,非要等到周公来做?孔子删述《六经》,也是圣人之所为,但为何周公不事先把这些事情做好呢?所以可知圣人是随着时世的变化而有相应的作为的。

换言之,准确的理解力和判断力完全取决于心镜的明洁程度,只要把心镜打磨得一尘不染了,对万事万物都可以应付裕如。

这样的观点很容易使人想起《庄子》《金刚经》《坛经》之类的"异端",也确实是儒家经典里所没有的,王守仁移花接木,却只认为这是"暗合"。后来确实有门人发出过这种疑惑,王守仁又解释说:

> 圣人致知之功至诚无息,其良知之体皎如明镜,略无纤翳。妍媸之来,随物见形,而明镜曾无留染,所谓"情顺万事而无情"也。"无所住而生其心",佛氏曾有是言,未为非也。明镜之应物,妍者妍,媸者媸,一照而皆真,即是生其心处。妍者妍,媸者媸,一过而不留,即是无所住处。(《传习录·中》)[1]

---

[1] 见《全集》,第79页。

圣人心如明镜，事来则如实映照，事过则心不留痕。王守仁承认，这与《金刚经》所为"无所住而生其心"如出一辙，事来则如实映照，便是"生其心"处，事过则心不留痕，便是"无所住"处。言下之意是，常人的"脏镜子"相反，对事物并不能形成清晰、准确的认识，因而也不能做出正确的应对，而在事过之后，肮脏的镜面上还会留下印痕，即不必要的挂念和介怀。譬如我们在荷尔蒙的作用下失去了判断力，对意中人做出了"情人眼里出西施"的判断，于是一错再错，等到失恋之后又会耿耿于怀，时而睹物思人，时而寻死觅活，久久不能释然。

十二

圣人用心若镜究竟是什么样子，只存在于传说和想象当中，如果看看普通人中的例子，我由衷以为狄更斯笔下的米考伯夫妇不失为市井中的典范。寄住在他们家里的大卫·考坡菲看到的是，各位债主几乎天天都来追债，而每到这种时候，米考伯夫妇便门窗紧锁，装作不在家的样子，而债主们早已熟稔他们这套把戏，便在窗外高声唾骂，骂得一声比一声难听，于是：

在这种时候，米考伯先生就又伤心，又惭愧，有时竟悲惨不能自胜，拿起刮脸刀来就要往自己的脖子上抹（这是从米考伯太太尖声的喊叫里可以听出来的）。但是事情过了之后，还不到半个钟头，就看见他特别地精心细意，把鞋擦得亮亮的，穿起来，哼着小调儿，比以前更文明味儿十足地走出门去。米考伯太太也同样地能屈能伸。我曾见过她在三点钟的时候，因为纳不起国家的税款，急得都晕过去了，而在四点钟的时候，却又吃起带面包渣的羊羔排骨，喝起温热了的麦酒来（那是把两把茶匙当了买来的）。有一次，按照判决，强制执行，刚把家具抬走，我碰巧活儿完得比平常早一些，六点钟就回家了，那时候，我看见米考伯太太躺在壁炉前面（当然怀里抱着一个双生儿），晕在那儿，头发都散了，乱披在面前；但是当天晚上，她却在厨房的炉火前面，又吃带面包渣的烤小牛肉排，又谈她爸爸和她妈妈的故事，又谈当年和她来往的人。我从来没看见过她的兴致有比那个时候更高的。[1]

随物顺应，事过无痕，无预想，无纠结，无牵挂。所有这些品质，米考伯夫妇皆具。会给读者以鼓励的是，米考伯夫妇后来远渡重洋，在新世界混得风生水起，成为了受人尊敬的成功人士，当然，性情还是那副老样子。

如果把米考伯夫妇介绍给庄子认识的话，庄子一定会将他们引为同道，但王守仁倘若看到我这样的理解，一定会说我是"死于句下"

---

[1] 见张谷若译《大卫·考坡菲》（上海译文出版社，1980年出版），第236页。

的。诚然，严格按照"镜论"的标准，我们的世界会呈现出一种古怪的面貌，譬如饭馆再不会有回头客了，因为无论饭菜是好是坏，吃过的人只会吃过便忘，不会挂心，不会在出门之后还在回味着："这家饭馆太棒了，明天一定再来！"

如果这样的道理成立，孔子显然修为尚浅。"子在齐闻《韶》，三月不知肉味"，这是《论语》里的著名情节，孔子听了韶乐，一连几个月陷入沉迷状态，以至于吃不出肉的味道，这样的一颗心显然不是一面无瑕的明镜。

儒家学者当然不肯如此菲薄先圣，所以程颐提出训诂上的意见，说"三月"是对"音"字的错误抄写，《论语》原文应当是"子在齐闻《韶》音，不知肉味"；朱熹说"三月"之前脱漏了"学之"，《论语》原文应当是"子在齐闻《韶》，学之三月，不知肉味"。

即便我们接受这样的解释，问题依然不能尽去。古人相信日有所思，夜有所梦，梦是思虑纠结的体现，所以有明镜之心的圣人一定不做梦。明武宗正德十五年（1520年），王艮（当时还叫王银）拜访王守仁，说前一天梦到了他。王守仁答了四个字："真人无梦。"这真是很不给王艮面子，大约是嫌他太过招摇吧，没想到王艮的反应极其敏捷，当即反驳了一句："孔子是如何梦见周公的？"

王艮读书少，但正因为少，所以既纯粹又纯熟；王守仁读书多，知识驳杂，却不自觉地正因为驳杂而说错了话。确实，孔子梦见周公，这是《论语》清清楚楚的记载，而"真人无梦"语出《庄子》，孰是孰非似乎不言而喻。"真"的本义是"仙人变形而登天"，所以传统的儒家五经甚至就没有"真"字。

儒家既然将庄子的心镜之喻收归己有，王守仁应当说"圣人无梦"才对。圣人既然无梦，《论语》又清清楚楚记载了孔子的梦，难道是自相矛盾不成？

这并不是一个新出现的问题，早在北宋便已经被程颐指出了，当时他直截了当地回答："孔子根本没有梦见周公，只是早年在寤寐间思念周公罢了，后来便不复思念了。如果他真的梦见周公，那就不是圣人了。"

弟子不解："难道圣人真的不做梦吗？"

程颐答道："圣人也做梦的，但和常人梦不同。常人或者日有所思，夜有所梦，或者不思而梦，只是旧习气类相应。圣人的梦不是这样，譬如殷高宗梦见傅说，真有个傅说在傅岩。"[1]

程颐的意思倒可以为民间传说中的"应梦贤臣"做背书，而通常意义上的梦显然与圣人无缘。今天我们知道，无论有所思或无所思，梦总会自然发生，古人没有这样的知识，便很容易将梦理解为心上的印痕。

面对王艮有理有据的反驳，王守仁倒没有拿出程颐或朱熹已有的答案，而是以一句"此是他真处"作答，意即孔子梦见周公，正是孔子"真"的流露。但这样的答复，显然已是顺着王艮的思路走了，王艮梦见王守仁岂不也是"真情流露"？或者王守仁这样说，是以孔子之真暗示王艮之伪。无论如何，在理学和心学里，不做梦总是好的，梦是作为一种道德修养上的瑕疵而存在的。

---

[1] 见《二程集》（中华书局，1981年出版），第307页。

十三

如何将心镜打磨明洁，说来简单，将尘土拂尽也就是了。但细想起来，哪些是尘土、哪些不是尘土，换言之，哪些是人欲、哪些不是人欲，实在是很难分辨的。

以今天的眼光来看，对美食与美色的喜爱当然属于天理。明朝人虽不这样想，但也有一些他们会有的疑惑。《传习录》的第一版里，陆澄和老师有这样一段问答：

> 澄曰："好色、好利、好名等心，固是私欲。如闲思杂虑，如何亦谓之私欲？"先生曰："毕竟从好色、好利、好名等根上起，自寻其根便见。如汝心中决知是无有做劫盗的思虑，何也？以汝元无是心也。汝若于货色名利等心，一切皆如不做劫盗之心一般，都消灭了，光光只是心之本体，看有甚闲思虑？此便是'寂然不动'，便是'未发之中'，便是'廓然大公'。自然'感而遂通'，自然'发而中节'，自然'物来顺应'。"[1]

---

[1] 见《全集》，第25页。

心学修养，时时处处都要"狠斗'私'字一闪念"，而陆澄的困惑是，淫念和名利心自然都是"人欲"，属于该斩尽杀绝的念头，但平日里还有很多杂七杂八的念头，与淫念和名利心都没关系，这些念头为什么也属于"人欲"，也要被灭掉呢？

王守仁的答复可谓洞悉人性之深："所有这些貌似与淫念、名利心无关的杂念，追根溯源的话无不是从淫念、名利心而来的。正如你心里无论有多少杂念，都不会生出做强盗的念头，这是因为你从根本上就没有这种心。你的淫念与名利心如果都被消灭了，就像做强盗的念头从你心里彻底消失了一样，只剩下心之本体，那时候哪还有什么杂念呢？"

被王守仁说对的一点是，我们所有的杂念确实都有着淫欲和名利心上的根源。以现代知识来看，基因把我们塑造成这个样子，我们的一切所思所想、所作所为，从生物学意义上说，都是有意无意地为了在最大限度上促成基因复制，于是淫欲使我们努力寻找配偶，名利心使我们努力战胜对手，即便是貌似道德的利他主义，归根结底也不过是为了提高我们作为群居动物的生存能力罢了。换言之，一切都是人欲，也都是天理。

当然，这不是明朝人能够理解的道理。而明朝人继而会产生的疑惑是，这些道理佛教早就在说，看佛教灭人欲灭得多彻底，那么阳明心学和佛学究竟有什么不同呢？《传习录》有答案如下：

又问："释氏于世间一切情欲之私都不染着，似无私心。但外弃人伦，却似未当理。"曰："亦只是一统事，都只是成就他一个私己的心。"[1]

以原教旨主义的角度来看，佛教的修行方式是力求戒除一切私心、情欲，比朱熹、王守仁主张的"存天理，灭人欲"更彻底。儒家灭人欲，毕竟还准许本着生育目的的性生活，佛教连这一点都要断绝。所以在儒家看来，佛教"灭人欲"虽然令人钦佩，但做到灭绝人伦的地步似乎过火了，而过火也就意味着与天理不合。

王守仁却认为这里不存在过火与否，佛教徒的修行一以贯之，只为成就私心，换言之，完全与天理无涉。当然，佛教徒不会认同这样的论断，尤其大乘佛教打着普度众生的旗号，会说之所以放弃小爱，正是为了成就大爱。譬如刘勰《灭惑论》有辩解说"瞬息尽养，则无济幽灵；学道拔亲，则冥苦永灭"，意即生前对父母尽孝，只是在"今生"这个短短的时间里孝养父母罢了，如果学成佛法来帮助父母，这才能使父母永离轮回苦海。

这样的辩解足以使儒家失去还手之力，因为佛教站在更高的维度以六道轮回的永恒视野来看问题，结论自然与只站在今生今世的儒家不同。至于六道轮回是否存在，那又是一番新的辩论了，但无论如何，认可六道轮回总比儒家"未知生，焉知死"的存疑态度更让人心里踏实一些，毕竟一个错误的结论比没有结论更让人喜欢。

儒家如果勉强招架，会搬出那套"修齐治平"的次序，"一屋不扫，何以扫天下"？孰是孰非，就取决于各人的立场了。更为要紧的

---

[1] 见《全集》，第30页。

问题倒不是孰是孰非，而是王守仁的这一套内心修炼方式究竟有多大的可行性。

今天我们站在儒学世界之外，当然可以毫无顾忌地说："恐怕没有人能做到啊！"

这不怪我们怯懦，其实明朝人也做不到，所以阳明心学发展下来，迅速退变为一种过于简易的学术：太多人束书不观，但求心之所安，信心高涨到几乎爆棚的地步，而那种时时处处格除心中人欲萌芽的苦功夫，能坚持下来的人从来都是凤毛麟角。

所以，"破山中贼易，破心中贼难"倒是一句实话，而就在"山中贼"已破、"心中贼"在破的当口儿，又有"朝中贼"要王守仁去破了。

第十三章
宸濠之乱

一

新问题常是老问题,这是读史最能解颐的一面。

古人探讨治乱兴亡,常常归结为"体制问题",正反双方唇枪舌剑,激辩两千年而不歇。封建制和郡县制究竟孰优孰劣,谁该为长治久安居功,谁该为土崩瓦解负责,各有各的说法。

简言之,封建制是最传统的贵族社会,天子分封诸侯,诸侯分封士大夫,逐级效忠,世官世禄。孔子一心"克己复礼",要复兴的周礼就是这样的一种封建制度;孔子所哀叹的"礼崩乐坏",就是西周创设的封建制度的瓦解。秦始皇废封建而立郡县,传统贵族不复存在,聘任而来的郡县长官取代了世袭的封建领主,虽然逐级负责,但一致向皇帝效忠。

郡县制是集权程度最高的体制,因而也是管理效率最高的体制,只要皇帝一声号令,全国人力物力都能如臂使指地调动起来,在封建制下很难完成的浩大工程在郡县制下可以轻而易举完成。明君可以在郡县制下大展拳脚,昏君也可以在郡县制下大发淫威。

站在皇帝的角度,郡县制存在一个很大的风险,那就是一旦皇帝幼小、权臣当道,只要一场小小的宫廷政变就足以改朝换代,秦朝二世而亡就是一个触目惊心的历史教训。封建制虽然稳定性强,但集权程度太低，非但皇帝做起来太不过瘾，而且强大的诸侯也有作乱的能力。所以，合理的结构似乎要在郡县制和封建制之间寻求一个平衡。

这个平衡点非常难寻，不断的试错意味着不断付出血的代价。

西汉建国，权力结构是皇权、政府、诸侯三大系统互相制衡，刘邦在有生之年积极消除异性诸侯，不使韩信、彭越这些战神级的人物对刘氏子孙形成威胁，但同姓诸侯依然享有广阔的封地和高度的自治权，于是在景帝朝爆发了七国之乱。汉武帝汲取教训，以推恩令诱发诸侯解体，又以各种政策限制诸侯的权力。于是到了西汉末年，用陆机《五等诸侯论》的话说，是"天下旷然，复袭亡秦之轨矣"，意即汉武帝虽然雄才大略，但却走上了秦始皇的老路，加强集权虽然能收一时之功，却败坏了百年基业，以致王莽篡汉"易如拾芥"。而那时候汉朝宗室诸侯的表现，用曹囧《六代论》的名言，就是"解印释绂，贡奉社稷，犹惧不得为臣妾。或乃为之符命，颂莽恩德，岂不哀哉"。

自秦以后，虽然"百代都行秦政法"，也大多都会矫秦之失，以一定比例的封建制来做郡县制的调剂，但集权永远都是主导方向。中国历史上独特的治乱循环现象根源就在这里。

当历史学家和政治学家百思而不得其解的时候，却是动物学家给出了答案：在猕猴的世界里，集权程度越高，高风险的夺权策略就越受青睐，意在改变支配等级的进攻性联盟就越常见，而地位低的雄性越会有离开原有群体而加入新群体的意愿。是的，猕猴的社会是高度政治化的，只要看过猕猴社会的政治运作，我们会相信"沐猴而冠"这个词其实并不具有任何侮辱性。

复杂的语言和文字系统使我们人类得以传承丰富的历史经验，这确是我们可以傲视猕猴的地方。于是,郡县制还是封建制,每一位开国君主都要面临这种选择,都要决定给两者安排怎样一个合适的比例。

人生阅历不同,导致了制度选择的偏好不同。朱元璋有鉴于元末权臣当道,所以在奠定明代政治格局的时候,极力从制度上弱化权臣的威胁,取消宰相制就是最有力的一个手段。而对权臣戒心越重,就越是有着强化封建制的倾向,因为各地若有强大的同姓诸侯,便随时可以进京勤王,就算诸侯篡位,皇位毕竟也不会落在外姓人的手里,这总还是可以接受的结果。于是,除嫡长子朱标立储、幼子朱楠早夭之外,朱元璋将另外二十四个儿子全部封王,坐镇全国要冲。

这样的政治格局,可以说最大限度降低了权臣窃国的可能性,但同时也极大提升了藩王篡位的概率。所以当朱标早死、皇太孙朱允炆即位之后,最着力推行的政策就是削藩,结果削藩失败,燕王朱棣入继大统,是为明成祖,从此明朝皇统便不是太祖嫡传血脉了。

朱棣发动靖难之役,很仰赖十七弟宁王朱权的力量,而一旦得了天下,便此一时彼一时,也要大起削藩手段。于是朱权的封地从北方军事重镇大宁迁至江西南昌,其他藩王的势力也被一削再削,各自受着地方政府的严密监管。

但"祖宗成法"总难被彻底废除,藩王还是有着一定的权力和武装,与西汉末年的宗室不可同日而语。时光荏苒,皇位传到了顽童一般的武宗,宁王的爵位也三传到了朱宸濠那里。前者贪玩好耍,后者锐意进取,眼看权力的天平微微有些摇摆了。

二

作为一名志存高远的藩王,宁王朱宸濠很有几分"知行合一"的精神,多年来总是千方百计谋求更大的权势,觊觎更高的地位。造反当然不是唯一的办法,宁王甚至想过"和平演变"的招数:武宗皇帝没有子嗣,何不将自己的儿子过继了去?

武宗毕竟年轻,过继的事情便搁置下来,而宁王的其他计划仍然在按部就班地进行着:一是收买朝廷权贵来哄得武宗准许,恢复英宗天顺年间被削去的王府护卫;二是拉拢南昌一带的地方官和镇守太监,使南昌真正成为自己的地盘,以期将来有根据地和大本营;三是不拘一格用人才,招募鄱阳湖惯匪,平时让他们充当刺客,一旦局势有变,这就是一支召之即来的野战部队。

之所以宁王后来发起的叛乱未能成为第二个靖难之役,实在与这份过于昭彰的野心有关。当初燕王朱棣起兵,可以说是对建文帝朱允炆削藩政策的一种"自卫"行为,并非平日里就有多少图谋,所以很容易赢得同情,而宁王处心积虑太多年,反相简直就写在脸上,以致有责任担当的大臣会连番上疏检举,在野而不愿蹚浑水的文士避之唯恐不及。虽然武宗放在历朝历代的帝王里都算是最不成体统的一个,但人们就算盼望着一场革命,也不希望是宁王扮演汤、武的角色,这就好比三藩之乱的时候，虽然许多人都有反清复明的心，却不会认同吴三桂的义旗。

再者，宁王的智囊团在最关键的问题上竟然走错了棋：藩王起兵，总要打着"清君侧"的旗号，讨伐对象至少名义上是皇帝身边的奸臣，而非皇帝本人，如此才能师出有名，宁王却直接将矛头对准了武宗，大约是他太想扮演汤、武，或者是他的智囊们太想扮演伊、吕的缘故吧。有这样的失着，即便世无王守仁，宁王的反叛也注定成不了气候。

宁王的智囊主要是两个人：已致仕的都御史李士实和举人刘养正。

李士实，名字出于柳宗元《际民诗》"士实荡荡"，刘养正，名字出于《易经·蒙卦》"蒙以养正"，显然都是书香门第出身，散发着坦坦荡荡的浩然正气，当然，倘若人如其名的话。

刘养正曾经以说客身份往赣州拜会王守仁，这一场会面后来为王守仁招来了天大的麻烦。多年之后，湛若水为王守仁撰写墓志，提及这一段过往，说刘养正约王守仁一同起事，后者答道："现在不是桀、纣在位，世上也没有商汤王、周武王那样的圣人，倘若有叛乱发生，我们做臣子的只有仗义死节而已。"但王守仁还是派了门生冀元亨到南昌，意图劝说宁王改邪归正，以便消弭一场干戈于无形。(《阳明先生墓志铭》)[1]

---

[1] 见《全集》，第1541页。

三

政治实为人间最凶险的事业。湛若水之所以要做这些记述，为的是撇清王守仁和宁王的关系，因为冀元亨被派往宁王府这件事，不但使政敌们找到一个攻击口实，甚至害得冀元亨下诏狱。

冀元亨，字惟乾，号闇斋，早在王守仁贬谪龙场的时候便追随其左右，后来又随老师在庐陵年余。正德十一年（1516年）湖广乡试，考题有"格物致知"，冀元亨不用官版朱熹哲学答卷，大胆以王守仁的新解应对。

这是公然为真理而不计前程的做法，不想主考官在惊奇之下竟然录取了他。后来王守仁巡抚南、赣、汀、漳，冀元亨又去追随左右，主教于濂溪书院。据《明儒学案》的说法，宁王向王守仁致书问学，后者这才派冀元亨到宁王府讲学。

从明哲保身的角度来看，不要说明知宁王要反，即便只是觉察到他有些微的不臣之心，就应当使出十分气力与他撇清干系。向朝廷举报也许算不得明智，因为有前车之鉴，举报者既有被朝廷问罪的，又有遭宁王暗杀的，但派出门人进入宁王府，无论如何都算是一种不避嫌疑的大胆举动。儒者为所当为，总是不计得失荣辱的。

甫至宁王府，听宁王畅谈王霸之略，冀元亨却只做一副糊涂相，但言学术而不及其他。宁王不禁抚掌，对旁人说："人竟然可以痴呆到这种程度！"某日冀元亨开讲《西铭》，反复陈说君臣大义，宁王这才晓得从前错看了他，于是既佩服他的胆色，又知道话不投机。日后何去何从，至此故事有了两个版本。

据黄宗羲《明儒学案》，宁王只是将冀元亨遣归了事。而黄绾《行状》说宁王表面上以礼相送，暗中却派出杀手，务必致冀元亨于死地，只是不曾得手。无论如何，冀元亨与宁王的这一段瓜葛，于宸濠之乱平定之后成为政敌们攻讦王守仁的一大口实。冀元亨后来被下狱拷问，出狱后五日而卒。[1]

从儒学角度来看，当宁王谈王霸的时候，冀元亨的应对完全是孟子式的"仲尼之徒无道桓、文之事者"，意即儒家弟子只言仁义，不言功利。《西铭》是宋儒张载的名篇，提出"乾父坤母，民胞物与"的观点，把人类社会解说成天父地母、乾坤一家。这样一来，帝王就顺理成章地变成父母之宗子，大臣也一样顺理成章地变成宗子之家相——周代的宗法结构由此再现，天下被整合为一个想象的宗法共同体。程颐认为《西铭》完美阐明了"理一而分殊"的哲学，朱熹也有一篇《西铭论》，极力为《西铭》辩护。所以冀元亨为宁王讲《西铭》，也能从一个侧面说明在王守仁那里并没有什么门户之见。

---

[1] 见清黄宗羲《明儒学案》（中华书局，1986年出版），第635页。

四

郑晓,少王守仁二十七岁,明世宗嘉靖二年(1523年)进士,是一个通晓军事、广有著述的人。据郑晓《今言》,王守仁初见宁王时佯言售意,试探后者的心思。当时宁王大谈时政缺失,李士实适时地发出了一句大不敬的感叹:"当今世上难道就没有汤、武吗?"

王守仁话中带刺地应道:"即便真有汤、武,也需要伊、吕的辅佐。"

宁王道:"只要有汤、武,就一定会有伊、吕。"

王守仁道:"若有伊、吕,何患无夷、齐?"

这是儒家的机锋。商汤王、周武王是儒家系统里伟大的革命家,虽然是以下犯上,但推翻了暴政,建立了美好的新王朝。伊尹、吕尚分别是商汤王和周武王的谋士,俱是儒家推崇的贤臣。伯夷、叔齐不赞同周武王以暴易暴的做法,以"非暴力不合作"的姿态饿死在首阳山的隐居处,同样得到了儒家的推崇。

从汤、武革命的角度来看,以暴易暴、改朝换代可以是一项伟大的事业,只要出发点不是个人野心,而是天下的福祉。宁王以汤、武自居,将武宗皇帝置于夏桀王和商纣王的位置,李士实、刘养正以伊、吕自居,渴望辅佐明君,拨乱反正。王守仁不便当面指斥宁王不配与汤、武相提并论，便含蓄地指出李士实、刘养正这些人并非伊、吕，而自己将会坚守夷、齐的态度，绝不会有半分妥协。

正是从这一番打机锋式的对话里，王守仁确信宁王必反，这才派冀元亨到宁王府，真实意图是在宁王府里安插一名间谍。他同时上疏朝廷，表面上为平定南、赣、汀、漳的匪患请求提督军务的权力，而项庄舞剑的真正用意是在宁王身上。王琼与王守仁心照不宣，为后者创造了一切便利条件——这正是在平定宸濠之乱以后王守仁在捷报中将功劳全部归于兵部的缘故。（《今言类编》）

这真是好大的一盘棋，简直令人怀疑王守仁一再请退的上疏只是故作姿态或故布疑阵。当然，他有充足的请退理由：祖母已经百岁高龄，自己的身体状况也一日不如一日。圣朝以孝道治天下，即便不准王守仁致仕，但准他回家养病总是在情在理。没想到又是王琼力排众议，让王守仁赶往福建，去平息当地刚刚爆发的兵变。当然，这也许又是两人的一次"心照不宣"，一切谋划都是围绕着宁王而生的。

正德十四年（1519年）六月十四日，宁王终于反了。

五

反叛虽然是一件蓄谋已久的事，却是在仓促之间发生的。

这一切，只因为一个错误的情报。

事情要从宁王努力挣表现说起。其实，各种报告宁王反迹的"谗言"并不足以动摇武宗那颗顽童的心,反而是宁王刻意为自己经营的贤者声誉招致了武宗的猜忌:"官员博取贤名是为了升迁,宁王博取贤名却是为了什么?"

另一个促成猜忌的因素是,宁王得知武宗宠信伶人臧贤,便派人向臧贤"学习音乐",以尊师重道的姿态奉上巨额学费和一只金丝宝壶。某日武宗临幸,臧贤拿出这只宝壶为圣上斟酒。这当然是一个合情合理的举动,不想这宝壶太过巧夺天工,连皇帝都受到了震撼。当时刘氏刚刚得宠,正为没得到宁王的好处而衔恨,便借机挑唆了几句,武宗这才疑心到宁王身上。

就连江彬也为此出了几分力气。江彬与钱宁是武宗左右最有影响力也最有权势的两大佞臣,而正如刘瑾与"七虎"终于不能相容,江彬和钱宁也为着争宠有了一番明争暗斗。宁王在钱宁身上不惜血本,所以站在江彬的角度上,勾起武宗对宁王的猜忌对于整垮钱宁有着釜底抽薪的意义。局面就这样荒唐得有趣,正是一群"近之则不逊,远之则怨"的女子与小人在不自觉中合力推倒了决定宁王命运的第一块多米诺骨牌。

武宗心里既然种下了猜忌的种子,针对宁王的奏疏便奏效了。御史萧淮上奏宁王反迹,建议收捕宁王至京城问罪。提案如此,决议却未必然,而宁王安插在京城的间谍将提案误作决议,于是日夜兼程飞报南昌,与钦差使臣竞逐脚力。

就在六月十三日,宁王四十三岁的生日宴会上,王府间谍不辱使命,先期抵达南昌。间谍不知道的是,朝廷最后的决议只是要革除王府护卫,钦差正是为着这个使命而不是押解宁王进京而来的。宁王原定在八月十五日举事，忽然被这条错误情报乱了手脚，为今之计，也只有先下手为强了。

翌日，即正德十四年（1519年）六月十四日，江西各级长官赴宁王府，为前一天的生日宴会做礼节性的答谢。站在宁王的角度，这真算是天赐良机。于是在武士的扈拥下，宁王当众宣布，当年宦官李广将民家子抱入皇宫，伪称皇子，僭继大统，故而宁王奉皇太后密旨起兵讨贼，务在维护皇室血统的纯正！

以政治谋略论，这真是一个荒唐的名目，只会使人有"欲加之罪，何患无辞"的感觉。推想宁王的初衷，很可能是要把国事化为家事，既然只是家事，朱姓以外的人便没资格插手。历史上不乏先例：唐高宗想废黜皇后，改立武昭仪，顾命大臣褚遂良力谏不可，李勣一句话扭转乾坤："这是陛下的家事，外人不该干预。"许敬宗更在朝中宣言说："农民稍有积蓄还想换个老婆，何况天子富有四海。天子想改立皇后，关旁人什么事？"（《大唐新语·酷忍第二十七》）李勣与许敬宗的话虽然貌似置身事外，其实以当时的形势论，这其实正是对武昭仪最有力的支持，李、许二人也因此巧妙地以不甚失尊严的姿态站在了政治强势而道德弱势的一方。

再如唐玄宗因谗言而欲废除太子李瑛与另外两位皇子，名相张九龄强谏，主要缘故有二：

1. 太子无罪。

2. 太子为国本，不可动摇。

而当唐玄宗征求李林甫的意见时，这个擅于揣摩上意的一代奸相讲了和李勣一样的理由："这是陛下的家事，不是我应该参与的。"

(《旧唐书·玄宗诸子传》)

  这样的逻辑虽不中听，却不失为"以事实为依据"。家天下的政治，全国的土地、人民、财富都是帝王的私产，而这份产业的所有者当然有资格随意处置自己的产业，可以选择自己喜欢的任何一个人来继承。

  然而在儒家义理中，这样的逻辑却讲不通。儒者以天下为己任，自觉自愿地为天下人的福祉承担责任。尤其自宋代以后，儒者刻意打造出一种"士大夫与皇帝共治天下"的政治幻觉，那么皇帝的家事自然就不仅仅是家事了，而是关乎国计民生的头等大事。所以在儒家语境，尤其是在理学语境下的明朝社会，宁王才一举事便犯了"名不正则言不顺"的纲领性错误。

六

  顺我者昌，逆我者亡。江西巡抚孙燧和按察司副使许逵作为首当其冲的"逆我者"，被宁王斩于惠民门外，其余众官或遭囚禁，或绝食死，或震慑于"榜样的力量"，见风使舵地接受"伪职"，不情不愿地为宁王效力。

  此时的王守仁正在驶往福建的官船上思虑着福建兵变的事情，当官船抵达丰城时，丰城典史、知县匆匆通报了宁王举事的消息。何去何从，对王守仁而言并非一个艰难的决定，他当即下令掉转船头，直趋吉安，福建的事情只有先搁置下来了。

据《年谱》记载，当时天公不作美，南风强劲，船不能前，王守仁焚香祷告，边哭边说："苍天如果哀悯生灵，许我匡复社稷的话，就请马上逆转风向；如果苍天竟然不关心百姓，我也就不想活了！"须臾，南风渐渐停了下来，北风催动官船起航。

《行状》的记载稍有不同：当时不仅逆风，又有消息说宁王派了千余人的军队专门来截杀王守仁，胆小怕事的船夫们正好借着逆风的理由拒绝开船。等王守仁祈祷应验、北风大作之后，没了借口的船夫们仍然不改初衷。王守仁情急之下，拔剑砍下了一名船夫的耳朵，坐船这才得以掉头前行。

《明实录》版本的王守仁照例没有那么多的光辉：他本想先去南昌为宁王祝寿，然后再去福建处置兵变，但官船忽遇狂风，耽搁了日子，待船至丰城的时候，得知宁王起事，于是弃官船、乘小舟，想赶回赣州。宁王派人来追，却没能追上。当时吉安知府伍文定带着三百士卒，在江上截住王守仁，劝他不去赣州而去吉安，以吉安为大本营讨伐宁王。

这不禁令人想象，倘若没有那一阵狂风，王守仁如期抵达南昌祝寿，会不会和孙燧、许逵落到同样的命运呢？

据王守仁的重要谋士龙光回忆，当时王守仁虽有弃官船、乘小舟脱身的打算，但诸夫人和正宪也在船上，这一去就等于抛妻弃子。诸夫人当即手提利剑与夫君道别："你快走，不要为我们母子担心，一旦有急难，我会用这把剑来自卫的！"[1]

---

1 见《全集》，第1086页。

不知道王守仁在这个关键时刻究竟是选择了大义忘亲还是对夫人的剑术有足够的信心，总之终是换舟而去了。

无论从以上哪个版本来看，截杀的消息果然属实。是夜追兵渐近，王守仁只携幕僚数人潜入渔舟脱身，于当夜抵达临江府。临江知府戴德孺欢天喜地地出城迎接，请这位战功赫赫的上级长官入城调度。王守仁当时分析说，推想宁王的战略，上策是直趋北京，出其不意，社稷会为之动摇；中策是夺取南京，大江南北必受其害；下策是盘踞南昌，如此便不难对付了。

王守仁或许是被伍文定迎到了吉安，或者是从临江转赴吉安，总之是以吉安作为本部，以伍文定作为臂膀，开始指挥调度起来。早在南赣剿匪的时候，伍文定就是王守仁的得力干将，所以这两人的组合是实战中磨炼出来的，不是宁王麾下的文臣武将可比。

七

宁王起事虽然事出仓促，但明王朝的应对更见仓促。所以对王守仁而言，当务之急是拖慢宁王的行动，为自己这边调兵遣将留出足够的时间。争夺时间，这是戡乱的第一件要务。

对宁王而言，时间是同样宝贵的。所谓兵贵神速，这是放之四海而皆准的军事原则，尤其在以弱对强、以小敌大的时候，出其不意才是克敌制胜的金科玉律。宁王确实有这样的战略，齐集王府护卫与亡命之徒，又大肆征发壮丁，迅速组建了一支号称有十万之众的军队，准备先克南京，再取北京。大军夺取漕运船只，沿水路袭击南康，南康知府匆忙间弃城而走；翌日袭九江，九江的军政、民政长官纷纷逃散，属县闻风皆溃。宁王大军俨然有"顺天讨逆，沛莫能御"的势头。

消息传到北京，据郑晓记载，朝廷大臣惊惧不已，以为宁王举事已经十成八九，只有兵部尚书王琼稳如泰山，一日之内十四次调动兵员与物资，且高声对群臣说："王伯安在汀赣，据南昌上游，旦夕之间便将绑缚宸濠，诸公不必惊恐！当初我安排王伯安提督军务，正为今日。"（《今言类编》卷一）

这件事情，郑晓或许得之传闻，未可尽信，但有一段得之亲历的记载尤其值得重视。郑晓回忆说："宁王起事的时候，我二十一岁，正在杭州应考，见到各地的告急文书都不敢指名道姓地说宁王反叛——要么说江西省城有变，要么说江西省城十分紧急，要么说江西巡抚遇害，要么说南昌忽然聚集了军马和船只，传闻有变，而只有王守仁的公文里明言江西宁王谋反，钦奉密旨，会兵征讨。"（《今言类编》卷六）

何止各地长官，《年谱》有记载，当南京告急公文送抵北京之后，朝廷大员仍持观望态度，不敢斥言宁王造反，只有王琼从沉默的大多数中发出了尖锐的不和谐音。

各级官员的"审慎"倒也情有可原，毕竟从实情上说，这是朱家的家务事，又焉知宁王不是又一个燕王呢？方孝孺血未冷，首鼠两端才是明哲保身之策。"小人喻于利"，必然会做这样的打算。而"君子喻于义"的王守仁，自然会选择"苟利国家，死生以之"的一途。当时有门生邹守益赶赴吉安，向老师传递了一条情报："听说宁王收买了叶芳来夹攻吉安。"

叶芳曾是巨盗，之前向王守仁投诚，王守仁自信对他有足够的了解："叶芳必不会叛。以前他们这些人都以茅草为屋，叛乱的时候便把屋子烧掉，如今他们用巨木建屋，房舍千万，一定舍不得烧了。"

邹守益不以为然："他们如果跟随宁王造反，有封爵拜官之望，不可以常理揣摩。"

王守仁默然良久，终于说道："就算天下人都反了，我辈固当如此做。"

邹守益不禁惕然，胸中各种成败利钝的计较一时之间便被洗濯殆尽。（《年谱》）[1]

这就是典型的儒家态度，只问是非，不计成败，只要认定了正义的方向，那么虽千万人吾往矣，不惜与全世界为敌，不惜粉身碎骨。王守仁显然被邹守益说动，相信叶芳很有可能投靠了宁王，相信吉安将会遭到两面夹攻，相信自己这一次凶多吉少，即便如此，他仍然不改初衷。

当人们道及王守仁这一段功业的时候，最津津乐道的是他用兵的谋略，然而谋略是孙武、吴起、曹操、司马懿诸公都有的，而只有与邹守益的这番对话，只有敢明言宁王叛乱的这些公文，才能够体现王守仁所独有的儒将风范。所谓儒将，往往被人误解为具有温文尔雅的气质、良好的修养和仁慈的心怀，而其最核心的特质，即王守仁在这

---

[1] 见《全集》，第1393-1394页。

里所表现出来的特质,却很遗憾地被人们一再忽略了。

所以最值得重视的是,王守仁在平叛之初的战术,无论是旗帜鲜明的讨伐也好,不惜假传圣旨也罢,用郑晓的话说,都是"不顾九族之祸"。

所谓"钦奉圣旨",确实只是王守仁的疑兵之计。据《年谱》,王守仁深知南京、北京仓促无备,必须拖慢宁王的动作才好,于是散布了许多虚假情报,诸如"率领狼兵、官军四十八万来江西公干",某部、某部领官军若干万云云,制造了这样一种假象,即朝廷早有防备,大军云集而至。

当然,无论是宁王的"十万"也好,王守仁的"四十八万"也好,都是虚张声势,彼此也都知道对方在虚张声势,但去除"水分常数",总可以揣测一个大概。

王守仁又伪造了一些朝廷与宁王股肱李士实、刘养正、凌十一、闵念四的通信,言及招降或投诚事宜,故意使宁王查获。小说演义里的这些伎俩真有奇效,宁王花了十多天的时间来甄别情报的虚实,当他终于做出准确判断,消弭了猜忌心的时候,情报的真假已经一点都不重要了。

八

宁王既已失了先机，但亡羊补牢，总还有补救的手段。正德十四年（1519年）七月初三，宁王以万余人留镇南昌，亲率六万主力直扑安庆，准备由安庆而下南京。

据《明史》本传，王守仁当时已经集结了一支八万人的军队，当时有人提议驰援安庆，王守仁分析说："九江、南康已经被宁王攻克，如果我军越过南昌驰援安庆，与宁王主力相持于江上，那么背后有九江、南康的威胁，必成腹背受敌的局面，不如乘锐气攻下南昌，等宁王回军救援的时候，再由鄱阳湖上截击，这是必胜之法。"

影响战争胜负的因素错综复杂，从来没有什么必胜之法，但出于激励士气的目的，这样说总是有效的。其实攻南昌的决策不那么容易做出，毕竟宁王经营南昌几十年，而《孙子兵法》总结作战经验，说攻城只是不得已而为之的战术，成本太高，耗时太久。我们作为几百年后的读者，既知成败，以成败论英雄，便佩服王守仁的攻城战略，倘若设身处地来看，必须承认攻南昌是一件很冒险的事情，几乎与赌博无异。即便攻下了南昌，宁王如果克安庆、下南京，便完全可以置南昌于不顾，而安庆守军到底会坚城固守还是望风而逃，守又守得住多久，这全是未知之数。

无论如何，王守仁就这样出兵南昌了。关于南昌之战，史料给出了相当矛盾的记载。《明实录》形象勾勒出了王守仁奸诈无能的嘴脸，说王守仁以伍文定为前锋，趋广润门，当时正是三更天，守门者被炮声惊散，伍文定的先头部队轻松入城。城中百姓听闻官军来了，满怀喜悦地登高眺望。王守仁在城外却不知情，误以为南昌城守备坚固，恐怕无法攻克。官军主力已经围住了南昌城，但你望着我，我望着你，没人敢率先登城。不多时听到城内传来战马的嘶鸣，这才知道伍文定早已经进去了，于是纷纷架梯攀绳，你争我抢地"攻"上城头。这些官军本是乌合之众，其中还有当初投诚过来的土匪，进城之后贪功纵杀，南昌居民往往还没下床就被夺了性命，甚至有满门无一幸免的。及至破晓时分，诸门洞开，王守仁带着城外的军队整队而入，而城里已经死去几万人了。王守仁急忙下令禁止，将滥杀者斩首以徇，即便如此，仍不能整肃军纪。无奈之下，王守仁修改了赏罚标准："只有擒捕者才能论功，不计首级。"各路军马这才稍稍收住了屠刀。数日之间，南昌城积尸横路，鸡犬不鸣。叛党千余人已就缚，王守仁依旧穷搜不止，日戮数百人。军人纵掠王府与富户，宁王府的宫人在惶惧之下或纵火自焚，或盛服自缢，尸臭达于府外，只有羸病者数十人苟延残喘。

一言以蔽之，王守仁攻克南昌，简直就是一场明朝版的南京大屠杀。倘若存世的史料只有一部《明实录》，王守仁一定早被钉在历史的耻辱柱上了。

九

《明史》本传的记载是,伍文定的前锋抵达广润门,守军骇散。翌日黎明,主力部队攀绳登梯占领南昌,擒获了负责守备的宁王世子朱拱㭕,宁王府的宫人大多自焚而死,官军颇有杀掠,王守仁斩杀违令者十余人,赦免胁从者,安定士兵,慰谕宗室,南昌的人心这才平复下来。

黄云眉《明史考证》述及《明史·王守仁传》的编撰经过,说初稿是毛奇龄所撰,后来尤侗抓阄拿到这个题目,便参照毛奇龄的初稿写成定本。我们现在看到的版本正是尤侗的手笔,而考之毛奇龄的初稿,并未提到宫人自焚的事,而"军士颇杀掠"原为"赣州奉新等兵偶有杀掠"。

《年谱》却不讳言宫人自焚的事情,只是未提军士杀掠,不知是真无其事,还是钱德洪为尊者讳、为亲者讳。但无论如何,事情也不曾发展到《明实录》所描绘的那般不可收拾的地步。而就在这个时候,宁王却被拖在了安庆城下,他万没想到这座小城明明守军不多,战备不具,却偏偏久攻不下,而南昌失守的消息逼他要做一个即时的抉择:究竟是放弃安庆,直取南京,还是撤离安庆,夺回南昌?

弃安庆而攻南京,这是一个冒险的办法,因为如此一来,九江、南康也会不保,一旦屯兵南京城下,自己的这支大军便成了一支没有任何据点的流寇,败亡只是朝夕之间的事情。但是,叛乱本来就是一件冒险的事业,成则九鼎食,败则九鼎烹,天大的富贵总要在天大的艰险中去求,何不就此做一场豪赌呢?

自幼便锦衣玉食的宁王却没有这样的流氓胆色,"力排众议"地回师克复南昌去了。这是一个相对稳妥的选择,但稳妥的选择偏偏不属于他所图谋的事业。

十

宁王的前锋在鄱阳湖上遭遇了王守仁精心部署的截击,一战而溃。宁王此刻当真孤注一掷了,他厚赏勇士,尽数征调九江、南康的守军,而王守仁恰恰在这时候分兵两路,乘虚收复了九江、南康。宁王的大军失去了最后的据点,当真沦为流寇了。

也许宁王还有置之死地而后生的觉悟,在鄱阳湖上发动了一场声势骇人的总攻。明军承受不住压力,稍有退却,而伍文定坚毅地立于铳炮之间,任炮火燎去须髯而无动于衷。铳炮击中宁王副舟,局势迅速逆转。这一战,王守仁胜得不易。

宁王退守樵舍,连舟为方阵,尽出金银激励士卒,王守仁则坐镇南昌,秘密筹办火攻用具,重做调度安排。翌日清晨,宁王召集群臣,斥责不用命者,准备杀人以明军纪。正在他们争议未决的时候,明军忽然掩杀过来。士气决定了成败，叛军一触即溃，宁王妃嫔纷纷投水自尽，宁王被擒。明军穷追宁王残部，不几日便彻底肃清了这一场叛乱。宁王从起事到被俘，只有四十二天。

《年谱》记载，王守仁入南昌之后，每天坐在都察院衙门里，开启中门，使前后贯通可见，对门人弟子讲学不辍。凡有军情文书，即刻登堂处理。有报之伍文定焚须的情状，王守仁便暂入侧席，发出事关生杀的令牌，待还坐之后，门人弟子变颜变色，询问到底发生了什么事，王守仁道："刚刚得知前线有小小的败退，这是兵家常事，不足介意。"后来接到宁王被擒的战报，王守仁问清情况，安排赏赐，事了之后又坐回讲学的座位。门人弟子纷纷惊喜地询问详情，王守仁道："适闻宁王已经被擒，想来消息不假，只可惜死的人太多！"然后接着刚刚中断的内容继续讲学，语气一如平常，旁观者皆服其学。[1]

这应该就是世人最想从阳明心学里学到的东西吧，其实说来不难，只要义所当为便放手为之，不计得失荣辱即可。在价值一元化的社会里，做道德选择其实远比做利害选择来得容易，譬如买这只股票还是买那只股票，这是一种利害选择，总会让人纠结不定，而遵纪守法还是作奸犯科，这是一种道德选择，一瞬间便晓得怎样做才合乎道德。而合乎道德的事是否对自己有利，就不是真正的儒者应当挂怀的事情了。

宁王就擒之后，《年谱》记有他不失风度的一面。当他以战俘身份乘马入南昌，望见远近街衢军容整肃，不禁笑道："这是我的家事，何

---

[1] 见《全集》，第1398页。

劳你们如此费心？"一见王守仁，便有托付道："娄妃是一位贤妃，一直对我苦谏，适才投水而死，希望能妥善安葬她。"

这位娄妃便是前文所述的大儒娄谅之女，与王守仁也算有些渊源。邵廷采《明儒王子阳明先生传》却把宁王写得狼狈，说他不是乘马，而是被囚车解入南昌的，向王守仁大呼道："我愿尽削护卫，降为庶人，不知可以吗？"王守仁只简略答道："有国法在。"

邵廷采另有一条记录很值得玩味：王守仁战胜之后，将宁王与朝廷内外大小臣僚的往来书信一概焚毁。[1]

这做法对于熟悉历史的读者而言绝不陌生，然而问题在于，这种视以大度、安定人心的手段一般不是王守仁这个位置的人会做的，换言之，这样的做法等于僭越了皇权。

赦免谁或不赦免谁，猜忌谁或不猜忌谁，这是皇帝斟酌的事情。也许王守仁顾虑这些书信必将牵连出一场大狱，不知几千几万人会受此牵连，于是本着一颗儒者之心擅作主张了吧。

设身处地来想，既然在宁王府邸查获了这些书信，怎样处置还真是一件难事，无论怎么做，无论做与不做，都有可能招致灭顶之灾。所以，任何做法本质上都是在赌运气。何良俊《四友斋丛说》给出了另一个版本，说是"阳明自言"，宸濠之乱既定，武宗却"御驾亲征"。上意叵测，王守仁一连失眠了几个晚上。某日有两名宦官抵达浙江，王守仁在镇海楼设宴款待。在酒宴进行到一半的时候，王守仁使人撤去楼梯，将宁王府查获的那些书信尽数呈上，宦官与宁王勾结

---

[1] 见《全集》，第1724页。

的证据尽在其中。两名宦官感激不已，后来王守仁正是因为有这两名宦官的力保才免于一场灾祸。何良俊还评论说，倘若王守仁用这些书信来要挟宦官，一定会招致不测，而他如此推诚置腹，任何人都会被感动的。[1]

邵廷采与何良俊的记载有可能各自道出了一部分真相：绝大部分书信都被焚毁了，只有其中的一小部分为王守仁精心挑选出来，通过武宗的亲信宦官呈报上去。这既避免了一场血腥的清洗，又使主犯——尤其是深得武宗宠信的钱宁和陆完——受到制裁。

但如果何良俊的记载属实的话，我们会看到以王守仁此时的修养竟然还会焦虑到一连几夜失眠的程度，最终亦不是以"心之所安"或"物来顺应"而是以处心积虑的权谋度劫，这总不免会在那些单纯读者的心里激起一波疑惑的涟漪。

十一

倘若仅以局面的凶险程度来看，那么任何程度的焦虑都是再正常不过的反应。取胜是容易的，所以王守仁指挥若定，谈笑间樯橹灰飞烟灭，而如何处理胜利之后的善后事宜才是真正的考验。

官僚系统错综复杂的利害关系总会磨合成一种微妙的平衡状态，

---

[1] 见明代何良俊著《四友斋丛说》(中华书局，1959年出版)，第55页。

所以，如果王守仁用上几年时间慢慢平定宸濠之乱，处理善后事宜就会变得容易很多，而他平叛平得太快，太多人来不及反应，太多利害关系来不及以相对温和的方式重新磨合。所以，接下来究竟会发生什么，谁都无法预料得清。

如果皇帝是个稳重而明智的人，总还能给人几分安心，但他偏偏不是。当宁王举事的消息传到北京的时候，武宗的反应不是恐慌，不是愤怒，而是兴奋，终于有个名正言顺的机会可以玩一场战争游戏了，而且游戏的场地是在山清水秀、美女如云的江南！圣旨即刻下达，着令总督军务威武大将军镇国公朱寿统领各路兵马，南下征剿叛军，以安边伯朱泰为先锋。

这完全是今天角色扮演类战争游戏的玩法。所谓朱寿，是武宗的角色名，所谓威武大将军镇国公，是武宗为自己的角色安排的职衔，这职衔甚至还有俸禄：年薪五千石。最令人哭笑不得的是，镇国公是"公"一级的爵位，比宁王的"王"爵还低一级。

先锋官朱泰原名许泰，因被武宗认作义子，许泰便改为朱泰。朱泰世袭武职，还是明孝宗弘治十七年（1504年）的武状元，和江彬一样以勇力和佞幸手段得到武宗赏识。这一次便是朱泰和江彬最能揣摩上意，怂恿武宗玩这一场盛大的南征游戏。当然，打仗总会伴随着加官晋爵和大量的赏赐，除了劳民伤财之外，这真是一件双赢的好事。隋末祖君彦为李密撰写檄文声讨隋炀帝，文中有说"秦皇之心未已，周穆之意难穷。宴西母以歌云，浮东海以观日。家苦纳秸之勤，人阻来苏之望"，所有这些话完全可以套用在武宗身上。

内阁拒不拟旨，言官照例谏阻，但制度的力量永远敌不过皇帝的权威。武宗心意已决，以许泰为先锋，以太监张永、张忠提督军务，统率数万大军浩浩荡荡杀向江南。倘若江南百姓能有选择的话，不知道会不会索性希望宁王得胜。

但宁王毕竟败了，而且败得太快。武宗大军离开北京的第二天，王守仁的捷报便"大煞风景地"送上朝廷，随即又"大煞风景地"由朝廷飞报武宗。既然叛乱已平，便没必要御驾亲征了吧？

十二

一场激动人心的游戏怎能就这样被轻易败了兴致？武宗的反应并不出人意料：将捷报瞒住，继续挥军南下。自欺欺人的理由总是有的：即便宁王已被擒获，但余党尚未肃清，这种事情绝不可以小觑；再者，王守仁越权行事，行迹甚是可疑，焉知他不是宁王的同谋，只因看到宁王出师不利这才反咬一口，落井下石？

必须承认这都是合理的怀疑，权力场上本就云谲波诡、翻云覆雨，所谓"周公恐惧流言日，王莽谦恭未篡时"，第一流的演员全都集中在官场，怎可以轻信任何人呢？

当然，只要有战争游戏的借口就好，武宗并不真的忧心这些事情，只不过不知道江彬、张忠、许泰之辈会拿这些"蛛丝马迹"做出什么文章。武宗边走边玩，和宠爱的民女刘氏玩着"战争"大背景下的爱情游戏，作为先锋官的朱泰却急于争功，领着数千禁军昼夜兼程，直向南昌而来；张永则驻军杭州，摆出了几分老成持重的样子。

以明哲保身的考虑，既然张忠、许泰已到南昌，不妨交接一番，结交一番，从此事不关己，张忠、许泰也乐得维护自己。王守仁却并未如此做，而是在九月十一日将宁王等人押解出南昌，准备直接向武宗献俘。

史料未载王守仁这样做是出于怎样的考虑，但很可能是针对张忠、朱泰的一项戏剧化的图谋而来。后者打算将被俘的宁王及其余党放归鄱阳湖，让武宗打一场尽兴的水战，然后奏凯论功——照例，除了劳民伤财之外，这是一个人人都能得到好处的安排。谁料这个不识趣的王守仁竟然擅自行动，亲自将宁王一干人犯解出南昌！张忠、朱泰连忙派人追赶，在广信追上了王守仁的队伍。王守仁拒不从命，但眼见得原计划已行不通，便当机立断，趁夜过玉山、草萍驿，到杭州找张永去了。

途中在草萍驿歇宿，天色已暮，忽然接到消息说"王师"已在徐淮，王守仁便连夜启程，不敢有片刻耽搁，只忙里偷闲在驿站的墙壁上题诗二首：

> 一战功成未足奇，亲征消息尚堪危。
> 边烽西北方传警，民力东南已尽疲。
> 万里秋风嘶甲马，千山斜日度旌旗。
> 小臣何尔驱驰急，欲请回銮罢六师。

> 千里风尘一剑当，万山秋色送归航。

堂垂双白虚频疏，门已三过有底忙。
羽檄西来秋黯黯，关河北望夜苍苍。
自嗟力尽螳螂臂，此日回天在庙堂。[1]

诗句极见忧虑，显然为武宗亲征的事情操碎了心，尤其想到西北边情不稳，江浙民力已疲，哪还经得起这个顽童天子的祸害。第一首尾联直言不讳，说自己之所以这样披星戴月地赶路，只为了让皇帝尽快班师回京。第二首将自己比作三过家门而不入的大禹，如此往来奔波，却总没机会回家探望，与百岁高龄的祖母错失了最后的一面。言至尾联，深沉的无力感跃然纸面，只觉得自己这一切奔忙都只如螳臂当车，只希望朝中大佬能在这关键时刻有所作为。

张永虽是宦官，却是有实而无名的朝廷大佬。他原是"八虎"之一，后来成为扳倒刘瑾的名人，是多少次狗咬狗的斗争与倾轧之后的光荣幸存者。倘若不考虑"正邪不两立"之类的儒家大义，那么必须承认他真有一身令人钦佩的过硬本领。

但同样显而易见的是，张永虽然是权力斗争的高手，却绝不是什么忧国忧民的君子，没可能被王守仁用道德原则说服。王守仁之所以去见张永，也真是情急之下的无奈之举了。想来张永虽属奸佞，但总还有几分最基本的理智，不像张忠、许泰那般荒唐。重要的是，张永显然与张忠、许泰有隙，所以哪怕事情对张永无甚好处，但只要不使张忠、许泰得到好处，也就是对张永有好处了。

---

[1] 见《全集》，第830-831页。诗前有序："九月献俘北上，驻草萍，时已暮。忽传王师已及徐淮，遂乘夜速发。次壁间韵纪之二首。"

《年谱》记载，王守仁是以一番大道理感动张永的："江西之民久遭宁王荼毒，如今大乱之后又遭旱情，还要勉力供应京军和边军的军饷，困苦到了极致，一定会啸聚山林；这些人当初参与宸濠之乱尚可算是胁从所致，如今倘若被穷困所激，真的反了，天下必成土崩之势，到那时再兴兵平乱就不容易了！"张永深明大义，徐徐说道："我这次来，不是为了抢功，只为小心维护皇帝而已，毕竟皇帝身边小人太多了。只不过皇帝很有性格，只有顺着他才能把事情办好，万一逆了他的心意，只会徒然激起那些小人的愤怒，于天下苍生无补。"王守仁信了张永的话，将宁王一干人犯做了移交，自己既不回南昌也不回赣州，索性在杭州西湖净慈寺称病不出了。

　　《西湖》一诗道出此时心境：

>　　灵鹫高林暑气清，天竺石壁雨痕晴。
>　　客来湖上逢云起，僧住峰头话月明。
>　　世路久知难直道，此身那得尚虚名！
>　　移家早定孤山计，种果支茅却易成。[1]

　　看来即便"立诚"如王守仁，也必须坦诚"世路久知难直道"，包拯那种"直道是身谋"的作风也许在包拯的时代行得通，在王守仁的时代却只能和"迂腐"画上等号。只是不知道王守仁在学术上该怎么解释自己"曲则全"的老子式的态度，也许，他会取儒家权变的理

---

[1] 见《全集》，第831页。

论来为自己辩解吧。

在净慈寺称病的日子里，焦虑并未减轻多少，失眠仍是他的痼疾，这是《宿净寺》四首为我们呈现的样子：

老屋深松覆古藤，羁栖犹记昔年曾。
棋声竹里消闲画，药裹窗前对病僧。
烟艇避人长晓出，高峰望远亦时登。
而今更是多牵系，欲似当时又不能。

常苦人间不尽愁，每拼须是入山休。
若为此夜山中宿，犹自中宵煎百忧。
百战西江方底定，六飞南甸尚淹留。
何人真有回天力，诸老能无取日谋？

百战归来一病身，可看时事更愁人。
道人莫问行藏计，已买桃花洞里春。

山僧对我笑，长见说归山。
如何十年别，依旧不曾闲？[1]

诗句里全是劳神费虑、患得患失，全不复当初谈笑用兵的那个野战

---

1 见《全集》，第832页。

指挥官的模样。王守仁确实是军事英雄,却不是政治天才,非但不觉得"与人斗其乐无穷",反而左支右绌,总似处在崩溃临界点的样子。

张永能否不负所托,在局势明朗之前,毕竟不能让人那么笃信。至于王守仁与张永的会面经过,相较之下,似乎前述何良俊《四友斋丛说》"上屋抽梯"的记载更加可信一些。但无论如何,王守仁这一次押对了赌注,张永在这件事上真的站在了他的一边,后来若不是他在武宗面前多相维护的话,王守仁很可能逃不过张忠、朱泰三番五次处心积虑的陷害。

十三

树欲静而风不止。武宗一路游山玩水,终于驻跸扬州。扬州佳丽地,正是最能让这个荒唐天子乐不思蜀的所在。而那些急于争功求赏的小人,还有那些真正与宁王早有勾结的权贵,日夜不休地在天子身边进献谗言,对王守仁做了无数次的缺席审判。

消息传到净慈寺,这位称病不出的平叛英雄再也坐不住了,只得趋赴扬州行在,希望求得一个自辩的机会。途经镇江,王守仁竟然还有兴致登金山寺一游。我们看他当时写下的《泊金山寺》二首,既见豪情,又有太多沧桑与悲怆:

但过金山便一登,鸣钟出迓每劳僧。

云涛石壁深龙窟，风雨楼台迥佛灯。
难后诗怀全欲减，酒边孤兴尚堪凭。
岩梯未用妨苔滑，曾踏天峰雪栈冰。

醉入江风酒易醒，片帆西去雨冥冥。
天回江汉留孤柱，地缺东南着此亭。
沙渚乱更新世态，峰峦不改旧时青。
舟人指点龙王庙，欲话前朝不忍听。[1]

  这一场破釜沉舟之旅才行到镇江，却被正在当地休闲养老的杨一清极力劝阻住了。杨一清究竟对王守仁说了什么，我们已不得而知，但想来杨一清既是劝服张永扳倒刘瑾的首谋，应当深知张永的行事风格吧。

  我们不知道杨一清是否真的打消了王守仁的疑虑，但一道圣旨适时地打断了后者的计划。王守仁匆匆从湖口返回南昌，奉旨于原职之外兼巡抚江西。[2]这一次他坐镇南昌，终于算是名正言顺了，却也避无可避地要直接应对张忠、朱泰的刁难，还要责无旁贷地负责接待张、朱二人带来的"平叛大军"。这样的难题，远比宸濠之乱来得棘手。

  张忠、朱泰当然有足够的理由仇视王守仁——后者移交宁王的举动无疑是一个鲜明的政治站队的姿态。小人的报复从来都兼有穷凶极

---

[1] 见《全集》，第833页。
[2]《年谱》以兼巡抚江西为十一月事，陈来《年谱笺证》考订当在七月，见陈来《有无之境》(人民出版社，1991年出版)，第353页。

恶和防不胜防的特点,张忠、朱泰一方面穷捕宁王余党,务求拷掠出对王守仁不利的口供,另一方面放纵自己带来的京军和边军,需索无度,非要让王守仁应接不暇。

拷掠初见成效,有人供出了冀元亨和宁王府有往来,但当拷掠到冀元亨身上,却再问不出任何"有价值"的情报了。当然,办法似乎总是有的,张忠派人将这名重犯押解到北京锦衣卫,希望那里专业的手段和工具能逼问出自己想要的内容。自顾不暇的王守仁终究没能救下门生一命,政治的险恶总超出善良人的预期太多。

然而穷捕宁王余党的工作并未收到多少成效,换言之,并未勒索出足够的金银财宝。江西人看了这些"王师"的手段,怕要开始怀念宁王这个叛贼了吧?

"王师"在统帅的煽动下,或肆坐谩骂,或公然挑衅,王守仁只一味以礼相待,包羞忍辱。但他自己忍得下,南昌百姓却怎么禁得起?王守仁还有办法,令巡捕官晓谕市人,暂时都搬到乡下去住,只留下老人在家应门即可。又出公告说,北方来的这些军队饱受离家之苦,本地居民应当尽主人翁之责,好好招待他们。至于王守仁本人,每次外出若遇到北军出丧,一定停车慰问,安排上好的棺椁,再嗟叹一番才会离去。久而久之,北军的态度果然变了。

量变会积成质变,在某一个节点上爆发惊人的逆转。时近冬至,王守仁预令城市举奠,祭祀亡灵。及至冬至当天,新经宸濠之乱的南昌城里哭声不绝。仿佛四面楚歌的故事重演,北军在这举城的哀哭声里再也克制不住思家的情感,噙着泪水,纷纷喊出班师的呼声。张忠、朱泰既在王守仁那里讨不到任何便宜,也只有顺应军心这一条路好走,只是临走之时总要找个泄愤的渠道，务要和王守仁这个文弱书生比试箭术，存心要他出丑。

虽然从道理上讲指挥才能与个人武技全不相干，王守仁未必能做个合格的前线军将，却无疑是一位出色的三军统帅。元帅并不需要有多么高超的个人武技，张忠、朱泰也不至于愚蠢到不知道这个道理。但无论如何，让王守仁在武技上出一次丑，让军士们看到他不过是个手无缚鸡之力的书生，或多或少能降低他的威望，甚至会让那些粗俗无文的军士怀疑他的战功。

但事情再一次出乎小人们的意料，王守仁勉为其难地应承下来，却三发三中。更令人惊心的是，他每射中一箭，北军便在一旁轰然叫好。"难道我们带来的军队全都归附了王守仁不成？"张忠、朱泰这一回才真的怕了，急慌慌班师而去。江西百姓总算可以松口气了，只有王守仁在这一劫之后不知道还有多少难关要闯。

十四

张忠、朱泰撤离南昌，急急去见已经移驻南京的武宗皇帝，少不得一番披肝沥胆、慷慨激昂的陈说，将王守仁涂抹成一个大奸大恶的形象。

有人邀功，也有人希望灭口，毕竟心下惶惶的不知道有多少人，天知道宁王会咬出哪些同党，天知道宁王府的书信会牵连哪些人。放言王守仁与宁王有染，至少会让前者多几分顾忌，或者使他的意见因为"居心叵测"而不被听信。无论如何，不管出于何种目的，太多人都想要王守仁好看，英雄的宿命往往如此。

罪莫大于谋反，既然罗织罪名，拣谋反来说总是有用的，何况王守仁有那么多可疑行迹。当然，还有一个很现实的缘故：武宗毕竟是个顽童天子，对贪污腐败之类的罪名全不上心，只有谋反才能稍稍让他重视一点。张忠、朱泰每每断言王守仁必反，若不是张永多方护持，很可能王守仁真要遭受一场抄家灭门之祸，毕竟他的"反迹"比之岳飞的"莫须有"来简直要算铁证如山了。

张忠、朱泰终于有一天将武宗说动了心，不妨这样试探王守仁一下，传旨让他来南京觐见，他既然心怀鬼胎，一定疑神疑鬼地不敢前来。

这样的试探确实在历朝历代多有先例，那些有"反迹"的人要么称病推脱，要么索性扯旗造反，要么就做一场豪赌，真的以身犯险，向皇帝表示忠诚，只要这一注赌赢，以后便有更大的机会，安禄山就是个中典范。那么，焉知王守仁不会像安禄山一样敢如此放手一搏呢？

张忠、朱泰当然是有把握的，因为他们之前已经三番五次假传圣旨要王守仁来南京觐见，王守仁拒不听命，双方一直这样僵持。那么，如果这次真的圣旨也调不动他，皇帝总该有"明智的"判断了吧。

赵高曾经用这一计成功地陷害过李斯，但王守仁此时能够仰仗的资源远比当时的李斯要广。只不过张忠、朱泰也许真有几分相信王守仁要反，否则又该怎么解释他拒不奉召的事情呢？

当然，王守仁是不会抗旨不遵的，只因为有张永做内应，才使他能够识破圣旨的真假。所以出乎张忠、朱泰的意料，真圣旨一到，王守仁当即启程，没有半分耽搁。

十五

小人永远比君子更重视情报工作，毕竟这是他们的立身之本。当张忠、朱泰得知王守仁当真动了身，惶急之下只有硬来，强行拦截，不使王守仁越芜湖半步。

王守仁在芜湖足足滞留了半个月，当真进退两难，某日夜半在上新河边默坐，见水波拍岸，汩汩有声，不禁思量："自己蒙受谤诟，一死倒不足畏，但年迈的父亲怎能承受得住这样的打击呢？"于是对门人说："此时如果可以让我窃父而逃，我宁愿终身在父亲身边尽孝，无怨无悔。"

"窃父而逃"原是《孟子》里的一段故事，讲的是儒家情、理、法的微妙关系，我的《治大国：古代中国的正义两难》正是以这段故事开始的，感兴趣的读者可以参看。故事的大意是说，舜做天子的时候，若他的父亲因为杀人被捕，舜正确的做法是偷偷把父亲救出监狱，一起逃到官方找不到的地方隐居起来，高高兴兴地尽孝，不做天子。

在孟子的年代，如果哪个统治者真有这样的觉悟，倒也不难做到。然而明朝的社会结构大异于先秦，王守仁只要想想自己祖辈的遭遇，尤其想想遁石翁的境况，便不会真的动什么窃父而逃的念头。他应该已经发觉，古老的儒家理念和现实的政治格局早已有点方凿圆枘的尴尬了。

家里一度传来王华病重的消息，王守仁不免真的动了弃职逃归的念头，只因为后来家书再至报了平安，这才没有成行。某日王守仁问门人弟子："我当时想弃官回家，怎么就没一个人支持我呢？"

门人周仲答道："先生思归一念，似乎着相了。"

王守仁沉默良久，终于反问道："此相安能不着？"

"着相"是佛教术语，粗略地说就是拘泥于世俗之见。譬如我这本书，如果你把它捧在手上，笃信它是一个叫作"书"的真实存在的物件，那么你就着相了，因为从本质上看，"书"只是一个集合名词，"这本书"则是因缘和合的产物，缘起则聚，缘尽则散，每时每刻都因为磨损或热胀冷缩等缘故发生着细微的改变，此时之书并非彼时之书。

或者可以用彩虹来做说明。亚里士多德推测，彩虹并不是高悬于天空中的一个实实在在的物体，而是光线经由云中的水滴散射进观察者的眼里而产生的形象。当时，这不是一个精准的说法，但毕竟触及了问题的关键。彩虹只是光线的魔法，观察者的位置不同，看到的便不是同一道彩虹。倘若我们执拗地相信彩虹就是悬在天空的一个实体，相信附近的人看到的和我自己看到的是同一道彩虹，这就是"着相"了。

彩虹是阳光、水滴、视网膜因缘和合的结果。宇宙中的万事万物，包括父子关系，都是因缘和合的结果——以佛教语言说，都属于"假有"，而非"真有"。一个人只要能洞彻因缘和合的道理，从理论上说，就不会对任何事物怀有执着心。以这种心境来生活，就会活出《菜根谭》所谓"宠辱不惊，闲看庭前花开花落；去留无意，漫随天外云卷云舒"的境界。通俗言之，如果一场大火忽然烧光了你所有的财产，你也无甚所谓，因为你知道财产只是假有，刚刚与你缘尽罢了。

人之所以患得患失，之所以像小人一样"长戚戚"，在佛家看来就是"着相"的缘故，或者说是心有挂碍。所以《心经》教人"无挂碍故，无有恐怖"，只要一切都不挂心，人自然就什么都不怕了，对一切大悲大喜都可以淡然处之。话说回来，王守仁在平定宸濠之乱的时候全是一派"无挂碍故，无有恐怖"的姿态，却偏偏对父亲的病情如此挂心，甚至举止乖张，还作一副"小人长戚戚"的样子，这哪还像一位得道高人呢？

周仲的想法应当是因其代表性才被《年谱》记录在案的，这便意味着在儒者的心性修养里已经掺杂了若干佛教的因子。确实，儒家所谓心性之学和禅学很容易混淆，稍不留意就会发展到不分彼此的程度。顾炎武有考证，在科举试卷里答入禅理的第一人，即万历丁丑科的杨启元，正是阳明心学的后学人物。[1] 心学与禅学的差异只在毫厘之间，所以王守仁的弟子与再传弟子往往有失之毫厘就入了禅学的，朱子学派的人也每每在这一点上狠狠地攻击他们。

话说回来，王守仁当然可以批评周仲选错了意识形态路线，但他自己的心镜之喻明明也在反衬着自己的牵挂，这应该才是他沉默良久的原因吧。而他最后做出的回答，其实与多年前游杭州时对那名修闭

---

1 见清代顾炎武著、黄汝成集释《日知录集释》（上海古籍出版社，2011年出版），第1055页。

口禅的僧人的棒喝如出一辙：亲情是天理，既不应割舍，亦无法割舍。然而耐人寻味的是，多年前王守仁的棒喝可以脱口而出，而在修养与阅历大增之后却迟疑了许多。

家事与国事，都在挑战着王守仁的心镜修为。我们再看他在这时写下的《舟夜》一诗：

> 随处看山一叶舟，夜深霜月亦兼愁。
> 翠华此际游何地？画角中宵起戍楼。
> 甲马尚屯淮海北，旌旗初散楚江头。
> 洪涛滚滚乘风势，容易开帆不易收。[1]

舟中无眠，引发焦灼的全是武宗御驾亲征的事情。尾联"洪涛滚滚乘风势，容易开帆不易收"一语双关，风势太大，船帆易开难收，而武宗摆出如此大的阵仗，不知道该怎样收场，而自己作为平叛的首倡者，义无反顾地跳进这个烂泥塘，也不知道将来怎样收场。

王守仁索性住进了九华山的僧舍，每日只是静坐。前文有述，静坐是他提倡的一种修养方式，这一点既与宋元理学家并无二致，而源头并不在儒家，而在佛、道。而这一切都被武宗派来的人看在眼里，武宗知情后便放下了心："王守仁是学道之人，召之即至，怎会谋反呢？"

武宗既安了心，便没必要真让王守仁来南京觐见了，免得听他聒

---

[1] 见《全集》，第834页。

噪那些逆耳忠言，于是又一道圣旨，打发王守仁原路返回了。回程不被人阻，却被风滞，仿佛事事总难如意，所幸风是南风，总还带来了一丝春意：

> 岁寒犹叹滞江滨，渐喜阳回大地春。
> 未有一丝添衮绣，谩提三尺净风尘。
> 丹心倍觉年来苦，白发从教镜里新。
> 若待完名始归隐，桃花笑杀武陵人。
> ——《舟中至日》

> 冬江尽说风长北，偏我北来风便南。
> 未必天公真有意，却逢人事偶相参。
> 残农得暖堪登获，破屋多寒且曝檐。
> 果使困穷能稍济，不妨经月阻江潭。
> ——《阻风》[1]

苦意每多，白发新添，想辞官归隐却身不由己，所谓武陵人的讪笑无非都是自嘲。

其实在这种时候，倘若王守仁真的辞官归隐，无职无权，不知会有多少污水泼到他的身上，而他不会有半分还手之力，最后很可能会落到冀元亨那样的下场。越在这种时候，权力、人脉、努力才尤其重

---

[1] 见《全集》，第834页。

要,只是正人君子每每会因为沮丧和倦怠而失去斗志,误以为只要退一步就真的可以海阔天空。所以,王守仁此时的"身不由己"对他反而是一件幸事。

阻风也是某种意义上的幸事,毕竟南风里的春意吹来了农耕的希望,王守仁因此毫不介意行程上的耽搁。友人或许为这样的耽搁生疑,他便以《用韵答伍汝真》这样的诗来展现一回潇洒的姿态:

> 莫怪乡思日夜深,干戈衰病两相侵。
> 孤肠自信终如铁,众口从教尽铄金!
> 碧水丹山曾旧约,青天白日是知心。
> 茅茨岁晚饶风景,云满清溪雪满岑。[1]

首联语带伤感,很有几分倦于仕途的情绪。颔联一转而入豪迈,任凭群情汹汹、众口铄金,我只求问心无愧。颈联和尾联憧憬着和友人携手归隐的生活,自信我心有青天白日为鉴,又何妨笑骂由人。

十六

王守仁这一时期的诗作,大多都是忧心忡忡的。天象似乎也真的

---

[1] 见《全集》,第834-835页。

与人事相合，从新年第一天开始就是恼人的天气，元旦是雾，初二是雨，初三是风：

> 元日昏昏雾塞空，出门咫尺误西东。
> 人多失足投坑堑，我亦停车泣路穷。
> 欲斩蚩尤开白日，还排阊阖拜重瞳。
> 小臣谩有澄清志，安得扶摇万里风！
>
> ——《元日雾》

> 昨朝阴雾埋元日，向晓寒云迸雨声。
> 莫道人为无感召，从来天意亦分明。
> 安危他日须周勃，痛苦当年笑贾生。
> 坐对残灯愁彻夜，静听晨鼓报新晴。
>
> ——《二日雨》

> 一雾二雨三日风，田家卜岁疑凶丰。
> 我心惟愿兵甲解，天意岂必斯民穷！
> 虎旅归思怀旧土，銮舆消息望还宫。
> 春盘浊酒聊自慰，无使戚戚干吾衷。
>
> ——《三日风》[1]

1《全集》，第839-840页。

元日在雾中失路，途穷当哭，这是阮籍式的悲哀。我们似乎会以为，以王守仁的胸怀与学养，纵然寻不到路，也只会"行到水穷处，坐看云起时"，这才是他应有的人生境界。然而不是，他有的是那种想有所为却无从入手的绝望。他明知症结何在，明知应当尽斩武宗身边的奸佞小人，但他又能怎么办？"小臣谩有澄清志，安得扶摇万里风"，空有美好的愿望，却孤独无依，得不到助力便使不上力。

这种无力感正如汉代名臣贾谊所遭遇的那样，但还能如何呢？"安危他日须周勃，痛苦当年笑贾生"，也许将来能有周勃那样的铁腕人物出来安定天下，这就不是自己这样的小人物在今天应当忧心的了。而忧心怎么都止不住，又这样失眠了一夜，不知不觉间又听到街鼓报晓的声音。

仔细想来，那些南下的北军在这新年也会生出思家的念头吧，怎奈皇帝任性，不晓得还要多久才会班师。"春盘浊酒聊自慰，无使戚戚干吾衷"，索性借酒浇愁，不要再去想这些烦心事吧。

我们看王守仁这三首诗，哪有半点"用心若镜"的样子，平常心早不知道去哪里了，一味只是家事、国事、天下事，事事忧心。而在焦虑中彻夜失眠，这在王守仁而言早已不是第一次了。

十七

行经野云县,听说县城东边的一座小山上有一只铁船,这真是令人难以置信的事情。王守仁不禁好奇,待真去看时却只能看到一个轮廓,想来是深色的岩石凸起成船形吧。

王守仁偏在"感时花溅泪"的心境下,凡有所见都会"而今触绪伤怀抱",平添几分老生常谈的感慨。山上的铁船,这真是一个绝妙的意象,律体诗不足以铺陈与宣泄,一首七言古体诗《舟过铜陵野云县,东小山有铁船,因往观之,果见其彷佛,因题石上》仿佛一发不可收拾,这是王守仁的诗里少见的极富文学趣味的佳作:

> 青山滚滚如奔涛,铁船何处来停桡?
> 人间剜木宁有此,疑是仙人之所操。
> 仙人一去已千载,山头日日长风号。
> 船头出土尚彷佛,后冈有石云船艄。
> 我行过此费忖度,昔人用心无乃忉。
> 由来风波平地恶,纵有铁船还未牢。
> 秦鞭驱之未能动,羿力何所施其篙。
> 我欲乘之访蓬岛,雷师鼓舵虹为缫。

> 弱流万里不胜芥，复恐驾此成徒劳。
> 世路难行每如此，独立斜阳首重搔。[1]

首句将起伏的青山比作起伏的波涛，便可以顺理成章地追问铁船的来处。朱熹曾有推断，山由浊水凝结而成，所以山峦才呈波浪的样子。故而以山峦喻波涛，倒也真是儒者的当行本色。

铁船从何处来，由何人造？疑是仙人昔年所乘，而仙人又为何乘此而来呢？"由来风波平地恶，纵有铁船还未牢"，也许因为海上的风波不及平地，所以在平地行船才特именно需要铁船吧，但铁船终究敌不过平地的风波啊。我欲乘铁船游仙而去，而无力载起一粒芥子的弱水又怎能载得动这只铁船呢？但我也不须嗟叹，毕竟世路难行才是人生的常态啊。

这正是"国家不幸诗家幸，赋到沧桑句便工"，或者说"诗穷而后工"，鄙薄文艺的王守仁在这一时期写下的诗每每有卓绝的文采，而国事正风雨飘摇，人生正山穷水尽，索性纵情山水，于是我们读到"穷探虽得尽幽奇，山势须从远望知"（《江上望九华山》二首之二）、"卧稳从教波浪恶，地深长是水云冥"（《繁昌道中阻风》二首之一）这样深得宋人理趣的句子，也读到"高阁松风飘夜磬，石床花雨落寒灯"（《山僧》）、"僧与白云还暝壑，月随沧海上寒潮"（《又次壁间杜牧韵》）这样颇具唐人情趣的句子。而所有的诗兴与游兴，归根结底不过是在排遣政治上的败兴罢了。

---

[1] 见《全集》，第841页。

十八

曾经阻滞王守仁归程的南风并未如愿地带来足够的春雨。这一年江西既有旱情，又遭遇了数十年未遇的水患。百姓刚被人祸，又遇天灾，可想而知会发生民变。地方官在这种局势下照例要申请朝廷减免赋税、赈济灾民，然而武宗带来的浩荡王师也正需要惊人的补给——公文迭至，催粮催钱，做的全是雪上加霜的事情。

巧妇难为无米之炊，幸而宁王府的储藏在这时候派上了用场。巡按御史唐龙、朱节上疏，建议将宁王府变产官银代民上纳。这总算解了燃眉之急。而王守仁以天人感应的理论将洪水的责任担当下来，自劾谢罪，希望皇帝另选高明。这其实也算对皇帝的一种委婉的规劝，因为在天人感应的理论里，长久滞留南京不归的武宗才最有资格为上天降下的灾异负责。

武宗当然不会有这样的觉悟。要想劝说武宗而收实效，张永的方针才是唯一的出路，即凡事都要顺着武宗的心性。而顺着武宗的心性自然就意味着悖情悖理，谁让他就是那么一个荒唐的皇帝呢？

正德十五年（1520年）七月，"威武大将军镇国公"下令，要王守仁重新上报平定宸濠之乱的捷音。这份荒唐的命令已经是张永在武宗身边极力争取的结果了，而不熟悉官场规则的人便不会明白，王守仁明明已经报过捷、献过俘了，为什么还要重写一份捷报呢？

王守仁倒也"识趣"，给故事渲染出一个崭新的版本，这便是《重上江西捷音疏》，开头便一本正经地称皇帝为"大将军"，说"大将军"对宸濠之乱早有谋划、安排，后文又为皇帝身边那些亲信，包括张忠、朱泰在内，一一表功：

> ……又蒙钦差总督军门发遣太监张永前到江西查勘宸濠反叛事情，安边伯朱泰，太监张忠，左都督朱晖，各领兵亦到南京、江西征剿。
>
> 续蒙钦差总督军务威武大将军总兵官后军都督府太师镇国公朱统率六师，奉天征讨，及统提督等官司礼监太监魏彬，平虏伯朱彬等，并督理粮饷兵部左侍郎等官王宪等，亦各继至南京。[1]

按官场惯例，要想把事情做好，总要先把那些不会做事却很会捣乱的小人安抚好；要想自己论功，一定要先给这些小人论功。王守仁当然做得晚了，只希望亡羊补牢未为迟吧。

有了这封"识趣"的奏疏，武宗皇帝终于师出有名，连忙在南京举行了一场别开生面的受俘仪式，亲自顶盔掼甲和宁王"鏖战"一番，总算圆了这一场亲征大梦。

武宗心满意足，奸佞们也各有各的收获，总算可以班师了。四天

---

[1] 见《全集》，第480-484页。

之后，王师正式北返，结束了这一场长达一年多的闹剧。而王守仁这样的做法却在后来引起了儒家阵营里的很多争议：他究竟算是以权变来顾全大局呢，还是放弃原则，为眼前利害而不惜损害全天下意识形态的根基呢？这真是一个具有普世意义的两难问题，理想派与现实派的争议一直不休。我们不妨从一个相当晚近的事例上体会抉择的难度：美国佛罗里达，1941年，这是敏感的时间与敏感的地点，作家E.B.怀特在一家禁止黑人入内的电影院里欣赏一部爱国主义宣传片，当片尾字幕"不可分割的国家，人人享有自由与正义"出现的时候，观众掌声四起。怀特不禁想象，如果自己站起来大喝一声"你们如此喜欢自由和正义，为什么不许黑人进电影院"，不知道这会引发怎样的后果。

怀特没有胆量在现场发出这样一声大喝，却在随笔《佛罗里达珊瑚岛》里认真地做了反思："北方人很可能认为南方人在种族问题上偏执，南方人却认为北方人脱离实际，说出话来往往靠不住。黑人差别待遇的理念让北方人不满意，但在黑人人口与白人不相上下或多于白人的城镇里，却被视为合情合理。对一个问题，答案是切合实际的还是理想主义的，要看人们回答时说的是一年、十年抑或一百年。换言之，完全可以想象，虽然目前的限制不会很快取消，一百年后，黑人必将享有更多的自由，但这并不足以让今天的黑人有机会欣赏电影。"

怀特道出了人类社会的一条铁律：只要有足够的耐心，棘手的问题总会在遥远的将来得到改善。然而安德鲁·马维尔，英国十七世纪诗人，预先以一首《致他娇羞的女友》做出了精巧的回答："假如我们有足够的世界和足够的时间，女士啊，你这样的娇羞便算不得罪愆。我们可以坐下来，想想该在哪条路上消磨我们漫长的爱恋。……让我用一百年赞美你的眼,凝视你的眉,用二百年崇拜你的胸,用三万年的时间慢慢爱遍你身上的每一寸肌肤。偏偏把你的心留待最后触摸,只有这样的排场才不致把你辱没……"是的,假如我们可以有这样的时间,然而"但我总是听到,背后隆隆逼近的时间的战车……",只这一句便将之前那些长篇大论的抒情式的铺陈打得溃不成军。

争议可以无限地进行下去,而在多数情况下,即便我们可以置身事外远观历史,也无法为理想派与现实派的方案盖棺论定。所以,当我们真的以局内人的身份面对这一类问题时,阳明心学能够带给我们的也许不是更好的方案,却绝对是最有效也最有力的决断。

是的,正反两方各有各的道理,我们且不必细论,只是从《重上江西捷音疏》当中可以窥见阳明心学的处世准则:孔子如何规定,孟子如何规定,祖宗法度如何规定,一切都可以打破,只要心安就好。那些固守孔孟之道与祖宗法度的大臣当然也有可能打破这些规则,而区别在于他们在打破规则的时候总会有些束手束脚、辗转难安,阳明心学的信徒却心安理得,无所顾忌。

心态上的一点不同,会造成行为效果上的天壤之别。这正如现代医学里的安慰剂效应,强大的信心会使一枚糖果起到灵丹妙药的疗效——太多的双盲实验一再证实了这一点。

十九

　　武宗班师，终于还了江南百姓清净。只要官府不生事，民间总能从疮痍中迅速恢复活力。以黄老学派无为而治的思路来看，管得好不如管得少。

　　长吁了一口气的王守仁更不愿多生事端，于是巡抚衙门又有了书院的气象，天下学人仰慕他的事功与学术，前来求师问道的人络绎不绝，即将在阳明心学的传承过程中大放异彩的王艮就是在这个时候远来拜会的。

　　王艮的身份很有些特别，他原名王银，出身于泰州的一个盐工家庭。明朝实行食盐专卖政策，盐场工人有专门的户籍，称为灶户。灶户和军户一样，世袭不但是权利，更是义务。明代中叶以来，政府对食盐的控制略有放松，灶户在完成国家指标之后，如果还有余盐，可以拿出一部分来自行销售。王银的家庭就是这样，父亲煮盐、贩盐，在贫困的日子里挣扎，王银草草读了几年私塾，从十一岁上便在父亲身边帮工了。穷人的孩子早当家，王银就是一个例子。

　　王银二十五岁那年，贩盐经过山东，在夫子庙前忽然受到震撼，慨然自语道："孔子也是人，我也是人，圣人一定是凡人可以学成的！"世界的迷雾从此豁然开朗，他开始了一种半工半读的生活，煮盐、贩盐依然如故，但怀里总揣着《孝经》《大学》《论语》这些典籍，得空便钻研，一有机会便向别人讨教。

儒学早已发展为一门博大精深的学术体系，一个"工人家庭"的孩子半路出家，靠野狐禅式的自学坚持下来，注定会和知识分子的主流群体格格不入。王银当时的角色，很像今天所谓的"民科"，怀着发明永动机的高远理想，在无人理解的孤独里负重前行。

我们对照中年之前的王守仁与王银，会发现他们的治学理论几乎如出一辙，但不同的出身决定了他们不同的命运：王守仁虽然"标新立异"，但在世人的眼里，他至多只是"体制内"的另类分子，是可以用"体制内"的语言沟通的人；王银却是"体制外"的"孤魂野鬼"，从方法论到专业术语都自成体系，与"体制内"的学术扞格难通。

但正是这种无拘无束的环境让王银越学越有自信。某天他做了一个寓意深远的梦，梦见天突然塌了，人们奔走呼号，不知所措，而他高举双臂，将天擎住，又将错了位的日月星辰一一摆正，耳边尽是人们欢呼拜谢的声音。

这种孤胆英雄拯救地球的好莱坞经典主题，当真就这样出现在一个明朝人的梦里。醒来之后，王银发现自己浑身上下大汗如雨，但心里有一种难以言喻的通透感，那意味着对"万物一体，宇宙在我"的顿悟。

这是王银破茧化蝶、脱胎换骨的一刻，以往的一切所学、所疑至此豁然贯通。而梦的寓意毋庸置疑是要自己拯救天下苍生的天启，那就以讲学来救世吧。于是王银依照古礼，为自己打造出一套卓尔不群的行头：头戴五常冠，身穿深衣，腰系大带，手持笏板。如此扮相的依据是:"言尧之言,行尧之行,就一定要穿尧的衣服!"

尧当然不可能穿成这副模样,但重要的是,王银真诚地这样笃信着。以这样的扮相四处讲学,真仿佛戏台上的人物乍现在现实生活里,很能引发人们围观的热情。然而问题在于,即便尧真的这样穿戴,但在明代中叶穿成这副模样,穿出来的与其说是圣贤风范,倒不如说是朋克精神。

王银当然没有这种自知之明,只是自信满满地标榜自己的教学主旨:不分老幼贵贱贤愚,凡是有志求学的人都可以来学。这是一个真正的革命性主张,尽管孔子早已"有教无类",但我们只要看看天下四方来向王守仁求学的都是哪个阶层的人物,便知道王银的做派有多么出格了。而当王银以"行为艺术家"的姿态招摇过市的时候,幸而影响还不算太大,朝廷也无暇去关注他。

二十

某天有人告诉王银,说他的观点和王守仁非常近似,他这才晓得世上还有王守仁这号人物。这倒不怪他孤陋寡闻,毕竟"体制外"的人难免会有这种信息缺失,只顾着"与天地精神独往来",却没听说当下的学术热点和学术明星。

"德不孤,必有邻",王银欢快地发出这样的狂言:"王公论良知,我谈格物,如果我们的看法相同,那就是上天降下王公来点化后世;

如果我们的看法不同，那就说明是上天降下我来点化王公。"

王银带着这样的自信即日启程，抵达南昌之后，他深衣博带，手持笏板，以两首诗作为见面礼，在府衙外求见王守仁，全身散发出一派古怪的庄严感。

奇装异服总能赢来额外的关注，这也正是历代统治者忌惮"行为艺术家"的理由。王守仁当然不同凡俗，以巡抚之尊降阶相迎；王银却不客气，径入上座。如此不得体的举止大约使王守仁动了些气，所以他接下来的问话很不给王银留情面。

王守仁问道："先生所戴何冠？"

王银答道："虞舜之冠。"

王守仁再问："所穿何服？"

王银答道："老莱子之服。"

王守仁再问："您是要效法老莱子吗？"

王银答道："当然。"

王守仁道："那您为何只学了老莱子的装束，却不学他上堂假装小孩子打滚啼哭的样子呢？"

王银当即变了脸色，怯生生地侧了侧身子，不敢再摆出分庭抗礼的姿态了。

老莱子是以孝亲著称的传奇人物，他为了讨父母的欢心，古稀之年仍然穿着小孩子的彩衣，在父母膝下学小孩子玩耍的样子。王守仁讥讽王银只会做表面功夫，其实在儒家的理路里，王银很有辩驳的理据。

传统儒家很在意外在的仪节，包括言谈举止与穿衣打扮，甚至可以说穿衣打扮是儒家修养的基本功。先秦时君子有佩玉的传统，走起路来环佩叮珰，佩玉发出的声音起到一种提示作用：只要人的举止得宜，佩玉的碰撞声就会显得清脆悦耳，而一旦失态，玉声也就凌乱了。衣着也有同样的功效，好比今天的职业女性，只要穿上西服套裙，自然就会规行矩步，因为束身的裙子限制了步伐的幅度。再如，欧洲贵族的传统硬领，会逼迫人始终保持昂首挺胸的仪态。久而久之，这些无关道德的表面功夫自然就会内化，会在潜移默化中改变人的心理。简言之，肢体动作的幅度越小，人就显得越庄重；而人"显得"越庄重，久而久之就会"真的"越庄重。着装改变行为，行为改变心态。

当时王银完全可以用这套理论来为自己的着装辩护，而他虽然绝顶聪明，却吃亏在文化太低——当然也可能另有一个原因，即他真的从王守仁的讥讽里有了反省，发现自己确实对外在形式过于看重了。

接下来两人讨论"格物致知"，王银终于服气了，觉得王守仁的观点简易直截，非自己所及。常人在这种时候总会恼羞成怒，但王银不是凡人，当即便扔开全部的自负，向王守仁行了拜师大礼。

二十一

事情的后续发展证明了一条真理：重要的决定不妨缓一缓再做，切莫操之过急。

王银在拜师之后回到驿馆，不断回味着适才的辩论，越想越懊悔自己服输得太轻率。经过一夜的缜密思虑，第二天一早，王银匆匆上路，再战王守仁。

王守仁倒是很欣赏王银的态度，再战也无妨。结果在又一番辩论之后，王银终于心悦诚服，拜在王守仁门下。在明代思想史上，这一刻的重要性无论怎么高估都不过分。阳明心学的市井色彩也好，桀骜不驯的叛逆精神也好，自我意识的高度膨胀也好，后人心目中这些最突出的阳明心学的特质，其实主要都是由王银在后来一手打造出来的。

王银一系，被近现代的思想史研究者称为"王学左派"，变儒学的温柔敦厚为高蹈奋发，使所有以怀瑾握瑜自命的人尽情彰显心中的珍宝。誉之者称其为思想解放，毁之者视其为群魔乱舞。阳明心学成也王银，败也王银，而王守仁当时收下王银这个弟子，很近似《西游记》里唐僧收下孙悟空之后的感觉，既欣赏他除妖伏魔的神通，又为他的野性难驯而大伤脑筋。

所以在收下王银之后，王守仁做的第一件事就是为他改名取字，将王银改为王艮，取字汝止。

艮，貌似只是将"银"去掉偏旁，显得文雅一些罢了，但王守仁之所以这样改，显然在针对王银的性格。"艮"是《周易》当中的一卦，尤其为理学家重视。周敦颐曾有一句名言："一部《法华经》，只消一个艮字可了。"

这当然是一种大而化之的说法。如果不把这种逻辑当真的话，我们甚至可以说宇宙间的一切问题都可以伸一根手指来解答。《法华经》八万多字，如果删去全文，替换成一个"艮"字，恐怕恼火的不只是佛教徒吧？而如果把周敦颐的话理解为《法华经》的主旨与艮卦暗合，倒也有几分在理。

理学家对艮卦的理解虽然只是一家之言，而且绝不符合《周易》古义，但为求王守仁对艮卦的理解，我们就必须在理学家的易学经典里找答案。

程颐《伊川易传》，又名《周易程氏传》，认为"艮"的含义是"止"，具体说就是人应当止于天理安排给他的那个特定位置。这正如《大学》告诉我们的，如果你是君主，那就要止于仁爱；如果你是臣子，那就要止于恭敬；同理，做儿子止于孝，做父亲止于慈，与国人交往要止于诚信……如此这般的话，万事万物就会各得其所，圣人治理天下，所做的无非是使万事万物各得其所罢了。

道理虽然简单，但人们往往不能止于其当止之处，这都是因为受到了欲望的迷惑。而一个人必须既不受外物的诱惑，又不被内心的欲望所干扰，这才能够止于其所。[1]

王银，现在应该称他为王艮了，因为他是从社会底层靠自学出身，从未受过书香门第的君子教育，所以行事做派每每显得浮夸，最缺乏分寸感，换言之，不太能够"止于其所"。古人的名与字总有含义上的关联，王守仁为他取字"汝止"，其含义通俗以言之，不啻在说"你可要消停一下啊"。

艮卦的《象传》有一句话也格外适合王艮："君子以思不出其位。"王艮的所思所想偏偏总是出位的，而出位往往意味着出格，既让旁人看不惯，也很容易给自己以及亲朋好友招致无妄之灾。后续的发展一

---

[1] 见《二程集》（中华书局，2011年出版），第967-968页。

再证明，王艮真是一个不折不扣的惹祸精，王守仁每每被他弄到焦头烂额，而他偏偏天真而挚诚，有死缠烂打的认错本领，让人纵然想甩也甩不脱他。

二十二

在南昌的这段日子里，王守仁在学术上更有进益，心得常常体现在诗句里，《书汪进之太极岩》二首最是耐人寻味：

一窍谁将混沌开，千年样子道州来。
须知太极元无极，始信心非明镜台。

始信心非明镜台，须知明镜亦尘埃；
人人有个圆圈在，莫向蒲团坐死灰。[1]

"一窍谁将混沌开"，劈头便用《庄子》的典故，但含义不是《庄子》的，而是抛出一个"宇宙从何而来"这样的终极问题，而问题的答案便是"千年样子道州来"。道州是周敦颐的家乡，这里代指周敦颐。周敦颐《太极图说》是思想史上的一颗重磅炸弹，用简约而含混

---

[1] 见《全集》，第851页。

的语言描述了儒家体系里的一个宇宙生成论。

　　古汉语是诗的语言，很适宜在主谓宾不全的表达里营造诗的意境，譬如"鸡声茅店月，人迹板桥霜"，全是名词罗列，不加一个动词，由读者自行想象这些名词之间的关系。其他语言很少有这样的表达方式，所以当中国古诗启发出英美诗坛的意象派，而那些操着英语的诗人无论怎样模仿中国古诗的语言，总少不得要加上一些动词、介词，等等，所以总不能写出唐诗宋词之美。但有一利必有一弊，诗词的语言很不适合说理。我们看周敦颐《通书》的修辞，譬如"五行阴阳，阴阳太极"，同样是单纯的名词罗列，但究竟应该如何理解呢？我们只能从语境来做判断，这大约是指"五行出自阴阳，阴阳出自太极"。

　　阴阳和五行的关系属于常识，人们倒不难填补进恰切的动词，而对于那些不属于常识的有独创性的观点，人们真不知道该如何是好了。中国思想史上的很多争议性的问题，其实都是由语言的乏力造成的。

　　周敦颐《太极图书》开篇第一句就是这样的一句话："无极而太极。"这到底是什么意思呢？是一个叫作"无极"的东西派生了"太极"，抑或"无极"只是用来形容"太极"，或者还要做其他的什么理解？

　　我们已经无法知道周敦颐究竟想要表达什么，但可以确知的是，朱熹和王守仁都将"无极"当作对"太极"的修饰语。朱熹观点的最简约的表述就是无极者无形，太极者有理，那么"无极而太极"意味着无形而有理，天理是一种无形的存在。

　　"须知太极元无极，始信心非明镜台"，天理既然是无形的，包含一切天理的心自然也是无形的，所以"用心若镜"只是一种比喻，千万不能执无为有，真的把无形的心当作镜子一般的有形之物。

"始信心非明镜台，须知明镜亦尘埃"，如果心真的是明镜一般的有形之物，那么自然就会锈蚀、缺损，只有无形之物才能恒常不变，亘古如新。天理正是恒常不变、亘古如新的，永远都在人的心里，都在每个人的心里。

"人人有个圆圈在，莫向蒲团坐死灰"，这里所谓的"圆圈"，指的是周敦颐《太极图》里表示太极的那个圆圈，是太极，也是天理。既然人人心里都有这个太极，有这个天理，那就应当洗净内心来寻找天理，而不要向外寻求，那注定是徒劳。

这两首诗以儒家视角解释了慧能"菩提本非树，明镜亦非台"的禅偈，同样用慧能否定坐禅功效的言语来否定了向外求理的做法。

那些辛勤坐禅的人，在王守仁看来虽然用力用错了方向，只会落到南辕北辙的收场，但从"立诚"的意义来看，他们真的很让人佩服。儒家学子如果也能有这般"立诚"的心，又何愁不能做成圣贤呢？《有僧坐岩中已三年，诗以励吾党》：

> 莫怪岩僧木石居，吾侪真切几人如？
> 经营日夜身心外，剽窃糠枇齿颊余。
> 俗学未堪欺老衲，昔贤取善及陶渔。
> 年来奔走成何事，此日斯人亦起予。[1]

---

[1] 见《全集》，第854页。

这名僧人在岩间苦修，转眼已是三年，且不论他的修行方法是对是错，但是这一份坚守、这一份赤诚，便没有几个儒家弟子能及。至于"立诚"要向何处立、人欲要从何处灭，《贾胡行》说得极浅显：

　　贾胡得明珠，藏珠剖其躯；
　　珠藏未能有，此身已先无。
　　轻己重外物，贾胡一何愚！
　　请君勿笑贾胡愚，君今奔走声利途；
　　钻求富贵未能得，役精劳形骨髓枯。
　　竟日惶惶忧毁誉，终宵惕惕防艰虞。
　　一日仅得五升米，半级仍甘九族诛。
　　胥靡接踵略无悔，请君勿笑贾胡愚！[1]

　　诗中描写一名商人为了保住一颗明珠，不惜割开身体将明珠藏进去。明珠是否藏得住还是未知数，但身体已经受了伤残。你会笑话这商人的愚蠢，但请仔细想想，你难道不是五十步笑百步吗？你为了钻营富贵，劳神苦形，为着微薄的俸禄甘冒灭族的风险。算了吧，你根本没资格笑话这个商人！

　　诗句虽然用到第二人称，却显然有夫子自道的意味。这首诗虽然感慨真切，道理却说得荒唐。高回报总会伴随着高风险，多少人前赴后继杀进官场，为博取一官半职无所不用其极，难道这都是冲动之下

---

[1] 见《全集》，第855页。

的抉择吗？以身体上可以容忍的伤残来交换巨大的物质利益，这也很难说就是愚蠢啊。

乍看上去，这首诗全是《庄子》的意思。儒者凡有郁结，每每在《庄子》中寻慰藉，似乎王守仁也未能免俗，但以阳明心学的语境来看，明珠也好，仕途也罢，都是纠结人欲的所在，故而只要将"轻己重外物"颠倒一下，变为"重己轻外物"就是了。"古之学者为己"，还是以古道自励的好。

二十三

既然"古之学者为己"，那么该如何看待知识性的学问呢？

舒芬，字国裳，正德十二年（1517年）状元，素来以博学自恃，是当时有名的知识精英。正德十四年（1519年），已任翰林院修撰的舒芬因为劝谏武宗南巡，不但挨了廷杖，还被远贬为福建市舶副提举。舒芬某日来向王守仁讨教乐理知识，大约有一点挑衅的意思。王守仁却不作答，反而向舒芬请教"元声"。

元声是一个很专业的乐理问题，即古代十二律当中的黄钟——基准音高。有了基准音高，就可以根据所谓"三分损益律"推衍出全套的音阶，乐师这才可以演奏。以今天的眼光来看，随便找一个基准音高也不太有所谓，只要相对音高准确就好。多人合奏的时候，也只需要事先协调一下。但儒家礼乐并重，音乐有着强大的宗教意义，所以元声不仅仅是一个技术问题，还是一个意识形态问题，必须与"天道"相合。

如何找准元声，在古人而言是一件棘手的事情。《吕氏春秋·古乐》有载，黄帝派乐官伶伦制定音律，伶伦从大夏之西走到阮隃之阴，从嶰溪之谷选出合适的竹子，再从中精选内空均匀的竹干，截取三寸九分的竹管，将它吹出来的声音定为黄钟律的宫音，也就是元音。

这段记载虽然很有神话色彩，却也很形象地说明了确定元音是一件难事。所以舒芬答道："元声制度颇详，需要在密室里反复试验才能找准。"王守仁却别出心裁："元声难道只是一个技术性的问题吗？只要心得到妥善的培养，气自然会和，元气便会自然产生。典籍所谓'诗言志'，志便是音乐的根本，所谓'歌咏言'，歌便是制作音律的根本。歌本于心，所以心才是中和之极。"

王守仁所谓心是中和之极，意味着心就是标准的元声，校准元声靠的不是专业的音乐器材，而是平和中正的心。就这样，一个纯粹的知识性问题被巧妙转换为道德修养问题。这正是王守仁的一贯风格，在他而言不存在道德以外的世界，一切问题要么可以转换为道德问题再来解答，要么索性置若罔闻。乐师如果真的用王守仁的方法来校准音高，很可能就要担心失业的问题了。

舒芬毕竟是儒者而非乐师，闻言之下喜出望外，当即便拜王守仁为师。前文有讲舒芬请王守仁书写《孟子》"拱把桐梓"一章，两人的渊源便是从这里开始的。

二十四

舒芬与王艮，分别代表了王守仁门人中的两极。虽然"有教无类"是孔子的教学传统，任谁也无可厚非，但以世俗眼光来看，王守仁也过于不挑剔了。门人弟子当中三教九流、鱼龙混杂，这似乎不是什么好事。

当地官员中巡按御史唐龙与督学佥事邵锐都是恪守朱子理学的顽固派，尤其是唐龙，认真忠告王守仁，要他停止讲学、谨慎交游。

孟子曾经遇到过同样的问题，当时他住在滕国，馆驿里有人丢了鞋子，怀疑是孟子的门人偷了。孟子很不以为然："难道你以为我这些门人是为了偷鞋子才到这里来的？"对方答道："那倒不是，不过您开科授课，对学生采取往者不追、来者不拒的态度。无论什么人，只要来求学，您都接纳，您的门人也就难免良莠不齐了。"(《孟子·尽心下》)

拿孟子的话来堵唐龙的口，这是最现成的办法，但王守仁偏有一番自己的体会："我真切地发现人人都有同样的良知，只是很多人不能体会到良知，这才甘心随波逐流。人们认识到了这一点，赶来向我求教，我怎忍心只顾自己避嫌而缄口不言呢？求真才者譬如沙里淘金，难道不知道绝大多数都是沙子，都要被淘洗掉吗，但也不能因为沙子太多,索性连金子也不淘了吧?"

这段话里最要紧的其实不是辩驳的逻辑,而是"良知"二字。此时的王守仁在学术上又一次破茧化蝶,开始揭橥"良知"与"致良知"的观点,一个新的时代就这样揭开帷幕了。

第十四章

致良知

一

"良知"与"致良知"可以看作"知行合一"的升级版。

"知行合一"毕竟太违背人的直观感受,是一个很容易引发困惑的观点,总需要王守仁费尽口舌,但口舌越多,漏洞也就越多,又需要更多的口舌来弥合这些漏洞。最好的办法也许不是持之以恒地多打补丁,而是另辟蹊径,提出一个简化的版本。

理论家总会追求更简化的理论,王守仁改"知行合一"为"良知"与"致良知",实在是顺理成章的,此后他便很少再讲"知行合一"了。

"良知"并非王守仁独创的概念,而是源自古老的《孟子》:

> 孟子曰:"人之所不学而能者,其良能也;所不虑而知者,其良知也。孩提之童无不知爱其亲者,及其长也,无不知敬其兄也。亲亲,仁也;敬长,义也;无他,达之天下也。"(《孟子·尽心上》)

人有与生俱来的知识和能力,不学就会的称为良能,不思考就知道的称为良知。举例来说,小孩子不用人教就自然爱他的父母,长大之后，不用人教就自然敬重他的兄长，爱父母就是仁，敬兄长便是义。只要是人，天生就晓得仁义。

依孟子的逻辑，这种天生的仁义之心只要通行，就可以安定天下，但如果受到遮蔽或阻碍，就连侍奉父母都做不到了。换言之，每个人都是潜在的尧、舜，或者说每个人的心里都有一颗尧、舜的种子。

王守仁的观点袭取孟子，所谓"致良知"，只是把孟子"扩而充之"的说法变化了一下而已，意即将自己心里与生俱来的良知推广到极致。与孟子不同的是，王守仁掺入了一些程朱理学的概念，将良知等同于天理，亦即等同于至善。

我们看王守仁的言论与文章，关于"良知"有千万种说法，伴随着各样界定不清的概念，简直让人眼花缭乱，但我们只要知道他的立言宗旨不外乎上述这些内容，也就不难理解各种有所变形的说法了。

当初南宋鹅湖之会，陆九龄有这样一首代表心学观念的诗：

孩提知爱长知钦，古圣相传只此心。
大抵有基方筑室，未闻无址可成岑。
留情传注翻榛塞，着意精微转陆沉。
珍重友朋勤切琢，须知至乐在于今。

——《鹅湖示同志》

首联正是隐括孟子良知、良能那一番话，而且斩钉截铁地说，这就是儒学的唯一根本。颔联道出心学承自孟子的方法论，认为小孩子天生的爱与敬的心就是整座儒学大厦的根基，而为学之道必须从这个根基入手，否则就会像颈联所言的那样，寻章摘句，迷失在千言万语的经典传注里。这话是当面对朱熹说的，尾联所谓的"友朋"正是不服气的朱熹。

所以王守仁的观点是从孟子到陆氏兄弟一脉相承而来，确实不是什么创见。但古代学者不同于现代学者，他们并不在意创见，毕竟不是为了争名誉或评职称，唯一的追求就是体认真理，如果以自己的血与汗体认到了前人说过的真理，当然不会沮丧，只会狂喜。

二

以今天的知识来看，良知、良能这样的道理自然立不住脚。

当然，人确实有先验的知识与能力，如逻辑能力。再如数学，这门与逻辑高度相关的学科，究竟是被我们"发明"的还是"发现"的，这是一个在思想史上被争议了上千年的问题，正反双方都聚拢着令我们望而生畏的精英人物：爱因斯坦、康托尔站在"发明"的一边，哥德尔、罗杰·彭罗斯站在"发现"的一边。

"发现派"信奉柏拉图主义。在柏拉图的记载里，苏格拉底曾经当着一个朋友的面叫来一名毫无教养的年少的奴隶，一步步诱导他"凭空"说出几何学的一些知识。古希腊人有一种知识源于回忆的理论，他们相信我们的知识只是经由学习而回忆起前世已知的东西罢了。

当然，这样的推论大大过头了，毕竟经验性的知识不可能来自回忆，但良知、良能越看越有先天色彩。"发现派"并不真的相信前世，只是认为数学如同氧气一样，一直存在着，只是等待着我们去发现罢了。中国人对这样的观点绝不陌生，宋代大儒邵雍有一句很受推崇的诗——"须信画前元有易"，意即《易经》所阐发的易理早在八卦出现之前就永恒地存在着。

同样作为轴心时代的智者，苏格拉底在"前世"问题上走过了头，孟子却在另一个方向走过了头，即误将养育所造成的后天影响当作先天知识了。前文有述，小孩子对父母的爱并不是与生俱来的，而是在温暖的关爱中逐渐形成的依赖（亨利·哈罗《爱的本质》，1958年）。至于对兄长的敬意是否与生俱来，我想今天的读者只要依据常识就足以做出否定的判断。古代和现代的社会格局大不相同了，孩子在家庭当中的成长方式也与古代天差地别，古人视为当然的情感在我们看来是如此不自然。

三

在价值一元化的古代社会，人们并不容易发现良知理论的问题所在，何况儒家哲学的整座大厦都建立在"人性本善"这块不甚可靠的基石上。

王守仁揭橥良知，虽非创见，在当时而言却有很强的针对性，所以立即一石激起千重浪。明代八股取士，奉朱子理学为圭臬，死读书、读死书的人多，真正用心体会书上道理的人少。评判一件事是对是错，只会机械地对照书本上的条条框框，这种风格以现在的话说就是形式主义加教条主义。于是多数知识分子对儒家经典都采取了阳奉阴违的策略，只拿它们当作获取功名利禄的手段罢了；另一些知识分子发展出了灭绝师太一般的性格，以食古不化的执拗和苛刻来应对这个活生生的世界，从不觉悟"理论是灰色的，而生命之树常青"。

"良知"的杀伤力在于，它一旦在心中明朗起来，那么无论孔子如何说、孟子如何说、四书五经如何说，都不再是绝对的标准了，依从良知来做判断才是最简易直截的办法。圣贤之言有些会错简、阙文，有些只是针对一时一事而感发，并非放之四海而皆准，有些会因为语境的隔阂而变得不易理解，但这都不重要了，我们与其字斟句酌地在故纸堆里探寻圣人的真意，倒不如直接让自己心里的良知来做主张。

良知人人都有，而且所有人的良知都是高度一致的，这就是陆九渊所谓的"人同此心，心同此理"。正因为"人同此心，心同此理"，所以只要同样发乎良知，那么所有人对同一件事的道德判断当然会是整齐划一的。万一有人看法与众不同，要么他的良知，即天理，仍处在被人欲遮蔽的可悲状态，竟然意识不到自己的错误，要么他就是居心叵测，故意颠倒黑白——当然，后者也是一种良知被人欲遮蔽的状态。

良知既已洞明，自然会有致良知的努力。用孟子的话说，"老吾老以及人之老，幼吾幼以及人之幼"，将自己心里的良知不断推广，推广到极致，也就是圣人的境界了。

四

这些道理浅显得令人吃惊，所以王守仁在一封书信里这样谈道："近来从各地来求学的人很多，其中有很笨的人，即便是这些人，我用良知学说稍加点化，没有不当即开悟的，故此我越发相信'良知'二字真是我们儒家的正法眼藏啊！"（《与邹谦之》）[1]

"正法眼藏"是个佛教术语，指的是纯正而完备的佛法。这样的措辞甚至很让他的一些支持者恼火，胡泉《王阳明先生书疏证序》有个说法——"其学则是，其词则非"，意即王守仁常常援引佛教术语来阐明自己的学说，这对学人而言绝对会有不好的影响。

无论如何，心性之学原本就不是儒家的当行本色，所以难免会从佛、道两家那里借来点什么。王守仁这一移花接木，意味着儒学的核心概念有变化了：五经重点讲"礼"，孔子重点讲"仁"，孟子重点讲"义"，朱熹重点讲"理"，陆九渊重点讲"心"，王守仁重点讲"良知"。

"良知"其实包含了仁、义、理、心，"良知""良能"都可以和"良心"画等号。所谓"良"，即"先天具备"的意思。《传习录》有这样一段对话：

---

[1] 见《全集》，第200页。

"虚灵不昧，众理具而万事出。心外无理，心外无事。"

或问："晦庵先生曰：'人之所以为学者，心与理而已。'此语如何？"曰："心即性，性即理，下一'与'字，恐未免为二。此在学者善观之。"

或曰："人皆有是心。心即理，何以有为善，有为不善？"先生曰："恶人之心，失其本体。"[1]

王守仁正是在这里给出了那个"心外无理，心外无事"的著名命题，所谓"虚灵不昧"也就是心的本来状态、不被人欲遮蔽的状态。心在它的本来状态里蕴含着一切的天理，万事万物由此而生。

在朱熹的理论中，治学有"心与理"两个要点，而王守仁永远都要合二为一：心就是性，性就是理，换言之，心、性、理只是同一个事物的不同称谓罢了，不可错当成不同的东西。既然人人都有同样的心，心和理又是同一回事的话，那岂不意味着人人生来都是至善无恶的，而世界上明明有那么多恶人，这该怎么解释呢？

王守仁的答复很简洁："恶人的心，失去了心本来的样子。"孟子有过一个很好的比喻，说牛山曾经树木繁茂，是个郁郁葱葱的好地方，但它旁边就是一座大城市，结果很多人到山上砍树，牛山渐渐变成光秃秃的了。自然界确实有自我修复的能力，随着雨露的滋润，山上又生发出一些嫩绿的枝条，但禁不住人们又去放牧牛羊，所以牛山才变成现在这样光秃秃的。我们看见这座光秃秃的山，很容易误以为山上

---

[1] 见《全集》，第17页。

从不曾生长过树木，这难道是山的本性吗？人也是一样的道理，坏人不是生来就这么坏的，只是天生的良善就像牛山上的树木一样，天天被斧头砍伐，被牛羊践踏。每天黎明，他心里也会萌生一点点和普通人一样的善念，但日间的所作所为又把这一点点善念消灭了。"夜气"既不能存留，人也就和禽兽相去不远了。别人看到他那副禽兽的样子，会误以为他从不曾有过善良的资质，但这难道就是他的本性吗？（《孟子·告子上》）

五

我们每个人显然在某种程度上都已经是被斧头砍伐过、被牛羊践踏过的牛山了，那该怎样知道我们心里那座牛山的本来面目呢？孟子在上文里提供了一个重要的线索：夜气。

"夜气"貌似一个玄妙的概念，其实倒不难理解：人在夜间或刚刚睡醒的时候，一般都会有一段静心澄虑的时刻，在孟子看来这就像牛山上的新芽一样，饱受戕伐的善念萌动。只要抓住这一点善念的萌芽，悉心培育，总有一天可以让它恢复原来郁郁葱葱的面目。

《传习录》有一段关于"夜气"的对话，问得刁钻，答得巧妙：

> 问："通乎昼夜之道而知。"先生曰："良知原是知昼知夜的。"又问："人睡熟时，良知亦不知了。"曰："不知何以一叫

便应？"曰："良知常知，如何有睡熟时？"曰："向晦宴息，此亦造化常理。夜来天地混沌，形像俱泯，人亦耳目无所睹闻，众窍俱翕，此即良知收敛凝一时。天地既开，庶物露生，人亦耳目有所睹闻，众窍俱辟，此即良知妙用发生时。可见人心与天地一体，故'上下与天地同流'。今人不会宴息，夜来不是昏睡，即是忘思魇寐。"曰："睡时功夫如何用？"先生曰："知昼即知夜矣。日间良知是顺应无滞的，夜间良知即是收敛凝一的，有梦即先兆。"

又曰："良知在'夜气'发的，方是本体，以其无物欲之杂也。学者要使事物纷扰之时，常如'夜气'一般，就是'通乎昼夜之道而知'。"[1]

门人就"通乎昼夜之道而知"这句话请教王守仁，后者答道："良知原是知昼知夜的。"

门人不解："人睡熟之后，良知也就不发生作用了吧？"

王守仁答道："如果是这样的话，人为什么能被叫醒呢？"

门人仍是不解："如果良知时时刻刻都在发生作用，那么人为什么还会有熟睡的时候呢？"

王守仁答道："天一黑，人就要休息，这是自然常理。进入夜晚之后，天地混沌，万物的形状和颜色都消隐了，人的耳朵听不到，眼睛看不到，感官全都关闭了，这正是良知收敛凝聚的时候。及至黎明，

---

[1] 见《全集》，第120页。

万物显现，人的感官纷纷开始工作，这正是良知发生妙用的时候。由此可见，人心与天地原是一体的，所以孟子才说'上下与天地同流'。只是今天的人不晓得正确的休息方法，夜里不是昏睡不醒，就是噩梦连连。"

既然良知在夜间只是收敛凝聚，而不是停止了工作，那也就意味着夜间睡觉的时候也可以像白天一样培育良知。所以门人继续问道："那睡觉的时候应该怎样用功呢？"

王守仁答道："只要知道白天该怎样用功，就会知道夜间睡觉的时候该怎样用功。良知在白天顺应无碍，在晚间收敛凝聚，有梦即先兆。在夜气中发动的良知才是良知的本来面目，因为在这个时候良知没有夹杂丝毫的人欲。当我们置身于纷扰之中，如果也能像置身于夜气之中一样的话，那就是'通乎昼夜之道而知'了。"

今天有实修打算的读者不妨从"夜气"入手，即便你是大奸大恶之辈，也不会在清早一睁眼的时候就生出无数祸国殃民的盘算，当然，最好还要有"自然睡，自然醒"这个前提，并且睡前切忌多喝水。

六

从"夜气"可以发现善端，但如何才能培育善端呢？孟子给出过一个经典答案：集义。

所谓"集义"，顾名思义，就是不断在心中积累正义，具体方法就是永远依照道德的指引做事，绝不做一件于心有愧的事，因为只要做了一件，心中那充沛的浩然之气就会泄掉。

我们不妨借助《新约》里的一个故事来理解孟子的意思。一群别有用心的人抓到了一个犯了淫乱罪的女人，问耶稣该不该根据律法用石头砸死她，耶稣说道："你们当中谁没有犯过罪，就先拿石头砸她吧。"结果是众所周知的：所有人都悄悄散去了。但这群人中如果有一个孟子式的人物，毕生都在扎扎实实地"集义"，从未做过亏心事，那么他就会毫不犹豫地拿起第一块石头。

换言之，善是一种可以积累的能量，我们不妨将善能量积累的过程想象成吹气球，气球越吹越大，我们的能量就越饱满，而做一件恶事就意味着用一根针在气球上刺了一个小孔，仅仅因为这一个小孔，膨大的气球就会迅速坍缩，并且再也吹不成饱满的样子了。

一个人只要成功地"集义"，就会信心满满地以正义自居，自然会养成一种大无畏的气势。而在价值一元化的古代社会，当事人完全有资格怀有这份自信。所以，通过"夜气"窥见良知的萌芽，通过"集义"将良知的萌芽培育为参天大树，这也就是"致良知"的功夫了。

这样的养心之道确实会使人越发磊落。正德十五年（1520年）六月，在赣州练兵的王守仁很是表现了一番磊落气派。当时武宗的宠臣江彬派人来寻王守仁的把柄，门人弟子全在为王守仁着急，要他多加防范，小心避嫌，王守仁却全不在意，写下一首民歌味道的《啾啾吟》：

>知者不惑仁不忧，君胡戚戚眉双愁？
>信步行来皆坦道，凭天判下非人谋。
>用之则行舍即休，此身浩荡浮虚舟。
>丈夫落落掀天地，岂顾束缚如穷囚！
>千金之珠弹鸟雀，掘土何烦用镯镂？
>君不见东家老翁防虎患，虎夜入室衔其头？
>西家儿童不识虎，执竿驱虎如驱牛。
>痴人惩噎遂废食，愚者畏溺先自投。
>人生达命自洒落，忧谗避毁徒啾啾！[1]

诗意是说，智者不惑，仁者不忧，这是圣贤的古训，没必要为了潜在的忧患做出"小人长戚戚"的猥琐之态。心之所向，皆是道义上的康庄大道，只管走下去就是了，得失祸福自有天定，不是人力所能左右的。君子对于官场，也早有"用之则行，舍之则休藏"的古训。朝廷任用我，我就安心效力；朝廷罢黜我，我就独善其身，所以升沉去留都不值得忧虑，只要像虚舟一样就好。大丈夫就该这样磊落，哪能像囚犯一样束手束脚呢？你们看那东家老翁，处心积虑地防范老虎，结果还是被老虎吃掉了；西家小孩子不晓得老虎是猛兽，拿着竹竿像赶牛一样把老虎赶走了。所以啊，做人没必要因噎废食、怕这怕那的。

此时的王守仁显然豁达了许多，但这种人生境界究竟可不可取恐

---

1 见《全集》，第863页。

怕也只能因人而异了。以理性角度来看,"君不见东家老翁防虎患"云云显然缺乏概率意识,防范就算做不到万无一失,活命的概率总比听天由命大,想来处于虎患威胁的人家谁也不会真的派小孩子拿着竹竿去驱赶老虎吧?

诗说的不是理智,而是情感,在情感上蔑视敌人,这也不失为一种取胜之道。

这首诗里最耐人寻味的是,王守仁所自诩的"此身浩荡浮虚舟"其实是庄子的概念,而庄子描述虚舟境界,是给世人指出一条避祸全身的养心之路——有了这样的心灵修养,就算得罪了人,也不会遭人记恨。当然,这完全是以功利主义为出发点的。

《庄子·山木》这样解释虚舟境界:试想乘船渡河的时候,有一只空船撞了上来,这时候就算急性子的人也不会发怒;但如果撞来的船上有一个人,这边船上的人自然会喊着叫他把船撑开。如果喊了一声不见回应,再喊一声仍不见回应,第三声就一定会恶言相加了。生气或不生气,取决于撞来的船上有人还是没人。

做一个通俗的解释,这就是说,一个人先要不把自己当人,然后别人也不把他当人,这样就算他"撞到别人",人家最多只会觉得倒霉,却不会怪他。表现在实际生活中,这大约就是就事论事、对事不对人的态度,只要你始终就事论事、对事不对人,人们也很清楚你这样的做事风格,那么无论你的言行伤害到谁,对方也不会觉得你是在针对他,对你的恨意也自然不会太深,如果不是全然无恨的话。

然而儒家的一贯策略恰恰相反,是对人不对事的,所谓"亲贤臣,远小人,此先汉所以兴隆也",政治要清明,就必须君子在位,小人在野。于是我们通观全诗，醇儒的浩然之气明显压过了庄子式的明哲保身，使"虚舟"这个词显得格外碍眼。王守仁读书既多且杂，所谓出入于佛、老，积习总难免带出来一点，传统儒家也自然会看他不惯。而云谲波诡的世界再一次动荡起来，一下子攫住了所有人的心，没人再有余暇来纠缠王守仁的是非了。

七

　　武宗离开南京之后，一路上沉浸在"凯旋"的喜悦里，玩得越发兴致盎然。乐极生悲的事情终于发生了：当他在清江浦上独自操舟捕鱼的时候，不小心踩翻了船，被"虚舟"扣在了水里。后船上的侍卫连忙跳水救人，武宗虽被救了起来，却因为连呛带吓竟然一病不起了。

　　正德十五年（1520年）十二月十日，武宗终于病恹恹地回了北京，结束了这一场长达一年半的南巡闹剧。翌年三月十三日，年方而立的武宗便告驾崩，而他死后甚至比生前给他的帝国制造的难题更棘手：武宗既无子嗣，亦无兄弟，合法继承人就这样忽然没了着落。内阁与皇太后商议之下，从湖广安陆迎请武宗的堂兄弟、年仅十五岁的朱厚熜进京嗣位，这便是后来以崇奉道教、迷恋修仙、宠信严嵩而著名的世宗皇帝。

　　朱厚熜是兴献王朱祐杬的嫡长子。其时朱祐杬已故，朱厚熜亦已袭爵。正德十六年（1521年），朱厚熜从封国安陆启程赴京，四月二十二日登奉天殿即皇帝位。谁都不曾预料到的是，这位新皇在登基伊始便给朝臣们出了一个天大的难题。仅在即位后的第五天，朱厚熜便下令礼官集议对兴献王的称谓和典礼。

在今天看来，这只是一个仪节上的细节罢了，然而在"圣朝以孝道治天下"的儒家传统里，这个问题直接关乎意识形态的核心纲领，怎么高估都不过分。所谓称谓和典礼，具体内容是，朱厚熜已由藩王入承大统，拜祭生父时应该如何行礼；其母蒋氏马上也要进京了，如果他是皇帝，其母是皇太后，其父是诸侯王，一家之内岂非尊卑失序？

尊卑长幼问题正是儒家的核心意识形态，一旦行差踏错，不仅朱厚熜自己无法接受，也会给全天下乃至身后万世传下笑柄。毕竟，以堂弟继承堂兄，以旁支继承大宗，一切事出非常，非但没有现成的典礼可以因循，通观前代典章制度也找不出足够合宜的先例可资参照。

礼仪事务照例由礼部负责，礼部尚书毛澄敏锐地意识到了这个问题的复杂性，不敢自作主张，转而向内阁首辅杨廷和请示。作为当时最有权势的朝臣，杨廷和在这个非常时期摆出了独裁专断的姿态，叮嘱毛澄以汉代定陶王和宋代濮王的继位历史为依据即可，如果有谁提出异议，谁就是奸谀小人，应当毫不留情地予以诛戮。

诚然，杨廷和不仅在解决方案上援引前代范例，就连这个正邪不两立的姿态也得自古代名臣大儒在处理同类问题时给后人留下的优良传统。当初宋仁宗没有子嗣，收养了堂兄濮王赵允让的儿子赵曙为子。仁宗去世之后，赵曙继位，是为英宗。英宗应该如何称呼自己的生父赵允让，这引发了一场不小的政治波澜。司马光、贾黯等人认为英宗应该仅称养父为父，欧阳修、韩琦等人则认为对养父母和亲生父母皆应以父母相称。

斗争异乎寻常地尖锐，司马光一派痛斥欧阳修等人是败坏朝纲的卑鄙小人，应当将其通通斩首以谢天下。

司马光是千古名臣，杨廷和效法司马光应该算不上什么过错。在当时的社会背景下，皇族称谓问题确属"国本"，不但是国家政治的核心问题，亦是世道人心的基本准绳，如何维护都不为过。古今差异往往如此，正如今人视领土问题为原则问题，没有任何条件可谈，古人却往往将领土视为一种财产，既然是财产，当然可以买卖、转让甚至抛弃；今人看古人这些皇族称谓上的争议，往往觉得愚蠢、无聊，在古人看来却是断然不可让步的原则问题。试想一下，倘若作为天下表率的天子可以有两位地位相等的父亲，那岂不是"天有二日，民有二王"的理论同样可以成立？同理，父亲也可以设立两个嫡子，男人可以娶两位正妻，这些早已被历史一再以铁与血证明过的乱政之源岂不是通通获得合法地位了吗？

宋朝旧事，殷鉴不远。杨廷和所援引的"濮议"，便是理学大宗师程颐所写的《代彭思永上英宗皇帝论濮王典礼疏》，其中讲到如果英宗称生父为父，实为"乱伦"。[1]

"乱伦"一词在今天的语言里只与性关系有关，而其原意要宽泛许多，完全可以望文生义地理解为"扰乱人伦"，任何破坏正常亲属之人伦关系的行为皆属乱伦。

---

[1] 见《二程集》（中华书局，1981年出版），第516页。另，关于定陶王一事，本书正文不做详述。清人赵翼《廿二史劄记》卷四"外藩入继追尊本生"中批评明臣不读书，否则以定陶王为先例完全可以顺利解决大礼议问题。

乱伦之所以可鄙，是因为伦理大防是人类之所以区别于禽兽的一项特质，乱伦就意味着从人类做回禽兽，乱伦者自然被任何一个良善的人类社会以禽兽目之。荀子有言："水火有气而无生，草木有生而无知，禽兽有知而无义；人有气、有生、有知，亦且有义，故最为天下贵也。"（《荀子·王制》）今人会怀疑这是人类的自尊神话，古人却是笃信这个道理的。在古人看来，人类社会在很大程度上是以纲常伦理维系的，乱伦是一种极其明显的败坏纲常伦理的行为，有星星之火可以燎原的危险。

当然，不同的时代有不同的人伦。以汉朝皇室为例，汉惠帝的皇后就是皇帝亲姐姐的女儿，此即以外甥女为妻，既乱了血缘，又乱了辈分，但在当时看来并没有什么不正当的。（《汉书·高后纪》）再如，汉明帝的家庭，汉明帝为太子的时候，马氏女与其异母姐姐的女儿贾氏女皆被选入太子宫，姨母与外甥女同事一夫。不只如此，贾氏生有一子，取名刘炟，汉明帝将刘炟交给马氏抱养，即以姨婆为嫡母。后来马氏被册封皇后，刘炟子以母贵，继位为汉章帝。这在今人看来是何等败德的乱伦丑剧，古人却视之为当然，还将马皇后标举为母仪天下的后妃典范。（《通鉴》卷四十四）[1]章帝专以马氏为外家，对贾氏亲族不加荣宠。建初四年（79年），马太后崩，章帝终于对生母有所表示，但也只是将她的绶带加至诸侯王的等级，多赐了一些钱财与奴婢而已。（《通鉴》卷四十六）

所以乱伦与否、乱伦有害与否，不取决于事实本身，仅取决于时

---

[1] 清代赵翼《廿二史劄记》卷三有"婚娶不论行辈"一章。

代观念。无论如何，儒家对乱伦是最不能容忍的。所谓大学之道，自天子以至庶人，一是皆以修身为本，"其本乱而末治者否矣"；又所谓"修齐治平"，修身既然有亏，又该如何齐家，遑论治国、平天下。伦理即政治，政治即伦理，这都是古代读书人从小背诵并终生浸淫于其中的道理。

士大夫乱伦便已如此不堪，倘若乱伦的是皇帝，天下注定会礼崩乐坏，儒家的礼教纲纪再也无从维系，甚至华夏堕落为夷狄，这是怎样可怕的一幅末世图景啊！再者，濮议之乱伦虽然与性关系全然无涉，危害却更大，因为它要被堂而皇之地公诸天下，既不可以遮掩，更不可以批判和惩罚。朝廷内外那些正人君子如此痛心疾首绝对是可以理解的，自己若侍奉这样一位以乱伦著名的皇帝，眼睁睁看着各种文献、典礼无不应用乱伦的称谓，这简直就是陪着皇帝一起乱伦，令人情何以堪。相较之下，陪着武宗胡闹反而算不得什么大事了。

今人论述此事，往往脱离具体的历史背景，率然以"迂腐"指责之，而只有明白了上述关节，给古人多一些同情的理解，今人才会懂得这看似无谓的称谓问题为什么值得那么多朝廷大员大动肝火，甚至不惜牺牲性命。这是拯救世界的壮举啊，至少在当事人看来是这样的。

八

要在儒家学说里解决兴献王的称谓问题确实不太容易,甚至可谓棘手。难题有二:

1. 世宗朱厚熜以藩王身份继承皇位,政治上是继谁的统、血缘上是继谁的嗣,继统与继嗣是合二为一的还是可以分别两说?

2. 兴献王已无其他子嗣,如果把朱厚熜算作皇室的血缘直系,兴献王岂不是就此断子绝孙?这在"不孝有三,无后为大"的时代,朱厚熜就算贵为皇帝,也要担一个不孝的罪名,而不孝不但是最大的伦理罪名,在政治上更属于"大乱之道"……[1]

要解决这些问题,必须借助儒家的一门技术性很强的专门学问——礼学。

于是,在杨廷和的指点之下,礼部尚书毛澄集合一众礼官引经据典,让世宗改称武宗之父(孝宗)为父,称自己的亲生父母为叔父母。这不单是杨廷和与毛澄两个人的意见,而且是广大朝臣的共识。

儒家礼学的技术壁垒足以令年仅十五岁的世宗望而却步,虽然他说理说不过那些礼学专家,却发自内心地不满意这种安排。假若世宗

---

[1] 见《孝经·五刑章第十一》:"子曰:'五刑之属三千,而罪莫大于不孝。要君者无上,非圣者无法,非孝者无亲,此大乱之道也。'"

时值壮年，老谋深算，想来不会为这件事在即位伊始就和所有朝臣翻脸，但一个十五岁少年的单纯心智就是无法接受亲生父母在一夜之间变成了叔父、叔母。

出于少年人的天真和固执，世宗驳回原案，要求群臣另议。但事关最高意识形态，事关国本，大臣们维持原案，绝不妥协。事情就僵在了这里。

如果遵循朝臣们的意见，不要说以世宗天子之尊，就算是庶民百姓，也会觉得委屈。朝臣们当然也理解这种委屈，只不过他们认为这种委屈是必须忍受的，因为这是公义与私情的冲突，私情当然要服从公义。

早在宋英宗濮议事件中，司马光就定过这个调子，所谓"为人后者为之子，不得顾私亲"（《宋史·司马光传》），也就是说，根据儒家礼学的规定，旁支入继大统，继谁的位，就算是谁的儿子。亲生父子的血缘关系虽属天伦之情，但这时候也只能置之不论。

今人会觉得这个问题完全可以简单解决，生父和继父都是父亲，但当时欧阳修和韩琦就是这么讲的，因此险些招来杀身之祸。因为在儒家的意识形态里，天下只能"一统"，而上述方案分明导致了"两统"，由此则必然招致天怒人怨、王纲解纽。濮议当时适逢大雨成灾，御史中丞贾黯于是病中上疏，说正是那些"两统二父"之说导致了"七庙神灵震怒，天降雨水，流杀人民"。（《宋史·贾黯传》）

这样的说法在今天看来似乎夸大其词，而古人出于稳定压倒一切的考虑，历来把尊卑次序看得极重。无论政治生活、社会生活还是家庭生活，尊卑次序一以贯之，就连男人续弦在严格的尊卑意义上讲都是不应该的。续弦意味着再娶一个妻子,后妻与前妻同样是正妻身份,于是后妻与前妻所生的嫡长子天然就会势同水火。北齐名士颜之推观察自己身边的社会现象,说江左风俗是正妻死后以妾媵主持家务,妾媵的身份不高,也永无升格为正妻的可能,所以一家之内,小摩擦或未能免,大矛盾却很少有;而河北一带风俗相反,妻子死后,男主人总要续弦,以致一旦男主人身故,这种家庭往往"辞讼盈公门,谤辱彰道路"。(《颜氏家训·后娶第四》)

若严格依循礼制的话,续弦本不会造成那么大的危害。儒家丧服制度巨细靡遗,几乎已经把任何可能出现的情况都考虑进去了,诸如为生母服什么丧,为继母服什么丧,为被休的生母及母家亲属服什么丧。这些复杂烦琐的丧服制度,其核心目的只有一个,让人明确即便在外亲之中"亦无二统"。[1]

娶妻尚且如此,何况为政。所以任何一个尊位——无论是国君、父亲、妻子、嫡长子——都不应该出现名义上或事实上的"两统"局面,否则就是动乱的先声。

为了避免"两统"乱象的出现,先哲们精心构想出了一些理论方针,譬如上述为司马光所援引的"为人后者为之子"。这条原则在明代以前的历史上已经发挥过若干次作用,若在世宗身上再用一次,似乎亦无不可。但少年世宗就是固执,雪上加霜的是,其时世宗的母亲蒋氏夫人正在进京途中,听说自己即将变成亲生儿子的叔母,当真怒不可遏,竟停在通州拒不动身了。此时此刻,朝臣们恐怕或多或少会

---

[1] 参见《日知录集释》(上海古籍出版社,2011年出版),第314页:"'继母如母',以配父也;'慈母如母',以贵父之命也。"

在心中叹息"女人就是不识大体"吧？

世宗得知了母亲的态度，忍不住潸然泪下，径自向张太后提议，自己甘愿放弃皇位，陪着母亲返回安陆。在亲情与国事的矛盾当中，十五岁的世宗毅然选择了前者，让我们仿佛看到了背着父亲潜逃出狱的大舜的影子。

当然，世宗也许仅仅是做个姿态罢了，但无论如何，这并非利益之争，他在尽最大的努力坚持着自己心中的正道；而大臣们也不松口，以同样坚定的姿态捍卫着自己心中的真理。于是，这个问题越争论越复杂，聚讼长达数年，所关涉者，陆续有百余位大臣下狱，十余人死于廷杖，这便是嘉靖朝前期最著名的事件——"大礼议"。

九

在这场将会旷日持久的斗争当中，世宗倒也不全是孤立无援的。新科进士张璁甘犯众怒，先后进呈《大礼疏》《大礼或问》，以扎实的礼学素养逐条批驳一众朝臣的公议。

朝臣们的阵营也并非那么紧密。随着争议的加剧，既有人一往无前，也有人痛改前非，王守仁的高徒陆澄就是后者中的典型。陆澄字原静，又字清伯，归安人，正德十二年（1517年）进士，授刑部主事。他本来是和世宗唱反调的，还为此丢了官职，但在向老师求教之后，竟然顿觉今是而昨非。于是陆澄再向世宗上书，全是一副改弦更张的论调。龙颜当然大悦，使陆澄官复原职。后来黄宗羲撰写《明儒学案》，在提到这件事情时说："儒家学者议论功过，大抵以天下为重而不返回本心之所安，张璁的《大礼或问》说：'天下只是身外之物，父子之情却是天伦。舜背着父亲瞽瞍潜逃的时候，心里只有父亲而没有天下。'这话说得很对，就算圣人复出，也不会有所更易。王守仁所谓'心即理'，正是在这种地方体现出来的。世间儒者只以为理在天地万物，便向前代典籍中寻求准则，反而走错了路。王守仁虽然赞同张璁的观点，却深知张璁是个小人，所以不愿意参与讨论，陆澄却是从老师那里得到了问题的正解，坦坦荡荡地知非改错，因为自信其心，便也不怕被别人讥为反复无常、见风使舵。"

黄宗羲的这番议论，正见得阳明心学对当时儒学的意义所在：学问绵延得太久了，难免就教条化了，而随着教条的日渐繁复，这门学问的核心思想反而日渐模糊，所以王守仁索性抛开一切教条，直接从本心入手。在大礼议事件中，朝臣们引经据典，不惮烦琐，而少年世宗没那么多理论好讲，只是心里割舍不下父母亲情而已，然而以最为传统的儒家标准衡量之，反而是世宗站在了正确的一方。远溯北宋，司马光千古名臣，程颐一代儒宗，都强调公义重于私情，张璁却援引了一条核心准则——礼"非从天降，非从地出也，人情而已矣"，也就是说，所谓礼，并非来自什么天赋观念或抽象教条，只不过由基本人情而做出的自然推演而已。

若以这个标准来看"大礼议"事件，就会发觉所有疑难问题瞬息间涣然冰释。事情简单得简直超乎想象，无论拿出多么高深的义理，只要它违背了基本人情，自然就属"非礼"，而违背父子天伦岂不正是违背最基本的人之常情吗？亲情为重，国事为轻，这也是最基本的人之常情，所以孔子才会鄙薄那种不惜检举至亲骨肉的所谓"正直"，所以孟子才会赞许大舜放弃天下而甘愿背着父亲潜逃海滨的行为。在他们看来，这才是最基本的人性，因而才是最基本的伦理规范，因而才是最基本的政治准绳。

但是，至此我们难免生出一个疑问，所谓"为人后者为之子"，亦是儒家经典明文所载，何况大礼议事件发生时，代毛澄担任礼部尚书的汪俊在奏疏中提到一个统计数字，和张璁意见相同的只有主事霍韬、给事中熊浃与桂萼三人而已，而站在对立面的朝臣则有二百五十余人（《明史·汪俊传》），难道占如此比例的高级知识分子都一同把书读错了不成？而且在汪俊的这个统计中，不但人数的对比判若云泥，地位的对比同样悬殊，不但霍韬、熊浃与桂萼人微言轻，就连首倡其事的张璁也只不过是一名新科进士，如何能与杨廷和、毛澄、汪俊这样的朝廷大员相提并论呢？在朝臣们的主流意见中，即便杨廷和所援引的汉代定陶王和宋代濮王的事例类比不伦，但"为人后者为之子"这条来自经典的不刊之论难道也错了不成？

事实颇有几分荒诞，"为人后者为之子"虽然出自经典，但经典本身就已经错了，只是这个错误司马光不知道，杨廷和也不知道，直到2000年才被李衡眉、张世响教授考证出来，这倒也不能苛责先贤了。[1]

---

[1] 详情见李衡眉、张世响《从一条错误的理学理论所引起的混乱说起——"礼，为人后者为之子"缘起剖析》，《史学集刊》2000年第4期，此不赘述。

十

在大礼议事件愈演愈烈的时候，王守仁虽然置身事外，却也有两首诗感怀时事，倾诉着心学立场的意见。其一为《碧霞池夜坐》：

> 一雨秋凉入夜新，池边孤月倍精神。
> 潜鱼水底传心诀，栖鸟枝头说道真。
> 莫谓天机非嗜欲，须知万物是吾身。
> 无端礼乐纷纷议，谁与青天扫宿尘？[1]

其二为《夜坐》：

> 独坐秋庭月色新，乾坤何处更闲人？
> 高歌度与清风去，幽意自随流水春。
> 千圣本无心外诀，六经须拂镜中尘。
> 却怜扰扰周公梦，未及惺惺陋巷贫。[2]

---

[1] 见《全集》，第865页。
[2] 见《全集》，第867页。

诗句以潜鱼、栖鸟比喻自然天机，暗讽大礼议徒然引经据典，只会在故纸堆里按图索骥，多少教条主义者就这样以刻舟求剑的精神死于句下，使儒家经典反而变成了遮蔽心镜的尘埃。一代礼学大家说出这样的观点，真有几分返璞归真的味道。

诗中有一个最难解的句子，即"须知万物是吾身"，字面上看，意即山河大地、风花雪月，一切都是我的身体。这倒不是修辞上的说法，而是真的该做字面上的理解，其中蕴含着阳明心学里一些很玄妙的意思，要致良知，必须要明白天地万物与我为一体的道理。

《答聂文蔚》有这样一段解释：

> 夫人者，天地之心，天地万物，本吾一体者也。生民之困苦荼毒，孰非疾痛之切于吾身者乎？不知吾身之疾痛，无是非之心者也。是非之心，不虑而知，不学而能，所谓良知也。良知之在人心，无间于圣愚，天下古今之所同也。世之君子惟务致其良知，则自能公是非，同好恶，视人犹己，视国犹家，而以天地万物为一体，求天下无治，不可得矣。古之人所以能见善不啻若己出，见恶不啻若己入，视民之饥溺犹己之饥溺，而一夫不获，若己推而纳诸沟中者，非故为是而以蕲天下之信己也，务致其良知，求自慊而已矣。尧、舜、三王之圣，言而民莫不信者，致其良知而言之也；行而民莫不说者，致其良知而行之也。是以其民熙熙皞皞，杀之不怨，利之不庸，施及蛮貊，而凡有血气者莫不尊亲，为其良知之同也。呜呼！圣人之治天下，何其简且易哉！

后世良知之学不明，天下之人用其私智以相比轧，是以人各有心，而偏琐僻陋之见，狡伪阴邪之术，至于不可胜说；外假仁义之名，而内以行其自私自利之实，诡辞以阿俗，矫行以干誉，掩人之善而袭以为已长；讦人之私而窃以为已直，忿以相胜而犹谓之徇义，险以相倾而犹谓之疾恶，妒贤忌能而犹自以为公是非，恣情纵欲而犹自以为同好恶，相陵相贼，自其一家骨肉之亲，已不能无尔我胜负之意，彼此藩篱之形，而况于天下之大，民物之众，又何能一体而视之？则无怪于纷纷籍籍，而祸乱相寻于无穷矣！

仆诚赖天之灵，偶有见于良知之学，以为必由此而后天下可得而治。是以每念斯民之陷溺，则为戚然痛心，忘其身之不肖，而思以此救之，亦不自知其量者。天下之人见其若是，遂相与非笑而诋斥之，以为是病狂丧心之人耳。呜呼！是奚足恤哉？吾方疾痛之切体，而暇计人之非笑乎！人固有见其父子兄弟之坠溺于深渊者，呼号匍匐，裸跣颠顿，扳悬崖壁而下拯之。士之见者方相与揖让谈笑于其傍，以为是弃其礼貌衣冠而呼号颠顿若此，是病狂丧心者也。故夫揖让谈笑于溺人之傍而不知救，此惟行路之人，无亲戚骨肉之情者能之，然已谓之无恻隐之心，非人矣。若夫在父子兄弟之爱者，则固未有不痛心疾首，狂奔尽气，匍匐而拯之。彼将陷溺之祸有不顾，而况于病狂丧心之讥乎？而又况于蕲人之信与不信乎？

呜呼！今之人虽谓仆为病狂丧心之人，亦无不可矣。天下之人心皆吾之心也，天下之人犹有病狂者矣，吾安得而非病狂乎？犹有丧心者矣，吾安得而非丧心乎？

昔者孔子之在当时，有议其为谄者，有讥其为佞者，有毁其未贤，诋其为不知礼，而侮之以为东家丘者，有嫉而沮之者，有恶而欲杀之者；晨门荷蒉之徒，皆当时之贤士，且曰："是知其不可而为之者欤？""鄙哉！硁硁乎！莫己知也，斯已而已矣。"虽子路在升堂之列，尚不能无疑于其所见，不悦于其所欲往，而且以之为迂，则当时之不信夫子者，岂特十之二三而已乎？然而夫子汲汲遑遑，若求亡子于道路，而不暇于暖席者，宁以蕲人之知我信我而已哉？盖其天地万物一体之仁，疾痛迫切，虽欲已之而自有所不容已。故其言曰："吾非斯人之徒与而谁与！""欲洁其身而乱大伦。""果哉，末之难矣！"呜呼！此非诚以天地万物为一体者，孰能以知夫子之心乎？若其"遁世无闷""乐天知命"者，则固"无入而不自得""道并行而不相悖"也。

仆之不肖，何敢以夫子之道为己任？顾其心亦已稍知疾痛之在身，是以彷徨四顾，将求其有助于我者，相与讲去其病耳。今诚得豪杰同志之士扶持匡翼，共明良知之学于天下，使天下之人皆知自致其良知，以相安相养，去其自私自利之蔽，一洗谗妒胜忿之习，以济于大同，则仆之狂病，固将脱然以愈，而终免于丧心之患矣，岂不快哉！[1]

---

[1] 见《全集》，第89-92页。

王守仁在这里提出了两个很要紧且高度相关的命题：

1. 人就是天地之心。
2. 天地万物与我原是一体的。

我们不妨将宇宙想象成一个生物，那么万事万物，包括我们每个人，都是这个庞大生物体身上的一部分，山河大地大约就是骨骼和血脉，草木瓦石大约就是表皮和汗毛，而我们人类相当于这个生物的心，或者说每个人都是这颗心的一部分，而感受与思维正是心的功能。

可想而知，心的其他部分如果遭受了病痛的侵害，我作为心的一部分，虽然没有直接受害，却能够感受到受害的那部分的心的疼痛，而这样的感受能力也就是孟子所谓的良知良能。无论圣贤还是愚民，生来都具备这样的感受能力，这就解释了为什么在看到别人受苦的时候我们会感到难过。

既然所有人的感受能力一般无二，那么只要我们诉诸良知，必定会有同样的好恶之心，对待别人就像对待自己，将国家与自己的小家一样看待，正如心的一侧被针扎了，另一侧也会有同样的痛感。

倘若人人如此，即人人都是宇宙这个大生物的心，那么天下也就达到大治了。

古代那些致良知的君子，看到别人做了好事，感觉就像自己做了好事；看到别人做了坏事，感觉就像自己做了坏事；只要看到有一个人受苦，感觉就像自己害他受苦一样，这正如心的任何一点有了创痛，整颗心都会感到同样的创痛。

然而可悲的是，良知之学在后世不再彰明，人人以私欲相争，这才造成了世道的败坏。于是我们可以做出顺理成章的推演，只要使良知之学发扬光大，世界自然会回到古老的太平盛世。

十一

这样的说法，逻辑上倒是环环相扣，真正令人疑惑的是，被王守仁设为前提的那两个论断究竟是怎样得到的呢？换言之，我们当然可以把宇宙想象成一只巨大的生物，但我们为什么应该做这样的想象呢？再者，既然山河大地、草木瓦石也是这只生物的一部分，难道它们也是有感觉、有良知的不成？

在王守仁看来，事情还真是这样的：

> 朱本思问："人有虚灵，方有良知。若草、木、瓦、石之类，亦有良知否？"先生曰："人的良知，就是草、木、瓦、石的良知。若草、木、瓦、石无人的良知，不可以为草、木、瓦、石矣。岂惟草、木、瓦石为然，天地无人的良知，亦不可为天地矣。盖天地万物与人原是一体，其发窍之最精处，是人心一点灵明。风、雨、露、雷、日、月、星、辰、禽、兽、草、木、山、川、土、石，与人原只一体。故五谷禽兽之类，皆可以养人；药石之类，皆可以疗疾：只为同此一气，故能相

通耳。"(《传习录·下》)[1]

真的有弟子问到了这个问题,这真像儒家版本的佛性论堂皇上演了。

早在唐宋两代,僧侣们为了佛性论问题反复辩难了许久,从人有佛性一直推论出草木瓦石皆有佛性,亦即草木瓦石皆有成佛的潜质。而在阳明心学的语境里,如果说草木瓦石皆有良知,也就意味着草木瓦石皆有成圣的潜质了。王守仁倒没有走到那样的极端,但他的逻辑显然会导致这样的结论。

王守仁的论说显得匪夷所思,是的,草木瓦石乃至天地皆有人的良知,之所以这样说,是因为天地万物与人原是一体的。让我们再来想象一下那只叫作宇宙的生物,它既然是一个生物体,自然全身上下的任何器官或任何细胞都是有生命的,有生命即有良知。至于万物为何是一体的,有朴素的观察可以证实:五谷和禽兽都可以成为人的食物,滋养人的生命,药石可以治疗人的疾病,倘若彼此不是一体相通,滋养与治疗该如何可能呢?

岂止万物与我们一体相通,就连鬼神也是如此:

> 问:"人心与物同体,如吾身原是血气流通的,所以谓之同体。若于人便异体了。禽兽草木益远矣,而何谓之同体?"先生曰:"你只在感应之几上看,岂但禽兽草木,虽天地也与我

---

[1] 见《全集》,第122页。

同体的,鬼神也与我同体的。"请问。先生曰:"你看这个天地中间,甚么是天地的心?"对曰:"尝闻人是天地的心。"曰:"人又甚么教做心?"对曰:"只是一个灵明。""可知充天塞地中间,只有这个灵明,人只为形体自间隔了。我的灵明,便是天地鬼神的主宰。天没有我的灵明,谁去仰他高?地没有我的灵明,谁去俯他深?鬼神没有我的灵明,谁去辨他吉凶灾祥?天地鬼神万物离却我的灵明,便没有天地鬼神万物了。我的灵明离却天地鬼神万物,亦没有我的灵明。如此,便是一气流通的,如何与他间隔得?"又问:"天地鬼神万物,千古见在,何没了我的灵明,便俱无了?"曰:"今看死的人,他这些精灵游散了,他的天地万物尚在何处?"(《传习录·下》)[1]

这段问答既费解又有趣,几乎可以看作一名朴素的唯物主义者问道于一位宗教家,虽然议论的是同一件事,两个话语体系却全不搭界。王守仁的话里有豪情万丈,将"我的灵明"(我心)捧到了一个无以复加的尊位,与天地鬼神万物浑然一体,此在则彼在,彼失则此失。

门人的质疑如同我们今天常说的"地球离了谁都不会停转",难道在我生前或死后,天地鬼神万物都不存在吗?

这显然是不可能的,但王守仁偏偏给了一个避实就虚的回答:"你看那些死去的人,他们的灵明消散了,他的天地万物岂不是也一同消散了吗?"

---

[1] 见《全集》,第140-141页。

这话似乎意味着，作为客观实存的天地鬼神万物并不依某个人的存殁而存殁，但在每个人的主观世界里，人既然死了，他所感知到的天地鬼神万物自然也不复存在了。

用理性的、合乎逻辑的表达方式，我们只能做出上述推论，但它并不确切，因为王守仁的意思并不属于理性和逻辑，而属于玄学或神秘主义，这种物我合一的结论并非来自审慎的观察和推理，而是来自静坐冥想中一种特殊的神秘体验。换言之，王守仁是在静坐冥想中产生物我合一的感觉，继而在讲学的过程中不断地试图说清这种体验，试图以稍具理性的哲学外衣来包装这种神秘体验罢了。

全世界的宗教里几乎都有静坐冥想的修炼，所以古今中外古往今来，太多的记载都在用迥异的哲学或神学的外衣包装这同一种物我合一的体验。基督徒称之为神喜，道教徒称之为坐忘，佛教徒称之为因定生慧……太多人在这种体验中被深深感动，相信自己得到了神的眷顾或洞悉了宇宙的真谛，而今天的科学家正在以焚琴煮鹤的无趣精神将之当作大脑神经的一种特殊状态来研究了。幸或不幸的是，我们生活在这样一个祛魅的时代。

在现代学术里，威廉·詹姆斯是研究神秘体验的鼻祖人物，他的《宗教经验种种》一书搜集了大量物我合一的例证。其中有一个结论即便在今天看来仍不过时："诚然，我们的直觉与理性共同运作，统治世界的伟大体系才可能成长，就像佛教或天主教哲学一样。但是，出于冲动的信念建立了真理的原型，用语言表述的哲学不过将其转译成花里胡哨的公式。非推理的直接确信是我们内心的深刻部分，推理论证只是表面的展示。本能是领导，理智是随从。假如有人像我列举的例子那样，感受到活生生的上帝就在面前，那么，你们对他的批评教育不管多么高明，恐怕都是徒劳无功，丝毫也不能改变他的信仰。"

所以，儒家虽然严格说来不宜称为儒教，但正因为理学和心学都极重静坐冥想的功夫，宗教性真的越来越强了。譬如私淑王守仁的罗洪先如此描述自己的静坐体验："极静之时，但觉此心本体如长空云气，大海鱼龙，天地古今，打成一片。"有了这样的体认，自然晓得王守仁所谓天地鬼神万物与我一体究竟是怎么回事。

得益于核磁共振成像技术，我们今天可以很直观地看到冥想中的大脑会发生怎样的变化。缺乏冥想经验的读者不妨回忆一下自己任何一次"出神"的时候，资深乐手的感触一定多些。神经科学家发现了冥想的许多益处，诸如反应速度变快，不易受到压力的影响；还发现高阶冥想者（无论何种信仰）都更容易使自己达到聚精会神的状态。与职业音乐家与职业运动员近似，他们只需要最低程度的意识控制，就能让自己的表现处于最佳状态。《环球科学》2015年3月号有一篇题为《冥想之力重塑大脑》的长文，感兴趣的读者可以参阅。

那么，对于我在序章里提到的那些以功利目的学习阳明心学的人，买椟还珠不失为最有效的学习策略，只要掌握冥想技术就足以获得平常心或抗压了，阳明心学的人文意义反而无足轻重。

十二

尤其值得我们关注的是，阳明心学里许多匪夷所思的内容正是来自冥想的结果，正是冥想的结果"建立了真理的原型"，而当王守仁试图以哲学化的表述来宣讲这些真理的时候，"不过将其转译成花里胡哨的公式"。许多阳明心学的研究者总是努力在哲学语境里将这些"花里胡哨的公式"以合乎逻辑的语言解读出来，所以才造成了种种求之过深的误解。我们必须多一点非理性的精神，采用不同于理解《论语》《大学》《中庸》的方法，才可以准确把握阳明心学的本质。

于是我们就会遇到一个问题：王守仁的学术在很大程度上都是建立在对《大学》的重新解读，难道他是在用非理性的冥想感受来诠释这一篇理性的古朴文章吗？

确实就是这样，以理性包装非理性，以非理性诠释理性，这正是王守仁最核心的学术进路，所以他很难说是一个真正意义上的学问家，而我们也不宜以纯粹的学术思维来理解他的话语与文章。

有了这些认识，我们就可以进入王守仁的名篇《大学问》了。

如果只在王守仁的全部文字中挑选一篇，那么我以为《大学问》是毋庸置疑的选择，比《传习录》更值得精读：

"《大学》者，昔儒以为大人之学矣。敢问大人之学何以在于'明明德'乎？"

阳明子曰："大人者，以天地万物为一体者也，其视天下犹一家，中国犹一人焉。若夫间形骸而分尔我者，小人矣。大人之能以天地万物为一体也，非意之也，其心之仁本若是，其与天地万物而为一也。岂惟大人，虽小人之心亦莫不然，彼顾自小之耳。是故见孺子之入井，而必有怵惕恻隐之心焉，是其仁之与孺子而为一体也；孺子犹同类者也，见鸟兽之哀鸣觳觫，而必有不忍之心焉，是其仁之与鸟兽而为一体也；鸟兽犹有知觉者也，见草木之摧折而必有悯恤之心焉，是其仁之与草木而为一体也；草木犹有生意者也，见瓦石之毁坏而必有顾惜之心焉，是其仁之与瓦石而为一体也：是其一体之仁也，虽小人之心亦必有之。是乃根于天命之性，而自然灵昭不昧者也，是故谓之'明德'。小人之心既已分隔隘陋矣，而其一体之仁犹能不昧若此者，是其未动于欲，而未蔽于私之时也。及其动于欲，蔽于私，而利害相攻，忿怒相激，则将戕物圮类，无所不为，其甚至有骨肉相残者，而一体之仁亡矣。是故苟无私欲之蔽，则虽小人之心，而其一体之仁犹大人也；一有私欲之蔽，则虽大人之心，而其分隔隘陋犹小人矣。故夫为大人之学者，亦惟去其私欲之蔽，以自明其明德，复其天地万物一体之本然而已耳；非能于本体之外而有所增益之也。"

曰："然则何以在'亲民'乎？"

曰："明明德者，立其天地万物一体之体也。亲民者，达其天地万物一体之用也。故明明德必在于亲民,而亲民乃所以明其明德也。是故亲吾之父,以及人之父,以及天下人之父,而后吾之仁实与吾之父、人之父与天下人之父而为一体矣;实与之为一体,而后孝之明德始明矣!亲吾之兄,以及人之兄,以及天下人之兄,而后吾之仁实与吾之兄、人之兄与天下人之兄而为一体矣;实与之为一体,而后弟之明德始明矣!君臣也,夫妇也,朋友也,以至于山川鬼神鸟兽草木也,莫不实有以亲之,以达吾一体之仁,然后吾之明德始无不明,而真能以天地万物为一体矣。夫是之谓明明德于天下,是之谓家齐国治而天下平,是之谓尽性。"

曰:"然则又乌在其为'止至善'乎?"

曰:"至善者,明德、亲民之极则也。天命之性,粹然至善,其灵昭不昧者,此其至善之发见,是乃明德之本体,而即所谓良知也。至善之发现,是而是焉,非而非焉,轻重厚薄,随感随应,变动不居,而亦莫不自有天然之中,是乃民彝物则之极,而不容少有议拟增损于其间也。少有拟议增损于其间,则是私意小智,而非至善之谓矣。自非慎独之至,惟精惟一者,其孰能与于此乎?后之人惟其不知至善之在吾心,而用其私智以揣摸测度于其外,以为事事物物各有定理也,是以昧其是非之则,支离决裂,人欲肆而天理亡,明德、亲民之学遂大乱于天下。盖昔之人固有欲明其明德者矣,然惟不知止于至善,而骛其私心于过高,是以失之虚罔空寂,而无有乎家国天下之施,则二氏之流是矣。固有欲亲其民者矣,然惟不知止于至善,而溺其私心于卑琐，是以失之权谋智术，而无有乎仁爱恻怛之诚，则五伯功利之徒是矣。是皆不知止于至善之过也。故止至善之于明德、亲民也，犹之规矩之于方圆也，尺度之于长短也，权衡之于轻重也。故方圆而不止于规矩，爽其则矣；长短而不止于尺度，乖其剂矣；轻重而不止于权衡，失其准矣；明明德、亲民而不止于至善，亡其本矣。故止于至善以亲民，而明其明德，是之谓大人之学。"

曰："'知止而后有定，定而后能静，静而后能安，安而后能虑，虑而后能得'，其说何也？"

曰："人惟不知至善之在吾心，而求之于其外，以为事事物物皆有定理也，而求至善于事事物物之中，是以支离决裂，错杂纷纭，而莫知有一定之向。今焉既知至善之在吾心，而不假于外求，则志有定向，而无支离决裂、错杂纷纭之患矣。无支离决裂、错杂纷纭之患，则心不妄动而能静矣。心不妄动而能静，则其日用之间，从容闲暇而能安矣。能安，则凡一念之发，一事之感，其为至善乎？其非至善乎？吾心之良知自有以详审精察之，而能虑矣。能虑则择之无不精，处之无不当，而至善于是乎可得矣。"

曰："'物有本末'，先儒以明德为本，新民为末，两物而内外相对也。'事有终始'，先儒以知止为始，能得为终，一事而首尾相因也。如子之说，以新民为亲民，则本末之说亦有所未然欤？"

曰："终始之说，大略是矣。即以新民为亲民，而曰明德为本,亲民为末,其说亦未为不可,但不当分本末为两物耳。夫木之干谓之本,木之梢谓之末,惟其一物也,是以谓之本末。若曰两物,则既为两物矣,又何可以言本末乎?新民之意,既与亲民不同,则明德之功,自与新民为二。若知明明德以亲其民,而亲民以明其明德,则明德亲民焉可析而为两乎?先儒之说,是盖不知明德亲民之本为一事,而认以为两事,是以虽知本末之当为一物,而亦不得不分为两物也。"

曰:"古之欲明明德于天下者,以至于先修其身,以吾子明德亲民之说通之,亦既可得而知矣。敢问欲修其身,以至于致知在格物,其工夫次第又何如其用力欤?"

曰:"此正详言明德、亲民、止至善之功也。盖身、心、意、知、物者,是其工夫所用之条理,虽亦各有其所,而其实只是一物。格、致、诚、正、修者,是其条理所用之工夫,虽亦皆有其名,而其实只是一事。何谓身?心之形体运用之谓也。何谓心?身之灵明主宰之谓也。何谓修身?为善而去恶之谓也。吾身自能为善而去恶乎?必其灵明主宰者欲为善而去恶,然后其形体运用者始能为善而去恶也。故欲修其身者,必在于先正其心也。然心之本体则性也。性无不善,则心之本体本无不正也。何从而用其正之之功乎?盖心之本体本无不正,自其意念发动而后有不正。故欲正其心者,必就其意念之所发而正之,凡其发一念而善也,好之真如好好色;发一念而恶也,恶之真如恶恶臭:则意无不诚,而心可正矣。然意之所发有善有恶,不有以明其善恶之分,亦将真妄错杂,虽欲诚之,不可得而诚矣。故欲诚其意者，必在于致知焉。致者，至也，如云'丧致乎哀'之'致'。《易》言'知至至之'，'知至'者，知也；'至之'者，致也。'致知'云者，非若后儒所谓充广其知识之谓也，致吾心之良知焉耳。良知者，孟子所谓'是非之心，人皆有之'者也。是非之心，不待虑而知，不待学而能，是故谓之良知。是乃天命之性，吾心之本体，自然灵昭明觉者也。凡意念之发，吾心之良知无有不自知者。其善欤，惟吾心之良知自知之；其不善欤，亦惟吾心之良知自知之；是皆无所与于他人者也。故虽小人之为不善，既已无所不至，然其见君子，则必厌然掩其不善，而著其善者，是亦可以见其良知之有不容于自昧者也。今欲别善恶以诚其意，惟在致其良知之所知焉尔。何则？意念之发，吾心之良知既知其为善矣，使其不能诚有以好之，而复背而去之，则是以善为恶，而自昧其知善之良知矣。意念之所发，吾之良知既知其为不善矣，使其不能诚有以恶之，而覆蹈而为之，则是以恶为善，而自昧其知恶之良知矣。若是，则虽曰知之，犹不知也，意其可得而诚乎！今于良知所知之善恶者，无不诚好而诚恶之，则不自欺其良知而意可诚也已。然欲致其良知，亦岂影响恍惚而悬空无实之谓乎？是必实有其事矣。故致知必在于格物。物者，事也，凡意之所发必有其事，意所在之事谓之物。格者，正也，正其不正以归于正之谓也。正其不正者，去恶之谓也。归于正者，为善之谓也。夫是之谓格。《书》言'格于上下''格于文祖''格其非心'，格物之格实兼其义也。良知所知之善，虽诚欲好之矣，苟不即其意之所在之物而实有以为之，则是物有未格，而好之之意犹为未诚也。良知所知之恶，虽诚欲恶之矣，苟不即其意之所在之物而实有以去之，则是物有未格，而恶之之意犹为未诚也。今焉于其良知所知之善者，即其意之所在之物而实为之，无有乎不尽。于其良知所知之恶者，即其意之所在之物而实去之，无有乎不尽。然后物无不格，而吾良知之所知者无有亏缺障蔽，而得以极其至矣。夫然后吾心快然无复余憾而自谦矣，夫然后意之所发者，始无自欺而可以谓之诚矣。故曰：'物格而后知至，知至而后意诚，意诚而后心正，心正而后身修。'盖其功夫条理虽有先后次序之可言，而其体之惟一，实无先后次序之可分。其条理功夫虽无先后次序之可分，而其用之惟精，固有纤毫不可得而缺焉者。此格致诚正之说，所以阐尧、舜之正传而为孔氏之心印也。"[1]

所谓"大学"，传统上认为是"大人之学"。那么何谓"大人"，王守仁在此解释说，大人就是以天地万物为一体的人，在大人眼里，全世界宛如一家人，全中国宛如一个人。倘若不具备这样的眼光和胸怀，心中全是国别之分、人我之分，那就是小人了。

显然，在这样的高标准下，今天几乎我们所有人都是小人，即便是那些满怀爱国主义激情、舍小家为大家、视国家利益高于一切的人，也只是小人罢了，只有极少数的国际主义者，譬如以"我的国家是世

---

[1] 见《全集》，第1066-1071页。

界，我的宗教是行善"为人生原则的托马斯·潘恩，才勉强够得上"大人"的边。

在王守仁看来，大人之所以能够以天地万物为一体，并非刻意用这样不自然的眼光观察世界，恰恰相反，他们的心里充盈着仁爱，天然就是这样看世界的。而耐人寻味的是，即便是小人，生来也有和大人一样的心，原本也能够以天地万物为一体的，他们之所以沦为小人，只是因为自己把自己"弄小"了。我们可以很轻易地证明这一点：小人看到小孩子掉进井里，一定会自然萌生惊惧和恻隐之心，这不正是因为他们心里的仁和小孩子是一体的吗？

王守仁的这个推理可以追溯到程颢，程颢以医理解读儒家的"仁"字，说医生将身体的麻痹称为"不仁"（我们今天还在使用"麻木不仁"这个成语），譬如你的手麻痹了，你感觉不到它了，哪怕手被针扎了，你也感觉不到疼痛，这就是"不仁"；那么反过来说，"仁"的状态就是不麻痹的状态，手被扎到，你感觉痛，你的心和你的手是关联在一起的，这就是"仁"。

沿着这个逻辑，当你看到小孩子掉进井里时，如果你和小孩子真的是彼此分立的个体，你必定不会对他的遭遇产生任何感觉，但如果你感到了惊惧，生出了恻隐，那么显然，你和那个小孩子一定是有关联的，换言之，是一体的，正如你的心和你的手是一体的。

顺着这个逻辑推衍下去，可以得到相当惊人的结论：那个掉进井里的小孩子和你一样属于人类，人与人之间有同情、同感，这也许还不算什么，但人看见小鸟或小动物哀鸣颤抖时为什么也会不自觉地生出不忍之心呢？可见人类与鸟兽也是一体的。

鸟兽毕竟是活物，活物与活物之间有同情、同感，这也许还不算什么，但为什么人在看见草木摧折的时候也会生出怜悯之情呢？可见人与草木也是一体的。

好吧，草木也是活物，但为什么人在看见瓦石损毁的时候也会生出顾惜之情呢？可见人与瓦石也是一体的。人心中的"仁"与鸟兽、草木、瓦石同为一体，这就是所谓"一体之仁"。并非只有君子或大人才有"一体之仁"，小人的心里也同样有，因为它根植于"天命之性"，自然明白，终生不致泯灭，所以《大学》称之为"明德"。

综上，人与天地万物同为一体，所以无论任何人的死亡、任何草木的凋萎、任何瓦石的破损，都会在我们耳边敲响约翰·多恩那雷鸣般的告诫："不必问丧钟为谁而鸣，丧钟为你而鸣！"

当然，这只是宇宙真相的理论值，现实世界明明有那么多云谲波诡、尔虞我诈，美国大萧条时代的资本家倒掉了和他们同属一体的牛奶，中国的红卫兵砸掉了和他们同属一体的"四旧"，更不要说人与人之间的血腥杀戮了。理论值和现实之间为什么会有这样惊人的偏差呢？这简直不是偏差，而是对立了。

我们甚至不需要列举资本家倒牛奶和红卫兵"破四旧"这样极端的例子，只要想想农民对蝗虫的感觉就好，农民见到挨饿的蝗虫会不会生发出"一体之仁"，以至于不忍心灭蝗救灾呢？

依照王守仁的逻辑，农民之所以憎恨蝗虫，完全是私欲作祟的缘故，农民只是憎恨蝗虫毁掉自家的收成罢了；倘若我们将"农民"这个社会属性剥离开来，那么作为一个人而非农民，看到某个在饥饿中挣扎的蝗虫时或多或少也会动一点恻隐之心的。

那么农民到底该不该灭蝗呢？王守仁的回答会是"应该"，因为天地万物虽然与人一体，但人的仁心是有次序的：爱父母胜过爱朋友，所以对父母的义务重于对朋友的义务；爱朋友胜过爱陌生人，所以对朋友的义务胜过对陌生人的义务；爱陌生人胜过爱鸟兽，所以对陌生人的义务胜过对鸟兽的义务，以此类推……这才是儒家正宗的"等差之爱"，如果对所有人、所有物都一样去爱，那就流于墨家"兼爱"的异端邪说了。

譬如壮士断腕，手腕当然是身体的一部分，但爱生命胜过爱手腕，必须二选一的时候也只能断腕求生了。如果对手腕和生命"兼爱"的话，显然就不会有什么好结果了。农民种粮养家糊口，庄稼和蝗虫虽然都和他是一体的，但他对庄稼的爱胜过对蝗虫的爱，这倒是符合儒家等差原则的。只是蝗虫天生要吃庄稼，在天地万物与人一体的框架里，这就好比胳膊天生要吃手指一样，身体的一部分偏偏要消灭另一部分，这可实在不好解释啊！

王守仁在"一体之仁"里只看到了相爱，却没看到相杀，他所看到的相杀只存在于现实世界。在他的解释里，现实世界之所以如此残酷和丑恶，完全是由于人心受到私欲遮蔽的缘故。那些深受私欲遮蔽的人，尽管在看到小孩子掉进井里的时候仍不自觉地萌生出恻隐之心，但在绝大多数时候都忙着钻营和算计，甚至会发展到骨肉相残的地步。

既然症状已经查明，对症下药也就不难了，每个人都应该努力摒除私欲的遮蔽，体认到人与天地万物同为一体的本真状态，换言之，灭尽人欲才能彰明天理。只要人人都恢复了这样一种本来面目，世界该是怎样一幅美好的图景啊！

十三

遗憾的是,"只要人人都如何如何,世界便会如何如何"这种道理虽然可爱,却从来都行不通,王守仁这貌似滴水不漏的推理注定只能是纸上谈兵。在他的美好愿景里,《大学》所谓"明明德"是体,"亲民"是用,要想"明明德"就必须"亲民",只有笃行"亲民"才可以"明明德",而"明德""亲民"的极致就是"止于至善"。《大学》三纲领经过这样的阐发,果然别有一番新意。

至于对"八条目"的解释,心学版的"格物致知""知行合一""致良知"这些已经名满天下的哲学概念被巧妙地融合在一个完整的体系里,而归根结底都是为了通向"至善"的境界。换言之,一个人经过这样的理解,经过这样的修为,真的可以"止于至善",亦即真的可以成圣成贤。

作为儒学启蒙读物的《大学》就这样清清楚楚地指明了成圣成贤的途径,人们之所以全然无感,只是因为将典籍当作通往高官厚禄的阶梯罢了。这正如一个富家公子将遗产目录背得滚瓜烂熟,任谁都考不倒他,却从没想过循着这份目录将祖上留给自己的金山银山发掘出来。

道理就是这么简单,后来王守仁不断以浅显的诗歌来做揭示,著名者如《咏良知四首示诸生》：

> 个个人心有仲尼，自将闻见苦遮迷。
> 而今指与真头面，只是良知更莫疑。
>
> 问君何事日憧憧？烦恼场中错用功。
> 莫道圣门无口诀，良知两字是参同。
>
> 人人自有定盘针，万化根源总在心。
> 却笑从前颠倒见，枝枝叶叶外头寻。
>
> 无声无臭独知时，此是乾坤万有基。
> 抛却自家无尽藏，沿门持钵效贫儿。[1]

有了这样一番简明直截的解释，儒学至理仿佛被王守仁一手捅破了窗户纸，从此再不需要皓首穷经了。再如《示诸生》三首：

> 尔身各各自天真，不用求人更问人。
> 但致良知成德业，谩从故纸费精神。
> 乾坤是易原非画，心性何形得有尘？
> 莫道先生学禅语，此言端的为君陈。

---

1 见《全集》，第870页。

> 人人有路透长安，坦坦平平一直看。
> 尽道圣贤须有秘，翻嫌易简却求难。
> 只从孝弟为尧舜，莫把辞章学柳韩。
> 不信自家原命足，请君随事反身观。
>
> 长安有路极分明，何事幽人旷不行？
> 遂使蓁茅成间塞，尽教麋鹿自纵横。
> 徒闻绝境劳悬想，指与迷途却浪惊。
> 冒险甘投蛇虺窟，颠崖堕壑竟亡生。[1]

千言万语，苦口婆心，只为阐明一个真谛：每个人的心里都有良知，都有成圣成贤的潜质，而成圣成贤的方法也早在经典里写得明明白白，简单得简直不像话。

这样看来，王守仁的发现显然具有划时代的意义，但为什么在阳明心学大行于天下之后，几百年来仍然看不到几个圣贤，甚至反而兴起了"游谈无根，束书不观"的风气？在心学体系内部，我们可以找出这样的解释：

> 德章曰："闻先生以精金喻圣，以分两喻圣人之分量，以锻炼喻学者之工夫，最为深切。惟谓尧、舜为万镒，孔子为九千

---

[1] 见《全集》，第870-871页。

镒,疑未安。"

先生曰:"此又是躯壳上起念,故替圣人争分两。若不从躯壳上起念,即尧、舜万镒不为多,孔子九千镒不为少;尧、舜万镒只是孔子的,孔子九千镒只是尧、舜的,原无彼我,所以谓之圣。只论精一,不论多寡。只要此心纯乎天理处同,便同谓之圣。若是力量气魄,如何尽同得!后儒只在分两上较量,所以流入功利。若除去了比较分两的心,各人尽着自己力量精神,只在此心纯天理上用功,即人人自有,个个圆成,便能大以成大,小以成小,不假外慕,无不具足。此便是实实落落明善诚身的事。后儒不明圣学,不知就自己心地良知良能上体认扩充,却去求知其所不知,求能其所不能,一味只是希高慕大;不知自己是桀、纣心地,动辄要做尧、舜事业,如何做得?终年碌碌,至于老死,竟不知成就了个甚么,可哀也已!"(《传习录·上》)[1]

这是王守仁著名的精金之喻,我们由此设想黄金有两种重要的特质,即纯度和重量,纯度相当于人的品性,重量相当于人的功业。世人只在意重量,所以流于功利,其实每个人只应该关注纯度。每个人都是一块黄金,只要在纯度上和圣人一致,自己也就与圣人无异,不必追求重量上和圣人的一致。所以,在这样的标准下,如果世人都从阳明心学达到了圣人的修为,并不意味着满街都是功勋卓著的尧、舜、

---

[1] 见《全集》,第35-36页。

禹、汤。

然而站在阳明心学的外部来看，事情就有另一种解释了。康熙年间，有人劝顾炎武招收门徒，后者写信回绝，信中批判当代的学术弊端，说读书人厌烦五经，只喜欢陈献章、王守仁的语录，原因很简单：前者烦难而后者简易。(《与友人论门人书》)如果王守仁可以和顾炎武当面交流的话，一定会说儒学真理本来就这么简易，为何偏要舍易求难，一味低着头陷进寻章摘句的汪洋大海，反而看不到头顶上只要一抬头便可以看到的日月星辰？顾炎武也一定会反驳说："你去看看世上那么多抬着头号称看到日月星辰的人，你好意思说这种档次的人就是圣贤门徒？"

面对此情此景，方献夫做出了一种很有代表性的解释："他（王守仁）自己所以能够以一心贯万物，是因为有长达二三十年的书本知识的积累和实践经验的总结，因为总是觉得自己走过弯路，便想让学生和世人不走弯路，一步便踏上为圣为贤之路，却不知由于没有尝过求知的困惑，没有经历实践的艰辛，不少弟子小看天下的学问，轻视实践的作用。于是，看似在教人少走弯路，实则在教人空疏不学。"(《旷世大儒王阳明》)

如果依照这个逻辑，就会推导出一个令人大伤脑筋的道理：尽管王守仁历尽千辛万苦为我们探明了真理捷径，但为了走上这条捷径，我们必须像他一样先历尽千辛万苦，就连各种"异端邪说"也要先认真学过一遍才行。

然而人类知识的演进一般并不遵循这样的规律，我们最常见到的是前人栽树、后人乘凉。譬如达尔文历尽百死千难，终其一生才揭示出大自然的进化规律,而后世的生物学家只要稍稍花点力气站在这位巨人的肩膀上即可——为了掌握进化论,谁也不必再经历一番达尔文所经历过的百死千难。退一步说,即便是对某种技能的掌握,譬如游泳,当我们发现最有效的训练方法之后,谁也没必要再把历史上的各种错误的、理应被淘汰的训练方法从头过一遍。那么,如果说王守仁的成功当真依赖于那些作为炮灰和助产士的"异端邪说",我们就真的需要重新审视这些"异端邪说"的价值了。

十四

王守仁的百死千难最终还是指错了方向,但这显然不是明朝人能够辨识清楚的。而在王守仁的个人经验里,正是对错误信念的执着才铸就一往无前的人生态度,所以才会在宸濠之乱的各种波折之后益发笃信"致良知"三字足以忘患难、出生死。

乡愿的意思越发少了,王守仁凡事放手施为,但求心之所安,虽千万人吾往矣。之前凡有人问及朱陆异同,他要么顾左右而言他,要么避重就轻、避实击虚,但此时的他公然以行政指令免除陆九渊后人的差役,主持刊行陆九渊的文集,亲笔作序表彰,因此陆九渊这个"反动学术权威"俨然有了与朱熹分庭抗礼的态势。

"旧势力"先忙着武宗的国丧,又忙着世宗的新政,倒也顾不上王守仁掀起的又一轮意识形态波澜。而世宗新政之初便急召王守仁入京,这倒引起"旧势力"的警惕了。

本来武宗之死,无论对国家百姓也好,对王守仁也好,都应该是一桩令人额手称庆的美事。以武宗的荒唐,以江彬、张忠、许泰的奸佞,王守仁纵然有惊无险地渡过了一劫,但当时结下的仇迟早会招致疯狂的报复。"宁得罪君子,不得罪小人"是一句万古不刊的至理名言,小人对仇怨总有着顽固的记忆,而时间总会给他们的报复创造良机。

但幸运就这样突如其来,随着武宗的驾崩,忽然失去靠山的江彬一党反而成为正人君子们打击报复的对象,等待他们的是一场不留情面的政治清算。

似乎"亲贤臣,远小人"的河清海晏指日可待,但这个云谲波诡、祸福相依的世界总有出人意料的表演。一场政坛高层的洗牌,将张永、王琼一并洗掉了。张永原本就是"八虎"之一,王琼则以士大夫之身勾结内官,视行政程序为无物——当然,这也就意味着视内阁为无物。所以王琼遭到了最猛烈的攻讦,一度被定为死罪,侥幸免死戍边,久被王琼压制的内阁终于等来了扬眉吐气的日子。

前文有述,王守仁的战功全靠王琼在朝廷里的鼎力支持,所以王守仁在表功奏章里每每归功于兵部,对内阁只字不提。政坛没有"君子不党"这回事,所以无论在内阁眼里,还是在朝廷其他人的眼里,王守仁都算是王琼的人,而且是王琼旗下的头号马仔。王琼虽然被批倒斗臭,但王守仁一旦入朝,岂不是又一个王琼?他还很可能会为王琼翻案,给后者死灰复燃的机会!防微杜渐、曲突徙薪,在这种时刻最有必要。

于是，奉召进京的王守仁才走到钱塘便接到第二道圣旨，要他止步，等待后续安排。这是一个明确的政治信号，意味着朝中生了变故。

确实，以杨廷和为首的内阁唆使言官进谏，提出的理由冠冕堂皇："朝廷新政，武宗国丧，资费浩繁，不宜行宴赏之事。"王守仁虽然功高劳苦，却不宜在这个多事之秋论功受赏。王守仁倒不介意，只是上疏请求回家省亲，这是正德十六年（1521年）六月的事情。

一个月后，朝廷的"后续安排"尘埃落定，王守仁不必进京，授职南京兵部尚书，大约相当于投闲置散了。又等了几个月，朝廷终于论功行赏，为王守仁授爵新建伯，三代并妻子一体追封，子孙世袭，每年有禄米一千石。此时距离宸濠之乱的平定已经整整过去了两年。

这份迟来的封赏已经算是难能可贵了，因为跟随王守仁平叛的功臣，除伍文定之外，一概未被论功，死于冤狱的冀元亨竟然也被朝廷忘记了。这样的安排，可想而知会将王守仁置于众矢之的，仿佛刻意要使他众叛亲离，那些追随他甘冒矢石的旧部怕会相信一切功劳都被这位上级长官独吞了吧，毕竟这是官场上常有的事。

怎样对待这样的封赏，在王守仁而言忽然成为一个棘手的难题。

十五

倘若但求心之所安，王守仁只要将自己的意见直言不讳地写上奏疏也就是了，不求尽如人意，但求无愧于心。事实上，他确实写了一封奏疏，说自己不该贪天之功为己有，不配得到朝廷的封赏。这看上去既像气话，又像以退为进的策略，甚至夹带着一些善意的谎言。

这封奏疏罗列了自己不配受封的四条理由：

1. 宸濠之乱图谋了十数年，败亡却不旬月，显然这是天意而非人力所及。

2. 朝廷其实早有谋划，内阁大学士杨廷和与兵部尚书王琼运筹帷幄，我不过是被他们安排的棋子罢了。

3. 伍文定、冀元亨等人（奏疏在此详细列举了一众功臣的名字）都是真正为平叛尽力的英雄，但听闻纪功文册多被删削，以致众多功臣得不到应有的赏赐，我却独自得到封赏，这不等于是冒领下属的功劳吗？

4. 我所做的不过是尽了臣子的本分，封赏纯属不必。

奏疏最后有结论说："愿陛下收回成命，让我退休回家赡养老父，施与我的那些赏赐还是分给那些真正的有功之臣吧！"（《辞封爵普恩赏以彰国典疏》）[1]

以上内容，最值得我们留意的是这样两点：一是王守仁上报的纪功文册竟然被人删削篡改了，二是在第二条理由里，王守仁竟然将杨廷和与王琼并列，并且使前者的名字排在后者之前。这真是软硬兼施的官场手段：点出纪功文册被删削篡改的疑点，希望能够引起皇帝的追究；将一直与王琼作对的杨廷和列入首功，这虽然违心，但也等于向政敌抛出了橄榄枝，传递了这样一层意思："只要你们不阻挠真正的功臣受封受赏，我愿意把首功让给你们。"

---

[1] 见《全集》，第502-505页。

十六

也许王守仁开出的条件既不够有吸引力,亦不够有威慑力,所以朝廷的反馈只是一些大而化之的虚文,总之"所辞不允",对其他事宜却避而不谈了,就好像王守仁从未说过什么一样。

官场的太极拳就是这样让人无奈,任你使出天大的力气,也只打在一团软棉花上。王守仁所能做的,也只有再写一封词真意切的奏疏,洋洋洒洒数千言,最后简直是以哀求的口吻说出这样一番话来:

……至于号告三军,则虽激之以忠义,而实歆之以爵禄延世之荣;励之以名节,而复动之以恩赏绚耀之美。是非敢以虚言诱之也,以为功而克成,则此爵禄恩赏亦有国之常典,理所必有也。今臣受殊赏而众有未逮,是臣以虚言罔诱其下,竭众人之死而共成之,掩众人之美而独取之,见利忘信,始之以忠信,终之以贪鄙,外以欺其下,而内失其初心,亦何颜面以视其人乎?故臣之不敢独当殊赏者,非不知封爵之为荣也,所谓有重于封爵者,故不为苟得耳。(《再辞封爵普恩赏以彰国典疏》)[1]

---

[1] 见《全集》,第509-510页。

这是实实在在的忧虑，也是实实在在的狼狈。当初为了平叛，表面上虽然以忠义名节激励三军，实则是以高官厚禄的封赏邀买人心。自己开了那么多的空头支票，倒不是存心诓骗，而是以为功成之后，朝廷理所当然会对功臣有相应的封赏，谁知道朝廷竟然真的只赏自己而不及臣僚，这让自己有何面目面对那些被自己"诓骗"来卖命的人呢？与其如此，倒不如连自己也一并不受封赏的好。

这种态度其实很犯官场忌讳，试想朝廷真的准奏，连王守仁的封赏一并削除的话，人们只会集怨于朝廷，对王守仁的感情越发深厚了，这当然是朝廷最不愿看到的局面。忠臣理应为君主分忧，有主动背黑锅的义务。如果朝廷真的不愿封赏众人，忠臣要做的就是坦然接受自己的那份封赏，使所有人的怨怼情绪集中在自己身上。

共同的战斗经历最能使人结成牢固的袍泽情谊，而王守仁精明的政敌们只用了一次封赏便轻松瓦解了这个在战斗中形成的"王守仁反动集团"，这是何等高明的手段！

辞封再次不予获准，而正在这样狼狈的时候，王华"适时地"故去了。

十七

正德十六年（1521年）年末，当加封王守仁新建伯的诏书送到绍兴宅邸的时候，正值王华寿诞，亲朋咸集，这常人眼中无上的荣耀却使这位寿星蹙起了眉头。王华对王守仁说了这样一番"很不吉利"的话："宁王叛乱的时候，人人都以为你死了，你却未死；人人都以为叛乱难平，你却即刻平定了。继而谣言四起，权奸构陷，两年间危机四伏，眼见你脱不得身，你却终于化险为夷。如今天开日月，朝廷给你封赏，我们父子又得团聚，真是侥幸啊！然而兴盛正是衰败之始，福泽亦是祸患之基，虽觉侥幸，但我还是不免有深深的忧惧啊！"

及至翌年二月，朝廷又有诏书送至，进封王华新建伯，追封王守仁的祖父王伦、曾祖王杰俱为新建伯。年届古稀的王华已经病重卧床，听说朝廷使者就在门口，连忙催促王守仁及其诸弟出迎，以为虽在仓促之间，却不可以怠慢了礼仪。得知册封礼成，王华这才瞑目而逝。

儒家传统，父丧需要守制三年（实为二十五个月或二十七个月），王守仁和朝廷都不必再为封赏事宜纠缠下去了。尤其对于内阁，三年时间足够使新一代的权力格局稳定下来，即便三年之后王守仁复出，那时候他还能威胁得到谁呢？

王守仁也不必纠缠在这一场注定无果的坚持里了，反正一直都有致仕归隐的打算，何不就此终老林泉、绝足于权力的泥潭呢？

所有无能为力的事情，就由得它们随风而去吧。

他或许尚未料到树欲静而风不止，如果他失去了权力，又会招来多少无所忌惮的践踏。

十八

如何明哲保身，不同的人有不同的策略。

大权独揽时的曹操写过一篇《让县自明本志令》，详述自己自青年以来誓为汉朝忠臣的政治抱负，如今面对汹汹物议，愿意辞让朝廷给予的邑土赏赐，向世人表示谦恭的姿态。但在文章末尾，曹操毫不掩饰地说："要想让我上交兵权，这绝对不行，我只担心一旦失了权柄就会被人所害啊；我既为子孙的安危着想，也晓得我个人的败亡会导致国家的倾危，故此绝不肯慕虚名而处实祸。"

政治就是这样残酷，人一旦踏入政坛，树敌几乎是必然的事，这不是主观意愿能决定的。即便在相对和平的局势下，譬如苏轼，只因为和旧党元老渊源深，所以哪怕他什么事情都不做，什么意见都不讲，也自然会被当作旧党的一员，成为新党的敌人。

士大夫一旦失去权柄和盟友，能否善终除了运气，就要看政敌的心胸和手段了。

对王守仁而言幸运的是，杨廷和一党毕竟不是当初江彬、张忠、朱泰那样的人，更不至于使出刘瑾和宁王的手段。知识分子间的战争遵循另一套章法，于是我们看到明世宗嘉靖二年（1523年）科举会试出了一道奇怪的题目，要考生写一篇对心学的评价。

司马昭之心路人皆知，显然执掌大权的程朱学派要从意识形态的高度对阳明心学做一次彻底的清算，至少向天下发出了这样一个信号："那些想跟从王守仁的人啊，你们就断绝了升官发财的念想吧。"

这次参考的举子有不少王门弟子，何去何从成为一个迫在眉睫的问题。

其实无论何去何从，在儒家系统里都能找到理论依据，即便是屈从人意，写一套口是心非的答案，也大可以说这不过是一种权变，忍一时便可以取得功名，取得功名便更有机会将阳明心学发扬光大。

但总有不愿变通的人，正是这样的人，才使这个世界显得格外可爱。

譬如王门弟子徐珊，愤愤交了白卷；再如，徐珊的同门师兄弟欧阳德、王臣、魏良弼等人，索性在试卷上阐扬师说，故意去触霉头。然而事情偏偏这样蹊跷，欧阳德等人竟然被录取了，真不知道徐珊这时候做何感想。

《明史·黄直传》给出了一点线索：原来考官阵营并非铁板一块，有人尽管并不赞同阳明心学，却钦佩欧阳德等人的骨鲠精神，这才对其"破格录用"。但是，究竟谁才能被"破格录用"，这就很有些运气的成分在，结果王守仁最重要的门生钱德洪，即《年谱》的编撰者，反而悻悻落榜。

真正使钱德洪悻悻的倒不是自己落榜，而是从这场科举里看到了时事的乖谬，看到了那些冥顽不灵的朝廷大员对师门学说不遗余力的打击。然而在听过钱德洪的倾诉之后，王守仁不怒反喜："真理从此大明于天下了！"

钱德洪完全摸不到头绪，王守仁解释道："我的学说本来没办法讲给天下人知晓，但这次既然被写进了科举考题，就连穷乡僻壤的人也会知道我的学说。如果我的学说错了，天下必定会有人攻击我的错误来彰明真理。"

这道理的前半部分最容易理解：管你官方是批是捧，反正都以传播力最强的国家媒介为我做了义务宣传。后半部分最显王守仁的胸怀，真理越辩越明，把他的学说放在天下最大的那块铁砧上，任凭天下人千锤百炼，百炼成钢当然是好事，破旧立新也是好事。

十九

居乡守制的日子里，王守仁依然不废讲学，后来鼎鼎大名的钱德洪、王畿都是他在这一时期纳入门下的弟子。而他此时的思想建树，最要紧的便是提出了"三教合一"的论题。

那是嘉靖二年（1523年）十一月，弟子张元冲请教一个很微妙的问题："佛教、道教与我们儒家圣学只有毫厘之差，三者对于修习性命之道皆有益处，但只因佛教、道教在性命修习中掺杂了一点私意，所以毫厘之差致成千里之谬。但我觉得佛、道两家毕竟有益，不知道是否可以兼而取之呢?"

这其实是一个老问题了,梳理起来非要大费周章不可。简言之,儒家与佛、道两教原本天差地别,根本就不只是毫厘之差。儒家旨归是给社会开药方,重建西周初年尊卑有序的礼仪制度;佛教诞生于六道轮回的印度传统,教人找出轮回的原因,从而从轮回当中跳脱出来;道教或炼外丹,或炼内丹,总之是教人长生久视、羽化成仙。三者原本就是这样风马牛不相及的,结果混杂在同一片土壤上争奇斗艳,面貌渐渐变得相似了。

一个很要紧的缘故是,三者都不得不偏离了自己的原始目标。

儒家理想的基石是周代宗法社会,自秦汉以后再也找不到合适的土壤;佛教教人跳脱轮回,而跳脱轮回的状态究竟是生是死,是永恒还是寂灭,是神通广大还是与世无涉,这一切全然无法说清,佛陀归之于"十四无记",悬置不论了事,这真不是有着深厚的现实主义传统的中国人能够接受的;道教倒很现实,教人服食成仙,就算成不了仙,至少也可以延年益寿。

所以从原初的情形看,佛教和道教与其说是宗教,不如说是技术。佛陀创设了一整套跳脱轮回的技术,佛经相当于技术手册。道教的技术色彩更强,炼丹修仙总是难事。无论佛教徒还是道教徒,只要根据技术手册坚持用功,理论上说都可以达成各自的目的。技术的学习当然需要毅力,却并不需要坚定的信仰,这正是佛教、道教绝不同于基督教之类西方意义上的宗教信仰的地方。基督教讲究"因信称义",信究竟要信到怎样的程度呢?早期神学家德尔图良有一句名言,被后人凝练为"因为荒谬,所以相信"。如果事情非要合情合理才可相信,那就是理性的判断，不是信仰了。

这样看来，儒、释、道三家非但都是"讲理"的，还都属于技术性的知识，虽然技术指向不同，但都包含心灵修炼的内容。儒家自宋代以后，心灵修炼越来越仰仗静坐冥想式的神秘体验了，换言之，这就是在修心技术上与佛、道合流，而我们已经知道，只要是静坐冥想式的神秘体验，无论名义上属于哪种信仰或哪种修行，脑神经的运作机理都是高度相似的，当事人获得的感受也是高度相似的。

原本儒、释、道各执一词，佛教说孔子是儒童菩萨，所以儒家只是佛教的一个变种；道教说佛陀是老子所化，所以佛教只是道教的一个变种；儒家说佛、道两家都是异端邪说，佛陀不过是外邦的圣人。

我们由此看到思想史上的一大趋势，争论由你死我活渐渐变成了谁都想通过收编的手法来矮化对手，结果收编手法反而促成了三教合流。而以现实的眼光来看，得道高僧究竟有没有跳脱轮回，道教高人究竟有没有羽化成仙，世人总看不到扎扎实实的证据，勉强能看到、能沟通的只有心灵修炼的内容。那么，站在心灵修炼的角度来看三教的纷争，似乎真的全无必要，大家好像都是一家人。但是，思想阵营的边界毕竟存在了这么久，三者又确实该有某些本质性的区别，这"本质性的区别"到底是什么呢？

张元冲的问题正意味着心学阵营里广泛存在的这一种疑惑，王守仁给出了一个相当经典的回答：

"说兼取，便不是。圣人尽性至命，何物不具，何待兼取？二氏之用，皆我之用：即吾尽性至命中完养此身谓之仙；即吾尽性至命中不染世累谓之佛。但后世儒者不见圣学之全,故与二氏成二见耳。譬之厅堂三间共为一厅,儒者不知皆吾所用,见佛氏,则割左边一间与之;见老氏,则割右边一间与之;而己则自处中间,皆举一而废百也。圣人与天地民物同体,儒、佛、老、庄皆吾之用,是之谓大道。二氏自私其身,是之谓小道。"[1]

儒家是否有必要兼取佛、道呢?答案很明确:"不需要。"
理由很简单:"儒家已经囊括了全部的终极真理。佛教、道教虽然切中了真理的一部分,但这部分并不在儒家真理之外。"
王守仁的解释是:"我们在儒家的心灵修炼中延年益寿,这就叫仙;我们在儒家的心灵修炼中摆脱了世俗的羁绊,这就叫佛。后世儒者看不见儒学的全貌,所以才错误地将儒家与佛、道两家分裂来看。这就好比一座厅堂有三个房间,这就是儒学的全部,但后世儒者不晓得这三个房间全是自己的,看到佛教来了,就割出左边一间给它,看到道教来了,又割出右边一间给它,自己只留着中间那间。圣人与天地万物同体,儒、佛、老、庄都是圣人的手段,这才是大道;佛、道两家只守着自己那一套,所以都是小道。"

汇通三教早已是一个悠久的思想传统了,王守仁并不是始作俑者,但最值得我们留意的是他论说的理由——他正是从静坐冥想的神秘体验里获得了打通时空的感受,然后以这个感受作为依据来证明,既然天地万物与我都是一体,儒、释、道难道是分裂的三者不成?按这个

---

[1] 见《全集》,第1423页。

逻辑推演下来，我们还会得出这样的结论：凡是以割裂的、彼此分别的眼光来看问题的，都是错的。

世上常有调和论者，认为所有的思想其实都不矛盾，正如盲人摸象的那个寓言所揭示的，之所以聚讼纷纭，只因为大家各自触到了真理的一个局部，并且以为这个局部就是全体了。如果这样的逻辑成立，也就意味着我们只要把所有的思想主张拼凑起来，就会逐渐拼凑出终极真理的完整面貌。

但这样的工作说来容易做来难，譬如我们倒容易拼凑一神论和多神论，但不知该怎样将有神论和无神论拼凑在一起。更难设想的是，如果我们将儒家、佛家、道家、基督教、纳粹主义、资本主义、军国主义、宿命论、自由意志等等主张拼凑在一起，呈现出来的会是怎样一个怪物呢？难道终极真理在某些情境下会呈现为军国主义的样子，在另一些情境下呈现为人道主义的样子？

在王守仁的世界里，思想主张毕竟远不如我们所见的多。倘若他生活在今天，看到这个地球村里纷繁复杂，远多于儒、释、道三家的思想主张，不知道会不会修正原来的想法。

二十

在绍兴守制的岁月里，讲学几乎成为王守仁全部的社会活动。四方求学者纷至沓来，其中最值得一讲的是南大吉求学问道的故事。

南大吉，字元善，号瑞泉，时任绍兴知府，正是王守仁的父母官。南大吉与王守仁论学有悟，忽然问了老师一个很实际的问题："我做官犯了不少错，您怎么从没有提醒过我呢？"

王守仁问道："你都犯过什么错？"

南大吉于是一一列举。

王守仁道："我明明都提醒过你啊！"

南大吉很错愕："哪有啊？"

王守仁道："如果我没讲，你从哪里晓得自己错了？"

南大吉道："那都是良知告诉我的。"

王守仁道："良知难道不是我最常讲的吗？"

南大吉了然大笑，拜谢而去。

又过了几天，南大吉反省出更多的错误，来找老师说道："与其等我犯了错误再悔改，不如您见我要犯错的时候提醒一下。"

王守仁答道："听别人的劝告不如自我反省来得真切有力。"

南大吉再次受教，笑谢而去。

如此又过了几天，南大吉发现自己错得更多了，还生出了新的疑惑，于是请求老师道："实际犯下的过错倒还可以悔改，但心里犯的错该怎么办才好呢？"

王守仁答道："心镜未经擦拭和打磨的时候很容易藏污纳垢，如今心镜已经擦亮了，哪怕只飘来一粒尘埃，它在这光洁明亮的镜面上自然落不住脚。这正是成圣成贤的关键，你要继续努力啊！"

以上南大吉的三度问学，为我们展现了心学修养的技术逻辑。南大吉随后以地方官的身份便利，在绍兴开办了稽山书院，亲自讲学，还请王守仁为书院的尊经阁写了一篇序文，这便是王守仁的名文《稽山书院尊经阁记》，或简称为《尊经阁记》：

> 经，常道也。其在于天谓之命，其赋于人谓之性，其主于身谓之心。心也，性也，命也，一也。通人物，达四海，塞天地，亘古今，无有乎弗具，无有乎弗同，无有乎或变者也。是常道也，其应乎感也，则为恻隐，为羞恶，为辞让，为是非；其见于事也，则为父子之亲，为君臣之义，为夫妇之别，为长幼之序，为朋友之信。是恻隐也，羞恶也，辞让也，是非也；是亲也，义也，序也，别也，信也；一也。皆所谓心也，性也，命也。通人物，达四海，塞天地，亘古今，无有乎弗具，无有乎弗同，无有乎或变者也，是常道也。是常道也，以言其阴阳消息之行焉，则谓之《易》；以言其纪纲政事之施焉，则谓之《书》；以言其歌咏性情之发焉，则谓之《诗》；以言其条理节文之著焉，则谓之《礼》；以言其欣喜和平之生焉，则谓之《乐》；以言其诚伪邪正之辩焉，则谓之《春秋》。是阴阳消息之行也，以至于诚伪邪正之辩也，一也。皆所谓心也，性也，命也。通人物，达四海，塞天地，亘古今，无有乎弗具，无有乎弗同，无有乎或变者也，夫是之谓《六经》。《六经》者非他，吾心之常道也。故《易》也者，志吾心之阴阳消息者也；《书》也者，志吾心之纪纲政事者也；《诗》也者，志吾心之歌咏性情者也；《礼》也者，志吾心之条理节文者也；《乐》也者，志吾心之欣喜和平者也；《春秋》也者，志吾心之诚伪

邪正者也。君子之于《六经》也，求之吾心之阴阳消息而时行焉，所以尊《易》也；求之吾心之纪纲政事而时施焉，所以尊《书》也；求之吾心之歌咏性情而时发焉，所以尊《诗》也；求之吾心之条理节文而时著焉，所以尊《礼》也；求之吾心之欣喜和平而时生焉，所以尊《乐》也；求之吾心之诚伪邪正而时辨焉，所以尊《春秋》也。

盖昔者圣人之扶人极，忧后世，而述《六经》也，犹之富家者之父祖虑其产业库藏之积，其子孙者或至于遗忘散失，卒困穷而无以自全也，而记籍其家之所有以贻之，使之世守其产业库藏之积而享用焉，以免于困穷之患。故《六经》者，吾心之记籍也，而《六经》之实则命于吾心；犹之产业库藏之实积，种种色色，具存于其家。其记籍者，特名状数目而已。而世之学者，不知求《六经》之实于吾心，而徒考索于影响之间，牵制于文义之末，硁硁然以为是《六经》矣。是犹富家之子孙不务守视享用其产业库藏之实积，日遗忘散失，至于窭人丐夫，而犹嚣嚣然指其记籍曰"斯吾产业库藏之积也"，何以异于是！呜呼！《六经》之学，其不明于世，非一朝一夕之故矣。尚功利，崇邪说，是谓乱经；习训诂，传记诵，没溺于浅闻小见以涂天下之耳目，是谓侮经；侈淫辞，竞诡辩，饰奸心，盗行逐世，垄断而自以为通经，是谓贼经。若是者，是并其所谓记籍者而割裂弃毁之矣，宁复知所以为尊经也乎！

越城旧有稽山书院，在卧龙西冈，荒废久矣。郡守渭南南君大吉既敷政于民，则慨然悼末学之支离，将进之以圣贤之道。

> 于是使山阴令吴君瀛拓书院而一新之，又为尊经之阁于其后。曰："经正，则庶民兴；庶民兴，斯无邪慝矣。"阁成，请予一言以谂多士。予既不获辞，则为记之若是。呜呼！世之学者既得吾说而求诸其心焉，其亦庶乎知所以为尊经也矣。[1]

这篇文章的全部逻辑，都基于静坐冥想之中的万物一体的神秘体验，所以不断将世人囿于管见而割裂的东西重新融为一体。文章题为《尊经阁记》，开宗明义，先解释"经"的含义。

什么是"经"，常人都知道是指儒家经典，但王守仁取了更深一层的解释：所谓经，就是永恒不变的规则。接下来的推理就剑走偏锋了：经，即永恒不变的规则，当它表现在天的时候，就叫作命；当它表现在人的身上，就叫作性；当它表现为人身的主宰时，就叫作心。所以，心、性、命，说法虽然不同，其实都是同一个东西。

现代人来看这个推演，最多觉得有点费解，但在古人看来，这就多少有点骇人听闻了。古人一般并不认为这三者是同一回事，其中争议较少的是"命"，是指人力无法改变的注定性，直到今天仍然有人会将某些事情的发生解释为"命中注定"。曹魏年间，李康写过一篇很有名的《运命论》，开篇就是"夫治乱，运也；穷达，命也；贵贱，时也"，意即社会是太平还是动乱，这是由"运"决定的；人生是困厄还是顺遂，这是由"命"决定的；人在社会中的位置是高是低，这是由时机来决定的。

---

[1] 见《全集》，第283-285页。

人生的穷达祸福总有人力所不及的成分，最诡谲的情形譬如民谚所谓"杀人放火金腰带，修桥补路无尸骸"，再如，一个人辛勤耕耘了一生，结果一事无成，另有人一味游手好闲，偏偏中了彩票大奖，这该怎么解释呢？那就归结于"命"好了。

至于"心"与"性"，这却是思想史上一对很纠结的概念。《中庸》首句正是"天命之谓性"，意即性是天所赋予人的。在程朱理学里，天理着落在具体的事物上，便构成了这一事物的"性"，所以有"性即理"这个命题。今天我们骂一个人"没有人性"，这话便有着程朱理学上的源头，意味着这个挨骂的人不具备人之所以成为人的"天理"。

在这个体系里，"性"是抽象的、规则性的东西，"心"则是具体的、物质性的东西。"心"是理与气的结合，可思可感，具有认识能力。然而在心学系统里，陆九渊认为"心"与"性"的差别只是语词上的差别，实则都是一回事，所以说"性即理"亦可，"心即理"亦可。这一字之差，背后藏着的却是理学与心学的一个根本分歧。

理学以支离、分裂的眼光看世界，所以看到世界既有抽象的、规则性的理，又有具体的、质料性的气，理与气的结合才构成了我们的宇宙；心学以笼统的、综合的眼光看世界，所以看到天地万物与我同为一体，不分彼此，"心"与"性"的划分自然没必要了。

所以王守仁在这里所讲的"经"，其实就是朱熹所谓的"理"，只不过王守仁用这个概念统摄了一切，达到了无远弗届的程度。在他看来，"经"，或者说"理"，永恒不变，只是在不同的场合呈现出不同的状态，人们把它的每一种状态都误认为一种单独的事物，所以才分别取了名字。我们大约可以用水来做类比，水在不同温度下会呈现出固态、液态、气态这三种状态，但其实都是同一种东西，如果一个人把冰和水看作不同的事物，那就犯了理学家惯犯的错误。再如月亮，如果一个人把新月、残月、满月、上弦月、下弦月当作不同的事物，那就错了。王守仁就是要告诉大家，概念是人强行划分的，性状是因时因地变化的，月亮永远都是那个月亮，满月并不比残月多一分，残月也不比满月少一分。

王守仁正是在这个逻辑上不断推演：经，或者说理，当它呈现于情感中，就是恻隐、羞恶、辞让、是非；呈现于事情上，就是父子之亲、君臣之义、夫妇之别、长幼之序、朋友之信；呈现于阴阳消长，就是《周易》；呈现于政务，就是《尚书》；呈现于吟咏性情，就是《诗经》；呈现于礼仪，就是《礼经》；呈现于欣喜平和的律动，就是《乐经》；呈现于辨别真伪正邪，就是《春秋》。

王守仁以这样的逻辑来阐发儒家六经，将作为文本的六经看作天理在不同情境里的不同呈现，于是，人们之所以尊奉六经，并非尊奉其文本，而是尊奉文本背后的天理。作为文本的儒家六经好比古代圣人记载天理的账簿，后人独独尊奉账簿，却不晓得循着账簿发掘天理的宝藏，买椟还珠而不自知。

六经的实体就是天理，天理就在每个人的心里，人们应当借助六经的文本来彰明心中的天理，然而世人像某些愚蠢的富家子弟，任凭家业败散，却指着账簿说："这就是我家的全部产业啊！"

二十一

这样的论说,实则是将六经等同于良知。这确实有了"解放思想"的意义,因为儒者争论是非,通常都要在经典文本里寻找理据,但问题是,一旦经典文本对某个问题论述不明——这是太常见的情形——那该如何是好呢?

传统的做法是在训诂上寻找解决方案,朱熹和王守仁都这样做过,两人对《大学》"亲民"一词的不同训诂就是一个很典型的例子,大礼议事件正反两方也都是从经典文本中寻找依据的。再如,一个绵延明清两代的争议焦点:女人该不该为死去的未婚夫守贞,甚至自杀以殉呢?王守仁的密友湛若水就曾跻身这场旷日持久的争议,后来又有清代乾嘉学派的考据大师们你方唱罢我登场,围绕着《礼记》的相关文本打了太多场笔墨官司,感兴趣的读者可以参看卢苇菁的《矢志不渝:明清时期的贞女现象》第七章。

这样的风格即便算不上教条主义,但很容易就会把人拖进一场足以耗到精疲力竭的口水官司里去。对照之下,阳明心学简直令人眼前一亮,因为它给出了一个非常简易直截的方法:以良知来验证是非。

良知就是天理,天理是不会错的,即便是经典文本,只要不合你的良知,你就有理由不接受它。毕竟"账簿"难免会有抄写错误,如果"账簿"上记载着你有一千两黄金的储藏,有人说这里的"一千两"是"三千两"的误写,还列举了大量的训诂例证,而你们与其在训诂上争论不休,不如直接打开保险箱,取出黄金来亲手称量一下。

《尊经阁记》正是在大礼议事件期间写成的,那么,以《尊经阁记》的逻辑来看大礼议事件,那些在训诂上争是非的儒家官僚仿佛集体表演了一场削足适履的闹剧。

良知如此,致良知又该如何呢?就在《尊经阁记》完成之后的同一年里,王守仁又撰有一篇《重修山阴县学记》,有一段论述"尽心"的内容正是为致良知而发的:

> 夫圣人之学,心学也。学以求尽其心而已。……圣人之求尽其心也,以天地万物为一体也。吾之父子亲矣,而天下有未亲者焉,吾心未尽也。吾之君臣义矣,而天下有未义者焉,吾心未尽也。吾之夫妇别矣,长幼序矣,朋友信矣,而天下有未别、未序、未信者焉,吾心未尽也。吾之一家饱暖逸乐矣,而天下有未饱暖逸乐者焉,其能以亲乎?义乎?别、序、信乎?吾心未尽也。故于是有纪纲政事之设焉,有礼乐教化之施焉,凡以裁成辅相、成己成物,而求尽吾心焉耳。心尽而家以齐,国以治,天下以平。故圣人之学不出乎尽心。[1]

"尽心"原是孟子提出的一个概念,含义与王守仁提出的"致良

---

[1] 见《全集》,第286-287页。

知"有点难分彼此，或者说"致良知"正是对"尽心"的阐发。王守仁在文章里说，圣人之学就是心学，学问的目标只是"尽心"而已。

怎样"尽心"呢？就是以天地万物为一体，于是我自己虽然对父母尽了孝，但只要天下还有一个人没对父母尽孝，我的心就还没尽到；我自己虽然对国君尽了忠，但天下只要还有一个人没对国君尽忠，我的心就还没尽到；夫妇之别、长幼之序、朋友之信，都是一样的逻辑。只有自己尽了心，才会家齐、国治、天下平。

由此我们会联想到孟子的名言"老吾老以及人之老，幼吾幼以及人之幼"，但这只是一种相对粗糙的道德要求，王守仁试图给它包装出一套自洽的哲学解释。于是所谓"尽心"，也就是把自己的良知发扬到极致，这和"致良知"是同一个意思。

那么怎样才算极致呢？阳明心学的答案正是今天的自由主义者们最嫌恶的那种：良知的极致就是把一元化的价值观——其实也就是自己的价值观——加在所有人头上，一个人都不能遗漏，哪怕对别人的夫妻关系也要干涉到底。

当然，干涉未必就是强制，尽管它常常表现为强制。儒家最注重感化，注重榜样的力量。试想你身边的一名同事有了致良知的决心，他对你的生活作风不太满意，但碍于同事关系，他毕竟不方便直接教训你什么，那就感化你好了。他常常带着夫人参加你们的活动，不断在你眼前表现自家良好的夫妻关系。面对此情此景，不知道你会有什么感受。

幸而世间那些以"一生伏首拜阳明"自我标榜的人，大多并不曾认真研习过王守仁的思想主张，否则我们的生活一定会平添许多苦恼。儒学真的是一种没有侵略性的思想吗？我们在这里显然遇到了一则反例。

二十二

随着心学门人的增多，一个很现实的问题便再也回避不开。好吧，我们承认心学就是终极真理，人的一生当然应该追求真理，但社会就是这个样子，程朱理学才是晋身之阶，追求真理岂不是耽误了前程？

如果取一个折中方案，将心学当作真理来学，将理学当作应付考试的教条，这总是可以的吧？但这又会引发一个矛盾，如果只把理学当作应付考试的教条，为求晋身而采取虚伪的姿态，这本身就违背了心学的宗旨。

再者，年轻人往往可以凭着理想主义的冲动弃伪求真，为真理而无所谓科举，他们的家长哪里肯依，心里不知道要把王守仁这个"带坏"自家孩子的罪魁祸首骂上多少遍。就在王守仁守制讲学的这段日子里，真的有学生家长到访了。

当时王守仁的高徒钱德洪带着两个弟弟在城南读书，钱父亲自上门查看孩子的学习情况。钱德洪的两个同学代为接待，领着钱父游山玩水，一连玩了十天。钱父不免生疑："承蒙两位这样关照，但你们就不怕耽误学业吗？"

同学的回答很有禅意："我们的举业随时都有学习啊。"

钱父一头雾水:"我知道心学可以触类旁通,但是,朱熹的书你们就一点都不读吗?"

同学答道:"我们都是从自己的良知上来求朱熹的学说,这就好比打蛇打到七寸。"

钱父当然理解不了这样的言辞,索性直接向王守仁请教,后者做了一番很精彩的回答:"学习圣贤之道就好比治家,宅邸、服食、器物都是自己置办来的,等请客的时候就拿家里的这些东西来招待客人,等客人走了,家里的东西就留下来自己享用,终生不会匮乏。现在那些只顾举业的人恰恰相反,自己不置办任何东西,一切都靠租借,如果请客,一时之间倒也百物具备,等客人一走,所有东西都要归还原主,自己照旧一无所有。"

翌年乡试,稽山书院的学生果然有人中举,其中就有陪钱父游山玩水的两人之一。老人家终于释怀:"果然打蛇打到七寸啊。"

王守仁的治家之喻说中了一个时弊,世人学习程朱理学,只是拿它作为应对科举的手段罢了,并不曾学到自己的心里,而心学之于理学,在某种程度上起到了提纲挈领的作用。但当我们换一个角度来看,如果学生毫无程朱理学的素养,真的就能从心学打中理学的七寸吗?

读者读我这本书,到这里应该已经基本掌握了阳明心学的要领,但这样就可以应对明朝的科举考试了吗?哪怕可以用现代汉语答卷,显然也不可能有人中举。我们来看王守仁时代,他那个有名的弟子王艮尽管把心学传承得风生水起,但分明就不是中举的材料。要想中举,必须有深厚的程朱理学的基础才行。王守仁和他的诸多门人弟子都是在程朱理学中浸淫过的人物，做上述结论的时候却偏偏轻忽了自己的理学背景。钱老先生以成败论英雄，到底也没搞清其中的因果关系。

二十三

嘉靖四年（1525年），王守仁守制期满，当年耽搁下来的那个敏感的人事任命问题忽然间又被摆在眼前。

时过境迁，"休对故人思故国，且将新火试新茶"。远在北京的权力中心，杨廷和作为新君最大的一块绊脚石终于被踢了开去，但费宏仍然执掌着内阁，议礼新贵们正忙着巩固自己的地位，在大洗牌过程中刚刚平衡了几分的朝廷究竟会怎样安置王守仁这样一个重量级的人物呢？

当时确实有席书、黄绾这些故旧积极上疏，为王守仁争取京官的位置，但结局不难预料，朝廷只一味装聋作哑。端倪早已有的。当初受封新建伯的时候，王守仁既未循例得到铁券，圣旨中许以的禄米最后也不了了之。世宗对他的态度发生了转变，这也许要怪他在大礼议事件中始终一副置身事外的姿态吧？

官场规则，在敏感事件上总要有明确的表态才好，就算有可能站错了队，至少还有赌对的机会，盟友之间的关系也会因此得到巩固和强化。不表态看似明哲保身，其实反而会被正反双方一同忌恨。

不表态也是一种表态，从功利角度来看，这往往是最不明智的做法。

在大礼议事件中，正反双方都希望扩大阵营，尤其是站在绝对少数派的世宗皇帝一方，最希望得到重量级人物的支持。王守仁偏偏就是一个重量级人物，他的学说也最有可能成为世宗皇帝的理论依据，他的门人弟子更不乏积极表态的斗士，只要他金口一开，绝对会掀起不容小觑的舆论浪潮。但他偏偏置身事外，绝口不言，这样的不表态岂不等于明确地表态不支持世宗吗？如果年轻的世宗皇帝因此忌恨他，这无论如何都是可以理解的。

朝廷既然装聋作哑，王守仁倒也乐得在绍兴享受赋闲的日子。

是年正月，夫人诸氏去世。

翌年十一月，新娶的张氏夫人为王守仁诞下一子，取名正聪。《年谱》称张氏为"继室"，如果这一记载可靠的话，张氏应当是续弦的正妻，地位在其他妾室之上，正聪自然算是嫡子。但从其他王门弟子后来的书信推测，张氏似乎只是妾室之一。

王守仁时年五十五岁，算得上晚年得子，家中自是一团喜庆，也许只有王正宪——当初过继来的那个孩子在这团喜庆气氛里独自五味杂陈吧。

后来一场不堪的家变祸根便种在这里。

第十五章

征思、田

一

嘉靖六年（1527年）五月，似乎早已将王守仁忘诸脑后的朝廷忽然发来任命，委派他以南京兵部尚书原职兼都察院左都御史，去广西平定思恩、田州的叛乱。看来朝廷终于到了不得已的时候。

明代承袭元制，在少数民族聚居区设置土官，后来改称土司，土司大多由原住的部落首领担任，职位世袭，享有相当程度的自治权力。土司虽然名为政府官员，却不改部落首领的做派，彼此之间仇杀不断，反叛也只是家常便饭。明政府为此推行"改土归流"的政策，只要条件许可，就裁撤土司，改任中央直属的地方官。地方官自然不能世袭，依循吏部的迁调流程，所以叫作流官。

可想而知，"改土归流"绝不会是一项可以顺利推进的政策，有几个部落首领甘愿放弃既得利益？直到清朝真正将"改土归流"推行到底。

在王守仁的时代，田州（今广西田阳）还是土司的天下。嘉靖四年（1525年），田州土司岑猛作乱，两广最高军事长官姚镆率兵平乱，擒杀岑猛父子，准备借这个机会在当地"改土归流"——真正的麻烦就是在这个时候出现的。

岑猛余部卢苏、王受重新点燃了族人的热血，一举攻陷田州府城，再陷思恩府（今广西武鸣）。姚镆虽然集结了四省大军，却许久不能有尺寸进展。物议汹汹之下，朝廷终于想起了最合适的人选，是的，没有人比王守仁更有资格。

但是，经历过万千磨难，不断被冤屈、冷遇、辜负的王守仁，难道还会甘心为这个满是窳风陋习的大明王朝继续卖命吗？殷鉴不远，痛在切肤，"苟利国家生死以"的心态真的不会受到所有这些经历的动摇吗？

二

嘉靖六年（1527年）六月，王守仁上疏推辞，主要意思有以下几点：

1. 宸濠之乱以来，自己屡遭谗言陷构，朝不保夕，幸而陛下即位，英明神武，给我太多的褒奖。我很感激陛下的恩德，粉身碎骨无以为报。

2. 虽然对于陛下的任何差遣，我作为臣子都义不容辞，但身体状况实在不允许，自己死于兵甲劳顿事小，耽误了国家大事就不好了。

3. 两广之役不过起于土官仇杀，并不似盗匪叛乱那般危急。姚镆老成持重，一时失利只是兵家常事，只要多给他一点时间就好。

4. 我只是一介书生，不习军旅，以前的战绩纯属侥幸。我自问才干不及姚镆，对两广军务的了解更不及姚镆，如果让我和姚镆合作，一旦有了意见分歧,反而会限制姚镆发挥。

5. 用兵之道,必须由一名主帅独裁专断。陛下不如专任姚镆,委以全权,不责以一时之功。

6. 朝廷用人,不贵其有过人之才,而贵其有事君之忠。如果只有过人之才而无事君之忠,那么他的才干只会用来为自己谋利。(《辞免重任乞恩养病疏》)[1]

现在我们看这六点意见都是实实在在的道理,然而儒家社会素来有三推三让的传统。每有任命,王守仁总要上疏推辞一番,有些仅仅出于儒家礼仪,有些真是出于肺腑,这不是从字面上可以轻易判断的。

站在朝廷那边,尽管看着王守仁白纸黑字感谢君恩,但谁都心知肚明,朝廷确实对不起王守仁,他就算心怀怨望,也是人之常情。所以他在奏疏里的前两个意思,就当场面话看看好了。

至于后面的四个意思,朝廷做出了官场风格的标准解读:你既然说不方便和姚镆合作,那很好办,让姚镆致仕,由你王守仁全权专征。

朝廷的解读也许并非求之过深,而是真正读懂了王守仁的心意。我们先看第六点,突兀地讲起忠与才的关系,貌似很没来由。但当我们联系王守仁在半年之后又上的一封奏疏,即《赴任谢恩遂陈肤见疏》,就会知道他真的对姚镆有些看法,也真的认为这一场思、田之乱正是肇端于那些有才干、贪功赏的大明官僚。

是的,越是有才干的官员越有生事的动机,因为事端越多,事态越大,自己立功的前景也就越好。如果一味清静无为、与民休息,自

---

[1] 见《全集》,第511-513页。

己又该拿什么政绩来邀功请赏呢？这就是思、田之乱的原因所在，也是古往今来诸多社会乱象的原因所在。

玩火者总有自焚的概率，被自己挑起来的事态总有大到自己无法收拾的时候。

三

朝廷读懂了王守仁的意思，果断令姚镆致仕，给王守仁专征全权，以南京兵部尚书原职兼都察院左都御史，提督两广、江西、湖广四省军务。圣旨说得明白，催得急促："姚镆已致仕了，卿宜星夜前去。"满满是民谚所谓"用人朝前，不用人朝后"的嘴脸。

而就在启程的前一日，发生了思想史上的一件大事，史称"天泉证道"。

事情的起因在这一年的九月初八，当时王守仁的两大弟子钱德洪、王畿一同探访同学张元冲，登船之后一起切磋学业，探讨心学宗旨。王畿发出了一个疑问："老师说过'知善知恶是良知，为善去恶是格物'，我觉得这话并不是终极真理。"

钱德洪不解，王畿解释道："既然心原本无善无恶，那么意、知、物也应该是无善无恶的。但如果说意是有善有恶的，那么心也应该是有善有恶的。"

钱德洪无法赞同："心原本是无善无恶的，这没错，但人生在世，心注定会沾染许多习气，于是才有善与恶的念头。所谓为善去恶，正是要抹除这些恶习气，恢复心的本来面目。你只因为看到心的本来面目无善无恶，就认为为善去恶的功夫没有着落，这是偏见。"

两人争执不下，王畿便道："老师明天就启程去两广了，咱们晚上一起去问问他。"

王守仁既然定在次日启程，当晚总要接待许多客人，所以直到夜半时分才得闲暇，正准备回房休息，听说王畿、钱德洪还在庭前等候，于是他移席天泉桥上，听两位得意门生从头细说。

听过两人的分歧，王守仁不禁喜道："正要你们有此一问！我明天就要启程，朋友当中还没有论证到这一层的。你们两人的看法正好相辅相成，不可以非此即彼。王畿要用钱德洪的功夫，钱德洪要悟透王畿的本体。你们两人互取对方所长，我的学说也就完满了。"

见钱德洪依旧不解，王守仁便有了一番详细的论说。三人接下来的讨论既要紧又费解，这里还有必要引述原文：

> 德洪请问。先生曰："有只是你自有，良知本体原来无有，本体只是太虚。太虚之中，日月星辰，风雨露雷，阴霾饐气，何物不有？而又何一物得为太虚之障？人心本体亦复如是。太虚无形，一过而化，亦何费纤毫气力？德洪功夫须要如此，便是合得本体功夫。"畿请问。先生曰："汝中见得此意，只好默默自修，不可执以接人。上根之人，世亦难遇。一悟本体，即见功夫，物我内外，一齐尽透，此颜子、明道不敢承当，岂可轻易望人？二君已后与学者言，务要依我四句宗旨：无善无恶

是心之体，有善有恶是意之动，知善知恶是良知，为善去恶是格物。以此自修，直跻圣位；以此接人，更无差失。"畿曰："本体透后，于此四句宗旨何如？"先生曰："此是彻上彻下语，自初学以至圣人，只此功夫。初学用此，循循有入，虽至圣人，穷究无尽。尧、舜精一功夫，亦只如此。"先生又重嘱付曰："二君以后再不可更此四句宗旨。此四句中人上下无不接着。我年来立教，亦更几番，今始立此四句。人心自有知识以来，已为习俗所染，今不教他在良知上实用为善去恶功夫，只去悬空想个本体，一切事为，俱不著实。此病痛不是小小，不可不早说破。"是日洪、畿俱有省。(《年谱三》)[1]

面对钱德洪的疑惑，王守仁进一步解释说："有只是你自有，良知本体原来无有。"这里所谓"有"，即"有善有恶"之"有"。王守仁的意思是说，心的本来面目是"没有"，你之所以认为"有"，这是你自己加上去的意思。所谓"没有"并非不存在，而是一种"空"的状态，就像广漠的宇宙一样。心的本来状态就像广漠的宇宙，宇宙本身是空阔无垠的，而日月星辰、风云雷电乃至万事万物都存在并运行于宇宙之中。宇宙虽然承载着万事万物的运行，却没有任何事物可以对宇宙形成遮蔽或阻滞。这就是心的本来面目，或者说是初始状态。我们要做的就是使自己的心恢复这样的初始状态。在这样的状态下，万事万物莫不一过而不留痕，心也不会因此而耗费纤毫之力。

---

[1] 见《全集》，第1442-1443页。

这并非一个精确的比喻，因为我们分明可以追问："空"究竟是有是无？熟悉西方哲学的读者一下子就会想到，这是西方哲学里的一个经典论题，即真空是否存在。这一论题下堆砌着许多古代大哲极广大而尽精微的分析，而在王守仁看来，这既不是他会想到的，也不是他会关心的。他所描述的"空"似乎是一种实有的真空，无垠无滞才是它的本色。

在王守仁看来，王畿认识到了这番道理，钱德洪却还懵懂，所以要专门对钱德洪讲解一遍，提醒他不要一味去做"为善去恶"的笨功夫，也要学学王畿从本质上来理解问题。

而对王畿的叮嘱是，你虽然看到了问题的本质，但你自己默默自修也就是了，不要拿这套道理来教育别人。因为只有极少数上等资质的人才能够"一悟本体，即见功夫，物我内外，一齐尽透"，意即一旦捅破了心学的窗户纸，对上述本质问题豁然开朗，马上就知道该怎么立身处世了，那些"天地万物与我同体"之类的道理不待讲解就自然明白了。颜渊、程颢都未必有这样的资质，更何况其他人。

熟悉《六祖坛经》或读过我的《思辨的禅趣》的读者，一定会觉得王守仁的这番话十分眼熟，这简直就是六祖慧能解释顿悟与渐悟之别的儒家翻版。钱德洪分明是渐悟一派，聚沙成塔，日积月累；王畿则是顿悟一派，直指人心，见性成佛。资质上佳的人适宜顿悟派，资质中下的人适宜渐悟派，因人施教，殊途同归。

王守仁接下来的话更有佛教味道，为自己的毕生学问总结出四句宗旨，仿佛佛陀要门人弟子牢记"三法印"，即佛教三大基本原则，即便自己的思想在将来越传越歪，越传越杂，但所有人都可以通过

"三法印"验证所谓的佛法到底是真是假。

然而思想的发展自有规律,远不是其创始人所能左右的。"三法印"很快便形同虚设,王守仁的心学四大宗旨后来也没能发挥出预期的作用。这四大宗旨,亦即思想史上著名的"四句教",是非常简单质朴的四句话:

> 无善无恶是心之体。
> 有善有恶是意之动。
> 知善知恶是良知。
> 为善去恶是格物。

所谓"无善无恶是心之体",意即心的本来面目或初始状态是一种宇宙一般的"空"的状态,并没有善恶之分。所谓"有善有恶是意之动",意即当意念在心里发动之后,裹缠着私欲,这才有了善恶之分。所谓"知善知恶是良知",意即良知是判断善恶的唯一准绳。所谓"为善去恶是格物",意即扭转错的意念,消除恶的意念,不断"存天理,灭人欲",这就是"格物"。

至此我们会发现一个疑点,王守仁一直在讲"止于至善",心的本来面目明明是"至善",不知怎么忽然变成"无善无恶"了。这个显而易见的难题使后来很多学者怀疑"四句教"的真伪,发展成阳明心学中的一大公案。其实仔细考索下来,"无善无恶"与"至善"并不似看上去那样矛盾,甚至两者就是同样的意思,在心学体系里可以互换来用。

四

《传习录·上》给出了一个很有价值的线索：

> 侃去花间草，因曰："天地间何善难培，恶难去？"先生曰："未培未去耳。"少间，曰："此等看善恶，皆从躯壳起念，便会错。"侃未达。曰："天地生意，花草一般，何曾有善恶之分？子欲观花，则以花为善，以草为恶；如欲用草时，复以草为善矣。此等善恶，皆由汝心好恶所生，故知是错。"曰："然则无善无恶乎？"曰："无善无恶者理之静，有善有恶者气之动。不动于气，即无善无恶，是谓至善。"曰："佛氏亦无善无恶，何以异？"曰："佛氏着在无善无恶上，便一切都不管，不可以治天下。圣人无善无恶，只是'无有作好'，'无有作恶'，不动于气。然'遵王之道'，'会其有极'，便自'一循天理'，便有个'裁成辅相'。"曰："草既非恶，即草不宜去矣。"曰："如此却是佛、老意见。草若有碍，何妨汝去？"曰："如此又是作好作恶。"曰："不作好恶，非是全无好恶，却是无知觉的人。谓之不作者，只是好恶一循于理，不去又着一分意思。如此，即是不曾好恶一般。"曰："去草如何是一循于理，不着意

思？"曰："草有妨碍，理亦宜去，去之而已。偶未即去，亦不累心。若着了一分意思，即心体便有贻累，便有许多动气处。"曰："然则善恶全不在物？"曰："只在汝心。循理便是善，动气便是恶。"曰："毕竟物无善恶。"曰："在心如此，在物亦然。世儒惟不知此，舍心逐物，将格物之学错看了，终日驰求于外，只做得个义袭而取，终身行不著，习不察。"曰："'如好好色，如恶恶臭'，则如何？"曰："此正是一循于理。是天理合如此，本无私意作好作恶。"曰："'如好好色，如恶恶臭'，安得非意？"曰："却是诚意，不是私意。诚意只是循天理。虽是循天理，亦着不得一分意，故有所忿懥好乐则不得其正，须是廓然大公，方是心之本体。知此即知未发之中。"伯生曰："先生云：'草有妨碍，理亦宜去。'缘何又是躯壳起念？"曰："此须汝心自体当。汝要去草，是甚么心？周茂叔窗前草不除，是甚么心？"[1]

门人薛侃正在清除花丛中的杂草，有感而发，提出一个问题："天地间为什么善很难培养，恶却很难铲除呢？"是的，陶渊明就有过这种经历："种豆南山下，草盛豆苗稀。"杂草总会和花争夺养分，和豆苗争夺养分，所以人无论养花、种豆，总要花大力气在除草上。

王守仁起先只是从"立志"的角度回答："善难培养，只因为没有立志去认真培养；恶难铲除，也只因为没有立志去认真铲除。"这依然

---

1 见《全集》，第33-34页。

是从"立志"角度讲的,但过了片刻,他又换了一个角度说:"如此看待善恶,只是从表面上着眼,所以才有了错误的领会。"

薛侃不解。王守仁解释道:"天地的生生不息之意,对花对草都是一般无二的,何曾有善恶之别?你想赏花,这才以花为善,以草为恶,一旦你想要的是草,善恶便颠倒过来了。可见这一种善恶都是由人心的好恶产生的,不是正确的见解。"

薛侃问道:"如此说来,难道无善无恶才是对的?"

王守仁答道:"无善无恶是理之静,有善有恶是气之动。不动于气,就是无善无恶了,也就是至善。"

理与气原是程朱理学里一套成对的概念,理即天理,是抽象的规则,气则是具体的物质,万事万物都是理与气的结合。我们不妨以柏拉图的方式理解:一个抽象的、存在于概念上的圆,是一个完美无瑕的正圆,而把这个概念中的圆落实在实际上,无论是用圆规画一个圆,还是用模具做一个圆形的面包,总会有瑕疵,不可能是无瑕的正圆。所以,对于那个抽象的、概念上的圆,并无所谓准确或不准确,"很圆"或"不很圆"这些说法仅仅对于实际存在的圆形而言才有意义。

薛侃抛出了一个衍生问题:"佛教也有无善无恶的说法,和您所讲的有什么区别吗?"

佛教确实有这样的说法,所以王守仁继续解释说:"佛教执着在无善无恶上,对其他事全都不管,所以不可以治理天下。儒家圣人无善无恶,只是'无有作好''无有作恶',不动于气,如此'遵王之道''会其有极',便可以始终依着天理行事,便可以'裁成辅相'。"

这短短一番话里涉及了好几处儒家概念。"无有作好""无有作恶"

与"遵王之道""会其有极"一并出自《尚书·洪范》，这里的"好"是"偏私""偏好"的意思，"恶"则是由偏见而生的嫌恶。《洪范》下文还有名言说"无偏无党，王道荡荡；无党无偏，王道平平"，意即"王道"是没有偏私的，人应该遵循"王道"，既无偏私，亦无偏见。

"裁成辅相"语出《周易·泰卦》，原文是"天地交泰，后以财成天地之道，辅相天地之宜，以左右民"，意即君王以泰卦的原则制定出符合天地之道的政治法则，以天地自然之法治理万民。

王守仁常常这样，将儒家经典里的经典话语拿到心学体系里来，与自己的说法互证，也在有意无意间渐渐使儒家经典心学化了。一言以蔽之，上述这种"善"与"恶"其实都是私心偏好的结果，而判断私心偏好与否的标准只有一个，看它是否符合天地自然之道。

五

这真是说来容易做来难。儒家只看到天地生生之仁，却没看到物竞天择、适者生存的残酷。当然，儒家并不反对杀戮，"悲哉！秋之为气也""萧瑟兮，草木摇落而变衰"，秋风肃杀，凋谢万物，所以人间也应当有"秋官"来执掌刑杀，只要这杀意不是出于私心偏好就好。

薛侃理解得僵化了，所以才会追问道："如果草并不恶，那就不该除去了吗？"

王守仁答道："你这样讲，就是佛教、道教的意见了。草若碍了事,那就除去好了。"

薛侃还是不解:"这不就是'作好作恶'吗?"

显然薛侃不曾理解的是,同一种现象的背后未必有同一种原因,除草这件事既可以由私心好恶引发,亦可以由天理引发。用王守仁的话说,只要让自己的好恶完全依循天理,不夹杂一点私心偏好就好,其实这也就是"存天理,灭人欲"的意思。

薛侃还是不解:"除草还能依循什么天理呢?"

王守仁解释道:"草如果碍了事,从天理上看便应当除掉它,那就放手除草好了,即便偶然间没能即时除掉,这件事也不至于成为心里的困扰。倘若掺杂了私欲,心就会受到牵绊,负面情绪也就出来了。"

薛侃追问道:"难道说善恶完全不在外物本身吗?"

这个问题其实问到了要害处。今天我们知道,所谓善恶,只是我们的主观判断罢了,一切善恶其实都只是私心偏好,即便是全社会公认的价值观,也不过是一时一地所达成的共识,所有人的私心偏好高度一致罢了,所以我们最自然的回答会是:"善恶只在你的心里,你心里的善恶标准取决于你的基因编码和成长环境。"王守仁也会回答"善恶只在你的心里",是的,他确实是这样回答的,但心里的善恶标准何在呢?在他看来就是心中的天理。

一个人如果真的做到了"存天理,灭人欲",便不再有私心好恶了,不再因为私心好恶便认为某人某事是善、某人某事是恶,这就是"四句教"所谓的"无善无恶是心之体"。一旦私欲萌动,所作所为不再自然而然地顺应着天理流行,就会看某人某事是善,看某人某事是恶,心里生出许多计较和纠结,这就是"四句教"所谓的"有善有恶是意之动"。

换言之,无善无恶的状态正是天理流行的状态,是"存天理,灭人欲"的成功状态,自然也就是"至善"的状态。古代汉语很不适合哲学概念的细致辨析,所以在这个问题上制造了诸多笔墨官司。

照这个逻辑推演下来,于是有了阳明弟子"有心为善却是恶"的命题。一个人存心去做善事,因为"存心"的缘故,他的善行便不是自然而然的天理流行,既非天理,便是人欲,也就自然沦入恶的范畴。

六

"四句教"如何践履才是一个真正的难题,难点倒不在于一个人要如何"立志"、如何"知行合一",而在于就算你有足够的决心与毅力发奋图强,但你怎么分得清哪些是天理、哪些是人欲呢?

譬如前述与薛侃的对话里,王守仁认为"好好色""恶恶臭"就是循天理,那么当我们循着"好好色"的天理去追求异性,追求到何种程度才恰当呢?梁山伯和西门庆,甚至王守仁自己,谁才是"好好色"的模范,其实很难说得清楚。

再如,追名逐利是人情世故之当然,"人生自古谁无死,留取丹心照汗青"这种青史留名的欲望究竟是天理还是人欲呢?这两句鼓舞人心的诗句如果放到阳明心学的框架里,恐怕就会褪去崇高的光彩了。我们可以参照《传习录·上》薛侃与王守仁的又一番对话:

先生曰："为学大病在好名。"侃曰："从前岁自谓此病已轻，比来精察，乃知全未，岂必务外为人？只闻誉而喜，闻毁而闷，即是此病发来。"曰："最是。名与实对，务实之心重一分，则务名之心轻一分；全是务实之心，即全无务名之心；若务实之心如饥之求食，渴之求饮，安得更有工夫好名？"又曰："'疾没世而名不称'，'称'字去声读，亦'声闻过情，君子耻之'之意。实不称名，生犹可补，没则无及矣。'四十五十而无闻'，是不闻道，非无声闻也。孔子云：'是闻也，非达也。'安肯以此望人？"[1]

在成圣成贤的道路上，求名之心是一个极大的障碍。薛侃很自觉地驯服自己的求名之心，渐渐小有成果，但仔细反省之下，发现自己还是爱听表扬，不爱听批评。王守仁给出了一个很合逻辑的治病良方："名与实是一组成对的概念，所以两者之间一定存在着零和博弈，务实之心重一分，求名之心便轻一分，所以一个人只要以如饥似渴的姿态去务实，自然就对名声无所谓了。"

但是，求名真的有错吗？如果我们引经据典的话，会发现孔子就很有求名意识。《论语·卫灵公》记有孔子名言"君子疾没世而名不称焉"，从字面上很容易理解，意即君子就怕死后没留下好名声。

孔子很在意名声，尤其是身后之名。王守仁既然要将求名之心当作人欲来铲除，就必须把孔子的形象重新打扮一番，于是训诂技术再

---

[1] 见《全集》，第35页。

次成为利器。他重新解读孔子这句话当中的"称"字，认为它不是"称誉"之"称"，而是"相称"之"称"，孔子怕的不是死后默默无闻，而是怕死后的名声和自己并不相称。孔子的理由也不难推想：如果生前名不副实，自己努力一下还有机会，但死后如果名不副实，就再没有弥补的可能了。

孔子还有一句名言："四十五十而无闻焉，斯亦不足畏也已。"这是说一个人到了四五十岁还没有一点名气，也就不值一提了。而在王守仁的重新训诂之下，"无闻"不是指默默无闻，而是指没有闻道。于是，孔子好名的又一个证据就这样被驳倒了。

其实孔子是一个很有健康心态的人，并不觉得追名逐利有什么不对，只要手段合乎道义就好。孔子的学术与思想也属于朴素的一类，如果不存在语言障碍的话，即便是愚夫愚妇也不难理解，但在后人繁复的哲学包装下就总有一些荒唐的况味。

今天我们持严肃认真的训诂态度，不会认同王守仁的《论语》新解；以现代人的知识水平，也不会否认求名之心就是基因自带的天地自然之道。但明朝人的困惑一定比现代人多，试想薛侃清晨在睡梦中醒来，在"夜气"中感受天理，如果一辈子都真真切切地感受到"闻誉而喜，闻毁而闷"，还会认为这不属于天理而属于人欲吗？

回顾"四句教"，后两句"知善知恶是良知""为善去恶是格物"，看来无论如何都要捕捉到"无善无恶"的天理才行，知天理才知良知，知良知才知善恶，知善恶才能为善去恶，一切皆取决于天理，但天理偏偏是个注定认不清的东西。

七

"四句教"是王守仁一生中最后的法言,阳明心学至此完满收尾。

"天泉证道"的翌日,他便踏上新的行程,为这个不断摔打他、辜负他的大明王朝献上最后的余热。

一路之上,王守仁似乎兴致颇高,诗笔一经提起便不曾闲过。《长生》是其中最堪玩味的一篇,五言二十句里勾勒出一生困学中破茧化蝶的心路历程:

> 长生徒有慕,苦乏大药资。
> 名山遍探历,悠悠鬓生丝。
> 微躯一系念,去道日远而。
> 中岁忽有觉,九还乃在兹。
> 非炉亦非鼎,何坎复何离;
> 本无终始究,宁有死生期?
> 彼哉游方士,诡辞反增疑;
> 纷然诸老翁,自传因多歧。
> 乾坤由我在,安用他求为?

千圣皆过影，良知乃吾师。[1]

后人传诵最末两句"千圣皆过影，良知乃吾师"，但只有从起首处一路读下来，才会感受到最末两句的力量。

起首夫子自道，说年轻时有修道长生的渴慕，只苦于寻不到门径，于是遍访名山，不知不觉中虚度了许多岁月。忽然反省，虽然自己一心求道，却仿佛南辕北辙，离大道反而越来越远了。

人到中年方才醒悟，九转还丹原来不假外求，天地万物既然与我同体，又何必担心人生的短暂呢？道士们的话不足为凭，儒生们也只会在文字里兜兜转转。

天理只在我心，不必向外寻求，只有心中的良知而非圣人留下的文字，才是万事万物的唯一准绳啊。

八

王守仁这一次复出，在许多人眼里大有"安石不出，如苍生何"的意思。四方追随者不断会集在他身边，沿途百姓，尤其是南昌百姓，更将他奉若神明，以顶礼焚香的姿态迎送。热情的人们填途塞巷，以致王守仁的乘舆最后是被父老乡亲从头顶上一人接一人传递过去的。

---

[1] 见《全集》，第876页。

《南浦道中》一诗记有当时的感受：

> 南浦重来梦里行，当年锋镝尚心惊。
> 旌旗不动山河影，鼓角犹传草木声。
> 已喜闾阎多复业，独怜饥馑未宽征。
> 迂疏何有甘棠惠，惭愧香灯父老迎！[1]

首联、颔联写重经故地时触景生情，当年平定宸濠之乱的鼓角声依稀有在耳边。颈联两句一喜一忧，喜的是浩劫之后百姓们大多恢复了原来的生活，忧的是饥馑尚在，朝廷的压榨和索取却没有宽松。尾联是一声叹息，自己到底也没有为南昌百姓施过多少恩惠，于是在后者的盛情下不免有些惭愧。

王守仁当然不必惭愧，他有十足的资格来承受南昌百姓的盛情。那么诗的尾联难道只是客气话、场面话不成？当然不是，以王守仁当时的心学修为，本不该再有任何忸怩、虚伪的表面功夫了，只要自信当得起，自然当仁不让。只要他的学术修为是真的，他的惭愧之情自然也是真的。

我们不妨回顾一下前文《答聂文蔚》讲到的"一体之仁"的逻辑：只要看到有一个人受苦，感觉就像是自己害他受苦一样，这正如心的任何一点有了创痛，整颗心都会感到同样的创痛。

只要你当真形成了这样的价值观，在看到世界上任何一个人生活

---

[1] 见《全集》，第877页。

得不甚如意的时候，自己或多或少都会生出几分负罪感。那么依这个逻辑，既然听说了思、田之乱，自己总该有义无反顾的觉悟才对，哪能找各种理由推三阻四呢？之所以推三阻四，一定有必需的理由，也许他真的想过让姚镆继续主持大局才是最佳方案，但最可能的想法是不希望和姚镆共事，只由自己掌握平乱的全权。

　　王守仁沿途咨访着思、田之乱的各种信息，也生发着各种触绪伤情的怀旧。离开南昌，登舟南行，眼前就是丰城黄土脑了。当初他就是在这里突然得知宁王叛乱的消息，自己祷风而行，在九死一生中堪堪脱险。如今故地重来何所见，一首《重登黄土脑》写得百感茫茫、悲辛交集：

　　　　一上高原感慨重，千山落木正无穷。
　　　　前途且与停西日，此地曾经拜北风。
　　　　剑气晚横秋色净，兵声寒带暮江雄。
　　　　水南多少流亡屋，尚诉征求杼轴空。[1]

　　诗句从怀旧到伤今，尤其尾联以今比昔，今天的太平日子里依然一派百姓流亡的景象，又有多少家庭在朝廷的横征暴敛下仅能维持最基本的生活。诗中不加评论，但评论的意思已经呼之欲出：兴，百姓苦；亡，百姓苦。

---

[1] 见《全集》，第877页。

九

嘉靖六年（1527年）十一月二十日，王守仁抵达广西梧州任所，迅速将思、田之乱理出了头绪。十二月初一日，他向朝廷上陈《赴任谢恩遂陈肤见疏》，所谓"肤见"，尽是得罪人的话语。

开宗明义，岑猛父子虽然论罪当诛，但他们之所以做出这等当诛的事来，实为遭受了官府长久以来的不公对待和敲诈勒索，积怨太深，才终于爆发出来。朝廷如果只治标而不治本，这等叛乱以后还会频繁发生。

再者，岑猛父子叛乱，当诛的首恶也不过是他们两人和少数几名亲信罢了，其下万众都是无罪之人，何必斩尽杀绝、扩大事态？结果反而激起了卢苏、王受之乱。

卢苏、王受二人并非恶徒，虽然受激起事，但完全可以招抚。地方长官却不顾万人性命，耗竭两省之财，发动三省之兵，使民间男不得耕，女不得织，两年之间骚然数千里，更大规模的民变已经隐然有了征兆。

从战术层面上看，之所以僵持成现在的局面，是因为我方军队发机太早，布围太密，完全是一派务求斩尽杀绝的姿态，怎不使对方以决死之心来顽抗到底呢？即便我军终于能够取胜，注定也会为这场胜利付出惨痛的代价。剿不如抚，如此显而易见。

而在战略层面上，王守仁对"改土归流"提出了很中肯的意见：两广士民都认为设置流官徒有虚名而反受实祸，譬如思恩未设流官之前，土人每年出兵三千供官府调遣，而设置流官之后，官府每年却要征发民兵数千以防土人反复。思恩一地，设置流官以来十八九年间，土人叛乱五六起之多，官府前后征剿，疲于奔命，不但耗费了巨大的人力物力，还不知杀伤了多少良民。朝廷得不到半点好处，只是将百姓之膏血涂于无用之地罢了。既然"改土归流"有百害而无一利，为何迟迟不能废止呢？这都是因为当政者担心在政策上出尔反尔会招来流言物议。这种宁可辜负朝廷、荼毒万民也不敢触犯众议的心态实在是不可取啊，人臣之不忠竟然至于此！[1]

我们看王守仁这份奏疏，当真将地方官与朝官一并得罪到底，若没有十足的置前程与生死于度外的气魄，又怎会做到这样的坦荡呢？孔子所谓"君子坦荡荡，小人长戚戚"，在字面上并不难理解，在道理上也不难理解，但真的放在现实的语境里，又有几个人能够不为个人命运患得患失？

十

朝廷是否能接受王守仁的意见，这全是未知数。当初王守仁之所

---

[1] 见《全集》，第513-518页。

以用兵如神，全赖中央有个兵部尚书王琼为他提供一切支持，免除一切后顾之忧。但是时过境迁，一朝天子一朝臣，如今的朝廷能做到当初的几分，王守仁毕竟无法逆料。

果然，这一届的兵部尚书王时中不同于当年的王琼，对王守仁的意见逐条批驳。然而幸运的是，这一届的内阁首辅杨一清也不同于当年的杨廷和，草诏批复，准王守仁便宜行事，不要心存顾虑。

接到这份诏书，王守仁终于可以放手施为。第一项措施就很不给前任留脸面：将姚镆从各地调集的几万军队一一遣散，只留下几千人，即便是这寥寥几千人，也放下了紧张的备战姿态，一并解甲休息。不久之后，王守仁又将行营搬到南宁（今广西南宁），与思恩、田州只有一步之遥。他究竟要怎么做，还没人能看得清楚。

要知道此时的王守仁学术与兵法已经名满天下，倘若这只是他初出茅庐第一战，卢苏、王受不难从他的动作里看到招抚的诚意，但这时候谁还没听说他用兵多诈的名声呢？遣散大军，最可能只是一种迷惑对手的姿态，不知道哪天就会从哪里杀出一支奇袭的生力军来。

但卢苏、王受也许真的只是本无恶意的天真分子。嘉靖七年（1528年）正月初七，这两名匪首派遣头目十余人求见王守仁，诉说官逼民反的苦衷，极力恳求宽宥。王守仁回信一封，柔的一面是申明朝廷的招抚态度，刚的一面是限期二十日，要卢苏、王受亲自来行营认罪。

卢苏、王受等人竟然没有当年池仲容那样的狡黠，看到书信之后的反应是"皆罗拜踊跃，欢声雷动"，当即撤去守备，率领全部人马来投降了。看来这一次王守仁判断得没错，叛、抚两方各怀真心，只要一枝橄榄枝打破僵局，便这样一拍即合了。

当月二十六日，卢苏、王受率众俱至南昌城下，分屯四营，翌日便与众头目自缚双臂，数百人赴军门投见，号哀控诉。面对这样的大阵仗，倘若信心稍差几分，总会既疑且惧，而一旦疑惧之情稍稍流露，便不知道会激发出怎样的事变。

王守仁显然既做足了情报工作，也做足了利害分析，全不怀疑卢苏、王受的真心，坦然接受了众人归降，又坦然将卢苏、王受二人在军门前处以杖责一百，杖责之后方才解缚，宣谕说受降赦罪是朝廷好生之仁，杖责一百是人臣执法之义。

杖责卢苏、王受实在是太过大胆的举动，毕竟其党羽数百人就在帐下，部徒数万众就在城下，只要群情稍有不服，当即便会爆发一场血战。王守仁偏就有这样的底气，更晓得朝廷既要立德也要立威，否则通通宽赦下来，会给当地留下怎样一个"杀人放火金腰带"的范例。

以上经过，俱见于王守仁《奏报田州、思恩平复疏》，奏疏结尾再谈善后事宜，"治夷之道，宜顺其情"。原本一场兵连祸结、旷日持久的灾祸就这样被轻易化解了，"不战而屈人之兵，善之善者也"。

然而"破山中贼易，破心中贼难"，破自己的心中贼易，破他人的心中贼难。王守仁依赣州惯例，才破了"山中贼"，便在两广一带发展文教事业，毕竟所谓"治夷之道，宜顺其情"往好处说是因势利导、因地制宜，往坏处说只是不得已而为之罢了，只有推行儒家教化，统一意识形态，才是真正长治久安的办法。"礼闻来学，不闻往教"的经典礼学原则就这样被抛诸脑后，作为礼学专家的王守仁不会不晓得自己犯了儒家忌讳，但那又如何呢，任何教条主义者在这种时候会生出的顾虑都是与他无缘的。

以今天的大词来说，这样的手法可谓一种"意识形态入侵"，毕竟在同一种意识形态里，遇事总是好商量的。我们在西方国家的殖民史里，在晚清的历史里，乃至在今天的国际关系里，总能看到诸多的例证。

十一

一波未平，一波又起。这边的思、田之乱才按下去，那边的大藤峡、八寨又起了更大规模的动荡。后者是两广一带的瑶民土著，当代史书往往会指称地名以淡化民族色彩，而在王守仁当时的奏疏里，大多是用"瑶贼"这个在今天看来政治上很不正确的称谓，而"瑶贼"作乱之地，其实远不止大藤峡、八寨两处。

从岑猛父子到卢苏、王受，都是官逼民反的一时之患，虽然聚众数万、攻城略地，但既非惯犯，更非悍匪。"瑶贼"却不同，不但自明朝开国以来就屡服屡叛，而且全是一派土匪作风，倚仗地利之便杀人越货，千百成徒，完全可以看作当初赣州盗匪的升级版。

明英宗天顺年间，一度有韩雍统兵二十万众深入大藤峡，以毕全功于一役的魄力犁庭扫穴，彻底捣毁了大藤峡，最后将大藤峡改名"断藤峡"，以示匪患就此根除。而结果是，官军才撤，大藤峡便显出"野火烧不尽，春风吹又生"的蓬勃生机了。

八寨更是一块啃不动、砸不碎的硬骨头。明代初年，名将韩观威震两广,偏偏对八寨无可奈何,数万大军不能进尺寸之地。所以自韩雍、韩观之后,尽管当地受害百姓无数次请求朝廷发兵剿匪,但朝廷只是对大藤峡、八寨"隐忍抚谕",最多也只是严重警告加强烈谴责罢了。这一对策虽然软弱,倒也不失为明智之举,毕竟毫无胜算的仗谁也不愿意去打。

王守仁这一次受命平定思、田之乱,了事之后交差请辞,致仕回乡,这是最常规的做法,也一定是朝廷里的那些猜忌者最乐见的。两广官民却从王守仁身上看到了最后的一线希望——如果有谁可以一劳永逸地平定"瑶贼",那一定非王守仁莫属。地方官连忙集体呈奏,公文最后有这样的结语:"瑶贼之与居民,势不两立,若瑶贼不除,则居民绝无安生之理。"思、田之乱既已平定,何不乘此军威,一举解决心腹之患呢?(《征剿稔恶瑶贼疏》)[1]

十二

从学术上说,"人溺己溺,人饥己饿",这自然是义不容辞的事情;从现实着眼,眼下确实是最好的时机,不仅民心可用、军心可用,就连卢苏、王受也正沉浸在感恩的热忱里,而且思、田初定,马放南山,这也正是"瑶贼"最懈怠的时候。

---

1 见《全集》,第548页。

决议迅速成型，王守仁再次表现出了奇袭的本领。就在处理平定思、田之乱的善后事宜时，两广之地一派偃武修文的温和气象，归马于华山之阳，放牛于桃林之野，当"瑶贼"骤然看到官军的时候，胜负其实已成定局。王守仁总共动员的兵力不过八千，历时不过三月，却斩首三千余众，百余年不治的"瑶贼"痼疾竟然就这样轻易解决了。

嘉靖七年（1528年）七月初十，王守仁上奏《八寨、断藤峡捷音疏》，如此总结这奇迹般的一战：

……自思、田多事，两地之贼相连煽动，将有不可明言之变，千里之间，方尔汹汹朝夕。今幸朝廷威德宣扬，军门方略密授，因湖广之回兵而利导其顺便之势，作思、田之新附而善用其报效之机，翕若雷霆，疾如风雨，事举而远近不知有兵兴之役，敌破而士卒莫测其举动之端。两地进兵，各不满八千之众，而三月报绩。共已逾三千之功，盖其劳费未及大征十之一，而其斩获加于大征三之二，远近室家相庆，道路欢腾，皆以为数十年来未见其斯举也。

……乃今于三月之内，止因湖广便道之归师，及用思、田报效之新附，两地进兵，不满八千，而斩获三千有奇，巢穴扫荡，一洗万民之冤，以除百年之患。此岂臣等知谋才略之所能及，皆是皇上除患救民之诚心，默赞于天地鬼神，而神武不杀之威，任人不疑之断，震慑远迩，感动上下；且庙廊诸臣咸能推诚举任，公同协赞，惟国是谋，与人为善。故臣等得以展布四体，无复顾虑，信其力之所能为，竭其心之所可尽，动无不宜，举无弗振，诸将用命，军士效力，以克致此。虽未足为可称之功，而朝廷之上所以能使臣等获成是功者，实可以为后世行事之法矣。不然，则兵耗财竭，凋弊困苦之余，仅仅自守，尚恐未克，而况敢望此意外之事哉？[1]

这场胜利在战术上的原因，一言以蔽之，即"事举而远近不知有兵兴之役，敌破而士卒莫测其举动之端"，这是王守仁用兵的一贯原则。一切指挥调度尽在烟雾下进行，非但远近百姓都不知道有战事即将发生，即便士兵在破敌之后仍然不明白为什么胜了，不明白之前的各种调遣都有怎样的用意，而且都是以微小的代价换取惊人的战果。

我们读这份奏疏，会发现王守仁半点都不谦虚，全无谦谦君子的温存做派，虽然也说足了"此岂臣等知谋才略之所能及，皆是皇上除患救民之诚心"云云的客套话，但这不过是官场惯例，任谁表功都要拷贝来这样一个官八股的模板。所以推想原委，一来这是做统帅必须做的，即便自己甘于淡泊，但总要竭力为手下人争取利益；二来这也是心学注定，得心之所安，得意便得意了，全无遮遮掩掩的必要。

从当时的诗作里，我们看得出王守仁对这场战功很有几分掩饰不住的自得。《破断藤峡》将平定思恩之乱比作大舜舞干戚平定三苗：

才看干羽格苗夷，忽见风雷起战旗。
六月徂征非得已，一方流毒已多时。

---

[1] 见《全集》，第563-565页。

> 迁宾玉石分须早，聊庆云霓怨莫迟。
> 嗟尔有司惩既往，好将恩信抚遗黎。[1]

《平八寨》以韩雍当年"貔貅十万骑连山"反衬自己"而今止用三千卒，遂尔收功一月间"，当仁不让前贤，即便颈联将功劳归于"偶逢天助"，但这话已经怎么看都是场面话：

> 见说韩公破此蛮，貔貅十万骑连山。
> 而今止用三千卒，遂尔收功一月间。
> 岂是人谋能妙算？偶逢天助及师还。
> 穷搜极讨非长计，须有恩威化梗顽。[2]

确实这次战功不同于以往。以往总有人议论赣州诸贼不过尔尔，宁王只是一介庸主，总之全是不值一提的角色，言下之意，王守仁的名声也只是"时无英雄，使竖子成名"罢了。这样的讥讽伴随了王守仁许多年，但是，谁敢小觑"瑶贼"呢？

诚然，没有人胆敢小觑"瑶贼"，所以吊诡的是，流言蜚语非但没有被结结实实的事实打倒，反而寻到了新的突破口。毕竟"瑶贼"扰动两广百余年，多少次名将挂帅大军征剿都奈何不得他们，以至于当朝廷接到王守仁的捷报，上至皇帝下至群臣，竟然不敢相信这是真的，王守仁怕不是在冒功请赏吧？

---

1 见《全集》，第878页。
2 见《全集》，第878页。

十三

功高招忌，秀木先折，这是人类社会常见的现象。以王守仁此时的资历、名望，若再加上新近的战功，入阁已经是水到渠成的事情。但大礼议事件的一场洗牌，朝廷新贵们所仰仗的功勋不过是议礼罢了，虽然青云直上，却非树大根深，何必让王守仁这尊大神入朝来撼动自己的地位呢？

只要存心攻讦，总不愁找不到借口。圣旨明明要王守仁平定思、田之乱，他却不剿反抚，即便这可以解释为必要的权变，但征讨大藤峡、八寨的"瑶贼"可就是自作主张得过分了。朝廷的军队，怎可以私意支配呢？

这样的罪名可大可小。王守仁正在两广忙着善后，务使"瑶贼"再无复叛的机会，朝廷里的谗言却如一条接一条的锁链，在他全不经意的时候带着森森的寒气向他收拢着。议礼新贵之中，只有霍韬愤愤然站在王守仁的一边，以一份洋洋数千言的《地方疏》为功者言功，为罪者言罪。

霍韬奏疏中最有说服力的一点是，霍韬本人就是广东人，"瑶贼"的祸患就是他家乡的事情，在所有朝臣中他是最有发言权的一个。霍韬分析全国地理，说天下十二省多有平原，唯独广西在万山之丛，山之高者猿猴不能度,飞鸟不能越,所以当地有谚语说"广西民三而贼七"。山高土恶,民风凶悍,即便是良民到了那里也会变成盗贼。这样的地理环境,正所谓一夫当关,万夫莫开,所以"瑶贼"为害百余年,倒也不能全怪官府无能。王守仁这番受命,即便以十分成本赢取十分功劳,就已经难能可贵了,而他仅以一分成本赢取百分功劳,难道反而有罪不成?

霍韬最后又翻出宸濠之乱的旧账,当初王守仁平定宸濠之乱,可谓定乱拯危之功,是承平年代最应当得到厚赏的勋劳,但奸人讥议纷纷,功臣反而受祸,设使今后再有变乱,谁还肯为朝廷效忠?所以:"王守仁等江西之功不白,无以劝励忠之臣。若广西之功不白,又无以劝策勋之臣。是皆天下地方大虑也。"[1]

为王守仁论功行赏,在霍韬看来已经上升到国家安危的层面了。这话其实并不夸张,因为任何一个组织只要赏功罚过失了标准,甚至对与错都失了标准,凝聚力也就会以骇人的速度冰消瓦解了。

十四

霍韬洋洋数千言的上疏,只换来世宗皇帝一句"知道了"。

皇帝究竟是什么态度呢?是依然忌恨王守仁在"大礼议"事件中

---

[1] 见《全集》,第1621-1626页。

不表态，还是不曾想出妥善的安置之法呢？后者确实是许多领导者都会遇到的难题：一个明显不和自己一条心的手下立有一件又一件奇功，若论功则必须将他升迁到权力核心，但倘若真的这么做了，无论自己还是身边的心腹，只会觉得别扭。

无论如何，功勋总要获得嘉奖，哪怕只是小小地表示一下也好。嘉靖七年（1528年）九月初八，朝廷使者冯恩行至广州，带来了褒奖的圣旨和相应的赏赐：“赏银五十两，纻丝四表里，布政司买办羊酒送用。”（《奖励赏赉谢恩疏》）[1]

时年五十五岁的王守仁早已不在意朝廷的态度。皇帝的冷漠也好，朝臣的猜忌也好，到底比不得正德年间的凶险。这时他挂心的，一是自己的病情在两广的阴湿气候环境下日渐加剧，二是余姚与绍兴的书院是否仍在与道日昌，三是不知家里正宪、正聪两个孩子成长得可好。

当初王守仁离开绍兴，家事委托给魏廷豹照应，书院则由两大弟子钱德洪、王畿主持。所托得人，按说王守仁也不必太担心什么。但从这一年他写给钱德洪、王畿的书信里，显然最忧虑的是正宪的成长："正宪尤其懒惰，必须痛加针砭，但亲人之间很难责善，只好劳烦师友费心了。"（《与钱德洪、王汝中》）[2]

无论圣贤、豪杰，都会在家务事上一筹莫展。当初诸氏夫人无子，正宪过继过来不是当义子的，他的身份理应是王守仁的合法继承人，即宗法意义上的嫡长子。无论王守仁后来有没有生子，正宪的合法地位都没理由被撼动，这也算是对正宪生父的一个妥当交代。但王守仁

---

1 见《全集》，第579页。
2 见《全集》，第250页。

的继室（或妾室）偏偏又生了正聪，在礼法上说，继室是正室的继任（如果依《年谱》的记载，张氏属于继室的话），所以继室生育的子嗣当然属于嫡子。

血缘是人的天伦，何况王守仁老来得子，疼爱正聪完全是人之常情。张氏夫人既是正聪的生母，与正宪毫无血缘关系，偏疼偏爱也尽在情理之中。那么谁最有资格继承新建伯的爵位呢？这个二选一的难题必不可免。

如果我们把这个难题作为一个学术问题来看，那么无论依据传统儒学还是程朱理学，正宪的合法地位都不容动摇，正聪虽然是血缘意义上的嫡长子，但正宪才是礼法意义上的嫡长子，血缘纽带必须让位于礼法规范。但是在心学背景下，礼法的教条怎能胜得过血缘的天伦呢？大礼议事件前车之鉴，心学一脉求之于良知，明明站在了重血缘的一边，王守仁虽然没有公开表态，但真实态度显然也在正聪这边。

后来王守仁去世的时候并未来得及留下遗嘱，家庭继承权的问题就只能交给各人的良知来做决断了。而此时归心似箭的王守仁只是惦记着正宪的学业，他向来倒不在意正宪能不能完成举业、能不能靠读书来博取功名，唯一在意的只是他的孝悌修养罢了。(《又与克彰太叔》)[1]他也许无法意料身后的一系列家庭闹剧，也许虽然看出了端倪，但还是对亲人与弟子们抱有极大的信心吧。

---

1 见《全集》，第1089页。

十五

病情转剧,在写给门人的书信里,王守仁坦言自己已经到了不能坐立的地步。(《答何廷仁》)[1] 是年十月,他向朝廷呈递《乞恩暂容回籍就医养病疏》,称两广善后已足,望朝廷准予回乡养病。病情讲得具体:当年平定南安、赣州,就已经害了炎毒,一直未能痊愈,去年奉命入广,虽然有医生偕行,但未及半途,医生先害了水土不服,告病辞归了。自己到两广之后,不敢轻用医药,结果炎毒日甚,全身肿痛,咳嗽昼夜不息,饭也吃不下了。每次强吞几匙稀粥,稍多便会呕吐。[2]

病情讲得这般具体而微,按说朝廷总该有几分恻隐之情才是,何况有那么多人都不希望王守仁入朝。朝廷却迟迟没有答复,似乎王守仁的去留问题是一件很棘手的事,而且按官场惯例,称病请退之类的说辞常常都是以退为进的场面话,将病情说得那么严重,难道不是在提醒朝廷自己既有功劳又有苦劳吗?所以上至皇帝,下至群臣,早已养成了透过纸面"参悟"真谛的习惯,很少会有直来直去的交流。再说王守仁每受任命,总会拿出称病、养亲这两个理由来推托一番,谁知道他哪次是真、哪次是假呢?

---

[1] 见《全集》,第250页。
[2] 见《全集》,第580-582页。

无论如何，这一次王守仁真的很想回家了，也许是有了什么不好的预感吧。

这段日子里，他拜谒过伏波将军马援的祠庙，还到增城祭祀过五世祖王纲，访问过挚友湛若水的故居，仿佛一个人在弥留之际匆匆完成最后的心愿。

索性不再等朝廷的批复了吧，拖着沉重的肉身，王守仁径自乘舟东返。

十一月二十五日，王守仁度梅岭至南安，登舟的时候，接待了时任南安推官的门人周积。王守仁勉强坐起，咳嗽了许久才慢慢说出话来，关心周积在学问上的进益。

二十八日晚，泊舟青龙铺。翌日，即嘉靖七年十一月二十九日（1529年1月9日），王守仁将周积召来身边，许久才睁开眼睛，说了一句"吾去矣"。周积噙着泪水，问老师有何遗言，王守仁只是淡淡答道："此心光明，亦复何言。"不多时，一代宗师瞑目而逝，享年五十七岁。

门人奔赴，士民送行，《年谱》有"远近遮道，哭声振地，如丧考妣"的记载。

翌年正月，丧发南昌。钱德洪、王畿当时正在上京参加殿试的路上，才得丧讯，便果断放弃殿试，匆匆返回来为老师主持丧事。门人弟子纷至沓来，绍兴一地，每天都有上百人加入吊唁的行列。身后哀荣，一时无两。

然而居心叵测的谤议从不会随着当事人的身故而消弭，朝堂上的声音仍然在与舆情唱反调。与王守仁素来有隙的议礼新贵桂萼率先发难，挑剔着王守仁临终前擅离职守。世宗大怒，使廷臣开启议罪程序。桂萼等人细数王守仁处置田州事宜失当、擅离职守等等罪过，甚至翻出旧账，盛言王守仁平定宸濠之乱的时候军纪不检、奏捷多伪。（查继佐《王守仁传》）[1]

当然，擅离职守只是小节，意识形态问题才是不容含糊的大是大非。在桂萼等人的"议罪"意见里，最要紧的是一段正邪之辨：

"守仁事不师古，言不称师。欲立异以为高，则非朱熹格物致知之论；知众论之不予，则为《朱熹晚年定论》之书。号召门徒，互相倡和。才美者乐其任意，庸鄙者借其虚声。传习转讹，背谬弥甚。但讨捕峒贼，擒获叛藩，功有足录，宜免追夺伯爵以章大信，禁邪说以正人心。"（《明史·王守仁传》）[2]

这样的意见正是典型的诛心之论，认为王守仁的学术出发点只是标新立异罢了，所以才会在"格物致知"的说法上存心和朱熹唱反调，又明知自己的这套说辞无法服众，这才编辑出《朱子晚年定论》，还号召门徒，你呼我应，搞出很大的声势。总之，他的一切作怪都只为了沽名钓誉，结果真的迷惑了许多人。只是考虑到他确实有些功劳，对他的处理方式也应该留些余地才好，建议追夺他的爵位以彰明朝廷的大信，禁止他的邪说来扭转世道人心。

这番攻讦无论对错，其实很能打动皇帝的心。集权帝国最重视意

---

1 见《全集》，第1715页。

2 见《全集》，第1708页。

识形态的整齐划一，无论立哪种学术为官学，只要全国上下都保持高度的一致性就好，反正任何学说在集权统治下都会变得越来越相似。所以，无论阳明心学比程朱理学优越多少、正确多少，只要它以反正统的面目出现，那一定是可憎且可畏的，必须剿杀而后快。更何况王守仁一生致力讲学，门生弟子遍布朝野，单是去绍兴吊唁的就有多少朝廷命官，这绝不是皇帝愿意看到的局面。讲学如同传道，有蛊惑人心、拉帮结派的力量，而皇权只希望治下是一盘散沙，任何思想或利益的凝结剂都团结不起任何人来。

还有一个学术内部的问题，倒未必是世宗和桂萼等人清晰意识到的：程朱理学无论对错，至少给是非善恶提供了一整套的、尽管不很严格的客观标准，而阳明心学专主良知，是非善恶的标准就太容易主观化了。所谓"个个人心有仲尼"，但你心里的仲尼和我心里的仲尼难免会吵起来，换言之，真理越向内求，标准也就越难统一，而如果人人执己为是，执彼为非，都有真理在握的十足自信，这样的社会该怎么运转？

十六

廷议的结论也许过于不近人情，所以世宗小小打了一个折扣：保留王守仁新建伯的爵位，不予追削，但也不准子孙世袭，且钦定阳明心学为伪学，从此严令禁止。这就算是朝廷对王守仁的盖棺论定了：

为人沽名钓誉，为官功过参半，为学反动至极。

倒也不是没有为王守仁鸣不平的人，黄绾就有一份长篇大论的上疏，但世宗再没有耐烦来做兼听则明的努力了，定论就是定论，谁都不必再给历史翻案。

王守仁泉下有知，倒也不会有甚所谓吧，但身后的家务事也许真的会打扰他的在天之灵：尸骨未寒，家里便不安宁了。袭爵虽然成了泡影，但偌大的家业谁来继承，忽然间变成了一个很敏感的问题。王艮在写给薛侃的一封信里谈到"先师家事变更无常"，弟子们义无反顾地为先师主持家务，立了先师妾室当中年纪最长的吴氏为"诸母之主"，但大家不知道先师生前反对过立主母的提案，想来是担心正聪母子会被欺负吧。如今正聪母子果然不能自安，做弟子的真不该这样啊！（《与薛中离》）[1]

王艮书信原文称正聪为正亿，这是正聪后来由黄绾改名的缘故。如果王艮的说法属实，那么正聪的生母张氏并不是《年谱》所载的继室，而是资历最浅的一名妾室，正聪只是庶子的身份了。

大约有一些心怀叵测的官员与王氏族人也在觊觎着王家的产业，悍宗豪仆和乡间恶少的手段真的足以吓倒书香门第的孤儿寡母。王门弟子勇敢决断着先师的家事，但他们也有自己的偏好：不大喜欢正宪，只将正聪视作先师的嗣子。不知道他们这样的情感属于私心偏好还是天理流行。

无论如何，这真的不合儒家礼制，但幼弱的孤儿与寡母毕竟最能

---

[1] 见《王心斋全集》（江苏教育出版社，2001年出版），第60页。

引起人们的同情，何况正聪是先师的唯一骨血。求之良知，这样的选择也许确实比站在年长正聪十八岁的正宪一边更加让人心安吧。

十七

王守仁的家务事看起来永远都是一团乱麻，果然有人的地方就有江湖。

依儒家"修齐治平"的逻辑，王守仁反而成了一个大禹式的公而忘私的典范，只有修身、治国、平天下，偏偏无暇理清家人的纠葛。

起征思恩、田州的时候，亲子正聪还只有两岁，王守仁舟过严滩，写给正宪一封家书，让我们看到这位宗师的另一种样子——一个操碎了心的大家长的样子，亦见出齐家之难或许不在治国、平天下之下：

> 即日舟已过严滩，足疮尚未愈，然亦渐轻减矣。家中事凡百与魏廷豹相计议而行。读书敦行，是所至嘱。内外之防，须严门禁。一应宾客来往，及诸童仆出入，悉依所留告示，不得少有更改。四官尤要戒饮博，专心理家事。保一谨实可托，不得听人哄诱，有所改动。我至前途，更有书报也。

> 舟过临江，五鼓与叔谦遇于途次，灯下草此报汝知之。沿途皆平安，咳嗽尚未已，然亦不大作。广中事颇急，只得连夜速进，南赣亦不能久留矣。汝在家中，凡宜从戒谕而行。读书

执礼,日进高明,乃吾之望。魏廷豹此时想在家,家众悉宜遵廷豹教训,汝宜躬率身先之。书至,汝即可报祖母诸叔。况我沿途平安,凡百想能体悉我意,铃束下人谨守礼法,皆不俟吾喋喋也。廷豹、德洪、汝中及诸同志亲友,皆可致此意。

　　近两得汝书,知家中大小平安。且汝自言能守吾训戒,不敢违越,果如所言,吾无忧矣。凡百家事及大小童仆,皆须听魏廷豹断决而行。近闻守度颇不遵信,致牴牾廷豹。未论其间是非曲直,只是牴牾廷豹,便已大不是矣。继闻其游荡奢纵如故,想亦终难化导。试问他毕竟如何乃可,宜自思之。守悌叔书来,云汝欲出应试。但汝本领未备,恐成虚愿。汝近来学业所进吾不知,汝自量度而行,吾不阻汝,亦不强汝也。德洪、汝中及诸直谅高明,凡肯勉汝以德义,规汝以过失者,汝宜时时亲就。汝若能如鱼之于水,不能须臾而离,则不及人不为忧矣。吾平生讲学,只是"致良知"三字。仁,人心也;良知之诚爱恻怛处,便是仁,无诚爱恻怛之心,亦无良知可致矣。汝于此处,宜加猛省。家中凡事不暇一一细及,汝果能敬守训戒,吾亦不必一一细及也。余姚诸叔父昆弟皆以吾言告之。前月曾遣舍人任锐寄书,历此时当已发回。若未发回,可将江西巡抚时奏报批行稿簿一册,共计十四本,封固付本舍带来。我今已至平南县,此去田州渐近。田州之事,我承姚公之后,或者可以因人成事。但他处事务似此者尚多,恐一置身其间,一时未易解脱耳。汝在家凡百务宜守我戒谕,学做好人。德洪、汝中辈须时时亲近,请教求益。聪儿已托魏廷豹时常一看。廷豹忠信君子,当能不负所托。但家众或有桀骜不肯遵奉其约束者,汝须相与痛加惩治。我归来日,断不轻恕。汝可早晚常以此意戒饬之。廿二弟近来砥砺如何?守度近来修省如何?保一近来管事如何?保三近来改过如何?王祥等早晚照管如何?王祯不远出否?此等事,我方有国事在身,安能分念及此?琐琐家务,汝等自宜体我之意,谨守礼法,不致累我怀抱乃可耳。[1]

习惯于公寓生活的现代人很难体会古代大家庭的不易。我们从这封信里看到,一个妻妾成群、人员成分复杂的大家庭会如何使人劳神苦心。开篇特别强调"内外之防,须严门禁",亦即男人不能入内帏,女人不能入外庭。要禁止的是最难禁止的人性,稍有松懈便会制造出令人难堪的家丑。王守仁千叮咛万嘱咐,要正宪遵照自己当初订立的戒条,凡事都要与魏廷豹商议决策。

魏廷豹似乎并不是王守仁的门人,而是大管家一类的角色,王守仁对他寄予极高的信任。但是,对于家里的其他人,即信里提到的保一、守度、保三、王祥、王祯,等等,王守仁似乎有一万个不放心。

这些人,以及其他书信里提及的添服、添定、来介、来贵,等等,或是王守仁的义子或王家的僮仆。钱明《王家衰落的过程及其成因:王阳明家事辨考》有一个推测:"阳明出名后,其老家余姚凡沾亲带故者,曾有不少人来山阴王府攀亲投靠,其中既有阳明几位夫人带来的非王氏成员,也有跟随正宪等人而来的族中之人,更有随身带来的家

---

[1] 见《全集》,第1090-1092页。

仆童僮。随着王府内各种人员关系的日益复杂化,阳明对家事也越来越感到力不从心,以至常为身后事宜提心吊胆、忧心忡忡。"

如此不世出的雄杰竟然也会在家事面前一筹莫展,真让人感到复杂家庭关系的可畏。管家在这种时候总会扮演职业经理人的角色,以接受雇用的外人身份来摆平一个盘根错节的家族企业。但是,王守仁极仰仗的魏廷豹在后来的家庭纠纷中竟然鲜见记载,似乎全不曾发挥应有的作用。

王守仁在书信里关心着正宪的学业:"你守悌叔叔来信说你想准备科举,我担心你水平不够,最后会愿望落空。但你近来的学业进度我也不太了解,所以是否应举就由你自己决定好了,我既不阻止,也不强迫。钱德洪和王畿等人都是很值得你交往的,你应当多多亲近他们。"

正宪原本不必科考,因为早在正德十三年(1518年),十一岁的正宪就已经有了世袭锦衣卫百户的资格。当时朝廷给王守仁的封赏是"荫子一人",而当时正聪尚未出生。据钱德洪记载,待正聪出生之后,正宪很为这件事高兴,于是辞去世袭职位,准备以科举谋功名。

我们当然很愿意接受正宪这个高风亮节的形象,但无论钱德洪的感受是否属实,正宪对科考的准备总是有的。王守仁在信里的这番叮嘱似乎也暗示出他对荫子问题采取了一种颇有几分蹊跷的不置可否的态度。倘若他在生前有所决断,指定的继承人无论是正宪也好,正聪也好,总可以免去后来的无穷纠葛。

信里叮嘱正宪的学业,最后还有这样一个归结:"我平生讲学,只是'致良知'三字。"

这要算是王守仁对自己一生学术的总结了，也许在他看来，在将来注定出现的继承权纠纷重，无论正宪何去何从，只要"致良知"，那么无论在任何情形下都能够做出最正确的判断吧。

十八

在两广事毕，即将踏上归程的时候，王守仁还写过一封家信，语气相当严厉，显然家里的烦心事越来越使他恼火了，他那颗负载着太多牵挂的心到底也没有呈现出明镜无瑕的状态：

> 去岁十二月廿六日始抵南宁，因见各夷皆有向化之诚，乃尽散甲兵，示以生路。至正月廿六日，各夷果皆投戈释甲，自缚归降，凡七万余众。地方幸已平定。是皆朝廷好生之德感格上下，神武不杀之威潜孚默运，以能致此。在我一家则亦祖宗德泽阴庇，得天杀戮之惨，以免覆败之患。俟处置略定，便当上疏乞归。相见之期渐可卜矣。家中自老奶奶以下想皆平安。今闻此信，益可以免劳挂念。我有地方重寄，岂能复顾家事！弟辈与正宪，只照依我所留戒谕之言，时时与德洪、汝中辈切磋道义，吾复何虑。余姚诸弟侄，书到咸报知之。
>
> 八月廿七日南宁起程，九月初七日已抵广城，病势今亦渐平复，但咳嗽终未能脱体耳。养病本北上已二月余，不久当得

报。即逾岭东下，则抵家渐可计日矣。书至即可上白祖母知之。近闻汝从汝诸叔诸兄皆在杭城就试。科第之事，吾岂敢必于汝，得汝立志向上，则亦有足喜也。汝叔汝兄今年利钝如何？想旬月后此间可以得报，其时吾亦可以发舟矣。因山阴林掌教归便，冗冗中写此与汝知之。

　　我至广城已逾半月，因咳嗽兼水泻，未免再将息旬月，候养病疏命下，即发舟归矣。家事亦不暇言，只要戒饬家人，大小俱要谦谨小心，余姚八弟等事近日不知如何耳？在京有进本者，议论甚传播，徒取快谗贼之口，此何等时节，而可如此！兄弟子侄中不肯略体息，正所谓操戈入室，助仇为寇者也，可恨可痛！兼因谢姨夫回，便草草报平安。书至，即可奉白老奶奶及汝叔辈知之。钱德洪、王汝中及书院诸同志皆可上覆，德洪、汝中亦须上紧进京，不宜太迟滞。

　　近因地方事已平靖，遂动思归之怀，念及家事，乃有许多不满人意处。守度奢淫如旧，非但不当重托，兼亦自取败坏，戒之戒之！尚期速改可也。宝一勤劳，亦有可取。只是见小欲速，想福分浅薄之故，但能改创亦可。宝三长恶不悛，断已难留，须急急遣回余姚，别求生理；有容留者，即是同恶相济之人，宜并逐之。来贵奸惰略无改悔，终须逐出。来隆、来价不知近来干办何如？须痛自改省，但看同辈中有能真心替我管事者，我亦何尝不知。添福、添定、王三等辈，只是终日营营，不知为谁经理，试自思之！添保尚不改过，归来仍须痛治。只有书童一人实心为家，不顾毁誉利害，真可爱念。使我家有十个书童，我事皆有托矣。来琐亦老实可托，只是太执拗，又听妇言，不长进。王祥、王祯务要替我尽心管事，但有阙失，皆汝二人之罪。俱要拱听魏先生教戒，不听者责之。[1]

信里愤愤提到"余姚八弟等事"，说京城里已经有人弹劾了，风传沸沸扬扬，影响很恶劣。在这样的敏感时候偏偏闹出这样的事来，这些兄弟子侄真是"操戈入室，助仇为寇"啊，可痛可恨！

究竟发生了怎样的事情，大约弟子们"为尊者讳"，今天我们已经不得其详了，但从王守仁的语气来看，他显然为这件事动了真怒。坏情绪一发而不可收，紧接着便提到对家事的诸多不满，最后对那些麻烦精一一数落了一番："宝三做了太多坏事，还不知悔改，这种人断然留不得，赶紧把他赶回余姚，让他自谋生路好了；如果有谁敢容留他，就连这人一并赶走；来贵又奸又懒，没有半点悔改之心，终归也要赶出去的；来隆、来价不知道最近有没有变化，总之一定要认真反省，痛改前非才行；添福、添定、王三这些人，整天不知道在搞些什么，你们几个要搞清楚自己到底在为谁做事；添保还是老毛病，等我回来之后一定要严加惩治；只有一个书童是真心为家里好，不计毁誉利害，家里如果有十个这样的书童，我就没什么可担心了……"

名单很长，怨责很多，尽管王守仁在讲学的时候说"与愚夫愚妇同的，是谓同德；与愚夫愚妇异的，是谓异端"，"须做得个愚夫愚妇，方可与人讲学"，但是，当真应付起愚夫愚妇来，才会发现事情

---

[1] 见《全集》，第1092-1094页。

远不是那么简单。横水、桶冈、浰头诸贼，思恩、田州的乱民，大藤峡、八寨的"瑶贼"，这些"愚夫愚妇"无不在对立的、公事公办的关系里，王守仁处置起来简直轻而易举，但当他陷入一个切身的、由亲缘与利害关系编织起来的罗网里，却总会被那些"愚夫愚妇"搞到焦头烂额。

以上两封家书，那些琐碎的内容真值得后人仔细琢磨。

十九

王守仁尸骨未寒，家乱骤起。关于这场家乱的具体过程，因为王门弟子讳莫如深，我们终究无法窥见全貌。而在家乱的处置上，黄绾再一次当仁不让，主持了家务事的裁定，写立文本，一式五份，由按察司佥事和绍兴知府盖章生效，一份留官府备案，一份留太夫人收存，正宪、正聪各留一份，王门弟子也留存了一份。(《处分家务题册》)[1]

一代儒学宗师的家务，就这样做了法家式的处理，王守仁泉下有知，不知道会不会感到欣慰。

貌似不近人情的做法还远远不只于此，我们从薛侃的《同门轮年抚孤题单》可以看到这样的信息：当时王家上上下下欺凌正聪年幼，再不拿王守仁当初留下的家规训诫当一回事，所以王门弟子有了一个

---

1 见《全集》，第1648页。

共识，即"宜以保孤安寡为先"，优先保障正聪母子的安全和权益，而"区区田业，非其所重"，显然这个大家庭的成员们对王守仁留下的田产各有各的盘算。

保孤安寡的具体手段，除了确立法律文书之外，还将正宪、正聪分家划产，正聪的家事由亲人来管理，王门弟子每年出两个人来做辅助，王家叔侄不得干涉。[1]

后来黄绾索性将正聪带进南京，还把女儿嫁给了他。这样的情谊，真够得上古人"组织仁义，琢磨道德，欢其愉乐，恤其陵夷"的标准了。

依王门弟子的共识，是以正聪而非正宪为先师嗣子，所以对正聪倾注了无限的心血。及至数十年后，世宗皇帝带着对王守仁及其学术的不满离开了人世，继位的穆宗皇帝终于发布了平反诏令，追赠王守仁为新建侯（爵位比当初的新建伯高出一级），定谥"文成"，而王正亿，也就是当年那个幼弱的正聪，终于以王守仁嗣子的身份获得了新建伯的世袭资格，其子孙继续以伯爵位世袭。

祸兮，福之所倚，福兮，祸之所伏。新建伯的世袭资格后来又在王正亿的孙辈引发了一场绵延数十年的家族诉讼，直到崇祯朝才勉强平息下来。幸而王守仁本人的声誉并未受到不肖子孙的损毁，及至明神宗万历十二年（1584年），王守仁的牌位被恭恭敬敬迎入孔庙，从祀孔子，这是儒者所能获得的最高荣耀。

而这个时候阳明心学早已经风行天下了。

---

1 见《全集》，第1649页。

后记　思想解放与明代的资本主义萌芽问题

最后想谈一个衍生话题。人们往往会将阳明心学的传播与明朝的资本主义萌芽挂钩，将前者带来的思想解放视为后者的一个意识形态基础。但是，这个问题本身或许并不成立。

明朝如果未遭蛮族的终结，会不会自然发展出资本主义？

这是一个数十年来耳熟能详的老问题。问题之所以成立，是因为明朝确乎出现了西方资本主义初期所具有的一些特质，譬如大规模的雇佣生产、市民阶级兴起、市民意识提升以及商品经济大行其道，等等，所有这些特质被笼统地称为资本主义萌芽。萌芽当然可以成长为参天大树，倘若没有蛮族入侵的话。

今天人们可以因此获得一个寄托归属感的目标（明朝），以及一个发泄负面情绪的靶子（清朝）。既然如此关乎心态，对这个问题的关注度自然经久不衰，只不过表面现象相似并不意味着本质相似，因此也不意味着发展趋势上相似。

资本主义诞生于与中华文明绝不相同的土壤，那一片土壤的关键词是分立与制衡。

那里的政权与教权并驾齐驱，此消彼长。政权属于真正意义上的封建制：普天之下，绝大部分土地皆非王土；率土之滨，绝大多数臣民皆非王臣。城市可以自治，有着悍然拒绝国王和教皇干涉的气魄，其内部则往往以共和体制实现着制衡与共享的精义。在这样的土壤里，所谓"风能进，雨能进，国王不能进"并不算得一句如何非凡的话，因为国王确乎没有集权者的权力，但这句话若在中国传统下换作"风能进，雨能进，皇帝不能进"，甚或"风能进，雨能进，地方官不能进"，非但是十足的惊世骇俗，更是彻底的大逆不道。

明朝皇帝怠政确实导致自发秩序呈现出一定程度上欣欣向荣的模样，但谁能保证皇帝会一直怠政下去并将怠政的基因代代相传以至永久呢？而就在皇帝怠政的年景里，集权的格局其实并未松动过。大一统的传统下不可能诞生资本主义，正如沸水里不能养鱼一样。

明朝所谓的资本主义萌芽，归根结底不过是出现了一些与西方资本主义社会相似的表象，既与资本主义无涉，也不是什么萌芽。我们看到蝉蜕皮，谁能据此断言它将成长为一条蛇呢？